KB254151

고객 유형별 맞춤이 경쟁력이다

현 · 대 · 비 · 즈 · 니 · 스 · 생 · 존 · 전 · 략

고객 유형별 맞춤이 경쟁력이다

초판 1쇄 인쇄일_2007년 9월 5일
초판 1쇄 발행일_2007년 9월 10일

지은이_ 김기혁 · 양석균
펴낸이_ 최길주

펴낸곳_도서출판 BG북갤러리
등록일자_2003년 11월 5일(제318-2003-00130호)
주소_서울시 영등포구 여의도동 14-5 아크로폴리스 406호
전화_02)761-7005(代) ㅣ 팩스_02)761-7995
홈페이지_http://www.bookgallery.co.kr
E-mail_cgjpower@yahoo.co.kr

ⓒ 김기혁 · 양석균, 2007

값 13,000원

* 저자와 협의에 의해 인지는 생략합니다.
* 잘못된 책은 바꾸어 드립니다.

ISBN 978-89-91177-44-4 03320

현·대·비·즈·니·스·생·존·전·략

고객 유형별 맞춤이 경쟁력이다

김기혁·양석균 지음

북갤러리

　　우리는 수없이 반복되고 있는 대인관계 속에서 마음의 상처를 받으며 “저 사람은 왜 내 마음을 모를까?”라는 질문을 하며 살아간다. 이것은 아주 가까운 사이인 형제간이나 부부, 친구뿐 아니라 직장 동료에서 취미생활 동호회원까지 크고 작게 맺어진 여러 대인관계 속에서 일어나는 문제이다. 이러한 마음의 상처는 서로의 ‘다름’을 인정하지 못하고 자신의 관점에서만 모든 것을 바라보는 데서 시작한다.

　　또한 우리는 일상 생활 속에서 “저 사람하고는 말이 통하지 않아서 속상해 죽겠다”라고 한탄을 하거나 “열 길 물 속은 알아도 한 길 사람 속은 모른다”라는 말에 동조하며 타인에 대한 갈등을 드러내기도 한다. 이는 사람들이 자기중심적으로 생각하고, 상대를 이해하려는 노력을 하지 않으며, 타인의 ‘다름’을 인정하지 않는 데에 있다. 즉, 사람마다 지닌 사고방식, 가치관, 습관, 성격 등이 서로 다르기 때문인 것이다. 더욱이 우리는 이분법적인 교육을 받고 자란 탓에 흑백 논리로 생각하는 데 길들여져 있다.

　　현재의 경영환경과 사회환경, 가정환경 등은 급속도로 개인주의, 분화주의, 성장주의, 편의주의로 변화하고 있다. 서로의 ‘다름’을 인정하기보다는 자기중심적인 사고에 빠져 있다는 것이다. 이에 따른 불협화음으로 개인과 사회,

지역, 국가간 분쟁이 잦아지고 있으며, 사람들은 점점 더 과격하고 파괴적인 성향으로 치닫고 있다. 이제 모든 사람들이 각기 다름을 인정하여 가족간, 부부간, 고부간, 동료간, 친구간, 조직 내 상호간의 원활한 커뮤니케이션이 가능하고, 이를 통해 언제나 즐겁고 상호조화를 이루며 살아가는 방법을 찾아보고자 한다. 서로의 '다름'에 대한 인정은 작게는 자신과 가족의 계발에서, 넓게는 지역사회와 조직과 국가간에 발생되고 있는 수많은 갈등과 분쟁을 해결할 수 있는 최선의 방법이 될 수 있으리라고 본다.

다음 제시되는 사례를 통하여 자신과 상대의 생각은 과연 어떠한지에 대해 생각해 보고, 이를 통해 상대방의 생각을 이해하며 상대와 진심으로 커뮤니케이션할 수 있는 방법을 배우는 학습의 장이 되었으면 한다.

> **사례 연구** **사랑했기 때문에 : Norm Paris가 각색한 우화**
>
> 옛날에 강 하나가 있었습니다. 그 강에는 악어와 피라냐들이 많았습니다. 강 한편에는 앤과 잭이 살고 있었고, 그 맞은 편에는 랄프와 마이크가 살고 있었습니다. 강에는 보트도 없고, 다리도 없고, 헤엄쳐 건널만한 안전한 장소도 없었기 때문에 아무도 그 강을 건널 수 없었습니다. 그러나 강을 가로질러 말을 주고 받을 수는 있었습니다. 얼마 후 앤과 랄프는 서로 사랑에 빠져 많은 시간을 서로 쳐다보고 말을 주고 받으며 보냈습니다. 그들은 사랑이 깊어 약혼을 했지만 만날 수는 없었습니다.
>
> 앤과 잭은 서로 비밀을 털어 놓을 수 있을 정도로 친한 친구였습니다. 또한 잭은 강 건너편에 살고 있는 마이크와 랄프와도 역시 친구였습니다. 어느 날 뱃사공인 신밧드가 보트를 타고 강을 따라 내려왔습니다. 앤은 그에게 소리쳐 자기를 강 건너로 데려가 약혼자인 랄프와 함께 있게 해 달라고 하였습니다.
>
> 신밧드는 그렇게 하기로 하였으나, 앤이 자기와 잠을 반드시 자야 한다는 한 가지 조건을 붙였습니다. 앤은 이 제안을 받고 깊은 갈등에 빠졌습니다. 그는 친구인 잭에게 도움을 구했습니다. 잭은 많은 시간을 앤과 얘기를 하였고, 그는 그녀의 고충에 대해 매우 동정적이었지만, 근본적으로 앤 스스로 결정을 내릴 수밖에 없다는 것이 그의 생각이었습니다. 결국 앤은

신밧드의 제안을 받아들이기로 결심을 하였습니다. 그녀는 그날 밤 신밧드와 함께 배 위에서 지냈고, 다음날 신밧드는 그녀를 반대편 기슭에 내려 주었습니다. 랄프는 그녀가 오기를 간절히 기다리고 있었고, 둘은 곧 뜨거운 포옹과 함께 재회를 하였습니다.

　얼마 후, 랄프는 그녀가 어떻게 신밧드를 설득시켜 건너올 수 있었는가를 물었고, 앤은 그에게 모든 것을 이야기했습니다. 얘기를 듣자 랄프는 앤을 밀치며, 그녀와의 관계가 끝났음을 선언했습니다. 바로 이때 마이크가 왔습니다. 그는 이야기를 엿듣다가 랄프가 앤을 밀치는 순간 랄프를 사정없이 두들겨 팼습니다.

❖ 토의내용 ❖

이제부터 당신이 할 일은 이 우화에 나오는 인물들을 당신이 좋아하는 순서대로 순위를 매기는 것이다. 또한 그룹 및 동료와의 우선순위를 토론하고 합의점을 도출하는 것이다. 즉, 1번은 당신이 가장 좋아하는 인물, 5번은 가장 싫어하는 인물이 된다.

[우선순위 결정]

개인 우선순위		타인 우선순위		합의 우선순위	
1순위	이름과 선정 이유	1순위	이름과 선정 이유	1순위	이름과 선정 이유
2순위		2순위		2순위	
3순위		3순위		3순위	
4순위		4순위		4순위	
5순위		5순위		5순위	

앞의 이야기는 타인과의 견해 차이에 대한 직·간접적인 경험을 할 수 있으며, 견해의 통일이 얼마나 어려운 것인지 알 수 있다. 또한 타인의 견해를 존중해야만 공통된 목적을 성취할 수 있음을 깨닫게 될 것이다. 다시 말해 자신의 견해가 옳다고 일방적으로 주장을 한다면 상호간 감정의 골은 더욱 깊어지게 될 것이다. 우리의 성격은 다양한 환경적인 배경이 복합화되어 형성되는 것이다. 또한 타인에 대한 이해는 심리학자의 전유물이 아닌, 많은 일반 사람들에

게도 관심의 대상이 되고 있다. 특히 산업화 문명이 가속화됨에 따라 대인 특성에 대한 이해는 더욱 강화되고 있다.

가령 혈액형에 따른 분류, 체형에 따른 분류 등 사람들은 누구나 사람들의 심리와 행동에 대해 알고 이해하려고 한다. 특히 기업(조직) 내에서는 더욱 더 그에 대한 관심도가 높다고 할 수 있다. 즉, 개인별 특성에 따른 업무 부여를 통해 성과를 향상시켜야만 하기 때문에 더욱더 관심이 집중되며, 현재 많은 조직(기업 등)에서는 일정한 행동 특성 및 성격에 대한 학습을 실행하고 있다.

사람의 특성에 대한 이해는 단지 어떠한 특정 이론에 의한 접근이 아닌 복합적인 단계별 접근이 절대적으로 요구되고 있다. 또한 성격이론 및 심리적 특성에 대한 이론적인 접근이 아닌, 현재 기업 내에서 익히 활용되고 있는 주요 내용에 대한 대인 행동 특성에 대한 접근을 통하여 복합적인 사고의 폭을 넓히는 데 있다. 더불어 이 책에 제시되고 있는 내용은 현재 시중에 널리 보편화된 내용의 정리이며, 그에 대한 활용 및 교육기관 부분에 대하여는 첨부에 제시하도록 하였다.

2007년 8월

김기혁·양석균

CONTENTS

I. 타고난 성격 3가지

머리형, 가슴형, 장형

참고자료

- 나는 내 성격이 좋다(윤태익 저) / 윤태익의식발전소
- 윤태익의식발전소 자료(www.taxiyoon.com)
- 에니어그램코리아 자료(www.eko9.com)
- 한국에니어마인드연구소(www.enneamind.com)
- 에니어그램 이야기(www.enneagram21.com)
- 에니어그램심리연구소(www.enneagram.co.kr)
- 한국에니어그램교육연구소(www.kenneagram.com)
- 심리검사도구의 이해와 활용(OPE교육지기 : www.ope.co.kr)
- 타고난 성격으로 승부하라(더난, 2003)
- 에니어그램의 지혜(한문화, 2000)
- 에니어그램으로 보는 우리아이 속마음(연경, 2001)
- 성격을 알면 성공이 보인다(중앙 M&A, 2003)
- 내 안에 접혀진 날개(열린, 1999)
- 자아발견을 위한 여행(성바오로, 2000)
- 9가지 성격(대청, 1998)
- 에니어그램(성서와 함께, 1995)
- 에니어그램 동반여행(2002)
- 에니어그램 이야기(중앙적성, 2004)
- 윤태익 의식 혁신 세미나 자료
- 〈문화일보〉 기사(2005. 11. 14)
- 뇌답 교육 과정
- 유답 교육 과정

교육기관

- CMC의식경영컨설팅(주) [아아 과정 등]
- 한문화 기획 [유답 및 뇌답과정 등]

1 자신의 중심을 찾자

'자신의 중심을 찾는다'는 말은 다름아닌 '바로 자기 자신을 발견하는 것'이라고 할 수 있다. 자신에 대한 정확한 이해를 통하여 내가 과연 무엇을 잘하며, 어떠한 장점과 결점이 있는지를 명확히 인지할 때 진정으로 자신이 원하는 최적의 결과를 얻을 수 있기 때문이다. 다시 말해 차신이 행하고자 하는 것을 신바람 나게 할 수 있다는 의미인 것이다. 자신의 중심을 찾는다는 것은 막연히 자신이 되고자 하는 바람이나 희망이 아닌 진정한 자신의 성찰과 반성이고, 객관적이며 치열한 자기분석을 통하여 이룰 수 있는 것이다.

또한 자신의 중심을 찾는다는 것은 '자신의 내면에 존재하고 있는 에너지의 중심을 찾아가는 길'이라고 할 수 있다. 즉, 자기 자신만의 고유한 에너지의 중심을 통하여 최선만을 다하는 인재가 아닌 최고의 핵심인재가 되고자 하는 방향성을 확립할 수 있어야 한다. 더불어 타인의 성격에 대한 객관적인 이해를 통하여 원활한 대인관계의 형성과 그에 대한 비약적인 발전의 제공이 가능하다.

또한 급격한 환경의 변화에 자기 자신에 대한 중심을 굳건하게 유지하면서, 능동적인 변화의 중심에 한 축을 형성할 수 있다. 이처럼 자신의 중심을 찾아가는 것은 바로 자신의 에너지의 중심, 성격의 중심을 찾는 것이라 할 수 있다.

2 머리형, 가슴형, 장형이란?

사람은 에너지를 쓰는 종류에 따라 세 가지로 분류하는데, 이 세 가지는 그 사람이 중요하게 생각하는 가치관이나, 인생목표, 관심사 등에 따라 에너지를 사용하는 종류와 방식이 다르다. 그 세 가지 유형은 다음과 같다.

[표 1-1. 머리형, 가슴형, 장형 : 3가지 유형의 특징 비교]

구분	머리형	가슴형	장형
상징 단어	이성파, 계획파	감성파, 낭만파	행동파, 기분파
주요 관심	상황, 정보	타인과의 관계	힘과 존재
시제	미래	과거	현재
욕구	안정에 대한 욕구	인정에 대한 욕구	지배, 통제에 대한 욕구
의사결정	논리와 이성 타당성에 따른 결정	관계된 사람, 결정에 영향을 받는 사람에 따라 결정	원칙과 주관 당연과 의무에 따른 결정
외모	슬림하고 가벼운 체격 깔끔하고 쌀쌀맞은 인상	둥글둥글하고 부드러운 용모, 매력적이고 호감 가는 인상	건강한 체격, 단호하고 도전적인 인상
에너지 보충	수면	대화, 수다	음식섭취

대한 이해의 폭이 확장되기를 바란다. 이 세 가지 에너지 중심에 따른 분류의 방법은 다음의 그림에서와 같이 나를 알아가고, 나를 찾아서, 나를 빛낼 수 있는 소중한 경험을 말한다. 이를통하여 서로가 '틀림' 이 아닌 '다름' 을 인지하는 기회의 장이 되기를 바란다.

4) 나는 어떤 유형인가?

[그림 1-1. 나의 에너지 중심 축 찾아가기]

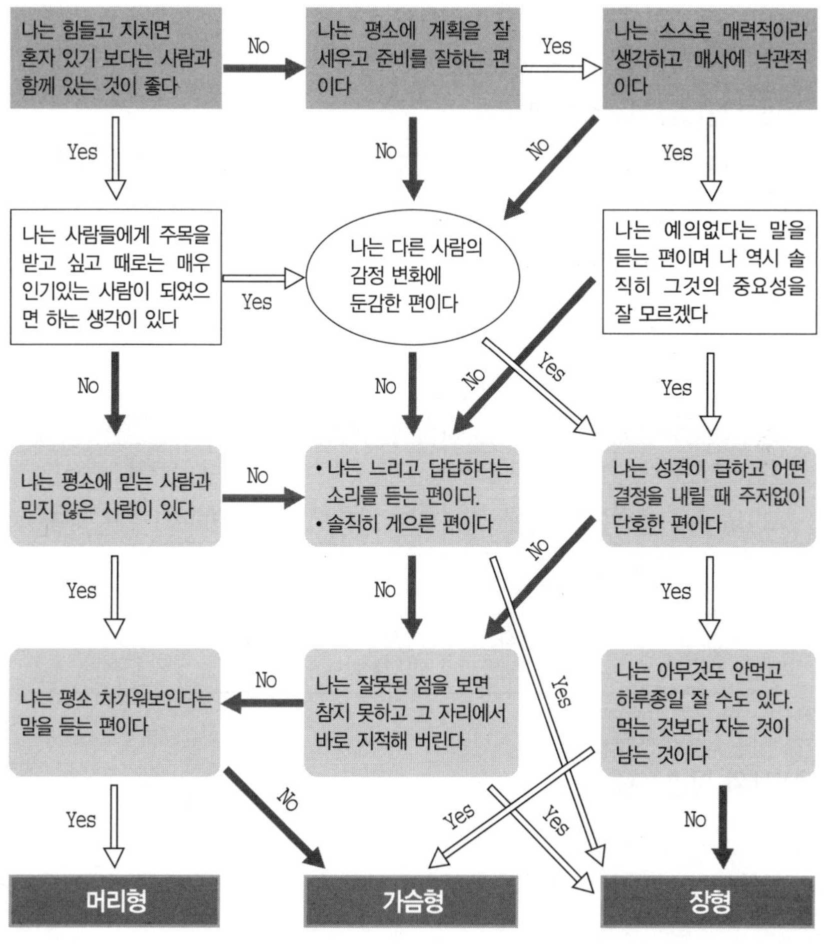

3 유형별 성과의 차별화

1) 업무 처리 방법

각 유형별 특성은 업무 처리 방법에서도 명확하게 구별된다. 업무를 주면 일단 컴퓨터 앞에 앉아 자료를 수집하고 계획을 세우면서 "계획이 반이다!" 혹은 "자료는 어디서 구하지?"라고 생각하는 머리형이 있고, 팀원간의 공감을 최우선으로 하여 팀원간의 공감대를 먼저 챙기면서 "하자!", "동기부여가 반이다"라고 말하는 가슴형이 있다.

또한 업무가 주어지면 열정과 도전정신으로 일단 해봐야 한다고 여기면서 "해보겠다는 의지와 행동", "시작이 반이다"라고 하며 바로 행동에 옮기는 장형이 있다.

[표 1-5. 유형별 업무 처리 방법]

구분	머리형	가슴형	장형
업무 처리의 핵심	철저한 계획과 준비	동기부여와 팀웍	열정과 의지
업무 순서	문제파악 → 정보수집 → 계획수립 → 실행	문제 → 공감회의와 의견 공유 → 계획 → 실행	문제인식 → 실행(행동) → 수정 → 재실행
업무 협조	혼자서, 조용히 처리	같이 해야 능률 향상	내 맘대로 하고 싶다
기타	회의 최소화, 계획파, 준비파	회의 선호(공감) 업무 핵심 : 동료와 함께	정면승부 궁하면 통한다

2) 대화 방법

대화의 방법에서 각 유형의 특징으로 나누어 살펴보면, '핵심' 이나 '사실'

만을 말하거나 "핵심이 뭐야?", "왜?", "근거가 뭐야?" 등과 같이 이유와 사실을 알고 싶어하는 머리형과 먼저 분위기를 형성하기 위해 "아~, 그랬구나~, 그래서~, 어머, 어머 정말이니?" 등과 같이 추임새를 넣어 상대방의 말에 적극적으로 반응하며 몸짓도 적절히 넣어 대화를 하는 가슴형이 있다. 이와 함께 "결론이 뭐야? 된다는 거야, 안 된다는 거야? 분명하게 말해"와 같은 말투를 주로 사용하면서 마치 싸우는 느낌을 야기하거나 애매모호한 답변을 무척 싫어하며, 양자 택일에 대한 말투와 직설적인 표현을 사용하는 장형으로 구분할 수 있다.

[표 1-6. 유형별 대화법]

구분	머리형	가슴형	장형
목소리	작고 톤이 일정	콧소리를 내고 리듬	크고 고저차가 심함
잘 쓰는 말투	왜? 근거는? 사실이야? 등과 같은 의문형	분위기가~~ 그래서~~ 어머~~ 등 동조어	그래서~~, 결론이 뭐야~ 이거야~ 저거야 등
대응법	핵심만 간략히 논리적으로 접근	공감, 동조해주는 분위기	결론부터 예의 바르게

3) 칭찬하는 방법

유형에 따라 칭찬을 대하는 태도 역시 확연하게 다르다. 머리형은 공개적인 자리에서 지나친 칭찬에 대한 부담감을 갖고 있으며, 실제 성과 만큼의 칭찬을 듣기만을 원한다. 구체적인 업적에 대한 솔직담백한 칭찬과 더불어 인사고과나 성과급 등과 같은 현실적인 접근에 관심이 있다.

가슴형은 약간 과장된 표현을 하면서 공개적인 칭찬과 더불어 식사나 회식을 통해 공감의 표현을 원한다.

마지막으로 말로만의 칭찬이 아닌 물질적인 포상이 있는 칭찬 즉, 전 사원 앞에서의 박수나 상사 앞에서의 칭찬으로 힘과 권력을 인정해주는 것을 원하는 장형이 있다. 특히 물질적 보상에서 머리형은 현실적인 보상을 원하는 반면 장형의 보상은 지금까지 한 일에 대한 보상을 원한다.

[표 1-7. 유형별 칭찬 방법]

구분	머리형	가슴형	장형
칭찬법	사실을 있는 그대로	마음을 담아 칭찬	결과가 있는 칭찬
공개 여부	개인적인 칭찬	공개적인 칭찬	규모가 있는 공개적 칭찬
횟수	한번에 간결하게	해주면 해줄수록	할 때 화끈하게

4) 충고하는 방법

잘못을 했을 때 무엇을 잘못했는지 이유를 조목조목 설명하면서 있는 사실을 그대로 지적해줘야 하는 머리형과 공개된 자리에서 잘못에 대한 지적은 수치심으로 느끼며, 일단 공감해주면서 지적을 해줘야 하는 가슴형, 믿음을 주면서 한번의 지적으로 끝내야 하는 장형으로 구분될 수 있다.

[표 1-8. 유형별 충고 방법]

구분	머리형	가슴형	장형
잘못했을 때 행동	그대로 인정	눈치보며 변명	더 화낸다
충고법	사실만 지적	공감이 우선	믿음이 우선
주의점	감정적으로 대해서는 절대로 안 된다	사실 그대로를 지적하면 더 서운해 한다	한 번의 지적으로 끝내야 한다
주요 표현법	사실대로 지적	상심이 컸지~	그래 됐어, 걱정 마 등

5) 리더십 방법

계획을 미리미리 준비하고 세우는 유비무환의 리더십 스타일이자 구성원에 대한 지시와 분업화로 자신은 중앙통제소 역할을 하는 리모콘 리더십을 발휘하며, 공과 사에 대한 분명한 구분 및 사적인 모임에 대한 거부감을 갖고 있는 머리형과 칭찬과 인정, 격려, 동기부여를 통한 서번트 리더십으로서 구성원들에 대한 끊임없는 지원을 통해 서로 협력하고 도와주는 데 집중하는 리더십을 발휘하며 인간적인 매력을 원하는 가슴형, "주면 다 준다", "일단 해보자"와 같이 객관적인 근거보다는 다소 직관적인 결단과 행동을 하면서 대체적으로 지시와 통제에 따른 일사불란한 리더십 스타일을 구성하며 달성된 성과에 대한 분명한 포상과 결과를 돌려주고 인정을 해줘야 하는 장형으로 구분할 수 있다.

[표 1-9. 유형별 인정받기]

구분	머리형	가슴형	장형
상사 스타일	유비무환 리더십	서번트 리더십	해병대 리더십
대처법	치밀한 사전준비와 계획	인간적 믿음과 교류	자신감 있고 당당한 자세
부하 스타일	신중고민형	다정다감형	용기백배형
대처법	분명한 지침과 공사구분	지속적 관심과 격려	책임과 권한 부여

6) 고객 만족

과도한 친절을 삼가고 정확한 서비스를 제공해야 하며 특히, 타사 제품에 대한 비교 분석을 제시 해주어야 하는 머리형 고객은 대개 혼자 오며, 의사결정시 판단을 위한 정확한 정보와 여유를 주어야 한다. 친구나 가족과 함께 와서 구매하는 고객으로서 유행에 민감한 관심을 표방하면서 종업원과 적극적인 대화를 원하는 가슴형 고객에게는 친근감을 표현하면서 특별한 대우와 칭찬을 해야 한다. 또한 대우 받는 것을 당연히 여기는 장형 고객에게는 "고객은 왕이다"라는 표현처럼 알아서 모셔야 한다.

[표 1-10. 유형별 고객]

구분	머리형	가슴형	장형
고객성향	비교 분석형	유행 감각형	자기 과시형
구매기준	가격대비 성능	디자인, 가치 우선	고가, 고급제품 우선
대응법	정확한 정보와 여유	특별한 대우와 친근감	알아서 모시는 깍듯함

7) 고객불만

유형별 고객불만을 처리하는 방법으로 머리형 고객들은 불만을 드러낼 때도 최대한 감정을 자제하고 사실 위주로 차근차근 표현을 하면서 '왜 이런 문제가 발생 했느냐?'와 '어떻게 조치해 줄 것인가' 등과 같은 실질적인 문제해결을 원한다. 반면에 가슴형 고객들은 불만이 발생하면 직접적으로 문제를 지적하기보다는 먼저 뭔가 억울하다는 듯이 또는 하소연 하듯이 말하는데 "어제 여기서 이걸 샀는데 어떡하면 좋아요? 내가 얼마나 놀랐는데…" 등과 같이 자신의 마음을 알아달라고 호소를 하면서 문제 해결보다는 내가 속상했다는 것을 먼저 알아주기를 바란다. 이들에 대해서는 "어머~ 어머~ 얼마나 놀라셨어요? 속상하셨죠?" 등과 같이 무엇보다 미안한 마음을 보여주고 문제를 해결해 주어야 한다.

또한 장형의 고객은 불만이 생겼을 때 처음부터 과격하게 행동하지는 않으며 구매할 때와 마찬가지로 알아서 처리해주기를 바란다. 만약 그에 적합하지 않을 경우 "책임자 당장 나오라고 해!"와 같은 태도를 보이므로 신속하게 무조건 사과와 함께 고객의 체면을 살려주면서 행동을 해야만 한다.

[표 1-11. 유형별 고객불만]

구분	머리형	가슴형	장형
고객 특징	정식 절차형	동네방네 하소연형	현장 폭발형
불만 형태	고발센터, 웹사이트를 이용하여 문제 제기	점원을 상대로 한 하소연	분노를 표출하며 힘으로 제압
대응법	본질적인 문제 해결	마음을 알아주는 공감과 사과	즉각 사과와 빠른 조치

4 유형별 인생설계

1) 직업선택

머리형은 알고 싶어하는 지적 욕구가 강하여 꾸준히 배울 수 있고 배운 것을 활용할 수 있는 일을 하기 원한다. 이들은 자신의 지적 능력을 활용할 수 있는 연구개발, 기획업무, 안정된 업무 환경의 경영지원부서나 인사, 총무, 교육, 관리부서, 조사원, 프로그래머, 법조인, 의료직, 설계사 등에 재능을 보이고 있다.

가슴형은 남에게 인정을 받을 수 있는 일을 하고 싶어한다. 즉, 많은 사람들과 교류하는 일을 선호하고 틀에 박힌 일보다는 창조적이고 독특한 일을 하고자 하는 욕심이 강하다. 그래서 이들은 예술가, 아나운서, 탤런트, 디자이너, 광고직, 이벤트 전문가, 선생님, 유치원 교사, 상담직 등과 같이 사람들에게 인정 받는 일에 타고난 재능을 발휘한다.

　장형은 구체적인 결과가 바로 나올 수 있는 역동적인 일로 몸을 움직여가며 일다운 일을 할 수 있는 직업을 선호하는 편이다. 그래서 이들은 여러 사람을 리드할 수 있는 경영자, 사업가, 군인, 경찰, 세일즈맨, 마케팅전문가, 운동선수, 사회교육가, 감독 등 독자적인 영역을 가지는 직업에서 재능을 발휘한다.

[표 1-12. 유형별 직업 적성]

구분	머리형	가슴형	장형
스타일	전문가	협력자	통솔자
중심가치	지식을 배우고 활용하는 일	창조적인 일	도전할 만한 일
업종	학자, 연구원, 교수, 행정직, 법조인 등	디자이너, 연예인, 방송인 서비스직, 의료직	사업가, 경영자, 경찰, 군인, 교육가, 감독, 세일즈맨

2) 창업 형태

　머리형은 이성적인 사람들로 머리를 쓰는 사업인 지식이나 정보, 아이디어로 승부하는 업종을 선택하는 것이 유리하다. 그래서 이들은 전문직종의 1인 기업형태로서 프리랜서로 활동하는 프로그래머, 칼럼리스트, 전문 작가, 학원 사업 등에 적합하다.

　가슴형은 인간관계를 잘 맺는 자신의 장점을 고려해 사람들의 마음을 잘 읽고 기분을 맞춰줄 수 있는 사교성을 활용한 서비스 업종에 적합하다. 외식업종인 식당이나 커피숍과 레스토랑, 패션분야인 의류점이나 액세서리점, 사람과 사람을 연결해주는 헤드헌터나 결혼정보사업과 애견숍, 미용실, 팬시점, 분식점 등과 같이 사람을 기쁘게 해주고 즐길 수 있는 업종에 적합하다.

　장형은 활동적인 성격에 걸맞게 생산적이고 진취적인 업종을 선호하는데, 큰 제조업, 건축업, 중장비사업, 운수업, 골프장, 대형 음식점, 현물인 부동산 등과 같은 소규모 창업보다는 규모가 있는 사업으로 많은 인력이 필요하고 끊임없이 활동해야 하는 업종을 선택해야 한다.

[표 1-13. 유형별 창업 아이템]

구분	머리형	가슴형	장형
창업 형태	전문가(1인 기업)	합작, 동업	규모의 사업
분야	온라인, 컨텐츠 분야 등 무형사업	서비스산업, 사람과 사람을 연결하는 분야	제조업 규모가 있는 유형사업
업종	벤처기업, 출판사업, 온라인사업, 학원사업, 전문 프리랜서	음식점, 커피숍, 패션사업, 매칭사업, 뷰티숍 등	임대업, 건축업, 운송업, 대형 음식점, 농장, 제조업

3) 재테크

머리형은 평소 재테크 정보나 금융상품 등에 많은 관심을 가지고 있으며, 항상 치밀한 정보와 분석을 통해서 안정 위주의 투자를 하는 경향이 강하다. 즉, 이들은 안정성이 최우선이므로 소극적인 투자로 보험상품이나 안정된 기관을 통하여 자금을 운영하는 것이 제일 적합하다.

가슴형은 재테크에 대한 개념이 부족한 편으로 주위의 믿을 만한 사람을 통해 투자를 하고 보험을 들어주는 편이다. 즉, 투자정보를 사람을 통해 입수하

[표 1-14. 유형별 재테크]

구분	머리형	가슴형	장형
투자성향	분산투자, 현상유지	일관된 성향 없음, 상황에 따라서	할 때 제대로 투자
투자방법	정보수집과 분석을 통해	믿을 만한 사람을 통해 (위탁)	현물에 투자해서
선호상품	보험, 주식, 펀드, 채권	위탁투자, 적금, 계모임	대지와 건물 등의 부동산

는 일종의 위탁 개념을 중시하는 경향이 강하다고 할 수 있다.

장형은 재테크를 통해 돈을 번다는 자체에 다소 거부감을 가지고 있는 반면 이들은 사업을 확장해 돈을 벌 수 있다고 본다. 또한 분산투자의 원칙보다는 거액을 한꺼번에 투자하는 '올인' 투자개념이 강하다.

[표 1-15. 유형별 시간관리]

구분	머리형	가슴형	장형
시간관리	효율적	상황적	즉흥적
선호 시간	아침	저녁	주간
약속 개념	몇 시 몇 분의 정확한 약속	몇 시쯤이라는 모호한 약속	내가 가고 싶을 때 가는 즉흥적 약속

4) 시테크 방법

머리형은 시간에 대한 관념이 확실하며, '시간을 어떻게 효율적으로 활용할 것인가'에 관심이 높아, 하루의 일정을 시간대 별로 구분하여 일주간, 한 달, 연간 계획 등을 끊임없이 세우고 관리를 한다. 한마디로 '계획적인 시간관리'를 하는 것이다. 하지만 가슴형은 머리형보다 시간관념이 확실하지 못하고, 그때그때 상황에 맞게 일정을 바꾸는 경우가 많다. 예를 들어 이들은 시간 약속을 하면 30분 정도는 늦어도 괜찮다고 생각하는 편이며, 시간에 대한 유연성이 있어서 예정에 없던 만남도 쉽게 받아들이는 상황적 시간 관리를 한다.

장형은 시간도 내 것인 만큼 내 마음대로 시간을 통제해야 한다고 생각을 하며, 시간 약속 자체를 별로 달갑게 여기지 않는다. 즉, 이들은 누가 시간 약속을 하면 "그냥 알아서 오지 무슨 시간 약속을 해?" 또는 "시간 있을 때 들러" 하며 막연한 약속을 잡는 경향이 있다. 즉흥적인 판단으로 시간을 관리한다고 할 수 있다.

5) 스트레스

　머리형은 새로운 것에 대한 불안 때문에 늘 미리 준비를 하고 무엇을 할 것인가를 생각하고 있기 때문에 준비된 계획에 따라 일이 진행되지 않으면 스트레스를 받는다. 이들의 가장 힘이 되는 에너지 보충법은 충분한 수면이다. 즉 수면이 부족하면 에너지관리가 제대로 이루어지지 않아 건강을 해치거나 성과를 내지 못한다. 이들은 잠을 통해 자신의 에너지를 다시 보충하게 된다.

　가슴형은 사람과의 관계를 가장 중요시하므로 인간관계에서 사람들의 비난과 무관심, 좋아하는 사람에게서 받는 서운함과 불만이 스트레스의 주요 원인이다.

　이들은 사람에게 받는 스트레스를 사람을 만나서 이야기하고 수다를 떨면서 스트레스를 극복하는데, 이들의 에너지 보충법은 결국 마음을 따뜻하게 해주는 좋은 만남과 애정이다. 장형은 자신의 뜻대로 되지 않을 때, 원하는 대로 되지 않을 때 스트레스를 받는다. 자신이 항상 중심에 있다고 생각하기 때문에 은연중에 마치 왕처럼 행동하려는 경향이 있는데, 이에 대한 자신의 말이나 행동에 반대하는 것 자체가 이들에게는 분노와 스트레스가 된다. 이들의 에너지 보충 방법으로는 육체적 에너지의 소모와 음식섭취를 통해서 찾고 있다.

[표 1-16. 유형별 스트레스]

구분	머리형	가슴형	장형
원인	계획대로 되지 않을 때 (의심과 걱정)	사람과의 갈등 (서운함과 불만)	내 뜻대로 되지 않을 때 (자존심과 실패)
증상	이성적 대응, 교류회피, 단절	감정적 대응, 의지, 하소연	행동적 대응, 분노표출
해소법	충분한 수면	좋은 만남, 관심	음식섭취

6) 건강

　머리형은 대체로 마르고 군살이 없으며, 근육도 적고 살이 안 찌는 체질이 많다. 이들은 비만으로 인한 각종 성인병 위험은 적으나 과도한 걱정과 예민함으로 머리나 신경계통의 질환이 많은 편이다.

　가슴형은 체형이 동글동글하고 상체가 발달된 편이며, 사람과의 많은 만남을 통해 과다한 영양 과다로 비만 위험이 높은 편이다. 가슴형의 주요 질병으로는 심장질환, 고지혈증, 지방간, 담석증, 당뇨병과 심장계통의 질환을 많이 겪는 경우가 있다.

　장형은 체력이 건강하고 근육이 잘 발달된 편으로 건강에 자신이 있으며, 식습관은 주로 고 단백질 음식을 좋아하고 대식가가 많다. 이들은 건강에 관심이 높아서 쉽게 병을 앓지 않는 체질이라고 할 수 있다. 그러나 급한 성격과 활동적인 생활태도로 급성심장발작, 당뇨병, 간경화, 고혈압, 중풍 등 혈관계통의 질환을 많이 앓는 편이다.

[표 1-17. 유형별 건강 관리]

구분	머리형	가슴형	장형
원인	근심과 걱정, 비활동성	마음의 상처와 감정적 불안	갑작스러운 분노와 과도한 활동성
주요 질병	신경계통 질환, 암	심장계통 질환, 비만	혈관계통 질환, 중풍
권장 운동	활동이 과도하지 않고 머리를 식히는 운동 산책, 스트레칭, 등산, 수영	여럿이 함께 하며 의사 소통을 할 수 있는 운동 각종 구기종목, 인라인, 재즈	움직임이 크고 승부를 낼 만한 운동 마라톤, 등산, 테니스, 골프

5 유형별 사랑법

1) 연애 방법

머리형은 자신과 생각을 나눌 수 있는 이성에 호감을 가지는데 즉, 말이 통하는 상대를 원한다. 이들은 일종의 지적 수준이 비슷한 상대방을 찾는다.

또한 호감이 가는 상대방에게 부담이 안 가도록 자신이 좋아한다는 사실을 모를 정도로 다가가서, 자연스레 연인으로 발전하는 전략적 접근을 한다.

가슴형은 느낌(feel)이 통하는 사람에게 호감을 가진다. 즉 순간적인 어떤 느낌에 끌려 첫눈에 반하는 경우로, 상대방의 외부 이미지에 따라 매력을 느낀다고 할 수 있다. 이들은 주변 사람에게 적극적인 도움을 요청하기도하며, 선물을 주고 받고 먹을 것을 싸와서 나눠먹는 등 감정교류를 하면서 가까워 진다. 또한 이들은 마음이 통하면 단시간에 가까워지는 '불 같은 사랑' 을 하는 경향이 매우 높다.

장형은 자신의 이상형을 '내 수준에 맞는 사람이어야 한다' 는 자기 중심적인 기준을 가지고 있다. 즉 자신의 체면과 위신을 세워줄 수 있는 상대방을 찾으려고 한다. 장형은 자신의 연애를 다른 사람들에게 일부러 숨기지 않으며, 자신의 감정을 솔직하게 표현한다.

[표 1-18. 유형별 연애 전략]

구분	머리형	가슴형	장형
이상형	말이 통하는 사람	마음이 통하는 사람	내 말이 통하는 사람
이상형 개념	동반자, 파트너	백마 탄 왕자	현모양처
연애 정의	연애도 전략이다	연애는 밀고 당기기이다	연애는 용기와 결단이다
연애 스타일	친구처럼 연애	불꽃처럼 연애	왕처럼 연애

2) 데이트 방법

　머리형은 데이트 자체가 큰 부담이 되는 것을 싫어한다. 이들은 함께 시간을 보내는 것만으로도 데이트라고 생각을 하며 '휴식 같은 데이트'를 원한다. 즉, 소모적으로 시간을 보내는 경우는 싫어하며 선물에서도 일종의 의례라고 생각하며 '해야 하니까 챙긴다'고 생각하는 경우가 많다.

　가슴형은 둘만의 만남을 통해 서로의 사랑을 확인 받고 싶어한다. 이들에게 데이트는 일상적인 만남이라기보다 특별한 준비가 필요한 이벤트라고 할 수 있다. 이들은 특히 여행이나 공연관람 등 놀이문화를 많이 즐기는 편이다. 또한 상대방이 기뻐할 만한 선물을 사야 한다는 기준이 있기 때문에 가격에 구애받지 않고 선물과 이벤트를 준비하기도 한다.

　장형은 데이트 개념 자체가 없다. 즉 바쁘면 바쁜 대로, 한가하면 한가한 대로 그날 상황에 따라 만남을 가진다. 그래서 이들은 데이트를 위해 따로 시간을 내는 등의 준비를 하지 않는다. 일을 하다가 남는 시간에 하는 것이 데이트라는 개념이 강하며, 선물에서도 즉흥적으로 그 자리에서 선뜻 선물을 사주는 경우가 많다.

[표 1-19. 유형별 데이트]

구분	머리형	가슴형	장형
개념	휴식 같은 데이트	추억이 쌓이는 데이트	기분파 데이트
비용	더치 페이가 편하다	필(feel) 받으면 과다지출	돈은 내가 낸다!
코스	웬만하면 가까운 곳	이벤트 코스	그 날 봐서 결정
선물	상대방에게 필요한 것	내 마음을 담은 선물	나의 능력을 보여주는 선물

3) 결혼

머리형은 집 안에서도 나만의 독립된 공간과 시간을 존중 받길 원한다. 이들은 수평적 부부관계를 원하며, 맞벌이에 찬성을 한다. 이들은 이념이 달라도 함께 지낼 수 있는 합리적인 부부관계, 자신의 뜻을 잘 이해할 수 있는 말이 통하는 배우자를 꿈꾼다. 가슴형은 영원한 사랑을 나눌 수 있는 부부관계를 원한다. 즉, 서로가 느낌을 나눌 수 있는 배우자로서 영원한 친구관계를 형성하면서 같은 곳을 나란히 서서 마주보고 있는 모습을 가장 이상적이라고 생각하며, 언제나 서로의 마음을 늘 헤아려 주고 느낌을 나눌 수 있는 부부관계를 꿈꾸고 있다. 장형은 자신을 잘 뒷받침해주는 배우자를 원한다. 자신의 뜻에 잘 따라주며 기분을 맞춰 줄 수 있는 상대방이 바로 이들이 원하는 배우자라 할 수 있다. 특히 이들은 부모의 권위가 제대로 서고, 자식들은 부모 말을 잘 따르는 가부장적인 가족이야말로 이상적인 가정이며 제대로 된 가정이라고 생각한다.

[표 1-20. 유형별 이상형]

구분	머리형	가슴형	장형
관계	수평적이며 상호보완적 관계	서로를 인정하고 격려해주는 단계	서로의 위신과 체면을 살려주는 단계
이상형	말이 통하는 배우자	느낌을 나누는 배우자	내 뜻을 따르는 배우자
가사분담	공평하게 나눠서	서로 도와가며	가사분담이 웬말
금전관리	네 것은 네 것, 내 것은 내 것	내 것도 네 것, 네 것도 내 것	내 것은 내 것, 네 것도 내 것

4) 애정표현

머리형은 감정을 절제하는 스타일이기 때문에 표현력이 부족하며, 주로 민감한 부위를 슬쩍 건드려서 관심을 전달하는 간결한 방법을 사용한다.

가슴형은 감정이 풍부하므로 애정표현을 잘 한다. 분위기를 부드럽게 만든 다음 그윽한 눈빛과 달콤한 말로 자신의 마음을 전달하려 한다. 즉, 이들의 애정표현은 감정(feel)을 느끼게 하는 데 포인트를 두고 있다.

장형은 애정표현도 화끈하게, 확실하고 힘있게 표현을 하는데, 직접적으로 바로 스킨십을 하거나 갑자기 안아주는 등의 행동으로 자신의 마음을 표현한다.

[표 1-21. 유형별 애정표현 방식]

구분	머리형	가슴형	장형
애정 표현	그냥 슬쩍 건드린다	달콤하고, 느끼게 한다	화끈하게 한다
애정 전달	아는 것을 가르쳐 준다 (지식공유 개념)	감동을 주려고 한다 (감정교류 개념)	감정을 물질로 표현한다 (물질전달 개념)
스킨십	거의 안 한다	정말 많이 한다	할 때 제대로 한다

5) 갈등

머리형은 이치에 맞지 않을 때 화를 낸다. 이들은 화가 나면 일단 말을 하지 않는 것으로 분노를 표출한다. 이들에게는 문제를 해결해주거나 또는 스스로 정리할 수 있는 혼자만의 시간을 제공해주어야 한다.

가슴형은 배우자가 자신에게 인간적으로 무관심하게 대할 때 화를 낸다. 이들은 화가 나면 어떻게든 자신의 감정 상태를 표시한다. 이들은 화가 나면 본질적인 문제보다는 감정적으로 서운한 점을 해소하려고 하기 때문에, 곁에서 따뜻한 말과 위로를 해주며 변함없는 마음을 확인시켜줘야 한다.

장형은 가족들이 자신의 권위에 대들 때 화를 낸다. 자신의 뜻을 거스르고 무능력하다고 무시할 때 분노를 표출한다. 장형은 화가 나면 그 자리에서 빨리 화를 풀어야 한다.

[**표 1-22. 유형별 갈등**]

구분	머리형	가슴형	장형
화났을 때	말을 안 한다	하소연 한다	행동으로 표현한다
화가 나면	사실이 쌓인다	감정이 쌓인다	화내면 안 쌓인다
해소법	문제해결을 원한다	감정해소를 원한다	화를 풀어야 한다

6) 교육

머리형 아이들은 대체로 조용하고 차분한 편이며, 내성적이며 소심한 성격을 가진 경우가 많다. 머리형 아이들은 친구들과 어울리기보다는 혼자서 게임을 하거나 책을 본다. 이들은 자신만의 공간을 중요하게 생각하며, 내 것에 대한 개념이 매우 강하다. 가슴형의 아이들은 애교가 많고 감수성과 표현력이 풍부하며 부모에게 의존적인 경향이 강하다. 가슴형의 아이들은 호기심이 많고 장난이 심한 특징이 있다. 장형 아이는 어린 나이에도 '애 어른' 같다는 말을 많이 듣는데, 어른들에게 예의가 바르고, 시키는 것을 잘 따른다. 이들은 자기 할 일을 스스로 알아서 처리하는 책임감 있는 아이들이며, 또한 부모에게 의지하기보다는 자신이 스스로 돈을 벌어서라도 독립을 하려고 하기도 한다.

[**표 1-23. 유형별 아이들 특성**]

구분	머리형	가슴형	장형
성격	내성적, 차분함	외향적, 애교 많음	어른스러움
부모와의 관계	수평적, 독립성	의존적, 친밀감	수직적, 상하관계
놀이	혼자서 논다	어울려 논다	데리고 논다
반항 특징	고립, 거부	과장된 행동과 흉내	과격한 행동과 분노

7) 학습지도 방법

　머리형 아이들은 학생이니까 공부를 해야 된다는 일종의 의무감과 책임감 때문에 성적을 유지하며 또한 집중력이 높아서 공부하는 요령을 스스로 터득한다. 이들의 학습 방법은 주로 혼자서 조용히 공부하는 것을 선호한다.

　가슴형의 아이들은 동기부여가 되지 않으면 웬만해서는 공부에 흥미를 느끼지 못한다. 이들은 주변 환경인 가정형편이나, 부모님의 관심, 친구들과의 관계, 공부방의 분위기 등과 같은 주변의 모든 요소들에 학습영향을 받는다. 가슴형의 아이들에게는 공부하는 분위기를 만들어주고 부모와 함께 하여 아이의 집중력을 높여 주어야 한다.

　장형 아이들은 기본적으로 공부는 쓸모 없다고 생각하는 경향이 있다. 이들은 왜 해야 되는지 그 필요성을 느끼지 못하며, 공부에 대한 흥미를 쉽게 잃어버린다. 이들에게는 구체적인 목표를 잡아주거나 공부를 잘하는 것이 실질적으로 삶에 도움이 된다는 것을 깨닫도록 스스로 강한 동기부여와 열정을 주어야 한다. 의지가 강한 장형 아이들은 외부 환경에 많은 영향을 받지 않으며, 일단 공부를 잘하겠다는 마음만 먹으면 책을 통째로 외워서라도 원하는 것을 이루어내려는 경향이 높다.

[표 1-24. 유형별 공부법]

구분	머리형	가슴형	장형
공부하는 이유	학생이라서 한다 (의무감)	인정 받기 위해서	어른들이 하라니까 한다
공부가 안 되는 이유	내가 안 할 뿐이다 (내부적 조건)	환경이 안 된다 (외부적 조건)	쓸모가 없어서 안 한다
동기부여법	필요성 설명	동기유발을 위한 칭찬과 격려	분명한 목표 설정

6 성격 유형별 휴식 방법

성격 유형별로 휴식 방법 또한 각기 다르게 나타난다고 볼 수 있다. 예를 들어 '열심히 일한 당신 떠나라' 는 유혹적인 문구가 귓전을 때리는 휴일. 떠나라는 말이 유혹처럼 들리는 사람이 있는가 하면 오히려 상사의 독촉처럼 짜증으로 다가오는 사람도 있다. 어떤 사람들에게는 떠나는 것이 '설렘' 이고 '에너지 충전의 기회' 이지만 또 어떤 사람들에게는 떠나는 것이 '피곤함' 이고 '부담' 이기 때문이다. 이처럼 사람은 모두 다르다. 그래서 개개인의 성격적 특성에 따라 쉬는 방법도 달라야 한다.

잠자는 것으로 재 충전을 하는 사람, 격렬한 운동을 통해서 에너지를 보충하는 사람, 사랑하는 가족과 친구들과 지내는 것으로 한 주의 피로를 씻어내는 사람 등 다양한 방법으로 피로를 회복한다. 그렇다면 나는 어떤 유형의 사람인가? 나에게 적합한 '여가' 는 어떤 것일까? 성격 유형별 여가활동에 대하여 알아보기로 하자.

1) 가슴형

몸과 마음이 지쳐 있을 때, 친구들과 만나 신나게 떠들고 난 뒤 가벼워졌다면 가슴형일 가능성이 크다고 할 수 있다. 가슴형들은 관계 지향형의 사람들이다. 사람들과 관계 속에서 공감과 인정을 얻고 감정적으로 교류하는 것으로 에너지를 얻는다. 그래서 가슴형의 사람들은 스트레스도 관계 속에서 생기는 불협화음으로 인한 감정적 상처들이 대부분이다. 가슴형들은 마음이나 감정이 풀려야 모든 것이 풀리는 사람들이다. 이들 유형의 사람들에겐 사람들과 함께 웃고 떠들면서 교류하는 레저활동이 좋다. 함께 즐거움을 느낄 수 있는 농구,

축구, 재즈댄스, 에어로빅, 인 라인, 보드 종류의 X-game 등이 권할만 하다. 또한 조기 축구회 혹은 동호회처럼 함께 운동하고 식사하며 교류하는 기회가 많은 활동이 적합하다.

이들의 유형들은 스포츠나 취미활동 자체를 즐기는 측면도 있지만 '함께' 하는 것에서 즐거움을 찾는 사람들이다. 이들에게는 분위기나 느낌이 무엇보다 중요하다. 여러 가족들이 함께 어울려서 나들이를 가거나 함께 식사를 하는 것, 가족여행을 가는 것도 가슴형에게는 바람직한 여가활동이다. 감정적으로 어려움에 빠져있을 때는 친한 친구를 만나 수다를 떨면서 가볍게 술을 한잔 마신다거나 노래방에 가서 맘껏 노래를 부르는 것도 좋다. 가슴형들에게 '힘들다'는 것은 몸이 힘든 것이 아니라 마음이 혹은 감정적으로 힘들다는 뜻이다. 그만큼 가슴형은 몸에 대한 감각이 본능적으로 떨어져 비만에 빠지기 쉽다. 또 사람들과 어울려서 먹고 떠드는 일을 좋아하다 보니 실제적으로 비만이 많다. 가슴형은 운동과 신체활동이 가장 필요한 유형들이지만 가장 운동을 하지 않는 유형이기도 하다. 가슴형의 사람들은 늘 몸의 건강상태와 감각을 유지할 수 있도록 몸을 움직이는 적극적인 활동이 필요하다. 감정에너지를 주로 쓰기 때문에 감정의 지배를 많이 받는다. 그래서 감정을 긍정적인 쪽으로 쓸 수 있는 일들을 찾는 것이 중요하다. 감수성을 풍부하게 해주는 예술활동도 좋고, 이웃과 함께 할 수 있는 NGO활동이나 봉사활동도 좋다.

2) 머리형

사고 기능을 주 아이템으로 살아가는 머리형들에게는 머리가 쉬는 것이 가장 좋은 휴식이다. 그러나 머리형들에게 생각을 줄이는 것은 좀처럼 힘든 일이다. 머리형에게 있어서 생각을 의도적으로 멈추기란 하늘에서 별 따기만큼 어려운 일이다. 이 유형의 사람들에게는 '생각하기'가 세상을 살아가는 방식이기 때문이다. 머리형에게 가장 좋은 여가의 방법은 잠시라도 생각을 덜하도록 하는 것이다. 잠을 자거나 아무 생각 없이 텔레비전을 보거나 무엇이든 생각 없이 할 수 있는 일이면 다 좋다. 그러나 기본적으로 머리형들은 에너지의 크기가 작기 때문에 몸을 과도하게 움직이거나 힘을 많이 쓰는 일은 적합하지 않다. 그런 일을 할 경우 상당히 힘들어 한다. 이처럼 머리형의 사람들에게는 체력 소모가 큰 운동이나 스케일이 큰 여가활동은 맞지 않다. 또 머리형의 사람들은 사람들과 만나는 것을 힘들어 하는 경향이 있다. 그래서 운동이든, 취미생활이든 혼자서 하는 것이 좋다. 가족이나 단짝 친구 등 익숙한 한두 명의 사람과 함께 하는 것은 괜찮다. 산책이나 체조, 수영이나 유산소운동, 가벼운 등산 등이 좋다. 또한 화초를 가꾸는 일이나 텃밭을 가꾸는 농사 일 등 과격하지 않은 신체활동이면 무엇이든 좋다. 머리형이라고 해서 무조건 사고활동을 줄이는 것만이 휴식은 아니다. 삶의 필요나 요구에 의한 것이 아닌 자유의지에 따른 지적활동은 머리형들에게 큰 기쁨이다. 무엇인가 자신이 좋아하는 사고활동에 푹 빠지는 일의 경우는 기운을 복 돋워준다. 책 읽기나 혹은 자신의 관심 있는 분야를 알기 위해 배움의 기회를 갖는 것 등이 머리형들에게 적합하다. 또한 이들 유형의 사람들은 머리가 쉬어야 쉬는 것이다. 또 반대로 머리가 즐거울 수 있는 일을 할 때 가장 행복하고 에너지가 충만하다.

3) 장형

일이 내 뜻대로 되지 않을 때, 내면에 화나 분노가 치밀어 올라 몸이 굳어지고 심하게 피로가 몰려오는 것을 경험한다면 장형일 가능성이 크다. 장형은 의지와 행동으로 살아가는 본능형의 사람들이다. 이 유형의 사람들은 모든 것을 몸으로 부딪쳐서 체험하는 성향이 있어, 몸을 과도하게 부린다. 많은 일을 몰아붙이기도 하고, 지나치게 자신을 통제하기도 한다. 장형들은 기본적으로 에너지의 양이 많고 크기 때문에 힘을 발산할 수 있는 것들이 도움이 된다. 특히 일상에서의 스트레스로 내면에 분노가 잠재되어 있을 때는 이러한 것들을 발산해내는 스포츠나 신체활동이 바람직하다. 등산, 축구, 탁구, 수영 등 땀을 쭉 뺄 수 있는 운동량이 많은 것들이 적합하다. 실제적으로 장형들이 체력소모가 많은 격렬한 운동을 좋아한다. 장형들은 기본적으로 힘이 많고 체력이 강한 편이라 자신의 체력을 지나치게 믿는 경향이 있다. 반면에 여가활동에 대한 개념이 약하여서 편안하게 즐기기보다는 필사적으로 승부를 거는 식으로 받아들인다. 이들에게 맞는 운동은 움직임이 크고 승부를 내는 운동이다. 기록을 갱신하고 도전할 만한 종류의 테니스, 축구, 무술, 등산, 수영, 마라톤 등이 권할 만한 운동이다. 한편 지나친 승부욕과 기록에 집착하여 오히려 몸을 몰아붙이게 되는 것을 조심해야 한다. 장형에게 있어서는 '화'를 다스리는 것이 중요하다. 화를 다스리거나 달랠 수 있는 측면의 여가활동이면 무엇이든 좋다. 익스트림(extream)스포츠나 도전적이고 모험적인 일을 할 때, 장형의 사람들은 힘을 느끼고 즐거워한다. 이들은 특히 몸이 풀려야 모든 것이 풀리는 특징이 있다. 그런가 하면 장형들은 스스로를 통제하는 성향이 있다. 여가활동을 할 때는 자신을 컨트롤하거나 어떤 원칙을 강요하는 활동보다 자신을 자유롭게 풀어놓고 즐길 수 있는 일들이 가장 좋다. 장형의 사람들은 액티브한 일이나 발산하는 여가활동을 좋아하지만 사실 이것이 전부는 아니다. 운동이나 여가활동으로 인해 화가 진정되면 부드러움과 여유로움을 되찾는 것도 중요하다. '화' 대신 웃는 연습을 하는 것만으로도 큰 도움을 얻을 수 있다.

4) 3가지 성격 유형의 특성

지금까지 살펴본 3가지 성격 유형에 대한 전체적인 내용을 일목요연하게 나타냄으로써 유형별 특징에 대한 이해의 폭을 강화할 수 있다.

[표 1-25. 3가지 성격 유형의 특성]

구분	머리형	가슴형	장형
상징 단어	이성파, 계획파	감성파, 낭만파	행동파, 기분파
주요 관심	상황, 정보	타인과의 관계	힘과 존재
별명	학자, 관찰자, 책사, 브레인 의심쟁이, 회의론자, 얼음공주	도우미, 휴머니스트, 공주·왕자병, 새침데기, 낭만주의자	보스, 카리스마, 독불장군, 화약고, 원칙주의, 행동파 고집불통
대표 인물	이창호 기사, 이건희 회장 빌게이츠, 배우 한석규 등	마더 테레사, 안정환 선수 탤런트 최민수, 김혜자	정주영 회장, 박정희 대통령, 탤런트 김혜수, 이순재 등
대표 기업	기술의 '삼성'	사랑해요. 고객만족 'LG'	도전의 '현대'
기본적인 욕구	안전, 안정에 대한 욕구	인정, 주목받는 것에 대한 욕구	지배, 통제에 대한 욕구
의사결정	논리와 이성, 타당성에 따른 결정	관계된 사람, 영향받는 사람에 따라 결정	원칙과 주관, 당연성과 의무에 따라 결정
외모의 특징	슬림하고 가벼운 체격, 깔끔하고, 쌀쌀맞은 인상	동글동글하고 부드러운 외모 매력적이고 호감가는 인상	건강한 체격, 단호하고 도전적인 인상
장점	이성적이고 객관적인 의사결정 미래를 준비하는 유비무환 정신 공과 사를 구분하는 합리주의, 쉽게 흔들리지 않는 침착함과 인내력 언행일치의 책임감과 성실성	친절함과 상냥함. 폭 넓은 인간관계와 사교력 사람의 마음을 움직이는 동기부여 능력 독창성과 창조력 미적 감각과 센스 따뜻한 인간미	강철 같은 의지와 추진력 약자를 보호하는 정의감과 의리 뛰어난 직관력 솔선수범과 원칙중심의 의사결정 지치지 않는 열정
약점	새로운 것에 대한 두려움과 보수성 자신감 부족과 의심 과감한 행동력 부족 지적인 교만과 오만 교류를 피하는 고립적 태도 냉소적인 태도와 독선적인 시각	과도한 비교 심리와 시기심 기복이 심한 감정 속임수와 위선 지나친 간섭과 감정적 집착	타협을 모르는 흑백논리 결함에 대한 분노 절제하지 못하는 과도한 욕망 융통성 없는 거만함과 퉁명스러움
안고 있는 문제	근심과 걱정 비 활동성	마음의 상처와 감정적 불만	갑작스러운 분노와 과도한 활동성
주요 질병	신경계통 질환, 암	심장계통 질환, 비만	혈관계통 질환, 중풍
권장운동	활동이 과하지 않고 머리를 식히는 운동 : 산책, 등산, 스트레칭, 수영 등	여럿이 함께 하며 의사소통을 할 수 있는 운동 : 각종 구기운동, 인라인, 재즈댄스 등	움직임이 크고 승부를 낼 만한 운동 : 마라톤, 등산, 테니스, 골프 등

Ⅱ. 혈액형별 특성 이해하기

A형, B형, AB형, O형

<table>
<tr><td>참고자료</td><td>

• 영운이의 혈액형 이야기
• 혈액형의 비밀(금성출판사)
• 서울아산병원 – 임상병리과 자료
• 혈액형 129% 활용학(노미마사 히코)
• 혈액형 인간학(노미마사 히코)
• 혈액형 인생론(노미마사 히코)
• 혈액형을 알아야 성공한다(김평숙)
• 혈액형이 뭐예요(스즈키 요시마사)
• 유쾌한 혈액형 성공학(주창기)
• 당신의 혈액형이 성공을 말해준다(주창기)

</td></tr>
</table>

1 혈액형의 특징

1) 혈액형의 특징

혈액은 이산화탄소와 노폐물을 받아내며 몸 속에 들어온 병균에 대항한다. 또한 몸에 상처가 나 혈관 밖으로 나온 혈액은 유동성을 잃고 응고되지만, 몸 속에서는 간에서 '헤파린'이란 물질이 만들어져 혈액이 응고되는 것을 방지한다. 혈액형은 1901년 오스트리아의 카를 란트슈타이너가 발견했으며, 그 성질은 부모로부터 유전된다. 사람의 혈액형은 지금까지 약 200여 종 이상으로 알려져 있다. 혈액형은 일생 동안 변하지 않으며, 혈액형의 이름은 응집원의 이름으로 부른다. 다시 말해서 일반적으로 말하는 혈액형이란 외형적인 표현형을 일컫는 것이다.

2) 혈액형이란?

사람들에게 "혈액형이란 무엇입니까?" 하고 물으면 스스로 혈액형에 대해 잘 알고 있다고 생각했던 사람도 선뜻 대답하지 못한다.

혈액형이라는 단어가 평소 꽤 익숙한 단어임에도 불구하고 정작 그 정확한 내용에 대해서는 잘 모르는 경우가 많은데, 이는 인간을 포함한 모든 생물의 몸체의 체질을 분류하는 기준 중 하나가 혈액형이기 때문이다. 즉, 혈액형은 체질 구분의 기준들 중 한 종류인 셈이다.

체질이란 곧 몸을 구성하는 재료의 질을 말하고, 많은 사람들 사이에 그 재료의 종류에는 차이가 없을 수 없다. 실제로 혈액형에 따라 각기 다른 몸의 구성 물질이 발견되고 있는데, 그것은 '혈액형 물질' 이라 불리는 것이다. 이 '혈액형 물질' 이란 단백질과 당류 그리고 그 밖의 여러 가지 유기 화합물들이 거북이 등껍질처럼 나란히 줄지어 있는 화학 물질이다.

A형의 사람에게 있는 것은 A형 물질, B형의 사람에게 있는 것은 B형 물질이며, 이 두 가지는 서로 성분과 구조가 화학적으로 판이하게 다르다. 이 두 가지를 모두 가지고 있는 사람이 AB형, 모두 없는 사람은 O형이다. 그렇다고 O형에는 '혈액형 물질' 이 존재하지 않는 것은 아니라, O형 물질이라는 것이 존재 한다. 그러나 이 물질은 O형뿐만 아니라 모든 혈액형에 포함되어 있기 때문에 O형 물질이 체질을 구분하는 기준은 되지 못한다.

혈액형은 다른 명칭인 '체질형' 이라고도 부를 수 있는데, 이는 혈액형을 혈액뿐만 아니라 근육이나 내장, 뼈, 손톱, 발톱, 머리카락 등 신체의 다른 부위로도 알 수 있기 때문이다. 그렇기 때문에 '혈액형이란 것이 단순히 '혈액' 이상의 의미를 가질 수 있게 된다. 또한 이 체질형, 즉 혈액형을 결정하는 물질은 우리의 성격을 만드는 주역인 뇌척수와 신경섬유 속에도 들어 있다.

3) 최초의 혈액형 발견

동물의 혈액을 사람에게 수혈해서는 안 된다는 사실이 알려지고, 그 외에도 수혈 반응에 대한 많은 연구가 있었지만, 여전히 사람의 혈액을 수혈 받은 환자들이 알 수 없는 원인으로 사망하는 등의 계속되는 수혈 반응은 우리에게 커다란 과제로 남아 있었다. 이런 과제는 '왜 공혈자의 적혈구가 수혈자의 혈액 속에서 파괴되는가' 라는 질문을 남기게 되었다.

이러한 치명적인 수혈 반응을 미리 예견해보고자 여러 종류의 검사법이 고안되었는데, 그 중 많이 쓰이던 방법 중의 하나가 생물적 검사법(biologic test)이었다. 공혈자에게서 소량의 혈액을 채혈, 수혈한 뒤 관찰하여 수혈 반응의 조기증상이 나타나는가를 보는 것이었다. 그러나 이 방법은 환자가 마취 중이거나 또는 쇼크 상태에 있을 때에는 사용할 수가 없다는 문제를 가지고 있었다.

그러던 중 마침내 수혈의 새로운 시대가 오스트리아 태생의 미국 병리학자이자 면역학자인 란드스타이너(Karl Landsteiner : 1868~1943)에 의해서 열리게 되었다. 1900년 당시 오스트리아 비엔나대학의 병리해부학연구소의 조수로 근무하던 란드스타이너는 사람의 혈액 내에는 다른 사람의 적혈구를 응집 시킬 수 있는 물질이 있다는 사실을 발견하고 이것을 학회에 보고하였다. 이러한 응집현상은 훗날 동종 응집현상(iso-agglutination)으로 명명되었으며, 그 물질은 동종 응집소(iso-agglutinin)로 불려지게 되었다. 란드스타이너는 22명의 성인을 대상으로 작성한 그의 첫 연구보고서에서 혈액의 응집 성상에 따라서 A, B, O의 세 가지 혈액형이 있다는 결과를 발표하였다. 이러한 발견으로 란드스타이너는 훗날(1930년) 혈액형의 발견과 면역학에 대한 공헌을 인정 받아 노벨 의학 및 생리학상을 수상하였다. 란드스타이너가 최초로 혈액형을 발견한 뒤 근 20년 이상 혈액형에 관한 연구가 더 이상 진행되지 않았으나, 란드스타이너에 의해서 미처 발견되지 못한 4번째 혈액형인 AB형이 1902년 비엔나대학의 데카스텔로(Alfred von Decastello)와 스투르리(Adriano

Sturli)에 의해서 추가로 발견되었다.

4) 인종별 ABO 혈액형의 빈도(%)

서울아산병원 – 임상병리과 자료 인용

[표 2-1. 인종별 ABO 혈액형의 빈도 (%)]

구분	O형	A형	B형	AB형
한국인	28	34	27	11
일본인	29	38	22	11
일본인(아이누)	17	32	32	18
중국인	42	26	26	6
중국인(북경지역)	29	27	32	13
영국인	47	42	8	3
프랑스인	43	47	7	3
이탈리아인	46	42	11	3
헝가리 집시	29	27	35	10
러시아인	33	36	23	8
미국 백인	45	42	10	3
미국 흑인	49	29	18	4
알라스카 에스키모	38	44	13	5
그린랜드 에스키모	54	39	5	2
나바호 인디안	73	27	0	0
페루 인디안	100	0	0	0
마야인	98	1	1	1

2 혈액형에 따른 기질

1) 혈액형에 따른 기질 결정 공식

다음 표는 각각의 혈액형에 따른 기질 성향 도표이다. O형은 별도의 특성이 첨가되지 않은 기본형이며, A형과 B형은 서로 반대되는 성향을 가졌다고 볼 수 있다.

[표 2-2. 혈액형에 따른 기질 성향]

	A형	O형	B형
적응력	적응이 느림		적응이 빠름
표현의 억제	잘함		못함
활동성 정도	저하되어 있음		강화되어 있음
이론/법칙의 중시	중시함	↔	경시함
욕을 하는 정도	억제 잘함		억제 안함
붙임성	낮음		높음
참을성	높음		낮음
예의를 갖추는 정도	최대한 갖춤		자유분방하여 경시함
한가지 일에 매진	싫증을 잘낸다		집중을 잘한다

앞의 표에서 AB형은 양 극단에 모두 해당될 수 있으므로 표기하기 어렵다. 적응력의 경우 적응이 느리면서도 적응이 빠르고, 표현 억제의 정도에서는 억제를 잘하면서도 잘 못하기도 한다. 이는 수시로 변하므로 어느 한 쪽으로 단정지을 수 없다. 이는 AB형이 A유전자와 B유전자를 동시에 가지는 중간 유전을 하기 때문에 나타나는 현상이다.

본래 AB형은 두 우성 유전자(유전자 A와 유전자 B)의 우열관계가 없기 때문에 '중간유전'을 한다. 분꽃유전에서 우성인 보라색과 열성인 흰색 유전자가 섞이면, 두 유전자 사이에 우열관계가 없어 형질이 모두 발현하여 '분홍색' 꽃이 되는 것과 유사하다. 때문에 AB형은 A형 특성을 보이다가도 B형 특성으로 변화한다. 때로는 그 특성이 동시에 나타나기도 하는데, 문제는 A형 특성과 B형 특성은 그 성격에서 완전히 정 반대한다는 것이다. 따라서 개인적인 노력으로 A형, B형 두 특성 중 우세한 한 형질을 선택하여 다른 한쪽을 압도하여야 하는데, 이것이 잘 되지 않으면 그 형질의 두 분류가 함께 발현되는 시간이 점차 길어지게 되면서, 결국에는 본인조차도 컨트롤하지 못하게 되는 것이다. 물론 그 심리상태를 확실하게 알 수는 없지만, 매우 불안정한 것만은 사실일 것이다. 그렇다고 AB형이 언제나 불안정하다는 것이 아니라, 이 다양한 정신적 능력을 잘만 활용하면 그 누구에게도 뒤지지 않는 만능 화술인 또는 해결사가 될 수 있다. 우수한 우열 유전자 두 가지 모두를 가지고 있으므로, 가장 우수한 인간형이라 말할 수도 있다. 또한 어떤 문제에 임할 때, 경우에 따라 유리한 형질을 발현하여 문제를 해결할 수도 있다.

O형은 아무것도 없는 기본 상태이다. A형은 우성의 유전자 (a)가 하나 이상(1개 또는 2개)이 포함되어 A형 기질을 보이고, B형은 우성 유전자 (b)가 하나 이상 포함되어 B형 기질을 보인다. O형은 (a)나 (b)가 없으므로 내성적이고 침착한 (a)기질도 아니고 밝고 사교적인 (b)기질도 아닌 기본 상태형이라고 볼 수 있다. 앞에서도 언급했듯이 AB형은 유전에서 특이한 상황인데, 일반적으로 두 유전자 쌍에서 우성과 열성으로 작용하여 둘 중 하나가 압도하여 결정되는 것인데도 불구하고 특이한 '중간유전'을 하여 (a)기질과 (b)기질을 동시에 가진다. 따라서 AB형은 (a)처럼 보일 때도 있고 (b)처럼 보일 때도 있는 것이다.

따라서 AB형은 A형의 장점과 B형의 장점만을 잘 살려내면 최고의 우월성을 가진 사람이 될 수도 있지만, 반대로 이 두 가지 형질의 단점에 지배당하게 되면 자칫 바보 취급을 받을 수도 있다. 흔히 이야기하는 "AB형은 천재 아니면 바보다"라는 말은 바로 이런 특성을 가리킨다 할 수 있다. 이는 결론적으로 '중간유전' 원리에 의한 것으로 설명할 수 있는 것이다.

2) 돌보기 관계 차트

일반적으로 정신적 혹은 사회적으로 성숙한 어른이 주로 돌보기 역할을 하게 되는 것은 당연하다. 물론 영리한 사람이 그보다 못한 사람을 돌보게 되는 것도 일반적인 현상이다. 이는 지금까지 우리가 쉽게 받아들여오던 사회적 지위나 계급에 의한 돌보기 관계라 할 수 있다.

이제 혈액형 기질에 따른 돌보기 관계를 제안하고자 한다. 만일 어른으로서의 성숙도 차이나 지적 수준 등이 비슷한 정도라면, 그때는 혈액형에 의한 돌보기 관계가 2차적으로 나타나게 된다. 혈액형의 돌보기 관계는 아래의 표와 같다.

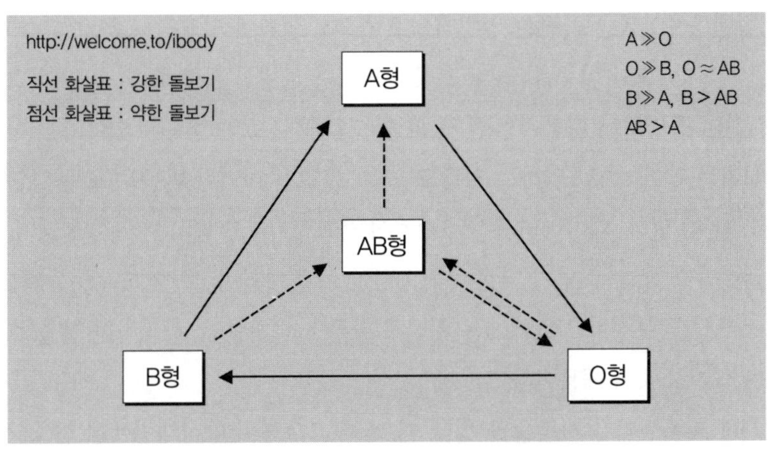

즉, A형이 O형을, O형이 B형을, B형이 A형을 돌보기 쉬운 관계가 된다.

인간관계를 안정시키고 또 원활하게 유지하기 위해서는 이 돌보기 관계를 잘 터득해두면 아주 유용하다. 예를 들면 O형이 A형을, B형이 O형을 돌보기 하려고 아무리 애써도 오히려 역효과만 가져와 인간관계를 망치는 경우가 있고, 반대로 A형이 O형에게, O형이 B형에게 매달려 기대고 응석부리려 하다가 도리어 욕구 불만에 빠지는 일도 종종 있다. 이 돌보기 관계는 남녀 사이나 부부 사이의 지속적인 관계를 좌우할 뿐만 아니라 친구관계, 비즈니스 상의 팀워크 등에 널리 영향을 미친다. 실제로 돌보기 관계의 일부 현상은 이미 많은 사람들이 깨닫고 있었다. 다만, 돌보기 관계는 인간관계의 중요한 요소이기는 하지만, 전부는 아니다. 자칫 돌보기 관계를 너무 지나치게 내세워 마치 고정된 원리원칙처럼 다루는 것은 도가 지나친 일일 것이다. 염려스러운 것은 이 돌보기 관계를 힘의 강약관계로 잘못 오해하는 사람들이 간혹 있다는 것이다. 인간의 강하고 약함은 단순 비교가 불가능하다.

3) 혈액형 기질의 역학관계

혈액형이 B형인 사람은 일반적으로 볼 때, 성격이 사교적이고 낙천적이며 활동적이다. 또한 싫증을 잘 내고 집착이 적다. B형인 사람 중에는 "역시 그렇군" 하며 공감하는 사람이 있는가 하면, "그런가? 그런 경향은 있어도 그렇게 심하지는 않아" 하고 말하는 사람도 있을 것이다. 이러한 반응은 모두 당연하다고 할 수 있다. 왜냐하면 B형의 성격이 사교적이라고 해서 반드시 언제나 사교적이라고 할 수는 없기 때문이다. B형인 어떤 사람이 일반적으로는 아주 사교적이지만, 특정한 사람에게는 완전히 다른 사람처럼 비 사교적인 면을 보일 때가 있기도 하기 때문이다.

O형 카운셀러가 사람들과 접할 때, 상대가 A형이면 상대방에게 압도당하는 것 같은 느낌이 들고, 상대가 B형이면 아무래도 저쪽이 자기보다 못한 것 같은 느낌이 드는 O형이 많을 것이다. 이 혈액형에 의한 기질의 역학관계는 심

리학이라기보다 생리학, 생화학의 분야이다. 그것은 혈액형에 의한 심리적 역학관계가 동물세계의 존재형태와 흡사하기 때문이다. 이를테면 까마귀의 세계에서는 낮은 레벨의 새는 높은 레벨의 새가 가까이오면 모이 테를 양보해 주어야 하고, 강한 새는 약한 새를 콕콕 쪼을 수 있지만 약한 새는 강한 새를 쪼을 수가 없다. 위에서 아래로 '쪼는 순위'가 정해져 있는 것이다.

[주요 강약관계] A ≫ O ≫ B ≫ A
[약한 강약관계] B > AB > A
[서로 대등] A = A, B = B, O = O, O = AB

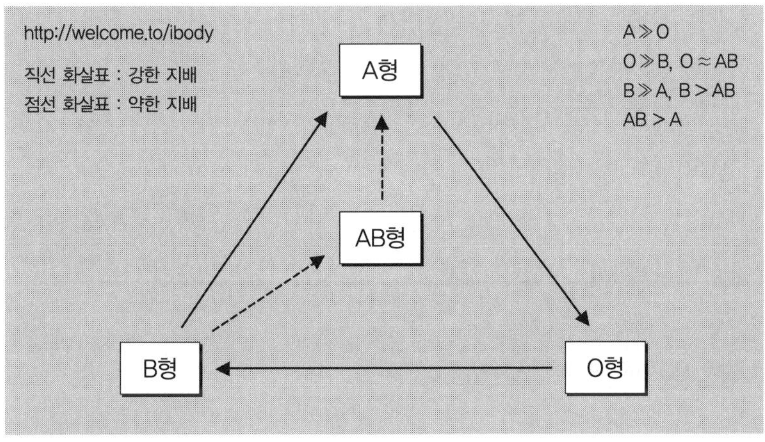

A형에게 있어 B형은 다루기 힘든 상대이지만, O형은 언제나 만만한 상대로 느껴진다. O형은 어쩐지 A형 앞에 나가면 압박감을 느끼지만, B형에게는 만만하게 무슨 말이든지 할 수 있다. B형은 언제나 O형에 패배한다고 하는 경험을 지니고 있지만, A형은 어렵지 않게 대한다.

3 성격의 단점을 장점으로 만드는 방법

각 혈액형의 성격에 대한 장단점은 일상적인 내용으로 이에 대한 다양한 이견이 있을 수 있다. 그러나 이를 바탕으로 자기자신에 대한 보다 긍정적인 모습으로 변할 수 있는 기회가 되길 기대한다.

1) 욕망을 통제한다

욕망을 통제하지 못하면, 욕구불만의 무간 지옥에 떨어질 뿐만 아니라 타인과의 조화 즉, 상호인간관계를 맺는 것과 근본적으로 모순되게 된다. 이러한 통제능력이 O형은 비교적 뒤떨어지고, AB형은 뛰어나다. A형은 언뜻 가장 뛰어나 보이지만, 욕구불만이 남는 형태로 참는 경향이 있기 때문에 완전한 통제라고 하기는 어렵다. 단, O형은 목적여하에 달려있어서 무언가의 목적을 추구할 때는 다른 욕망을 가장 잘 억제한다.

2) 감정을 억제한다

자신의 감정을 자유자재로 다루는 사람이 있다면 인생의 충족감을 맛보는 데 있어서 전지전능에 가깝겠지만, 그것은 우리가 인간이기 때문에 불가능하다. 일상적인 범위에서는 O형과, 안정적일 때의 AB형이 강하다. B형은 소규모적인 감정 억제에 가장 서툴고, A형은 감정 표현은 억제할 수 있지만 감정 그 자체를 억제하는 데에는 가장 서툴다고 보면 된다.

3) 주위와 상대에 맞추는 능력을 갖는다

이것은 A형과 가면을 썼을 때의 AB형이 뛰어나다. O형은 자신의 목적과 부합되었을 경우 일정 범위 내에서는 철저하게 맞추는 능력을 보여주는 반면, B형은 그런 능력이 가장 약하다고 볼 수 있다.

4) 사고의 폭이 넓고 전환이 빠르다

이 점은 B형이 단연 으뜸이다. 일상적인 범위에서는 AB형도 그에 못지 않지만, 묘하게 고집하는 일면을 보이기도 한다. A형은 이런 면에서는 틀에 박히기 쉽고 완고함을 보이지만, 자신의 입장이나 지위, 환경이 바뀌면 비교적 순응한다. O형은 반대로 현실성이 있어 유연한 행동을 보이기도 하나, 입장이나 환경이 급변하면 전환에 어려움을 겪는다. 또한 한번 신념을 가진 O형은 쉽게 그것을 버리지 못하는 성향을 보인다.

5) 주의력

일반적으로는 A형이 뛰어나다. A형은 섬세하게 타인에게 맞추는 능력과 지속력으로 주의력이 부족한 것을 보완한다. B형은 스스로가 인식하지 않고 자연스럽게 발휘되는 주의력은 다소 부족하다. O형은 긴장했을 때 외부로 향하는 주의력은 누구에게도 뒤지지 않지만 일상적인 범위나 마음을 놓고 있을 때는 매우 부주의 하다. AB형의 주의력은 때와 경우에 따라 편차가 심하다.

6) 인내력과 지속력

이 정신적 내구성은 어떠한 사정이나 조건 하에서 어떠한 종류의 압력에 대항하느냐에 따라 혈액형마다 그 능력이 크게 달라진다. 단 한가지만 보고 '저 사람은 인내심이 강한 사람이다' 또는 '참을성이 부족한 사람이다' 라고 절대 단정지을 수 없다. 비교적 O형은 자신의 목표 달성을 위할 때에는 참을성이 강하고 특히 '기다리는' 인내력이 뛰어나다. 단, 기대를 저버렸을 때는 포기가 빠르다. A형은 수동적일 때의 끈기와 단조로운 노력이나 고통에 대한 참을성은 가장 뛰어나다. 단, 한 가지에 지속적으로 흥미를 갖는 면은 부족하다. B형은 A형과 완전히 반대이다. 수동적인 포지션에서의 끈기와 노력 그리고 참을성이 가장 부족하다. AB형은 평정이나 안정된 감정을 지속시키는 면에서는 일인자이지만, 일반적으로 끈기가 부족한 모습을 보인다.

7) 집중력

목표를 분명하게 정했을 때의 O형과 흥미에 열광할 때의 B형이 뛰어나다.

8) 지나친 예민함과 두려움을 없앤다

이것은 어떤 혈액형에서나 요구되는 점이다.

O형은 사회적 경험을 쌓아나감으로써, A형은 자기 자신의 능력에 대해 자신감을 가짐으로써, B형은 인간관계에 자신감을 가짐으로써, AB형은 다른 사람과의 접촉에 익숙해지고, 사회 속에서 자신의 생활기반을 확보함으로써 예민함과 두려움을 점차 해소해 나간다.

이상의 8가지 항목이 만족되면 장점이 되고 만족되지 못하면 단점이 되는

데, 오히려 지나치게 만족되어버리면 단점이 된다는 것을 주의해야 한다. 즉, 욕망과 감정을 지나치게 억제하면 비인간적인 사람이 된다. 주위 환경에 너무 맞추면 줏대 없는 사람이, 사고의 폭이 지나치게 넓으면 주관이 없는 사람이 될 수 있다. 또한 인내가 지나치면 적극성이 부족한 사람이고, 집중력이 지나치면 대세를 놓치는 사람이 된다. 주의력이 두드러지면 잔소리가 많아지고, 예민함이나 두려움이 너무 없으면 무모하고 무신경해진다.

4 항목별 혈액형 이해

1) 성격의 특성 이해

성격의 특성에 대해 혈액형 별로 간략히 제시를 한다면 O형은 적극적인 성격이라고 할 수 있으며, A형은 노력하는 성격, B형은 개성이 뚜렷한 성격, AB형은 공상적인 성격이라 할 수 있다. 이에 대한 각각의 특성에 대해 세부적으로 알아보기로 하자.

[표 2-3. 혈액형별 성격의 특성]

구분	주요 내용
적극적인 O형	• 일기 쓰기를 좋아하며 언제까지나 소중하게 간직한다. • 솔직하며 생각한 대로 행동하는 면이 강하다. • 승부에 대한 집착이 매우 강하다. • 청소를 할 때 구석구석까지 잘 정돈하는 일이 드물다. • 목적을 달성하기 위해 필요한 행동을 적극적으로 하는 편이다. • 좋아하고 싫어하는 것을 분명히 하는 사람이 많다.

구분	주요 내용
노력하는 A형	• 신경이 예민하여 자신이 한 일에 대해서 자꾸 신경을 쓰곤 한다. • 두드러지게 자기주장을 하는 편이 아니라 주로 협조하는 쪽으로 선다. • 시간을 잘 지키고 질서를 생활화 하는 편이다. • 다른 형에 비해서 인내와 끈기가 많은 편이다. • 실수가 없는 A형이지만, 실수한 일에 대해서는 오랫동안 가슴속에 품고 있다. • 예의가 바르고 인사성이 좋은 편이다. • 책임감과 조심성이 많고 이해심이 풍부하다. • 정확하여 규율에 어긋나는 일은 삼가려고 한다. • 무슨 일이든지 완벽하게 해내려고 하는 성실한 성격이다.
개성이 뚜렷한 B형	• 선의의 장난이 심하고 유머가 많다. • 생각이 한곳에 집중되면 남의 일을 생각하지 못하는 편이다. • 공부나 놀이에 정신을 집중하면 시간가는 줄 모르고 완전히 몰두한다. • 주위에 대해서 별로 신경을 쓰지 않는다. • 다른 형에 비해서 자기 중심적인 면이 강하다. • 인정이 많고 누구에게나 친근감을 준다. • 자신이 생각하거나 결정한 일에 대해서는 무척 신경을 쓴다.
공상적인 AB형	• AB형은 기본적으로 A형 특성과 B형 특성을 동시에 가지는 중간유전인 관계로 경우에 따라서 A형 특성을 보일 수도 있고, B형 특성을 보일 수도 있다. • 계획을 세우고 일정을 짜는 등의 준비능력이 뛰어나다. • 성실하며 신중하게 생각하는 경향이 있다. • 누구에게나 공평하게 대하는 경우가 많다. • 정확하여 섣부르게 행동하지 않으려 하며, 조심성이 많다. 따라서 실수가 없는 편이다. • 결정이 없는 종합적인 생각이나 계획설정을 잘한다. • 부탁을 받으면 거절하지 못하는 친절함이 있다.

2) 학습하는 방법

학습하는 방법으로 O형은 좋아하는 과목을 열심히 학습을 하며, A형은 차례대로 단계를 밟으며 학습을 진행하고, B형은 집중력 있게 학습을 한다. 또한 AB형은 A형과 B형의 형태를 동시에 제시하고 있다.

[표 2-4. 혈액형별 학습 방법]

구분	주요 내용
좋아하는 과목을 열심히 학습하는 O형	• 암기를 매우 잘하고, 한번 기억한 것은 쉽게 잊어버리지 않는다. • 남에게 가르침 받기를 싫어한다. • 자신감이 생기면 학습하는 것이 취미인 것처럼 열심히 한다. • 자신이 있는 교과목을 무척 열심히 학습하지만, 그렇지 않으면 관심을 갖지 않는다. • 학습하고자 하는 의욕이 고르지 않아서 혼자 있는 것을 싫어한다. • 목표를 세우면 그것을 향해 똑바로 나아간다. • 싫어하는 교과목이라도 목표를 세우면 열심히 학습을 한다.
차례대로 단계를 밟는 A형	• 학습한 내용을 오래 기억하지 못한다. • 학습을 하는 데 기초가 완전하지 않으면 흥미를 갖지 못한다. • 성실하게 노력하는 형이므로 학습을 할 때도 차례대로 단계를 밟는다. • 새로운 것을 학습할 때 처음에는 남보다 뒤떨어지는 일도 있지만, 꾸준히 노력하면 성적 향상이 가능하다. • 계획을 세워 꾸준히 학습을 한다.
집중력 있는 B형	• 자기가 흥미 있는 것에 대해서는 '왜 그럴까' 하고 생각을 하거나 관찰하기 때문에 자연을 좋아하는 사람이 많다. • 머리 회전이 빨라 아이디어가 풍부하고 창조력이 있다. • 자신이 흥미를 가진 분야에서 뛰어난 창조력을 발휘한다. • 틀에 박히지 않고 변화에 적응을 잘한다. • 집중력은 학습과목마다 다르게 나타난다. • 집념이 강하여 관찰이나 실험 등에서는 결과를 볼 때까지 기다린다. • 계획성 없이 공부하는 경우가 많다.

3) 용돈의 사용 방법

용돈의 사용에 대한 각 혈액형별로 알아보면, O형은 알뜰히 절약을 하며, A형은 모으지 않고 다 써버리는 특징을 보이며, B형은 활용계획을 세우는 데에만 충실하며, AB형은 용돈을 유용하게 잘 활용하는 특징을 나타내고 있다.

[표 2-5. 혈액형별 용돈 활용법]

구분	주요 내용
알뜰히 절약하는 O형	• 용돈을 낭비하지 않고 알뜰하게 모은다. • 사고 싶은 것이 있으면 절약해서 산다. • 세뱃돈을 알뜰하게 모으기를 잘 한다. • 물건을 사고 거스름돈이 모자라면, 당장 그 자리에서 따진다.
모으지 않고 써버리는 A형	• 사고 싶은 것이 많아서 용돈을 제대로 모으지 못한다. • 용돈은 쓰기 위해 있는 것이라고 생각한다. • 물건을 사고 받은 거스름돈이 모자라면, 마음이 약해서 작은 소리로 말한다.
활용 계획만 세우는 B형	• 지출 계획을 잘 세우지만, 결국은 다른 것들을 사 버린다. • 거스름 돈을 받으면 얼른 주머니에 넣기 때문에 거스름돈이 모자라는지 잘 알지 못할 때가 많다.
용돈을 잘 활용하는 AB형	• 경우에 따라 A형 특성을 보일 수도, B형 특성을 보일 수도 있다. • 계획적으로 용돈을 활용한다. • 물건을 사고 받은 거스름돈이 모자라면, 망설이다가 모자라는 액수가 적으면 말하지 않는 타입이다.

4) 잠자는 모습

혈액형별 잠자는 모습의 특성은 다음과 같이 나타낼 수 있다.

O형은 자는 것을 잘 조절할 수 있으며, A형은 잠귀가 유난히 밝다. 그리고 B형은 환경을 가리지 않고 잘 수 있는 특성을 갖고 있는 반면, AB형은 수면부족에 약하다고 할 수 있다. 각 혈액형별 세부적인 내용은 다음과 같다.

[표 2-6. 혈액형별 잠자는 모습]

구분	주요 내용
잠을 조절할 줄 아는 O형	• 목적에 따라 잠을 잘 조절할 수 있다. 즉, 다음날 아침 6시에 일어나야 할 사정이 있다면, 반드시 일어나야 할 시간에 정확히 일어난다. • 전날 아무리 늦게 자도 다음날 아침에 늦잠을 자지 않는다. • 잠자는 장소가 바뀌거나 여행을 갔을 때, 쉽게 잠들지 못하기도 한다. • 병적일 정도의 심한 불면증에 시달리는 사람들도 많다.

구분	주요 내용
잠귀가 유난히 밝은 A형	• 잠이 얕아서 제대로 잘 자지 못하는 사람들이 많다. • 개가 짖거나 무슨 소리가 조금만 나도 잠을 깨고 만다. • 근심이 있으면 잠을 제대로 이루지 못한다.
어디서나 잘 수 있는 B형	• 잠이 들면 어떠한 상황이 발생하여도 잘 모른다. • 무슨 걱정이 있어도 태연하게 잠을 잘 잔다. • 졸리면 어떤 곳에서도 잘 수 있기 때문에 화장실에서 자기도 한다. • 무슨 일이 있으면 밤을 새기도 잘 한다. • 밤을 새는 일에도 강하지만, 자면서 잠투정을 한다.
수면부족에 약한 AB형	• 잠이 부족하면 어느 곳에서나 잘 자며, 또한 쉽게 정신을 밝게 한다. • 시험이 내일 닥쳐도 우선 잠을 잔다. • 잠이 부족하면 아무것도 하지 못한다.

5) 말하는 모습

혈액형별 말하는 모습에서 O형은 자기표현을 강하게 하고, A형은 신중하고 차분하게 말을 하며, B형은 재미있게 말을 한다. 또한 AB형은 즐거운 말동무처럼 편안하게 표현을 한다. 각 혈액형별 특성에 대하여 세부적으로 알아보면 다음과 같다.

[표 2-7. 혈액형별 말하는 모습]

구분	주요 내용
자기표현이 강한 O형	• 말끝을 강하게 함으로써 자신의 주장을 내세우는 것처럼 보인다. • 대화에 열중함에 따라 가끔 상대방의 몸을 무심결에 만지기도 한다. • 자기표현이 강해서 웅변이나 연설에도 뛰어난 재주를 나타낸다. • 말이 막히면 흥분을 잘하기도 한다. • 언어 표현이 강하여 남을 설득하는 일을 잘한다.
신중하고 차분하게 말하는 A형	• 차례대로 차근차근 말을 한다. 이때 상대방의 얼굴을 빤히 쳐다보는 경우가 있다. • 남이 하는 말을 들을 때는 눈을 내리고 뜨는 일도 있다. • 남의 말을 들을 때 '응응' 하면서 고객을 끄덕이는 사람이 많다. • 전화를 할 때 무심결에 낙서를 하는 사람이 많다. • 말을 할 때 신중하게 생각해서 하므로 형식에 치우치기도 한다.

구분	주요 내용
재미있게 말하는 B형	• 말을 재미있게 잘 한다. • 말을 할 때 섰다 앉았다, 손발을 움직이면서 가만히 있지 못하는 경향이 있다. • 이야기 소재가 다양하고 대화가 능하다.
즐거운 말동무인 AB형	• 즐거운 대화하기를 좋아한다. • 말을 조리 있게 잘하고 설득력이 있다. • 남의 말을 들으면서 고개를 끄덕이거나, 너무 자주 흔드는 경향이 있다. • 상대방의 이야기를 진지하게 듣는다.

6) 웃는 모습

혈액형별 웃는 모습을 알아보면 O형은 큰 소리로 웃는 사람과 좀처럼 웃지 않는 사람의 두 유형이 있다. 하지만 웃으면 안 되는 상황에서는 웃음을 잘 참는다. 또한 재미가 없어도 분위기에 따라 웃어야 할 경우에는 쉽게 웃는다. A형은 웃기를 잘하는 유형으로 웃기 시작하면 쉽게 멈추지 못한다.

B형은 주위에 있는 사람들이 웃어도 자신이 재미가 없으면 웃지 않는 한편 지나간 일들이 생각나면 혼자 웃을 때가 많다. 무의식적인 행동이나 표현으로 종종 주위 사람들을 즐겁게 하기도 한다. AB형은 조용하게 웃는 유형으로 주위 사람들이 웃으면 덩달아 웃는다.

7) 식사하는 모습

혈액형별 식사하는 모습을 살펴보면, O형은 가리지 않고 잘 먹으며, A형은 편식이 심하다. 또한 B형은 먹는 것을 즐기는 편이며, AB형은 음식에 까다롭다. 각 혈액형별 세부 내용은 다음 표와 같다.

[표 2-8. 혈액형별 식사하는 모습]

구분	주요 내용
가리지 않고 잘 먹는 O형	• 무엇이든지 맛있게 먹고, 음식을 가려먹지 않는다. • 영양가를 우선적으로 생각한다.
음식을 가려먹는 A형	• 좋아하고 싫어하는 음식 구별이 심하다. • 음식을 가려먹는 경향이 많다. 즉, 싫은 것은 먹지 않으려 한다. • 여러 사람과 함께 어울려 먹는 것을 무척 좋아하는 편이다.
먹는 것을 즐기는 B형	• 맛있는 것을 좋아하는 사람, 맛에 까다로운 사람, 많이 먹는 사람 등 여러 가지 유형이 있다. • 맛있는 것이면 장소에 구애 받지 않고 잘 먹는다.
음식에 까다로운 AB형	• 싫어하는 음식을 잘 먹지 않는다. • 반찬이 적다고 투정을 부린다. • 식사 때 주변을 어지럽히고 먹는 일이 없다.

8) 시간을 준수하는 태도

혈액형별 시간을 지키는 태도로 O형은 시간을 잘 지키는 편이지만, 늦게 가도 괜찮다고 생각하면 한없이 늦어지는 특성이 있다. A형은 시간을 엄격하게 지키는 유형으로서 자신은 물론 상대방이 약속시간보다 늦게 도착하면 화를 내기도 한다. B형은 시간을 잘 지키지 않는 유형으로 약속시간에 늦는 경우가 많다. AB형은 시간을 정확하게 지키려는 유형으로서 약속시간보다 다소 일찍 나오는 사람들이 많다.

9) 카드 선호도

혈액형별 카드 선호도에 대한 조사 결과 O형은 다른 혈액형보다 쇼핑 관련 서비스와 대출 서비스를 선호하는 기분파형에 가깝다고 할 수 있다.

A형은 포인트나 마일리지 적립을 위해 하나의 카드만 사용하는 일편단심형 이라고 할 수 있다. B형은 레저, 문화 오락 등 다양한 제휴 서비스를 담은 카드

를 선호한다. 즉, 삶을 재미있고 풍요하게 만든다는 것을 중요시하는 B형은 흥미추구형이라 할 수 있다. AB형은 카드 선택에 가장 치밀한 성향을 보이는데, 다른 혈액형보다 연회비에 민감함을 나타내며, 서비스 내용을 직접 선택하기도 하므로 전략가형이라고 할 수 있다.

10) 술을 선호하는 기준

혈액형별 좋아하는 술도 각기 다르게 나타나는데, O형은 위스키를 선호하며, A형은 와인을, B형은 맥주, AB형은 소주를 주로 선호하는 것으로 나타난다. 물론 각 유형별로 다양한 기준에 의해 술을 선호하지만 여기에서는 혈액형별 선호 술에 대한 자료를 제시한 것이다.

11) 혈액형별 골프 스타일

혈액형별 골프 스타일의 내용으로 O형은 강한 승부욕과 긍정적인 코스 공략의 스타일을 보유하고 있다. A형은 신중한 장고형으로 현재 KLPGA(05년)의 여자 골퍼의 36%을 차지하고 있다. B형은 트러블에 빠지면 흔들리기 일쑤인 반면, 컨디션이 좋을 경우 그 결과를 예측할 수 없다. AB형은 해설이나 조언하는 것을 좋아한다.

12) 혈액형별 역사의 가정

혈액형별 역사에 대한 주요 내용으로 O형은 전사의 피를 받았다고 할 수 있으며, A형은 농경 민족의 특성을 받은 유형, B형은 초원의 유목민을 조상으로 하는 유형, AB형은 인류 성장에 따라 발달한 유형이라고 할 수 있다.
이에 대한 혈액형별 세부 내용은 다음의 표와 같이 나타낼 수 있다.

[표 2-9. 혈액형별 역사의 가정]

구분	주요 내용
전사의 피를 받은 O형	• 아메리칸 인디언, 태평양의 원주민 등이 거의 O형이며 이들은 다른 부족과 싸움을 하면서 긴장 속에 지내왔다. • 목적이 정해지면 기회를 노리고 목적을 달성한다.
농경 민족의 특성을 받은 A형	• 농경민은 집단 생활과 정착을 전제로 하여 질서를 중요시하며, 농업을 위한 자연 관찰을 정확히 한다. • 집단 속에서 질서를 지키며 살아가는 이 성격은 농경민의 생활에 적합하다.
초원의 유목민을 조상으로 하는 B형	• 대초원에서 수렵이나 유목을 생업으로 하던 사람들은 자유롭게 살 곳을 정해가며 살았다고 볼 수 있다. • 즉, 틀에 박히지 않으려는 특징과 유사하다.
인류 성장에 따라 발달한 AB형	• 인간의 본능적인 기질을 탈피해, 보다 인간적이고 문화적인 기질을 숭상하는 AB형은 인류의 발달과 함께 성장했다고 볼 수 있다. • 아메리칸 인디언에는 AB형이 거의 없다.

5 혈액형별 특징

이 장에서는 혈액형별 주요 특징에 대한 내용을 제시함과 더불어 혈액형에 대한 종합정리를 하고자 한다.

1) 혈액형별 특징 비교

[표 2-10. 혈액형별 특성]

구분	주요 내용
생활면	• A형 : 공과 사의 생활을 분명히 하고 건실한 생활을 원한다. 또한 생활에 있어 안정을 원하는 경향이 강하다. • B형 : 형식이나 관습에 구애되지 않는 자유로운 생활을 원한다. 생활에 변화가 있는 것을 좋아한다. • AB형 : 합리적이고 기능적인 생활을 원한다. 자신이 할 역할을 찾아서 사회에 참여하기를 원하며 봉사적이다. • O형 : 생활의 열의가 대단하고 생활력이 왕성하다. 적극적이고 현실적이며 이해타산이 분명하여 욕심이 많은 경향을 보인다.
행동면	• A형 : 행동에 절도가 있고 정확하며 경솔하지 않다. 새로운 행동에 대해서는 신중한 편이다. • B형 : 창조적이고 진보적이다. 규제나 속박을 싫어한다. 결단력과 실천력이 있고 개척정신이 강하다. • AB형 : 성실하고 사회적 의무감이 있으며 도덕성이 강하다. 남을 돌보는 일에 적극적이다. • O형 : 자주성이 있고 개방적이며 자기 주장을 잘 내세운다. 주위 상황에 쉽게 말려들지 않는다.
사고력	• A형 : 지나치게 이론적이고 상식적이며 틀에 박힌 경향이 있다. • B형 : 이해의 폭이 넓고 아이디어가 풍부하다. 사고의 방식이 틀에 박히지 않는다. • AB형 : 분석하는 능력이 있으며 비판적이고 날카롭다. 합리적인 사고를 원한다. • O형 : 논리적이며 설득력이 있고, 솔직하다. 직선적인 사고를 잘하며 독창적이다.
학습면	• A형 : 학습에 있어서 단계를 밟고 나가는 노력파이다. • B형 : 실제적인 사실에 주목하여 집착력을 보인다. • AB형 : 이해를 빨리 하며 요령이 아주 뛰어나다. • O형 : 학습의욕이 고르지 않고 기억을 잘한다
감정면	• A형 : 감성적이며 세심하다. 감정의 억제를 잘하지만, 한번 폭발하면 회복하는 시간이 오래 걸린다. • B형 : 감정의 동요나 표현이 강하고 감수성이 있다. 또한 감정의 변화가 심한 편이다. • AB형 : 좋고 싫은 감정이 정확하여 냉정한 면과 감정적인 면을 동시에 갖고 있다. 감동이 적다. • O형 : 감정이 매우 풍부하고 낭만적이며 이상적이다. 그러나 현실적이기도 해 양면성을 가지고 있다.

구분	주요 내용
인내성	• A형 : 계속적인 일에 대한 인내력이 뛰어나고 고통을 잘 견딘다. 끈기와 책임감이 투철하다. • B형 : 흥미가 있는 것이면 대단한 집착을 보이지만 단순하고 고정된 일에는 쉽게 싫증을 느낀다. • AB형 : 일단 일에 대한 가치를 인정하고 노력하려는 성품이지만 매사에 끈기가 부족하다. • O형 : 목적이 일단 정해지면 참고 기다리지만 불가능하다고 여겨지면 쉽사리 포기해 버린다.
대인관계	• A형 : 주위사람과 인간관계에서 인정을 바라고 상대에 대해 세심한 신경을 쓴다. 조심성이 있다. • B형 : 마음의 문을 빨리 열고 사람을 가리지 않지만 형식적인 인간관계를 피하고 싫어한다. • AB형 : 지나치게 가까운 관계를 좋아하지 않아 일정하게 거리를 두며 실수를 하지 않으려 힘쓴다. • O형 : 신뢰를 중요시하고 알지 못하는 상대에 대해서는 경계심을 품으며 자기 편을 아낀다.
취미	• A형 : 일과 취미를 구분하여 형식을 지킨다. • B형 : 관심과 흥미가 있는 것이면 취미로 삼는다. • AB형 : 취미가 다양하고, 공상적이며 동화적이다. • O형 : 낭만적이고 개성적인 일이면 취미로 삼는다.

2) 혈액형 종합

1) 혈액형별 호감도

혈액형에 대해서는 다양하고 종합적인 의견들이 제시되어 있으므로 그 이외의 의견에 대해서는 독자들의 보다 체계적인 학습에 맡기며, 이 내용은 혈액형에 대한 일반적 내용으로 전개하고자 한다.

O형은 A형의 빈틈 없는 생각에 신뢰를 갖고 있으며, A형은 O형의 적극성을 좋아한다.

O형은 B형의 자주적 행동에 호감을 가지며, B형은 O형의 개성에 관심을 갖는다.

AB형은 O형의 대범한 점을 못마땅해 하지만, O형은 아랑곳 하지 않는다.

AB형은 B형의 행동에 관심을 가지며, B형은 AB형의 봉사적인 마음을 좋아한다.

2) 혈액형별 특성 이해

[**표 2-11. 혈액형별 특성**]

구분	주요 내용
O형	• 승부에 대한 집착이 강하다. • 자기 뜻대로 되지 않으면, 금방 화를 낸다. • 다른 사람의 지시를 받기 싫어하지만 자신은 남에게 지시(명령)를 잘한다. • 텔레비전을 시청할 때 스포츠나 서부극을 무척 좋아한다. • 배우와 스포츠 선수 중에 O형이 많다. • O형끼리 친구를 사귀면 경쟁하게 되지만, 같은 체험을 하면 좋은 친구가 된다.
A형	• 코미디를 좋아하는 사람이 많다. • 추진력이 부족해 처음부터 어려운 일을 선택하면 실패한다. • 친절함으로 다른 사람들에게 호감을 준다. • 자신에게 매우 엄격하다. • 인내심을 갖고 일을 해 나가는 노력형이다. • 추리소설과 역사소설을 쓰는 작가에 A형이 많다. • A형끼리 친구를 사귀면 서로 마음을 터놓지 않으므로 같은 취미를 갖는 것이 좋다.
B형	• 텔레비전을 시청할 때 마음에 내키면 무엇이든지 보는 편이다. • 이야기를 재미있게 하여 사람들에게 호감을 산다. • 하나의 일에 빠져들면, 집중력이 뛰어나다. • 창조력이 뛰어나다. • B형끼리 친구를 사귀면 처음에는 잘 다투지만 오래 사귀면 좋은 친구가 된다.
AB형	• 두뇌회전이 빠르고, 판단과 분석력이 뛰어나다. • 가급적으로 마찰을 피하려 하고 승패에 집착하지 않는다. • 텔레비전을 시청할 때 동화적인 내용이나 공상적인 것을 좋아한다. • 체조, 배구, 축구, 탁구 등에는 반사신경이 뛰어난 AB형이 많다. • 정확하고 합리적인 분석을 하며, 과학적으로 생각을 한다. • AB형끼리 친구를 사귀면 서로 흥미를 갖는 것은 적지만, 좋은 친구가 된다.

Ⅲ. 사상체질

태양인, 소양인, 태음인, 소음인

참고자료

- 사상체질을 알면 건강이 보인다 : 황배연(서울 국제 한의원)
- 체질이야기 : 정경연(정경연 한의원)
- 심리검사 도구의 이해와 활용 : OPE교육지기
- 사상체질 심리학 : OPE 교육지기
- 사상체질과 진단법 : 행림출판사
- 사상체질과 리더십 : 들녘출판사
- 사상체질 바르게 압시다 : 태웅출판사
- 사상체질에 맞는 야채와 과일건강법 : 국일미디어
- 이제마 사상체질 의학 : 아카데미서적
- 사상체질로 보는 성공 리더의 조건 : 거름
- 운동하며 배우는 사상체질 : 숙명여자대학교 출판부
- 사상체질의학 창시자 : 서원당
- 이제마 사상체질과 인간관계 : 홍익출판사
- 내 몸에 꼭 맞는 사상체질 건강 요리 : 한방미디어
- 이제마가 분석한 명인들의 사상체질 : 정담
- 주역으로 보는 이제마의 사상체질 : 중앙생활사

교육기관

- (주)오피이 교육지기(www.ope.co.kr)
  - 사상체질 심리학 과정
  - 심리검사 도구의 이해와 활용 과정

1 이론적 배경

1) 체질이란 무엇인가?

일반적으로 체질이란 말은 그 사람의 타고난 몸의 성질을 이야기 하는 것으로 매우 다양한 의미로 쓰이고 있다. 정신작용을 포함하여 신체의 형태 및 기능의 본성은 대부분 유전적 영향으로 형성이 된다. 유전적 영향으로 형성된 본성은 환경이나 교육 또는 나이와 같은 후천적 조건에 의하여 변화되지 않기 때문에 사람은 누구나 타고난 체질을 유지하며 살아간다고 할 수 있다. 즉, 사람들은 특이 체질, 알레르기 체질 등과 같이 특정한 체계가 아니더라도 특별한 상황에 독특한 반응을 보이게 되면 'ㅇㅇ체질'이라는 말을 보통 붙이곤 한다.

그런데 한방의학에서의 체질의 개념은 더욱 복잡하고 다양하다. 이는 사람의 형상으로 체질을 구분하기도 하고, 오행으로 체질을 구별하기도 하는 등 다양한 체질 구분법들을 사용하고 있기 때문이다. 이들 모두는 나름대로 질병의 치료에 적지 않은 도움을 주고 있다고 할 수 있다. 이와 같은 견해를 통하여 정리를 하면 체질이란 '인간을 몇몇 부류로 나누어 그에 따른 성질을 파악하는 방법'이라고 이해하면 된다.

2) 사상체질이란 무엇인가?

세상에는 똑같은 사람이 존재하지 않는 것처럼, 같은 오장육부를 지니고 있다고 하더라도 그 기능이 허(虛)하고 실(實)한 상태가 각기 다르기 때문에 사람마다 독특한 생리기능을 발휘하고 있다. 한의학에서는 이를 체질이라 하며, 이러한 체질의 특이성에 의해 사람들은 성격이나 음식의 기호, 체격, 자주 걸리는 질환까지도 차이가 나게 된다고 볼 수 있다. 이처럼 개개인의 체질적 특성을 고려하여 예방의학적인 측면의 치료 방법 등을 연구하는 것을 체질의학 또는 사상의학이라고 하며, 이는 조선시대의 이제마 선생에 그 근원을 두고 있다. 사상의학에서는 인간의 성정(性情) 즉, 타고난 바에 의해 각각의 오장육부에 허실이 생김으로써 체질별로 독특한 질환이 발생한다고 보고 있다. 실제 치료에 있어서도 호흡기 질환, 간장 및 신장 질환, 소화기 질환 등을 참고로 하여 태음인(太陰人), 소음인(少陰人), 태양인(太陽人), 소양인(少陽人)의 4가지 유형으로 대별하여 치료를 하는데, 사상이란 바로 태양인, 소양인, 태음인, 소음인의 네 가지 체질별 유형인 것이다.

3) 사상의학의 본질

사상의학은 인체의 질서뿐 아니라, 병인(炳因)·병리(炳理) 등 모든 것이 인간으로부터 비롯된다고 본다. 전통 한의학은 자연계의 현상을 통하여 인간을 이해하고 인간의 문제를 해결하려 하는 등 자연 근본의 의학이라 할 수 있다. 그러나 사상의학적으로 보면 인간은 태어날 때의 장부의 불균형으로 인해 각기 다른 성향의 성격을 가지게 되고, 각기 다른 질환에 걸리기 쉬운 몸을 가지게 된다. 즉, 사상의학은 인체가 없으면 존재하지 않으며, 사람이 있고 나서 우주가 설명되는 인본주의 의학으로 볼 수 있다. 따라서 체질을 통하여 건강뿐 아니라 생활 방법, 인간과 인간의 만남, 각종 사회현상에 대한 것까지도 이 이론을 통하여 확대하여 생각할 수 있게 되는 것이다. 사상의학의 본질은 사람에게는 네 가지 체질이 있고 체질에 맞는 식품이 따로 있으며, 정신적인 영역도 체질별로 다르다는 것이다. 그러므로 체질에 맞게 음식을 먹으면 자연히 몸이 건강해져서 여러 가지 병을 예방할 수 있고 치료도 가능하다. 아울러 체질별로 치우치기 쉬운 희로애락(喜怒哀樂)의 감정을 잘 조절한다면 스트레스로 인한 심리적 압박을 해소해주고, 신체의 불균형을 막아 정신적, 육체적으로 더욱 건강해질 수 있다는 것이다. 사상의 각 체질은 민족, 지역, 국가별로 인구분포가 다르며 유전적 요소를 가진다. 이제마는 동일 체질의 부부 사이의 자녀는 부모와 동일체질을 가지며 상이 체질의 부부 사이의 자녀는 부모 중 한쪽의 체질을 가지고 있다고 한다. 사상체질의 인구분포에서 '태음인'이 50%, '소양인'이 30%, '소음인'이 20%이며, 태양인은 그 수가 적어 1만 명 중 10여 명 미만으로 상대적으로 현저히 희박하다고 볼 수 있다. 더불어 지역에 따라 체질 분포가 다르게 나타나는데, 북쪽 지역은 '태음인'이 많고 남쪽 지역에는 '소음인'이 많다고 볼 수 있다.

이와 같은 관점을 종합해 볼 때 사상의학의 의의 및 가치는 첫째로, 사상의학은 수천 년 동안 전래되어 온 동양의학의 약점을 보완, 발전시킨 동양의학의 결정체로서 동양의학의 새로운 방향과 기준을 제시했다. 둘째로, 사상의학은 인체와 의학의 근본원리이며 지도원리이다. 즉, 사람의 체질에는 네 가지 종류가 있음을 밝힘으로써 기본 원리에 입각한 치료 및 예방법을 체질별로 밝힐 수 있으며, 근본치료가 가능하다고 볼 수 있다. 각 사상체질에 따른 취약점을 보완하는 것을 원칙으로 한다. 셋째로, 사상체질은 선천적으로 타고나는 것이다. 따라서 체질은 상대적인 구별이 아니고 절대적인 구분이며, 변하지 않는다. 넷째로, 사상체질은 유전된다. 자식은 부모 중 하나의 체질을 닮는다. 다섯째로,

사상의학은 치료의학인 동시에 예방의학이다. 또한 근본의학이다. 원리이기 때문에 체질식(體質食)을 잘하면 병의 치료뿐만 아니라 예방도 가능하다고 할 수 있다.

2 사상체질별 특성

1) 심리학적 이해

　체질 유형별 특성으로서 마음속의 긍정적 욕구에서의 소양인은 시비지심인 지혜로운 사람인 지(智)인 이며, 태양인은 사양지심인 예의 바른 사람인 예(禮)인이며, 소음인은 수오지심인 의로운 사람인 의(義)인이며, 태음인은 측은지심인 인자한 사람인 인(仁)인으로 나타낸다.

　마음속의 부정적 욕구에서의 소양인은 인기와 명예를 추구하는 경박한 사람인 박(薄)인이며, 태양인은 권력에 집착하는 무례한 사람인 비(鄙)인이며, 소음인은 직위를 추구하는 나약한 사람인 나(懦)인이며, 태음인은 재물을 추구하는 욕심이 많은 사람인 탐(貪)인으로 체질 유형별 특성인 자기 이해를 나타낼 수 있다.

2) 유형별 특성

　이 장에서는 체질 유형별 특성(크게 일반·여가·특성별 장단점 및 기타 여러 가

[표 3-1. 체질 유형별 특성 자기 이해]

구분	소양인	태양인	소음인	태음인
마음속의 긍정적 욕구	지(智)인 지혜로운 사람	예(禮)인 예의바른 사람	의(義)인 의로운 사람	인(仁)인 인자한 사람
사단(四端)	시비지심 (是非之心)	사양지심 (辭讓之心)	수오지심 (羞惡之心)	측은지심 (側隱之心)
마음속의 부정적 욕구	박(薄)인 경박한 사람 인기(명예)	비(鄙)인 무례한 사람 권력	나(懦)인 나약한 사람 직위	탐(貪)인 욕심 많은 사람 재물

지 특성)과 더불어 문제해결 과정에 따른 유형별 특성에 대하여 알아보기로 한다.

일반적인 유형의 특성에서 소양인은 철없는 아들과 같은 특징을 나타내며, 태양인은 욕심이 많은 아버지로서 대변할 수 있다. 또한 소음인은 철든 딸의 역할을 나타내며, 태음인은 욕심이 없는 어머니로 표현될 수 있다.

여가의 유형별 특성으로 소양인은 희망형이며, 태양인은 보스형으로, 소음인은 자존심형, 태음인은 애정형으로 나타낼 수 있다. 이와 같은 세부 내용은 다음의 표로 나타낼 수 있다.

[표 3-2. 체질 유형의 일반 특성]

구분	주요 내용
소양인 (철없는 아들형)	• 겉 모습을 중시하고 활발한 성격임 • 목적이 보이면 열정적으로 달려감 • 약간은 이성적이면서 급함 • 칭찬을 하면 더욱 일을 잘 해나감 • 창의적인 사고에 좋은 특성을 가짐 • 항상 스타가 되기를 바람
태양인 (욕심 많은 아버지)	• 하늘의 태양처럼 보스가 되는 것에 관심 • 아주 급하게 사고하고 솔직함 • 약속과 키 포인트를 중시 • 결과를 빨리 성취하고 욕심이 많음 • 독선적인 경향을 나타냄

구분	주요 내용
소음인 (철든 딸)	• 분석적이고 현실적이며, 통합적임 • 결과를 중시하고 정보를 중요시함 • 모든 일의 순서를 알고 정밀함 • 신중하게 의사결정을 하고 자존심이 강함 • 현실적으로 너무 열심히 살려고 함
태음인 (욕심 없는 어머니)	• 모든 것을 포용하는 것에 관심을 둠 • 근본적인 원인을 파악하려고 함 • 물처럼 욕심 없이 흘러가려고 함 • 인내심과 참을성이 강함 • 인정 지향적인 삶을 살려고 함

[표 3-3. 체질 유형의 여가 특성]

구분	주요 내용
소양인 (희망형)	• 친한 사람과 어울리며 수다를 떨면서 재미를 느끼는 것을 선호함 • 방송처럼 화려함을 늘 꿈꾸는 이상가임 • 일단 재미있는 삶을 살려고 하고 어린이처럼 미래에 대한 희망과 관련한 여가를 즐김 • 이상적이고 활동적인 취미활동을 선호함
태양인 (보스형)	• 자신의 일에서 보스가 되어 모든 것을 주도하려고 하는 것에 관심 • 모든 일을 빠르게 판단하고 돈에 관심 • 현실적인 행동의 결과를 중시하므로 일과 관련된 사람과 만남을 중시 • 강하고 폭발적인 여가활동을 선호하고 한번에 모든 것을 끝내려고 하는 성향을 가짐
소음인 (자존심형)	• 자존심 하나로 버티어 온 삶으로 자신만의 조용한 취미를 가짐 • 남과 잘 어울리지 않고 혼자서 보내는 경향이 많음 • 외로운 독고탁 같은 성향으로 세상을 분석하고 현실적인 어려움을 받아들이고 헤쳐 나가려고 애씀 • 아주 약한 운동이나 혼자서 여가를 즐김
태음인 (애정형)	• 노자와 장자의 사상처럼 자연과 더불어 모든 것을 사랑하는 것을 추구 • 애정이 많고 소심한 편이라서 가까운 사람과 시간을 보내는 경향 • 한번 마음을 열면 사람을 믿는 편이며, 정에 약한 것이 특징임 • 편안하고 안정된 여가활동을 즐김

[표 3-4. 체질 유형별 특성의 장·단점]

구분		주요 내용
소양인	장점	• 무엇인가에 재미를 붙이면 일을 매우 잘해내는 특성이 있음 • 연예인처럼 약간 화려함을 추구함 • 이상적인 꿈을 꾸며 낭만적인 면이 많음 • 무엇인가를 시작하는데 주저함이 없이 시원하게 잘해 나감
	단점	• 말이 너무 앞서서 용두사미형으로 타인의 신뢰를 얻지 못하는 경우 • 매사를 수박 겉 핥기 식으로 하는 경향 때문에 문제를 끝까지 해결하지 못할 수도 있음 • 너무 창조적이다 보니 현 문제에 대한 분석에서 많은 실수 초래 • 타인의 감정을 이해하지 못하는 경향이 있음
태양인	장점	• 단순, 과감, 때로는 무식으로 활동적임 • 한번에 모든 것을 해결하는 시원한 성격 • 생각하면 행동으로 옮기는 데 신속성을 보임 • 갑자기 다혈질로 사람을 놀라게 하지만 뒤끝이 전혀 없는 것이 특성임
	단점	• 세상을 마음대로 조정하려는 욕구로 인해서 자신 스스로 화가 남 • 의견 대립시 반드시 이겨야 한다는 생각 때문에 타인과 대화가 잘 이루어 지지 않을 때가 있음 • 일을 너무 빨리 재촉해서 타인을 혼란에 빠트리게 할 수도 있음 • 너무 단순화시키므로 세밀한 부분에서 실수가 많음
소음인	장점	• 일에 완벽성이 있어서 타인의 신임을 쉽게 얻을 수 있음 • 너무 침착한 나머지 실수가 없음 • 뛰어난 현실주의자, 실리주의자 • 한번 목표를 삼으면 끝을 보는 인내심
	단점	• 자기표현이 부족하여 남이 자신을 알아주지 않으면 상처를 받기 쉬움 • 너무 자존심을 세워서 언제나 혼자 남아 외로움을 당할 수 있음 • 너무 완벽주의자로서 스트레스로 인한 질병과 타인의 부담을 살 수도 있음 • 매사에 분석적이라서 인간미가 부족하다는 소리를 들을 수 있음
태음인	장점	• 세속에 욕심이 없어서 이상주의자라는 소리도 가끔 들음 • 타인을 도우며 기쁘게 지원함 • 타인이 상처 받지 않도록 애쓰는 어머니형 • 항상 일에 있어서 다음을 걱정하는 생각 깊고, 사려 깊고, 안정적인 성실성이 있음
	단점	• 현실의 이익보다 너무 멀고 큰 목표를 가짐으로 인해서 현실성 결여됨 • 자신의 마음에 들지 않아도 수용해서 홀로 많이 고민함으로 시간적으로 손해 볼 수도 있음 • 너무 사람들과 좋은 관계만 유지하려는 경향으로 인해서 일이 진행되지 않을 때가 있음 • 지나치게 수용적이어서 타인에게 이용당해 마음이 상할 수 있음

[표 3-5. 체질 유형별 심층심리 분석]

구분	소양인	태양인	소음인	태음인
강점	말재주	책임감	정확성	용서
약점	건망증	급한 성격	스트레스	타인 과다 배려
직업형	가수, 여행가, 탤런트, 강사	사업가, 군인, 경찰관, 정치인	공무원, 학자, 선생님, 의사	종교인, 봉사자, 예술가, 시인
음악	태평가	군가	진달래꽃	백만 송이 장미
싫어하는 것	논리	돈 안 되는 것	비논리	불쌍한 사람 괴롭히는 것
스트레스시 행동	타인에게 말함	폭발한다	가슴속에 새긴다	가슴속으로 운다
의사 결정	흘러가는대로	중요한 순으로	상황논리에 맞게	서로 만족하게
속도	빨리	매우 빨리	천천히	느리고 편안하게
선물주기	여행권	백화점 티켓	책	꽃
우선권	다양한 관계	일의 성과	일의 순서	좋은 관계
외모	신세대적	간편복	전통적	수수하게
사무환경	정리되지 못함	성과지향적	잘 정리됨	감성지향적
지향점	완벽주의	수용성	물 흐르는 대로	스피드
공포 때	구원 요청	상황 거부	방어	변화
추천 도서류	정리형 인간	느림의 지혜	일을 즐겨라	단순하게 살아라
동기 요인	인정	최고	칭찬	참여
언어적	부담 없이 전달	한마디로 전달	사실적으로 전달	암시적으로 전달
음성적	재치 있으면서 극적으로 표현함	강력한 어조로 단적으로 표현함	작은 소리로 단조롭게 표현함	여성적인 음성으로 표현함
시각적	스킨십과 제스처를 다양하게 사용함	눈을 강하게 쳐다 보는 경향이 있음	무표정한 얼굴을 계속 유지함	자유롭고 느린 동작으로 표현함
외내강유	외강내유	외강내강	외유내강	외유내유
특징 부족시 현상	즐기지 못하고 시작을 못한다	현실적이지 못하고 자기주장을 못한다	체계적이지 못하고 인내심이 약하다	인정이 없고 감성이 부족하다

[**표 3-6. 체질 유형별 문제해결 방법**]

구분	소양인	태양인	소음인	태음인
문제정의	높은 목표치에 기준한 문제인식	명확하고 단순한 방식의 인식을 선호	객관적 진술에 초점을 맞춤	주관적 진술에 초점을 맞춤
잠재적 원인 분석	밖으로 드러난 원인에 대한 비중이 높음	가장 중요한 원리 한가지에 초점을 맞춤	원인들의 순서와 관계를 생각함	여러 가지 원인을 통합적으로 생각함
대안인식	보다 흥미있고 새로운 해결책을 탐색	보다 강한 해결책을 탐색	보다 정교한 해결책을 탐색	많은 해결책을 탐색
최선 해결책 탐색	차후 계속적인 성장을 기준한 해결책 선호	자신이 통제 가능한 해결책 선호	객관적 준거에 기준한 해결책 선호	다수 의견에 기준한 해결책 선호
실행계획 수립	경험적이고 순간 대응적인 실행계획에 초점	모든 상황에 하나로 적용되는 계획 수립	구체적이고 단계적인 실행계획 수립	각각의 상황에 맞는 계획 수립
실행／평가	감정관계에 따른 평가	결과물에 따른 평가	약간의 하향식 평가	차후 문제와 연결된 종합적 평가

3 사상체질의 한의학적 특성

사상체질의 한의학적 특성에서는 체질별 질병, 체질별 운동 방법, 체질별 식성과 개선 방법, 체질별 유익한 탕과 물 및 술과 보석 등에 대하여 표(**표 3-7~10**)로 알아보면 다음과 같이 제시될 수 있다.

[표 3-7. 체질별 질병]

소양인	태양인	소음인	태음인
대체로 신장과 방광이 약함 - 신장/방광/전립선/생식기 질환 - 요도염, 요통 등	대체로 간 기능이 약함 - 담배를 많이 하는 경우 급성간장 질환 조심 - 소화불량, 식도경련 - 허리디스크 등	대체로 위장과 심장 기능이 약함 - 소화불량, 위하수 - 복통, 위장병 - 신경성 질환 - 불면증 등	대체로 폐장, 대장, 심장이 약함 - 심장병, 고혈압 - 중풍, 감기, 기침, 폐렴, 기관지염 등

[표 3-8. 체질별 운동 방법]

소양인	태양인	소음인	태음인
명상, 요가와 같은 집중력과 인내심을 기르는 운동 - 자전거 타기, 등산, 축구, 계단 오르기 등	하체가 부실한 편으로 수영이 최고로 좋다. - 자전거 타기, 등산, 축구, 윗몸 일으키기 등	체조나 산책, 조깅과 같은 가벼운 운동이 좋다. - 줄넘기, 조깅, 체조, 팔 굽혀펴기, 수영 등	에너지 소모가 많은 운동이 효과적임 - 농구, 축구, 장거리 등산 등

[표 3-9. 체질별 식성과 개선 방법]

소양인	태양인	소음인	태음인
음식을 빨리 먹는 경향이 있으며, 찬 음식을 좋아함 - 몸을 차게 만드는 음식이 필요함	대체로 냉랭하고, 담백한 음식을 좋아함 - 몸을 습하게 만드는 음식이 필요함	음식을 대체로 늦게 먹으며 따뜻한 음식을 좋아함 - 몸을 따뜻하게 만드는 음식이 필요함	음식을 가리지 않고 잘 먹으며, 폭음, 폭식하는 경향이 있음 - 몸을 건조하게 만드는 음식이 필요함

[표 3-10. 체질별 유익한 탕과 물 및 술과 보석]

구분	소양인	태양인	소음인	태음인
탕	돼지국밥, 뼈다귀탕, 오리탕, 자라탕	해물탕, 붕어탕 등	삼계탕, 추어탕, 메기탕, 장어탕	사골곰탕, 추어탕, 장어탕, 도가니탕
물	조금 차가운 물	시원한 물	따뜻한 물(숭늉)	약간 미지근한 물
차	보리차, 구기자차, 결명자차	오가피차, 유자차, 솔잎차, 녹차	인삼차, 꿀차, 레몬차, 생강차	오미자, 율무차, 칡차, 커피
술	맥주, 포도주	맥주, 포도주	소주, 정종	소주, 위스키
보석	은, 백금	진주, 목걸이	금	금

4 사상체질별 관리 방법 이해

일상적인 생활이나 어떠한 특정한 일 처리에서 '동일한 내용을 왜 그렇게 처리할까?' 하는 반문과 서로의 차이점 때문에 심리적인 고통과 어려움을 수없이 경험하고 있으며, 그로 인한 스트레스가 날로 증가하고 있다. 서로의 차이에 대한 이해를 통해 삶의 여유와 평화 및 구성원간의 업무 성과와 관련된 인간관계의 증진에 기여할 수 있는 다양한 측면에 대하여 사상체질별 접근을 하고자 한다.

1) 체질별 인생설계를 위한 핵심 키워드

체질별 인생 성공에 대한 핵심 키워드에서 '소양인'은 인정, 즐거움, 창의, 탐미, 화목이란 키워드를 사용하며, '태양인'은 부유함, 영향력, 용모, 건강, 자율, 성취 등의 키워드에 집중을 하고 있다. 또한 '소음인'은 전문성, 윤리, 기술, 정직, 정의 등과 관련된 키워드를 사용하며, '태음인'은 지혜로움, 신앙, 소속감, 희생, 감성, 봉사 등과 같은 키워드를 인생설계에서 주로 활용하고 있다.

[표 3-11. 체질별 핵심 키워드]

소양인	태양인	소음인	태음인
- 인정, 즐거움, 창의, 탐미, 화목	- 부유함, 영향력, 용모, 건강, 자율, 성취	- 전문성, 윤리, 기술, 정직, 정의	- 지혜로움, 신앙, 봉사, 소속감, 희생, 감성

2) 체질별 문제해결 및 사고, 행동 방법

사상체질별 문제해결 유형은 각기 다르게 제시되고 있는데, '소양인'은 대안탐색과 실행안 결정을 통하는 의사결정형이며, '태양인'은 일반적으로 초기감독이나 과정통제 및 실행을 하는 실행통제형으로 구별되며, '소음인'은 평가와 사후관리를 하는 문제평가형이며, '태양인'은 문제의 인식과 정의 및 원인에 따른 원인분석형으로 유형을 다양하게 구분할 수 있다.

또한 체질별 의사결정의 향상으로 '소양인'은 그때 그때 생각하는 창의적인 방식을 소중히 여기는 결정을 선호하며, '태양인'은 스피드하고 자신이 컨트롤할 수 있는 범위를 정해놓고 결정을 한다. '소음인'은 완벽하고 차후에 문제가 되지 않는 방향으로 결정을 하며, '태음인'은 되도록 모든 사람이 만족하도록 노력하여 뒤늦게 결정을 한다고 할 수 있다.

[표 3-12. 체질별 문제해결 방법]

소양인	태양인	소음인	태음인
- 대안탐색 / 실행안 결정 - 의사결정형	- 초기감독 / 과정 통제 / 실행 - 실행통제형	- 평가 / 사후관리 - 문제평가형	- 문제의 인식 / 정의 / 원인 - 원인분석형
- 우뇌적 발산형	- 좌뇌적 발산형	- 좌뇌적 수렴형	- 우뇌적 수렴형
- Feedback 중심형	- Output 중심형	- Goal 중심형	- Input, Process 중심형
- 봄처럼 많은 이에게 표현하며 해결한다	- 여름처럼 열정적으로 빠르게 해결한다.	- 가을처럼 진지하게 홀로 해결한다	- 겨울처럼 준비하며 전체적으로 해결한다.
창의적 방식을 소중히 여기는 결정을 선호	스피드하고 자신이 컨트롤할 수 있는 범위를 정해놓고 결정	완벽하고 차후에 문제가 되지 않는 방향으로 결정	모든 사람이 만족하도록 노력하고 뒤늦게 결정

[표 3-13. 체질별 몸, 사고, 행동에 의한 구분 방법]

구분		소양인	태양인	소음인	태음인
술-추위		더위를 많이 탐	술 해독력 약함	추위에 약함	술 해독력 좋음
체형 / 외모		보통 체격에 열이 있음	조금 마르고 열이 있음	마르고 차가움	살이 찌고 조금 차가움
		어깨나 가슴이 발달	목, 머리, 턱이 발달	엉덩이나 아랫배 발달	허리와 배가 발달
		얼굴이 길고 신경질적인 인상	눈에 빛이 나며 강해보이는 인상	소심하고 생각이 많아 보이는 인상	여유는 있어 보이나 겁이 많아 보이는 인상
사고		봄처럼 피어나는 사람	여름처럼 불타는 사람	가을처럼 진지한 사람	겨울처럼 준비하는 사람
		즐기는 삶 (자기보상)	움직이는 삶 (실천, 행동)	원칙적인 삶 (목표, 목적 중시)	헌신적인 삶 (의미 추구)
행동		자신을 돕는다.	타인을 통제한다.	자신을 통제한다.	타인을 돕는다.
		말 먼저 한다.	행동을 먼저 한다.	꼼꼼히 한다.	넓게 포용한다.
		인상이 밝고 재미 있어 보인다.	카리스마가 강하며 욕심이 많아 보인다.	생각이 많고 기가 죽어 보인다.	착하고 마음이 넓어 보인다.
		긍정적이며 자기 말을 많이 한다. • 농담을 섞어서	큰소리로 말하며 단정적으로 말한다. • 직선적으로	조용하게 말하며 먼저 말하지 않는다. • 약간은 부정적으로	겸손하게 말하며 다소 불분명하게 말한다. • 돌려서 암시적으로

5 사상체질별 갈등양상 이해

이 장에서는 체질별 갈등현상에 대하여 알아보기로 한다. 어떠한 현상에 대하여 갈등이 발생하고 해결되지 못했을 때, 체질별 장기적 반응으로 '소양인' 은 기억에서 사라질 때까지 타인들에게 말하고 다니며, '태양인' 은 또 다른 방식으로라도 반드시 갈등과 맞서려고 한다. 또한 '소음인' 은 똑같은 방식으로 대응을 하여 대가를 치르며, '태음인' 은 어쩔 수 없는 상황으로 받아들이며 천천히 잊는 경향이 있다. 이처럼 체질별로 각기 다른 현상을 표출하고 있음을 우리는 알 수 있다.

체질별 행동경향 및 갈등시 선호하는 해소 방법과 유형별 최적의 갈등관리 방법 등에 대하여 보다 구체적으로 알아보면 다음의 표와 같이 제시 될 수 있다. 체질별 상호간에 효과적으로 일을 하려면 차이를 존중하고, 그 차이가 후에 큰 성과를 내는 데 결정적인 역할을 한다는 것을 명심해야 한다.

[표 3-14. 체질별 갈등시 행동 경향]

구분	주요 내용
소양인	• 말을 통해 해결하려고 한다. • 때로는 감정적인 공격도 행한다. • 서로가 잘 될 수 있는 전략으로 접근하므로 끝에 가서는 서로가 이익이 되는 것으로 협상하려는 경향이 있다. • 해결이 불가능할 경우 때로는 다투는 경향이 많다.
태양인	• 갈등에 대한 승리를 위해 자신의 유리한 힘을 사용하는 경향이 있다. • 자신의 의지를 굽히지 않고 혼자 갈등을 해결하려는 경향이 많다. • 갈등해결시 자신의 입장에서만 생각하는 경향이 있어서 크게 부딪치는 경우가 많다.
소음인	• 갈등해결시 너무나 많은 힘을 소진하는 경향이 있으며, 스트레스를 받으면서 혼자 있으려 한다. • 갈등시 겉으로 타인에게 순응하나, 속으로는 갈등의 승리를 위한 방법으로 모색을 한다. • 일어난 갈등에 대하여 보다 근본적인 원인을 찾으려고 노력하며, 서서히 해결하려고 한다.

구분	주요 내용
태음인	• 갈등을 그대로 받아들이는 경향이 있으며, 갈등상황을 오랫동안 유지하는 경향이 있다. • 갈등을 최대한 줄여서 내가 손해보더라도 좋게 해결하는 경향이 있다. • 그동안 쌓아온 좋은 관계를 지키려고 상대가 원하는 대로 해주는 경향이 있다.

[표 3-15. 체질별 갈등시 선호하는 해소 방법]

구분	주요 내용
소양인	• 많은 대화로 해결하려고 한다. • 노래를 부르며 감정을 분출하여 해결하려는 경향이 있다. • 자신의 억울한 사정을 만나는 사람마다 모두 알리고, 자신의 처지를 보여서 자신의 선의를 인정 받으려는 경향이 많다. • 감정적으로 상대방을 공격하면서 해소하기도 한다.
태양인	• 스포츠나 등산을 통해서 육체적으로나 행동으로 쌓인 스트레스를 푸는 경향이 있다. • 갈등시 폭발하는 자체로 자신의 갈등을 해소하는 경향이 있다. • 홀로 외로이 고민하며 혼자 힘으로 모든 것을 해결하기도 한다.
소음인	• 갈등의 근본적인 원인을 논리적으로 밝히고, 합리화를 통해서 갈등을 해소한다. • 갈등이 잘 해결 될 수 있도록 마음속으로 바라며, 갈등의 해결에 대하여 많은 고민을 한다. • 침묵을 지키며, 갈등을 해결하기 위한 독서나 전략을 구상한다.
태음인	• 갈등상황을 회피해서 갈등을 줄이려는 경향이 있다. • 잠을 많이 자거나 음식을 많이 먹음으로 인해서 갈등을 다른 것으로 풀려고 하는 경향이 있다. • 폭발함으로써 갈등을 해소하는 경향이 있다. • 갈등상황을 그냥 따르기도 하며, 어쩔 수 없는 상황으로 합리화하기도 한다.

[표 3-16. 갈등상황에서 시간별 반응 변화]

구분	초기	중기	후기
소양인	말한다	다툰다	협상한다
태양인	다툰다	요구한다	혼자 결정한다
소음인	듣는다	참는다	따진다
태음인	경청한다	받아들인다	회피한다(폭발하며)

[표 3-17. 체질별 최적의 갈등관리 방법 : 자신]

구분	주요 내용
소양인	• 문제를 보다 논리적이고 체계적인 접근으로 단계적으로 해결하는 습관을 가져야 한다.
태양인	• 상황을 받아들이고 최적의 협상 방법을 찾는다. • 명상이나 산책 등을 하면서 자신을 비워야 한다.
소음인	• 상대방에 대한 부정적인 감정을 먼저 버리고 보다 개방적이고, 긍정적인 사고로 접근해야 한다.
태음인	• 보다 현실적인 대안을 찾기 위해서 많은 이들에게 조언과 요청을 하여 새로운 대안을 찾아보아야 한다.

[표 3-18. 체질별 최적의 갈등관리 방법 : 타인(유형별 접근전략)]

구분	주요 내용
소양인	• 먼저 대화를 할 수 있는 분위기를 제공한다. • 열정적으로 인정하며 동기를 부여한다. • 꿈에 대한 비전을 수시로 상기시켜준다. • 너무 논리적으로 꼼꼼히 접근하지 않는다. • 사교적 환경(재미 있는 환경)으로 접근한다.
태양인	• 빠르게 대응하는 것이 중요하며 결론을 말한다. • 최고의 대우를 해주며 늘 최고가 될 수 있다고 동기를 부여한다. • 현실적 사실에 관한 예를 많이 든다. • 중요한 말은 자신이 할 수 있도록 유도한다. • 단기적인 지도 방법으로 접근한다.
소음인	• 원칙과 논리를 갖추어서 의사를 전달한다. • 충분한 시간을 두고 서서히 말을 시작한다. • 전체적인 일관성을 가지고 서서히 대화한다. • 항상 근거자료를 가지고 대화를 시작한다. • 중장기적인 지도 방법으로 접근한다.
태음인	• 그들에 대한 믿음과 세심한 부분까지 고려한다. • 개인적 관심(집안일 등)을 표현하며 말을 시작한다. • 감성적인 대화와 좋은 관계로 접근을 시도한다. • 그들만의 삶의 철학을 인정해 주고 공감해준다. • 언어 이면에 깔린 암시적인 뜻에 주의한다.

[표 3-19. 체질별 성취 동기부여 요인(신뢰 요인)]

소양인	태양인	소음인	태음인
• 자신의 업무 기획에 관여 • 승진 • 근로조건 • 약간의 압박을 받는 근로조건 • 경쟁적 환경 • 경력 발전 전망 • 사교적 환경	• 어느 정도의 권한 부여 • 매니저의 결단력 • 업무 위임 • 봉급 • 감독할 수 있는 범위 확대 • 명확한 목표가 부여됨 • 고위층과 미팅 참석	• 매니저가 제공하는 사례 • 칭찬 • 일에 대한 만족 • 건설적인 피드백과 코칭 • 완성된 일의 결과 공유 • 조직의 구조 이해와 업무 절차 파악 • 개인적 직함	• 개인적 관심 • 좋은 인간관계 • 당신의 노력 인정 • 직업 안정성 • 업무 완수 방법에 관한 세세한 지도 • 팀으로 일함 • 업무 시간에 대한 자율성

[표 3-20. 체질에 따른 결과 피드백 방법]

소양인	태양인	소음인	태음인
• 좋은(Good) 피드백 　- 역량과 잠재력에 대한 확신 증진 • 나쁜(Bad) 피드백 　- 갈등구도를 조성하고 비난에 집중 • 핵심사항 　- 코치는 피코치자에 대한 감정을 철저히 인식	• 좋은(Good) 피드백 　- 역량과 잠재력에 대한 확신 증진 • 나쁜(Bad) 피드백 　- 불확신의 느낌과 자존심 손상 • 핵심사항 　- 결과에 대한 요구와 개선에 집중	• 좋은(Good) 피드백 　- 현재의 위치 상태와 다음에 할 일에 대한 구분 • 나쁜(Bad) 피드백 　- 상황에 대한 불확실한 추측과 해석 • 핵심사항 　- 질문에 대한 확인과 계획시에 동참	• 좋은(Good) 피드백 　- 일의 성과에 대한 상호 협력적인 느낌 전달 • 나쁜(Bad) 피드백 　- 평가나 감시를 받았다는 느낌을 줌 • 핵심사항 　- 자신 스스로에 대한 평가 유도와 인정적 지원

Ⅳ. LIFO

> 지지-포기형, 주도-강제형,
> 신중-고집형, 적응-타협형

주요 인용 자료	• LIFO 강점 계발 강점관리 [KMA]
참고자료	• 관리자 능력 향상과정 등 [D사 과정] • LIFO 강점관리 과정 등
주요 교육기관	• 한국능률협회 [KMA]

1 라이포(LIFO)란?

1) 라이포(LIFO)의 의미

라이포(LIFO)란 라이프 오리엔테이션(Life Orientations)의 약자로서, 인생을 살아가면서 갖고 있는 우리들의 기본적인 행동 유형을 뜻한다.

라이포(LIFO)는 인간 행동과 의사소통에 대한 이론을 네 가지로 체계화한 것으로 첫째, 타인에 대해 서로 다른 심리적, 생리적 욕구를 가장 잘 충족시킬 수 있는 방향으로 행동하도록 배우게 된다는 것이다. 이러한 복잡한 행동양식은 타인에 대해 우리들의 자연스러운 행동 유형 또는 우리 자신들의 선호 행동 유형이 되는 것이다.

둘째, 우리들의 선호 행동 유형은 우리들이 제대로 이를 이해하고 개발할 수 있을 때, 우리 자신들의 욕구를 보다 더 생산적으로 만족시킬 수 있는 원천과 우리의 강점을 나타낸다고 볼 수 있다.

셋째, 그러나 우리 자신들의 행동 유형을 결정하는 행동 방식들의 조합이 반드시 우리들의 욕구를 만족시켜 주는 것은 아니다. 우리들의 강점이 과도하게 사용되면 오히려 비생산적이 될 수 있다는 것이다. 실제로 과도하게 사용된 강점은 약점이 되는 것이다. 우리들의 강점을 과도하게 사용하는 것에 그 대가를 치러야 하지만 일반적으로 이 부정적 사실을 처음에는 인정하지 않으려 한다고 볼 수 있다.

넷째, 우리 자신들의 강점이 과도하게 사용되는 경향은 우리들의 환경이 긴장과 갈등에 의하여 영향을 받을 때 가장 비 생산적이 된다. 그러나 우리들은 자기 완성이라는 기본 목표를 방해하는 행동 유형으로부터 우리 자신들을 자유롭게 할 수 있다고 본다.

2) 라이포(LIFO)의 목적

우리들이 일반적인 생활과 업무 속에서 지속적인 성과와 원활한 대인관계를 형성하기 위하여 우리들은 지속적인 자신의 강점을 충분히 계발해야 한다. 만약에 강점을 충분히 계발하지 않았을 때에는 보다 많은 제한을 받게 되며, 일정 시점을 지난 후에는 자신의 강점을 지나치게 사용하기 때문에 다양한 성과에 대한 저하가 발생될 수 있다고 본다. 우리는 이것을 '강점-약점의 파라독스' 라 한다. 따라서 라이포(LIFO)의 목적은 '강점-약점의 파라독스' 를 피하고 우리 자신들의 강점 계발과 강점관리를 통하여 원만한 대인관계의 형성과 지속적인 업무 성과를 향상하는 데 궁극적인 목적이 있다. 더불어 자신의 재능, 강점, 행동 유형에 대한 이해와 자신의 강점과도 사용시 취약점 인식, 타인의 재능, 강점, 행동 유형 인식과 존중 태도의 습득, 강점 계발과 강점관리의 기본 전략 습득, 타인의 관계향상 방법 습득, 타인의 나에 대한 이해, 관계향상 지원을 통하여 인간관계의 향상과 조직의 활성화, 자기계발과 자아실현을 하는 데 그 목적이 있다.

3) 라이포(LIFO)의 역사

라이포(LIFO)는 1960년 미국의 심리학자인 스튜어트 애트킨스(Stuart Atkins) 박사와 앨런캐처(Allan Katcher) 박사의 공동창안으로 개발되었으며, 프롬(Erich Fromm), 로저스(Carl Rogers), 드러커(Peter F.Drucker) 등 3인의 이론에 근거를 두고, 많은 행동과학자와 상담치료학자, 컨설턴트들의 관찰과 경험을 통해 지속적으로 발전해 오고 있다.

4) 라이포(LIFO)의 특징 및 효과

이 라이포(LIFO)의 특징으로는 크게 기업과 조직 현장에서 바로 쉽게 활용이 가능하며, 개인과 조직의 강점 인식과 계발에 중점을 두어 이론 중심이 아닌 실제 활용 중심의 체험학습을 강화하는 데 있다. 또한 그에 대한 주요 효과는 개인 계발과 성찰의 기회 제공, 갈등감소와 문제해결, 원활한 의사소통 향상과 의사결정력 향상 등 접근과 적용에 따라 그 결과의 값이 다르게 나타내어 효과를 향상시킬 수 있다.

2 라이포(LIFO)의 설문지 작성

1) 설문지 작성시 주의 사항

개인의 강점과 유형을 보다 잘 활용하기 위해 설문조사는 필수적으로 해야 하는데, 이 설문은 옳고 그른 것에 대한 답을 요구하는 테스트가 아니므로 그에 대한 설문서 작성시 주의사항을 알아보면 다음과 같이 제시할 수 있다.

첫째, LIFO 설문지는 시험이 아니며 따라서 측정의 규범도 없고 유형의 좋고 나쁨도 없다. 즉, 설문서를 작성하는 근본 목적은 자신에 대해 정확하게 이해하는 데 있다.

둘째, 자기 자신에 대해 냉정하고 솔직해야 한다. 현재 하고 있는 행동에 대하여 표시해야 하는데, 이는 당연히 해야만 한다고 생각하는 행동을 의미하는 것이 아니다.

셋째, 자발적으로 해야 한다. 순서를 매기는 데 있어서 정답이 있는 것처럼 생각하지 말고 거기에 지나치게 얽매이지 말아야 한다. 즉, 직장(학교)에서의 일이든 집에서의 일이든 어떤 특징적인 것에 관계없이 자기자신의 일반적인 모습을 작성해야 한다.

넷째, '4'는 나와 가장 같거나 비슷한 사고방식을, '1'은 나와 가장 멀거나 다른 사고방식을 나타내며 그에 맞게 체크 해야 한다.

다섯째, 설문지를 완성하는 데는 시간적 제한이 없다.

여섯째, 지시사항을 주의 깊게 읽어보고 설문지를 작성해야 한다.

다음의 예를 연습하여 보기로 하자.

✛ 대부분의 시간 동안 나는

1. 친절하며 누군가를 돕는다　　　　　　　　　　　　[3]
2. 열심히 일하며 아이디어로 꽉 차 있다　　　　　　　[4]
3. 실제적이며 주의 깊다　　　　　　　　　　　　　　[2]
4. 매력적이며 인기 있다　　　　　　　　　　　　　　[1]

2) 설문지 실시(자기 진단)

대인관계 행동 특성 설문지

✛ 내가 가장 만족을 느낄 때는

1. 이상적이고 낙천적으로 행동을 했을 때이다　　　　　[　　]
2. 리더가 되거나 그런 기회를 추구할 때이다　　　　　[　　]
3. 서로 자기 관심 있는 것을 하고 있을 때이다　　　　[　　]
4. 모임으로 다른 사람들과 어울려 있을 때이다　　　　[　　]

✛ 내가 다른 사람을 대하는 방법은

5. 예의 바르고 공손한 태도이다　　　　　　　　　　　[　　]
6. 활력이 넘치고 자신만만한 태도이다　　　　　　　　[　　]
7. 사려 깊고 과묵한 태도이다　　　　　　　　　　　　[　　]
8. 젊음이 넘치고 터놓고 얘기하는 태도이다　　　　　　[　　]

9. 자신이 정중하게 대접 받고 있으며, 어려울 때면 찾아가는 좋은 사람이란
   기분을 갖게 한다 [   ]
10. 내가 원할 때는 즐겁고, 반가운 마음으로 나를 대하게 한다 [   ]
11. 중요한 영향을 미쳐서 나에게 감사하고 존경하고 공평하게 대접하게 만든다 [   ]
12. 나와 같이 있다는 사실이 즐겁고 기쁘게 만든다 [   ]

13. 그 사람이 정당한가 아닌가에 관심을 기울인다 [   ]
14. 그 사람을 설득시키려고 노력한다 [   ]
15. 차분하게 하나하나 따지고, 평정을 유지하려 한다 [   ]
16. 마음을 터놓고 그의 입장을 받아 들이려고 노력한다 [   ]

17. 그 사람이 친하려고 하지 않아도 먼저 찾아가서 친하려고 노력하는 형이다 [   ]
18. 상대방의 입장을 개의치 않고 적극적으로 접근한다 [   ]
19. 조심스럽고 차분하게 접근한다 [   ]
20. 내가 별로 내키지 않을 때도 잘 접근하는 편이다 [   ]

21. 줏대가 강하지 않고 어리숙한 사람으로 보일 것이다 [   ]
22. 영리하고 똑똑한 사람으로 보일 것이다 [   ]
23. 완고하고 남을 잘 안 믿는 사람으로 보일 것이다 [   ]
24. 자기 태도가 분명치 않는 적당주의로 보일 것이다 [   ]

25. 겸손하고 이상적이다 [   ]
26. 남을 설득하고 지도하는 점이다 [   ]
27. 인내심 많고 실질적인 점이다 [   ]
28. 즐겁고 재미있게 행동하는 점이다 [   ]

❖ 다른 사람과 관계를 맺을 때 나는

29. 믿고 신뢰하며 그 사람을 좋아한다 [ ]
30. 적극적이며 앞장서는 태도를 취한다 [ ]
31. 실질적이며 조심스럽게 접근을 한다 [ ]
32. 재미있게 하고 내가 싫더라도 그가 바라는 대로 하는 편이다 [ ]

❖ 다른 사람들이 나를 어떻게 볼 때 가장 만족하는가

33. 충실하고 믿을 수 있는 사람 [ ]
34. 유능하고 배울 수 있는 사람 [ ]
35. 실질적이고 합리적인 사람 [ ]
36. 특출하고 유머가 많은 사람 [ ]

❖ 만약 실패하기 직전에 있을 때 나는

37. 어떻게 해야 할지 다른 사람과 의논한다 [ ]
38. 최선을 다하고 그 결과에 책임을 진다 [ ]
39. 지금까지 내용을 점검하고 남의 눈치를 살핀다 [ ]
40. 상황을 유리하도록 나를 변호한다 [ ]

❖ 상대방에게 원했던 것을 얻지 못했을 때 나는

41. 포기하고 상대가 왜 응하지 않는가 그 이유를 생각한다 [ ]
42. 내 권리를 주장하고 상대가 내 요구에 응하게 만들려고 한다 [ ]
43. 상관하지 않고 다른 것을 찾는다 [ ]
44. 웃어 넘기고 아무렇지도 않게 생각한다 [ ]

❖ 때때로 나는 상대방에게 다음과 같은 인상을 줄까봐 두려워한다

45. 복종적이고 어리숙한 사람으로 볼까봐 두렵다 [ ]
46. 탐욕적이고 자만하고 있는 사람으로 볼까봐 두렵다 [ ]
47. 차갑고 거리감을 느낄까 두렵다 [ ]
48. 겉과 속이 다르고, 나서는 사람으로 볼까 두렵다 [ ]

❖ 사회적으로 성장하는 지름길은 나는

49. 그 분야의 뛰어난 사람에게 잘 보이는 것이 중요하다   [   ]
50. 능력껏 일하고 그 대가를 요구하는 것이 옳다   [   ]
51. 충실히 일하고 기반을 닦는 것이 옳다   [   ]
52. 주변에서 인정할 만큼 바람직한 인격을 갖춰야 한다   [   ]

❖ 어려운 사람과 같이 일하게 되었을 때 문제가 생기면 나는

53. 쉽게 양보하거나 그들의 조언을 따른다   [   ]
54. 재치있게 그들과의 마찰을 피해 나간다   [   ]
55. 나의 정당성을 생각해 보고 내 입장을 고수한다   [   ]
56. 적당히 타협하고 더욱 좋은 관계를 만들려고 노력한다   [   ]

❖ 나는 다른 사람에게 비쳐지기를

57. 충고나 조언을 들을 수 있고 나를 믿을 수 있는 사람이라고 생각할 것이다   [   ]
58. 주변의 사람들을 이끌어 나갈 수 있는 신념에 찬 사람이라고 생각할 것이다   [   ]
59. 보수적이고 안정된 사람이라고 볼 것이다   [   ]
60. 융통성이 많고 적응력이 높은 사람이라고 볼 것이다   [   ]

❖ 최종 결정을 내려야 할 때가 되었다고 생각하면 나는

61. 쉽게 패배를 인정하고 다른 데를 찾아 나선다   [   ]
62. 포기하지 않고 최후의 순간까지 기회를 노린다   [   ]
63. 냉정하게 차근차근 되돌이켜 생각해 본다   [   ]
64. 투쟁을 중단하고 승리한 쪽으로 가담한다   [   ]

❖ 경우에 따라서 나는

65. 무골호인처럼 자존심 없이 행동하며, 공상이나 한다   [   ]
66. 용감하고, 진취적이며, 자만한다   [   ]
67. 의심 많고, 차갑고, 비판적이 된다   [   ]
68. 유치하고, 혼자 있기 어렵고, 지푸라기라도 잡고 싶다   [   ]

69. 나를 존경하고 겸손하게 굴도록 한다 [   ]

70. 나에게 무시당하고 화나게 한다 [   ]

71. 나를 냉담하다고 생각하도록 만든다 [   ]

72. 지겨운 느낌을 받고 나를 이상하게 생각하도록 만든다 [   ]

취합표 1

먼저 1 ~ 72번의 (   )안의 점수를 1번부터 72번까지 그대로 기입한다
그 다음 A ~ L, a ~ l 까지 점수를 가로줄로 더해서 점수를 낸다

1. ( )	25.( )	49.( )	→	A [ ]
2.( )	26.( )	50.( )	→	B [ ]
3.( )	27.( )	51.( )	→	C [ ]
4.( )	28.( )	52.( )	→	D [ ]
5.( )	29.( )	53.( )	→	E [ ]
6.( )	30.( )	54.( )	→	F [ ]
7.( )	31.( )	55.( )	→	G [ ]
8.( )	32.( )	56.( )	→	H [ ]
9.( )	33.( )	57.( )	→	I [ ]
10.( )	34.( )	58.( )	→	J [ ]
11.( )	35.( )	59.( )	→	K [ ]
12.( )	36.( )	60.( )	→	L [ ]
13.( )	37.( )	61.( )	→	a [ ]
14.( )	38.( )	62.( )	→	b [ ]
15.( )	39.( )	63.( )	→	c [ ]
16.( )	40.( )	64.( )	→	d [ ]

17.(   )　　41.(   )　　65.(   )　　➡　　e [   ]
18.(   )　　42.(   )　　66.(   )　　➡　　f [   ]
19.(   )　　43.(   )　　67.(   )　　➡　　g [   ]
20.(   )　　44.(   )　　68.(   )　　➡　　h [   ]
21.(   )　　45.(   )　　69.(   )　　➡　　i [   ]
22.(   )　　46.(   )　　70.(   )　　➡　　j [   ]
23.(   )　　47.(   )　　71.(   )　　➡　　k [   ]
24.(   )　　48.(   )　　72.(   )　　➡　　l [   ]

취합표 2

취합표 1에서 A ~ L, a ~ l까지의 점수를 다시 한번 더 기재한다.
위의 점수는 TOTAL +란에, 밑의 점수는 TOTAL −란에 기재한다.

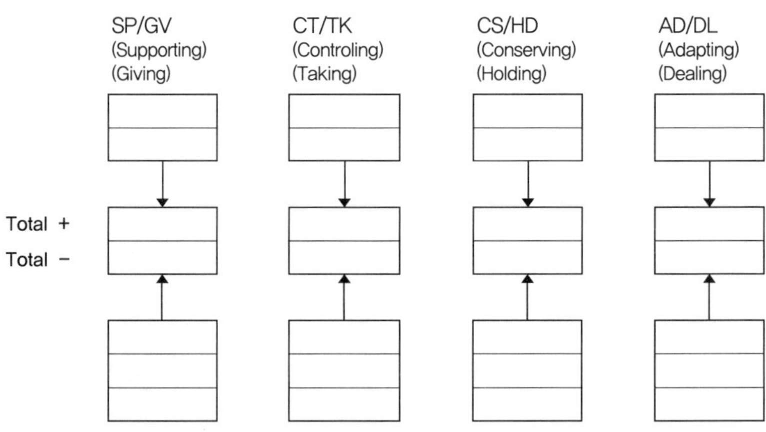

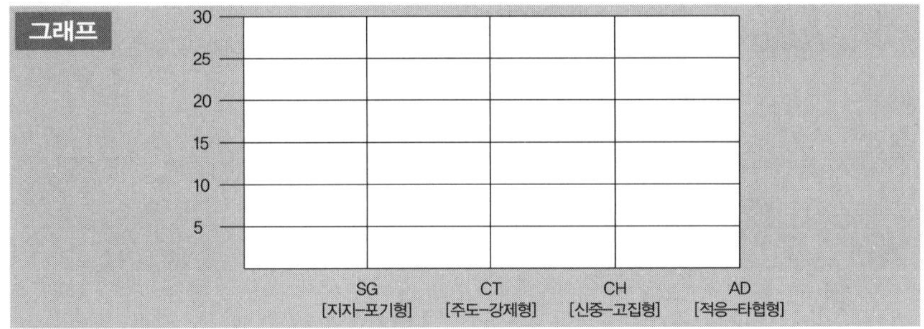

3) 설문지 해석하는 방법

(1) 일반개요

LIFO 점수의 의미를 설명하기 전에 설문지가 어떤 목적으로 설계 되었으며, 무엇을 얻을 수 있는가에 대해서 먼저 알아보기로 하자.

각 설문에 대한 네 가지 유형의 결과를 보았는데 이러한 네 가지 유형은 사람이 어떤 주어진 상황에서 반응할 수 있는 서로 다른 방식을 나타낸다고 할 수 있다. 반응패턴은 자신이 가장 만족을 얻었거나, 목표를 달성했거나 또는 문제를 다루어 왔던 방향을 나타낸다. 이와 같은 것들을 LIFO유형이라 부르며, 모든 사람은 네 가지의 기본 성향들 중에서 하나 또는 그 이상의 유형에 집중하는 경향이 있다고 볼 수 있다.

그 네 가지 유형들이 '지지-포기형Supporting-Giving)', '주도-강제형(Controlling-Taking)', '신중-고집형 (Conserving-Holding)', '적응-타협형(Adapting-Dealing)' 으로 분류한다. 사람의 유형을 네 가지로 분류하는 LIFO 설문지는 개개인의 강점을 파악하고 이들이 어떻게 결합되어 복잡한 행동 유형으로 나타나는가에 대하여 알게 함으로써 원활한 대인관계 형성과 업무 성과를 강화할 수 있을 것이다.

(2) 자신의 행동 유형은 어떤 것인가?

자신의 행동 유형은 설문지의 총계 표를 통하여 알아볼 수 있다. 총계는 총계 +와 총계 -로 구분되었지만 여기에서는 **총계 +(플러스)행** 만을 살펴보기로 한다. 네 가지 유형인 지지-포기형(SP/GV), 주도-강제형(CT/TK), 신중-고집형(CS/HD), 적응-타협형(AD/DL)의 순서로 각 성향을 나타내고 있다.

유형별 점수는 다양하게 제시되고 있으며, 이 중 가장 높은 점수는 자신이 가장 선호하는 유형으로서 자신이 '호의적인 상태'에서 행동을 할 때 주로 의존하는 강점을 나타낸다. 즉, 가장 선호하는 점수가 높으면 높을수록 그리고 그 점수와 차점과의 차이가 크면 클수록 다른 유형보다 이 유형에 더 집착하고 있다는 사실을 나타낸다. 가장 선호하는 유형의 보편적인 영향력을 수정, 보완해 주는 것을 '대체 유형'이라고 하는데, 이는 두 번째 높은 점수를 말한다.

우리는 일반적으로 모든 유형을 사용하고 있지만, 가장 낮은 점수를 나타내는 최소선호 유형은 우리가 가장 선호하지 않는, 자주 사용하지 않는 유형이다.

[표 4-1. 자신의 행동 유형]

구분	지지-포기형 [SP/GV]	주도-강제형 [CT/TK]	신중-고집형 [CS/HD]	적응-타협형 [AD/DL]
총계	25	13	31	21
유형 분석	대체 유형	최소선호 유형	최대선호 유형	-

(3) 어느 정도 점수가 되어야 차이로 보는가?

점수 차이 정도는 크게 높은 점수, 적당한 점수, 낮은 점수의 세 가지로 구분되는데, 그에 대한 세부 내용은 다음과 같다.

- '높은 점수'는 최대선호 유형의 점수가 30과 36 사이에 분포하거나 또는 최대선호 유형과 그 대체 유형의 차이가 8점 이상인 경우에 한해서만

높은 점수로 본다. 개인의 주된 행동양식과 반응, 이용 가능한 다른 양식들 사이에는 선호의 정도에 있어서 큰 차이가 있다. 그리고 개인은 강점을 지나치게 사용함으로써 주된 유형에 지나치게 의존하고 있음을 나타낸다.

- '적당한 점수'는 최대선호 유형이 30점 아래에 있을 때 주된 유형과 대체 유형의 차이가 4~8점일 때이다. 선호하는 행동과 반응을 하나 이상 사용하게 된다.

- '낮은 점수'는 최대선호 유형과 최소선호 유형의 차가 1~8점 사이일 때이다. 여기에는 대부분의 유형이 혼합되어 있다. 이러한 개인은 선호도가 다른 여러 행동방식들을 혼합하여 사용할 것이나, 어떤 주어진 여건에서는 파악되기 어려울지도 모른다.

(4) 유형의 혼성

만일 자신의 최대선호 유형의 점수와 대체 유형의 점수가 3점보다 작거나 서로 가까우면 유형이 혼성된 경우라 할 수 있다. 이때 개인의 주된 행동방식은 2가지 모두에 의해 영향을 받을 수 있다. 최소선호 유형이 하나이고 나머지 3개 유형이 혼성된 경우도 있을 수 있다. 이 경우 그 주된 행동방식은 다른 세 가지 유형의 영향을 받게 된다.

(5) 모든 점수가 사실상 같다면?

다음의 표(표 4-2)에서와 같은 점수들은 이론상으로는 가능하나 상대적으로 빈도가 매우 낮다. 이것은 그 사람이 어느 다른 유형들에 대해 특정한 강점들을 계발하지 않았음을 암시한다고 볼 수 있다. 그러므로 그것은 예측하기 쉽지 않으며, 상황이 변함에 따라 한 유형에서 다른 유형으로 쉽게 이동할 것이다.

[표 4-2. 자신의 행동 유형]

구분	지지–포기형 [SP/GV]	주도–강제형 [CT/TK]	신중–고집형 [CS/HD]	적응–타협형 [AD/DL]
총계 +	23	22	23	22

(6) 총계 –(마이너스)행은 어떤 의미인가?

총계 –행은 비호의적인 상황을 뜻하는 것으로, 비호의적 상황이란 긴장상황과 갈등상황으로 구분된다. 여기서 긴장상황은 비현실적인 마감일, 불분명한 목표, 책임의 증대, 변화 등과 같은 조직상황에서 오는 미해결 문제에서 발생을 한다. 또한 갈등상황은 경쟁, 나의 관점이나 목표에 대한 저항, 지지의 결여, 내 영역의 침범 등과 같은 대인관계에서 오는 미해결 문제에서 발생하는 것이다. 총계 +행에서와 같이 '비호의적 상황' 하에서의 자신의 유형을 반영하는 총계 –행의 가장 높은 점수는 자신이 '비호의적 상황' 에서 가장 의존하게 되는 강점 즉, 자신이 가장 선호하는 유형이라 할 수 있다.

(7) 플러스(+)와 마이너스(–) 점수들 간의 차이점은 무엇을 뜻하는가?

플러스와 마이너스행 점수를 비교 관찰하면 크기와 관계에 있어 점수들의 조합이 다르게 제시되는 경우가 많다.

[표 4-3. 자신의 행동 유형]

구분	지지–포기형 [SP/GV]	주도–강제형 [CT/TK]	신중–고집형 [CS/HD]	적응–타협형 [AD/DL]
총계 + 점수	20	31	24	15
총계 – 점수	30	23	21	16

어떤 호의적인 상태에서 가장 선호하는 유형은 '주도–강제형' 이고 비호의

적 상태 하에서 가장 선호하는 유형은 '지지-포기형'으로 나타낸다. 이처럼 유형의 변화는 이 사람이 갈등과 긴장 하에서 '주도-강제형'을 사용하면 성공적인 결과를 얻지 못한다는 것을 나타낸다고 할 수 있다.

(8) LIFO 행동 유형 패턴

행동 유형 패턴에 따른 도표는 일반적으로 강한 특성이 하나인 경우, 대체 유형이 둘인 경우, 특성이 둘인 경우, 대체 유형이 셋인 경우, 특성이 셋인 경우, 강한 특성과 대체 유형이 모두 둘인 경우, 네 가지 특성이 고르게 나타나는 경우 등으로 제시할 수 있다.

3 라이포(LIFO) 네 가지 행동 유형의 이해

LIFO에서는 인간의 기본 성향을 네 가지로 구조화시키고 있다. 이는 사람마다 가장 자주 만족을 얻었고 목표를 달성하였으며, 문제를 해결해 왔던 방향이 있을 것이다. 이에 대한 이해의 일부분 방법이 LIFO유형이라 할 수 있다.

LIFO의 네 가지 유형은 각기 지지-포기형(SP/GV), 주도-강제형(CT/TK), 신중-고집형(CS/HD), 적응-타협형(AD/DL)으로 명명을 한다. 이는 사람들이 대체로 한, 두 가지 행동 유형에 대해 편안함을 느끼며, 각 행동의 유형은 그 행동을 유발시키는 고유의 강점들을 가지고 있다. 또한 강점과 약점은 서로 역설적인 관계가 있다고 보는 것이다. 각 유형별 강점과 약점의 구분과 각 유형이 추구하는 기본적인 가치와 목표, 각 행동 유형에 관련된 특징에 대하여 표

[표 4-4~6]로 다음과 같이 제시할 수 있다.

[표 4-4. 라이포(LIFO) 네 가지 행동 유형]

구분	호의적인 경우(생산적)	비호의적인 경우(지나친)
지지-포기형[S/G]	지지(Supporting)	포기(Giving)
주도-강제형[C/T]	주도(Controlling)	강제(Taking)
신중-고집형[C/H]	신중(Conserving)	고집(Holding)
적응-타협형[A/D]	적응(Adapting)	타협(Dealing)

[표 4-5. 유형별 추구가치와 목표]

구분	지지-포기형[S/G]	주도-강제형[C/T]	신중-고집형[C/H]	적응-타협형[A/D]
기본가치	탁월성——	행동	합리성	조화
개인적 목표	반응적이고 가치 있는 사람으로 보이는 것	활동적이고 유능하게 보이는 것	객관적이고 합리적으로 보이는 것	호감을 주고 평판 좋게 보이는 것
기본가정	내가 성실하고 나의 가치를 입증시키면 틀림없이 보상을 받을 것이다.	일이 일어나기를 원한다면 내가 그 일이 일어나도록 만들어야 한다.	과거 위에 미래를 구축하기 위해서는 주의 깊고 합리적인 방법으로 내가 갖고 있는 것을 보존하고 현존하는 자원을 사용해야 한다.	타인들의 욕구와 감정을 먼저 만족시킴으로써 내가 원하는 것을 성취할 수 있다.
강점	지지	주도	신중	적응
단점	포기	강제	고집	타협

[표 4-6. 행동 유형에 관련된 특징]

구분	호의적인 경우(생산적)	비호의적인 경우(지나침)
지지-포기형 [S/G]	협력적인, 돌보아주는, 이상주의적, 겸손한, 믿음, 충성스러운, 도움을 주는, 잘 받아들이는, 쉽게 반응하는, 탁월함을 추구하는	고분고분한, 멋대로 하게 하는, 광신적인, 자기를 숨기는, 속기 쉬운, 맹종하는, 가부장적인, 감수성이 예민한, 영향받기 쉬운, 완벽주의적인
주도-강제형 [C/T]	진취적인, 활동적인, 지휘적인, 단호한, 자신 있는, 강력한, 설득력 있는, 경쟁적인, 대담한, 신속한	경솔한, 충동적인, 권력을 휘두르는, 독재적인, 오만한, 위압적인, 거만하게 구는, 다투기 좋아하는, 무모한, 참을성 없는
신중-고집형 [C/H]	집요한, 분석적인, 실제적인, 신중한, 사려깊은, 확고부동한, 철저한, 절약하는, 침착성 있는, 사실에 바탕을 둔	들러붙는, 흠을 들추는, 상상력이 없는, 소심한, 수줍은, 양보하지 않는, 편협한, 인색한, 무표정한, 데이터에 의존하는
적응-타협형 [A/D]	유연한, 열정적인, 재치 있는, 유머가 있는, 융통성 있는, 사교적인, 실험적인, 협상적인, 붙임성 있는, 말 잘하는	결단력 없는, 선동적인, 양보하여 달래는, 바보같은, 원칙이 없는, 기회주의적인, 변덕스러운, 타협적인, 지나친, 아첨하는, 허풍쟁이 같은

4 네 가지 기본 행동 유형 설명

　　　　　　　　　　네 가지 기본 행동 유형에 대한 설명에 있어서, 이는 단순히 각 개인이 가장 선호하는 유형에 의해서만 결정되어지는 것이 아님을 강조하면서 일반화된 내용으로 전개를 한다. 또한 각 강점들의 혼합과 서로 다른 개인적 유형들과의 관계에 대한 객관적인 접근을 통하여 서로 다름을 인지하고 이해하는 학습의 장이 되었으면 한다.

1) 지지-포기(Supporting – Giving)형

(1) 호의적 상황

이 유형의 특징은 다른 사람들의 요구와 필요에 쉽게 반응한다는 것이다.

다른 사람들에게 도움과 원조를 제공할 수 있는 기회가 발생할 때 또는 어떤 사람이 도움이 필요한 상태에 있을 때, 이 유형은 그들에게 무엇이든 주려하고, 도움과 안내를 제공하거나 보호하려는 태도를 취한다.

또한 이들은 자신이 속해 있는 사회와 조직의 이상과 가치, 뛰어난 목표들을 지지하고 성원하는 데 익숙해 있다. 이 유형의 주된 관심사의 하나는 존경을 받을 수 있는 것과 다른 사람들의 기대와 기준을 항상 충족시켜주는 것이다. 자신의 행동에 관해 높은 개인적인 기준을 견지하면서 일종의 인도주의적인 목표들을 성취하고자 하는 강한 신념과 함께 이상적인 가치를 소중히 한다.

공동체에 대한 태도로서 이 유형들은 '선한' 대의 명분들을 적극적으로 지지하는 경향이 있다. 더불어 이들은 직업에서 고도의 직업적인 지침에 의해 업무 수행을 평가하기도 한다. 감독자로서 이 유형들은 발전적인 방향으로 구성원들을 다룰 것이고, 구성원들을 훈련시키고, 가르치고, 지도하는 데에 흥미를 가지고 있다. 더불어 이 유형들은 극도로 높은 기준을 설정하고 다른 모든 사람들에게 그 기준을 충족시키거나 더 열심히 노력할 것을 기대한다.

이 유형의 제1의 인생철학은 그들이 주는 만큼 받는다는 것과 만일 그들이 자신의 기준과 이상에 따라 행동한다면 다른 사람들도 이것을 인정할 것이고, 그에 대한 보상을 받을 것이라는 신념에 기초를 두고 있다.

(2) 비호의적인 상황

이 유형을 가장 선호하는 사람들은 긴장과 갈등 속에서 그 상황에 대한 책임의식을 강하게 느끼는 경향이 있다. 그러면서도 그들은 문제해결에 있어 다른 사람의 기여에 상당히 의지함을 볼 수 있다. 이들은 갈등상황에서는 무관심하게 보이는 것을 피하기 위한 행동의 일환으로 모든 것을 양보하고 자신의 가치와 이상까지도 억누르는 지나친 행동을 보이게 된다. 한편 이 유형은 자기비판의 맹종으로 인해 언젠가는 그들의 맹종의 한계를 깨닫고 극도로 분개하거나 노여움을 터뜨리게 될지도 모른다. 또는 노여움을 터뜨리는 대신에 이 유형들은 협조적인 체하면서 교묘한 방법으로 그 관계나 또는 그 일을 서서히 해치게 될지도 모른다. 또한 때때로 극도의 긴장 하에서 지지-포기형에 의존하는 유형들은 지나친 표출의 결과로 의타심과 무력함 그리고 의기소침을 경험하게 될 것이다. 앞에서와 같이 호의적인 상황과 비호의적인 상황에 대한 전체적인 내용은 다음과 같이 제시할 수 있다.

[표 4-7. 지자-포기(Supporting-Giving)형의 주요 내용]

상단 LIFO 점수 [총계 + 점수]		하단 LIFO 점수 [총계 − 점수]			
호의적인 상황		갈등 상황		긴장 상황	
강점(생산적)	지나침(비생산적)	강점(생산적)	지나침(비생산적)	강점(생산적)	지나침(비생산적)
최상의 가장 적절한 일에 관여하고 있다고 느낀다.	목적이 불분명하고 관련이 적은 분야에서 일하기를 꺼린다.	다른 사람들의 입장을 기꺼이 듣는다.	그 사람의 목적보다는 다른 사람들의 목적에 동화한다.	기꺼이 책임을 떠맡아 더 열심히 시도하려 한다.	불가능한 것을 성취할 수 없을 때 자신과 다른 사람들에게 비판적이 된다.
성취자가 되어 남에게 지혜를 베풀고자 한다.	다른 사람의 문제에 지나치게 연루될 수 있고 거절을 못한다.	정당한 불평불만을 받아들이고 해결하려 한다.	비합리적인 요구를 받아들일지도 모른다.		
다른 사람의 말을 액면 그대로 기꺼이 믿으려 한다.	쉽게 이용당하고 사람들에게 실망하게 된다.	다른 사람들의 올바르고 공정한 일에 기꺼이 참여하려 한다.	헌신적이 되고 너무 많은 양보를 한다.	모든 일이 잘 될 것이라고 낙관하거나 희망을 건다.	상황의 위험에 대한 경계가 부족하다.
사람들을 배려해주고 그들의 권리를 옹호한다.	사람들의 이해관계에 지나치게 동정적이며 옹호한다.	갈등해소와 협조 문제에 몰두한다.	비협조적으로 보이는 것보다는 오히려 반대자에게 양보한다.		
당면한 문제의 방향성 정립에 있어서 사람들이 중요한 위치에 있음을 느끼도록 한다.	다른 사람의 방침에 너무 쉽게 반응하면서 막상 행동은 쉽지 않다.	원칙적이고 공정한 말로 반대자에 영향을 미친다.	도덕적이며 자신에 대한 부당함을 털어놓는다.	어려움을 벗어나기 위해 다른 사람들과 수단을 기꺼이 이용할 것이다.	불확실할 때 다른 사람들에게 지나치게 의존한다.

- 기본적인 인생관 : 다른 사람들에게 반응적이며, 탁월함을 추구하고, 이상을 추구함으로써 자신의 양심적임이 감사를 받을 것이고 좋은 일들이 따를 것이다.
- 개인적인 목표 : 반응적이고 가치 있는 사람으로 보이는 것

2) 주도-강제형(Controlling - Taking)

(1) 호의적인 상황

주도-강제형은 이상보다는 행동을 선호하는 성향을 나타낸다. 이 유형은 상황이 발생하면 자기가 원하는 것이 무엇인가를 파악하고 일에 뛰어 든다. 이들은 주도적으로 일을 떠맡으며 주어진 여건 내에서 수단을 강구하여 일을 완성한다. 생각을 신속하게 행동으로 옮기며 조직을 만들어 통솔하고 관리하면서 어떠한 상황에서도 기민하게 행동을 한다. 이 유형을 선호하는 사람들은 긍정적인 의미로 경쟁적이기 쉽다. 이러한 유형의 사람들은 약간의 어려움이 야기되는 도전을 좋아한다. 그리고 여러 상황으로 에너지를 발산하는 것을 즐긴다. 이들의 유형은 다른 사람들이 따라오도록 조종하고 설득하며, 영향을 미침으로써 다른 사람들을 열정적이고 흥분되는 새로운 아이디어에 말려들도록 하는 경향이 있다. 이들은 불가능하다고 하면 즉시 가능하다는 것을 보이려 하며, 무언가 일이 일어나기를 원한다면 그들이 직접 일이 일어나도록 만들어야 한다는 것이다. 또한 어떤 기회가 있다면 늦기 전에 그것을 움켜 쥔다. 또한 이들이 가장 선호하는 유형은 도전과 논쟁을 즐기는 같은 유형의 사람들을 좋아한다. 강제-주도형의 사람들은 그들에게 용감히 맞설 수 있는 사람들에게 존경심을 갖는 '투사' 들이라고 할 수 있다. 이러한 유형이 지나치게 사용되면 다른 사람들에게 책임을 맡기거나 주도권을 넘기는 것을 거부하는 좋지 않은 상사가 될 수 있다. 이러한 유형을 선호하는 사람들은 항상 지시하는 위치에 서게 되며, 같이 일하는 사람들을 무심코 억압하고 제지하는 경향이 있게 된다. 이 유형들은 하나의 업무를 완전히 끝내지도 않고 여러 가지 다양한 업무를 새로이 전개한다.

이로 인하여 발생되는 자극과 다양함, 흥분 때문에 그러한 업무들에 그들의 에너지를 분산시키면서 매달리는 경향이 있다. 이처럼 이 유형의 주도적이고 신속한 반응은 색다른 것을 추구하는 새 아이디어에 매혹되어 생각 없이 행동하는 충동적인 성향으로 보일 수 있다.

(2) 비호의적 상황

이 유형은 행동이 앞서기 때문에 반대에 부딪치기 쉽다. 이 성향이 강한 사람들은 쉽게 굴복하지 않고 그들의 관점에 논쟁하고 싸우며 저항을 한다. 이 유형은 승리하는 것이 매우 중요한 것이고, 그들을 이용하려 드는 그 누구에게라도 저항하기 위해 모든 수단을 동원한다. 또한 이들은 도움이 있든 없든 순발력과 에너지로 불리한 상황을 헤쳐나가기도 한다. 이들의 성과는 '위기에 강한 사람'임을 뽐낼 기회를 제공하는 데 있다. 또한 중요하지 않은 상황에 뛰어들어 중요한 상황으로 만들며 자신의 능력을 보이려고 하는데, 이를 위해 요구되는 상황을 다소 왜곡하기도 한다. 이 유형에서 높은 점수를 얻은 관리자는 통제에 대한 욕구와 새로운 것에 대한 필요 때문에 일반적으로 모험 사업에 조직을 투입하기도 한다. 이러한 유형에서 강점의 과도한 표출은 조급하게 행동함으로써 올바른 방향으로 이루어지도록 하는 주의 깊은 판단을 저해할 수 있다.

앞에서와 같이 호의적인 상황과 비호의적인 상황에 대한 전체적인 내용은 다음과 같이 제시할 수 있다.

[표 4-8. 주도-강제(Controlling-Taking)형의 주요 내용]

상단 LIFO 점수 [총계 + 점수]		하단 LIFO 점수 [총계 - 점수]			
호의적인 상황		갈등 상황		긴장 상황	
강점(생산적)	지나침(비생산적)	강점(생산적)	지나침(비생산적)	강점(생산적)	지나침(비생산적)
관련요소를 통제하고 현황을 헤쳐나간다.	중요 데이터를 혼자서 관리한다.	확고하고 확신을 가지고 자신의 입장을 진술한다.	다른 사람에게 고압적으로 요구하고, 그들을 절망시키고, 오만하게 될지 모른다.	동시에 수많은 방향에 열렬한 에너지를 쏟는다.	힘을 분산시켜 스스로 지치고 효과가 없게 될 수도 있다.
행동이 빠르고 다른 사람에게도 바로 행동에 옮기도록 긴박감을 느끼게 한다.	행동을 위해 사고를 희생한다. 긴박감을 느끼게 함으로써 다른 사람들을 당황케 할지 모른다.	불화에 맞서고 분위기를 밝게 하도록 사람들을 자극한다.	불일치를 강조하여 다른 사람의 대응을 어렵게 한다.		
어려운 상황에 도전을 즐긴다.	아무런 이익도 없는 도전을 위한 도전을 할지도 모른다.	이익과 권익보호에 신속하다.	지나치게 도전적이 되어 다른 사람을 방어적이 되게 한다.	긴급상황에 신속하게 반응하고 문제를 신속히 해결한다.	정책을 검토하지 않고 권한을 가진 사람과 합의도 없는 상태에서 반응한다.
신속하고 재빠르게, 다양하고 흔하지 않은 새로운 일을 좋아한다.	기존 계획을 계속 성공적으로 이끄는 것에 충분히 주의하지 않을지 모른다.	명쾌한 결정이 이뤄질 때까지 다른 사람들을 따르지 않는다.	숨 쉴 틈도 주지 않고 사람들을 몰아세운다.		
신속하게 개입하여 사태를 장악하거나 기회를 창출한다.	전혀 필요 없는 행동을 강요한다.	사람들의 반대를 빨리 유리하게 반전시킨다.	복잡한 문제에 대해서도 단순하게 대응한다.	도움이 없어도 많은 일을 해 내며 스트레스를 풀 수 있다.	사람들의 건의나 수단을 충분히 받아들이지 않는다.
끈질기게 탐색하여 숨은 저항을 파악한다.	고문을 당하는 듯한 느낌을 갖게 한다.				

• 기본적인 인생관 : 만일 당신이 일이 발생하기를 원하면 그것이 발생하도록 해야 하고, 사람들에게 당신의 경쟁력을 신뢰하도록 확신시켜라. 당신은 일이 생기도록 기다리고만 있을 수 없다.
• 개인적인 목표 : 활동적이고 유능하게 보이는 것

3) 신중-고집형(Conserving – Holding)

(1) 호의적 사항

신중-고집형은 조심스럽게 주의하면서 나아가는 유형을 말하는데, 지지-포기형이 반응적이고 주도-강제형이 행동적임에 반해, 이 신중-고집형은 중도적인 입장을 취한다고 볼 수 있다. 즉, 주도-강제형을 가장 선호하는 사람이 행동에 대한 기준으로 직관을 사용하는 반면에, 신중-고집형을 가지고 있는 사람은 논리적이고 분석적이며 다른 대안들을 실제적으로 고려함과 동시에 조직적이며 방법론적인 접근이 일에 임하는 행동의 기본이라 할 수 있다. 이 유형은 다른 유형에 비하여 좀 더 결과 지향적이다. 즉, 이 유형은 '여기서 무엇을 얻으려 하는가?', '이점은 무엇이고 불리한 점은 무엇인가?', '모든 것이 처음부터 철저하게 검토되어 왔는가?' 등을 생각하며 사실과 자료에 의존하는 경향이 있다. 또한 이들 유형들은 기존의 것으로부터 보다 많은 것을 얻으려 하는 강한 성향을 가지고 있다. 이들의 기본적인 철학은 인생을 살아감에 있어 가지고 있는 모든 수단을 검토하고, 이를 적극적으로 활용하는 데 있다. 이들의 유형이 가장 선호하는 사람들은 아이디어를 얻고 이를 활용하며, 그것들을 버리기 전에 그들로부터 최대의 가능성을 얻어내는 것에 있다. 이들 유형의 핵심은 이익을 얻는 것보다는 손실을 피하는 데 더 많은 관심을 기울인다. 신중-고집형을 가장 선호하는 사람들은 그들의 유형을 지나치게 사용하게 되면 과도한 서류와 증거, 보고서 그리고 지나친 조직화를 요구함으로써 그들의 생산성을 감소시킬 수 있다. 이 유형들은 기존의 체제가 항상 성공적이었다는 이유 때문에 그 기존의 체제에 매달리면서 모든 종류의 통제에 지나치게 의존하고, 법칙에 엄격하게 집착하는 관료주의적 특성으로 그들 자신을 표현할 수도 있다.

(2) 비호의적 상황

이들 유형들은 갈등이 발생할 경우 상호교류를 꺼리고 반응에 둔감해진다.

매우 조심스러운 반응을 보이며, 반응을 보일 때도 사고과정이나 생각을 한 번 더 검색하는 이들 유형들은 나중에 진술을 바로 잡거나 철회하지 않기 위해 철저하게 주제에 관한 마음속의 분석과정을 거치게 된다. 그리고 일반적으로 반대자들이 이해하고 찾아 올 때까지 기다린다. 이들의 유형들은 불리한 상황에서 그 손해를 최소화하려 하며, 침착을 유지하면서 조심스럽고 철저하게 행동을 한다.

긴장상태에서 신중-고집형이 지나치게 되면 분석과 논리의 구사가 균형을 잃게 되는데, 이들의 유형은 대안, 다른 의견, 모든 가능한 결과를 파헤치려 하지만, 결국 분석에 너무 집착을 하여 아무것도 하지 못하는 경우가 종종 있다. 긴장 속에서 이들 유형들은 때때로 모든 사람들에게 특정의 관점으로부터 상황인식을 강요하거나 차트가 준비되기까지 주제를 논의하는 것을 거부함으로써, 이들 유형을 지나치게 사용하는 경우가 있다. 그리고 이들 유형들은 다른 사람들을 통제하기 위하여 조직을 이용한다. 이들은 느낌과 직관을 데이터와 같은 비중으로 고려하지 않으며 단지 숫자와 사실만이 가치 있는 데이터이고, 이것들은 다른 사회적인 또는 감정적인 정보와 엄격히 구분되고, 이들보다 훨씬 우월한 것으로 생각을 할 수 있다.

앞에서와 같이 호의적인 상황과 비호의적인 상황에 대한 전체적인 내용은 다음과 같이 제시할 수 있다.

[표 4-9. 신중-고집(Consercing-Holding)형의 주요 내용]

| 상단 LIFO 점수 [총계 + 점수] | | 하단 LIFO 점수 [총계 − 점수] | | | |
| 호의적인 상황 | | 갈등 상황 | | 긴장 상황 | |
강점(생산적)	지나침(비생산적)	강점(생산적)	지나침(비생산적)	강점(생산적)	지나침(비생산적)
결정에 앞서 논리와 데이터, 분석에 주로 의존한다.	너무 데이타에 빠져 타인에 대한 관심 부족을 깨닫지 못할 지도 모른다.	타인에 의해 제기된 반대에 차분하고 객관적으로 반응할 수 있다.	감정 표현이 불충분하고 제3자처럼 보일 우려가 있다.	상황을 분석하여 평가할 수 있고, 대안의 이해 득실을 따질 수 있다.	분석 마비 상태에 빠져 결정적인 건의를 못할지도 모른다.
그의 입장과 타인의 선택의 여지와의 타협점을 모색한다.	너무 많은 선택의 여지로 사람들을 혼란에 빠뜨려 행동을 막을지도 모른다.	집요하게 처음의 입장에 충실할 수 있다.	필요할 때 굽히지 않아 타인으로부터 소외된다.		
사람들의 욕구와 상황을 철저하게 연구하고 모색한다.	연구를 하는 데 너무 많은 시간이 걸려서 타인이 흥미를 잃게 될지도 모른다.	사람들의 반대를 극복하기 위해 사실을 이용한다.	문서에 지나치게 몰두하여 타인이 세부적인 것에 실망할지도 모른다.	절차와 방침에 나타난 방법에 충실한다.	새로운 접근 방식이 유용할 때도 낡은 방식에서 벗어나지 못한다.
논리정연하고 절차와 정책을 시종일관 따른다.	충분한 양보로 문제를 해결하도록 하는 융통성이 없다.	냉정해지기까지 기다려서 다시 설득시키고 입장을 밀고 나간다.	초연한 입장을 취함으로써 타인에게 노력에 대한 만족을 주지 못한다.		
입증된 일을 하고자 하며 기존의 것에서 최대의 성과를 얻고자 한다.	새로운 아이디어의 진가를 인정치 않을지도 모르고, 변화에 열정적으로 반응하지 않을지도 모른다.			우선순위를정하고 체계적이고 분별있는 태도로 수행한다.	너무 조리가 정연하여 상황의 위급함이 간과될지도 모른다.

- 기본적인 인생관 : 기존의 가진 것을 보전하고 기존의 수단을 이용하여, 조심스럽고도 합리적으로 과거 위에 미래를 구축한다.
- 개인적인 목표 : 객관적이고 합리적으로 보이는 것

4) 적응-타협형(Adapting-Dealing)

(1) 호의적 상황

적응-타협형을 가장 선호하는 사람들은 다른 사람들이 요구하고, 인정하고, 반응하는 것을 이해함으로써 세상을 살아가고 있다고 볼 수 있다. 이 유형에게는 공감이 필수적이다. 중요한 것은 이들이 어떠한 새로운 집단에도 이내 적응할 수 있으며, 다른 사람에게 좋아할 수 있는 사람이라는 인상을 줄 수 있다는 것이다. 이 유형들은 필요에 따라 자신의 느낌과 입장을 바꿔가면서 대부분 상황의 요구에 순응을 할 수 있다는 것이다. 재치, 감수성, 사교적 기술은 모두 이 유형이 주로 사용하는 도구라 할 수 있다.

이들이 특히 강조하는 것은 상호 조화와 타협이며, 사람들을 함께 동참시키는 것이다. 이 유형들은 협상을 좋아하며, 자발적으로 협조하고 감동이나 동의를 얻고 싶어한다. 이들은 인기인이 되기를 원하며 자기 자신이 스스로에 대해 갖고 있는 존경심과 다른 사람이 그에 대해 갖고 있는 존경심이 일치하기를 원하고 있다. 또한 이들 유형들은 이기는 편에 서고, 성공하기 위하여 환경에 적응하는 것들이 긍정적인 가치관이라 생각한다. 적응-타협형에 너무 지나치게 의존하게 되면 갈등이 때때로 도움을 줄 수 있다는 사실을 받아들이지 않으려 하는 경향이 있다. 그리고 이들은 사람들 사이에 논점의 차이가 그대로 존재하고, 균형적인 문제해결이 부족하며, 적응하고 하나가 되려고 추구하는 것이 문제점을 미해결 상태로 남기는 즉, 겉치레적인 해결만 일삼을 수도 있다.

(2) 비호의적 상황

갈등 속에서 이 유형의 강점은 균형잡히고 혁신적인 접근방식을 유지하며, 논쟁에서 자극적이고 편견적이거나 위압적인 요소들을 피하는 데 있다. 이 유형의 '지나친 사용'은 타협을 열심히 추구하는 것과 확신을 표현하거나 자기 입장을 분명히 하는 것을 망설이는 데에서 명백히 나타난다고 볼 수 있다. 이 유형들은 주도-강제형이나 신중-고집형의 사람들이 하듯이 맞서서 싸우는 것은 미래에 자신들의 인기와 통제력을 위협하는 것으로 생각을 한다. 즉, 불리한 상황에서 이 유형들의 강점은 위기감을 줄이고 사기저하를 막아주는 데 있다고 할 수 있다. 이들의 유형은 일반적으로 단체 정신에 우선권이 주어지며, 문제해결에 있어서 참신하고 새로운 방법들을 도출하기도 한다. 이러한 강점들이 지나치면 이들의 유형들은 사람들을 거부하는 것으로 보이거나 다른 사람들로부터 소외될 경우를 두려워하며, 이에 매우 민감하게 반응할 수도 있다. 이들은 다른 사람으로부터 자신의 인기가 떨어지게 될 지도 모를 실패의 가능성을 수용하기보다는 다른 사람들에게 무책임한 약속을 하는 경향으로 변해갈 수 있다.

앞에서와 같이 호의적인 상황과 비호의적인 상황에 대한 전체적인 내용은 다음과 같이 제시할 수 있다.

[표 4-10. 적응-타협(Adapting-Dealing)형의 주요 내용]

| 상단 LIFO 점수 [총계 + 점수] | | | 하단 LIFO 점수 [총계 - 점수] | | |
| 호의적인 상황 | | 갈등 상황 | | 긴장 상황 | |
강점(생산적)	지나침(비생산적)	강점(생산적)	지나침(비생산적)	강점(생산적)	지나침(비생산적)
부드러움과 개인적인 매력으로 사람들의 마음을 산다.	지나치게 흥청거려 일의 진지함을 해치게 된다.	논쟁의 양쪽 측면을 다 볼 수 있다.	양면적이고 일관성이 없고 어느 편도 들지 못한다.	유머 감각은 긴장을 해소한다.	진지한 분위기를 흐트리고 인위적으로 안녕한 느낌을 낳는다.
타인의 느낌과 그들이 원하는 것에 민감하다.	타인이 바라는 것에 지나치게 동조할지도 모른다.	불화를 가라앉히고 유머를 통하여 긴장을 낮추려 한다.	반대를 충분히 표현하지 못하여 문제가 되풀이 될지도 모른다.	더 이상의 긴장을 일으키길 원치 않기 때문에 사람들의 감정에 대하여 주위 깊고 재치 있게 응한다.	자나치게 약싹빠르게 보여서 실제의 생각과 느낌에 대해 불신을 일으킨다.
타인을 만족시키는 방법을 찾는 데 있어 융통성이 있다.	변덕스러울 수도 있고, 경험으로 보아 타인에게 최상으로 보이는 것을 하지 않을지도 모른다.	차이점을 해결하기 위하여 새롭고 시도되지 않은 방법들을 찾는다.	주요 문제에서 관심을 딴 데로 돌리는 식의 약싹 빠른 해결책일 수도 있다.	사람들을 안심시키고 긍정적인 결과를 약속한다.	쉽게 약속함으로써 지켜지지 않을 때 타인의 마음속에 노여움과 실망을 불러 일으킨다.
모든 부류의 사람들과 잘 어울리며 쉽게 관계를 맺을 수 있다.	지나치게 사교적인 것에 빠져 시간을 효율적으로 이용하지 못할지도 모른다.	갈등을 극복하는데 있어 열정적이고 낙관적이다.	타인으로 하여금 문제의 어려움과 심각함을 고려하지 않은 것처럼 느끼게 한다.	긴장을 줄이기 위하여 많은 선택을 열심히 시도한다.	초점 없고 목적 없이 보이며, 너무 많은 선택의 여지로 사람들을 당황하게 한다.
변화에 신속하며, 새로운 아이디어와 방식에 신속히 적용한다.	기존의 방향을 흐리게 하고 목표의식을 잃는다.				

• 기본적인 인생관 : 사람들을 좋아하고 의좋게 지내며, 그들의 요구에 민감해야 한다. 그런 다음 자신의 목적을 설정하고, 다른 사람과의 조화로운 협력을 통하여 성취하려 한다.

• 개인적인 목표 : 호감이 가고 평판 좋게 보이는 것

5 혼성 행동 유형에 대한 설명

행동 유형에 대하여 두 가지 또는 그 이상의 행동 유형이 복합적으로 혼합되었을 때 어떻게 접근하며, 그에 대한 올바른 설명에 대하여 인지함으로써 이 학습의 행동 유형에 대한 정확한 학습이 될 수 있다.

혼합의 유형에는 가장 선호하는 유형을 중심으로 지지포기-주도강제형, 지지포기-신중고집형, 지지포기-적응타협형, 주도강제-신중고집형, 주도강제-적응타협형, 신중고집-적응타협형, 지지포기-주도강제-신중고집형 등으로 나눌 수 있는데, 이에 대하여 다음 표로 알아보기로 한다.

[표 4-11. 지지포기-주도강제형]

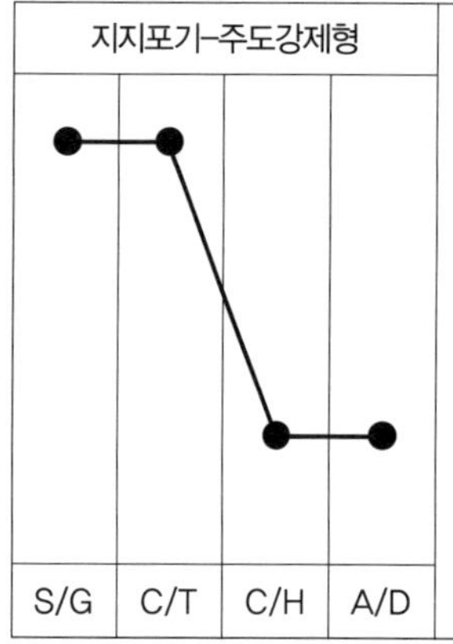

지지포기-주도강제형

• 합당한 이유를 가지고 최상의 수준으로 수행되는 일의 성취에 관심을 갖는다.
• 단체의 목적과 사명에 신속하게 참여하고 전념하는 경향이 있다.
• 능력을 보이는 사람에게 업무를 위임한다.
  – 타인의 욕구와 문제에 너무 몰두하여 자신의 시간관리에 어려움을 겪는다.
  – 불충분한 조직편성을 가지고 너무 신속히 일을 처리한다.
• 원칙을 위하여 다른 사람과 맞설 준비가 되어 있고 논쟁을 즐긴다.
• 상황에 대한 책임을 떠맡고, 타인을 실망시키지 않으려고 노력을 한다.
• 사태에 대처하는 수단과 방법에 대하여 타인과 함께 참여적이다.
  – 원칙 또는 인식공격에 대해서 매우 분개한다.
  – 결과에 대해 충동적이거나 비이성적으로 보일 만큼 낙관적이기도 하다.

[표 4-12. 지지포기-신중고집형]

지지포기-신중고집형	
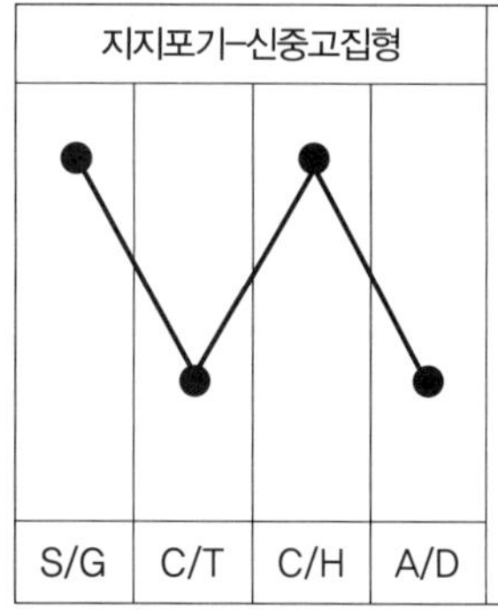	• 매우 체계적이고 확고한 지침이 있고, 기대한 바를 명확히 밝힌다. • 완벽한 업무 수행에 관심이 있다. • 타인의 일에 대해서도 비슷한 기준과 접근방식을 기대한다. 　– 행동의 어떤 결과나 준비단계에 대해서도 만족감을 못 느낀다. 　– 타인의 업무 수행이나 행동과 동기에 대해 매우 비판적이다. • 문제의 해결과 특히 발생원인을 조사하고, 대안의 존재 여부를 가리는 데 열심이다. • 더 적절한 경험이나 전문지식을 가지고 있는 사람에게 조언을 구한다. 　– 이의가 없는데도 반대자에게 세부적인 사항을 요구한다. 　– 감정적인 대결을 피하고 싶어하며, 만일 그러한 것이 발생하면 자신은 회피하거나 강렬한 노여움을 나타낸다.

[표 4-13. 지지포기-적응타협형]

지지포기-적응타협형	
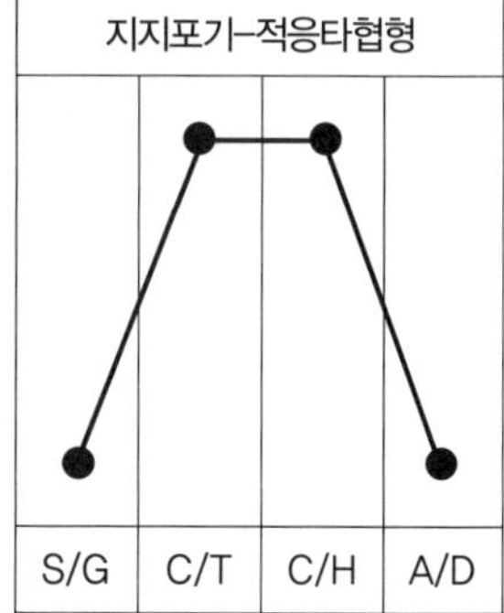	• 타인이 필요한 것, 바라는 것에 관심을 갖는다. • 자신이 이용하는 수단과 업무의 성과, 인간의 복지에 높은 기준을 설정한다. • 그들이 속해 있는 집단의 충실한 구성원이고, 집단의 구성원이 되는 것을 강력히 지지한다. 　– 타인의 주목과 찬성 여부에 지나치게 관심이 많다. 　– 충분히 좋은 상황 하에서 지나치게 최선의 것을 추구한다. • 긴장이나 공격적 태도를 줄이고 타협한다. • 새로운 접근방식에 대하여 개방적, 융통적이다. 　– 너무 고분고분하거나 유화적이다. 　– 타인의 의견과 행동에 지나치게 의존하여 적절한 사례와 방침을 제시하지 못한다.

[표 4-14. 주도강제-신중고집형]

주도강제-신중고집형	
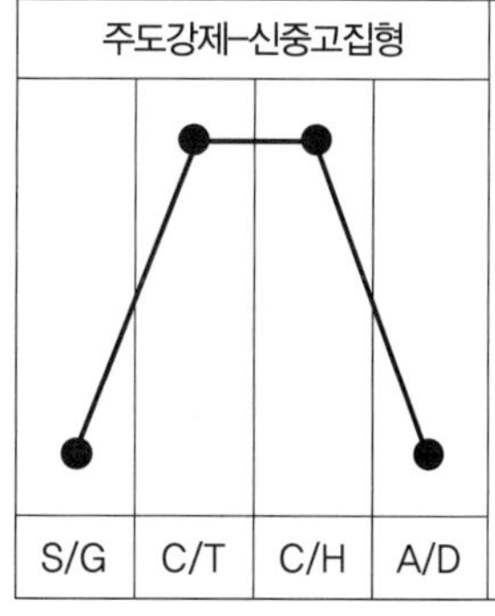	• 행동을 주의 깊게 평가한 후 열정적으로 결과를 얻으려고 노력한다. • 적당한 경험이 있을 때 다소의 위험을 가진 채 좀더 신속하게 행동을 한다. • 기존의 방식들이 효과가 없을 때 새로운 방법과 변화를 강구한다. 　– 타인을 격려한 경우가 드물고 그들의 발전에 거의 관심이 없다. 　– 결정에 있어서 타인을 관여시키거나 참여시키지 않는다. • 권위를 갖는다. 조직적으로 정보를 처리하고 그에 따라 필요한 행동을 조직적으로 지시한다. • 자신이 직접 나선다. 　– 타인에게 위임했던 책임을 다시 떠맡을 정도다. 　– 타인의 참여가 과업달성을 위협한다면 그들을 제거한다. 　– 문제를 혼자서 해결하려 들고 상대방의 사기에 관심이 없다.

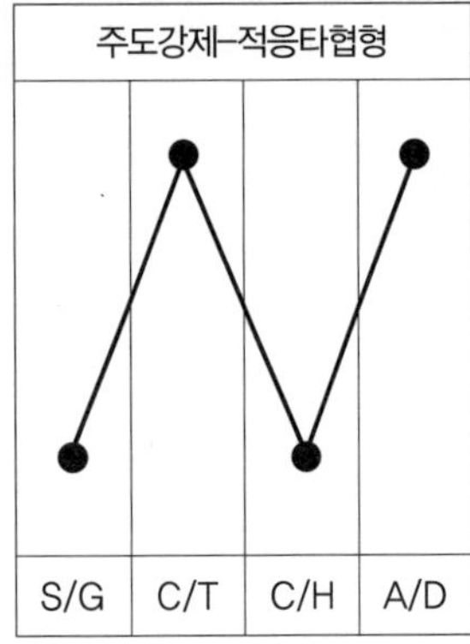

[표 4-15. 주도강제-적응타협형]

주도강제-적응타협형				• 행동은 확신적이고 외향적이다.
				• 관련된 모두에게 인정 받을 수 있는 수준까지 업무를 수행하는데 관심을 기울인다.
				• 이들은 도전을 즐기고, 환경을 변화시키며, 비록 증명되지 않았다 할지라도 새로운 행동방식으로 접근을 한다.
				   – 너무 지나치게 모임을 갖거나 사교적이 되며, 시간을 관리하는데 어려움이 생긴다.
				   – 변화 자체를 위해서만 변화를 촉진한다.
				• 재치 있게 반응하고, 반대의견을 인정하고, 기꺼이 타협한다.
				• 문제를 다루는 새로운 방법을 기꺼이 시도하고, 참여하는 모든 사람들을 격려한다.
				   – 진지하지 못하게 보이거나, 너무 달변이어서 불성실하게 보인다.
				   – 좋은 것이 좋다고 생각하며, 참된 문제해결을 회피한다.

S/G	C/T	C/H	A/D	

[신중고집-적응타협형]

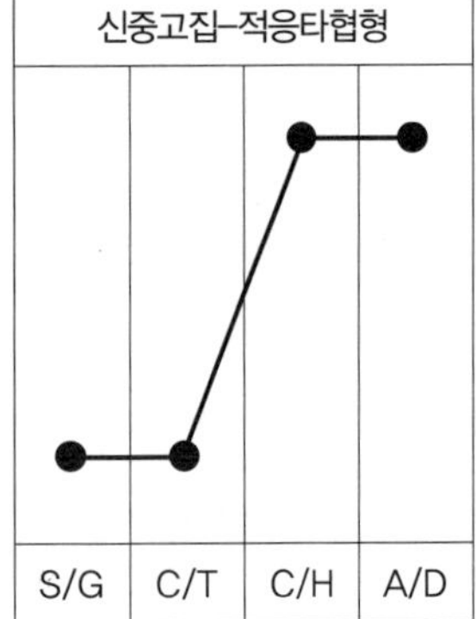

신중고집-적응타협형				• 이성과 조화를 추구한다.
				• 계획이나 결정에 있어서 타인의 기분과 안녕을 고려한다.
				• 변화가 점진적으로 발생한다면 받아들일 것이고, 색다른 방법을 통하여 성공의 기회를 얻을 수 있다면 그것을 사용한다.
				   – 실용성과 다른 사람의 의견을 수용하는 것 사이에 괴리가 있다면 행동을 취하지 않는다.
				   – 노력의 결실이 보장 받지 못하면 확신있게 하지 못한다.
				• 새로운 수단이나 방법을 통하여 어떤 해결책을 얻는다면 그것들을 기꺼이 주시한다.
				• 평판에 마음을 쓰며 받아 들여질 수 있는 해결책을 얻고자 한다.
				   – 갈등의 심화를 막기 위해 충분히 유익한 주장마저 양보한다.
				   – 결과의 가능성을 너무 많이 고려하여 너무 많은 사항을 요구한다.

S/G	C/T	C/H	A/D	

[표 4-17. 지지포기-주도강제-신중고집형]

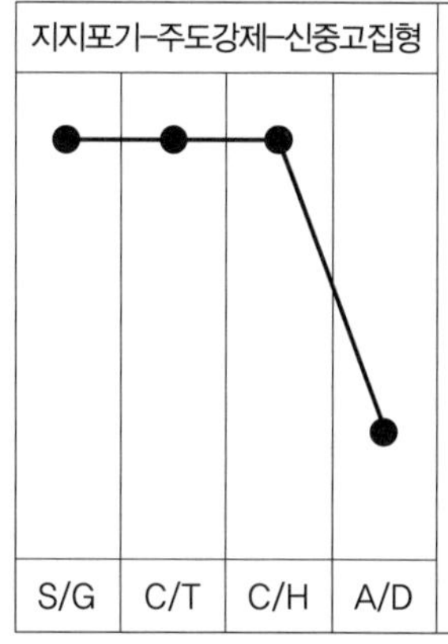

| 지지포기-주도강제-신중고집형 | • 일을 추구하는 면이 강하고 목적과 목표에 집착한다.
• 가치 있는 목적달성을 위해, 치밀하게 최고수준의 행동을 추구한다.
• 제안된 행동 계획에 대하여 세부적으로 철저하게 문서화를 원한다.
  – 목적과 계획을 충분하게 타인에게 전달하지 못한다.
  – 타인의 욕구를 경시하며 제안된 행동이 타인에게 미치는 영향을 고려하지 못한다.
• 갈등 하에서는 제안된 행동이 정당성을 확신시키고 싶어한다.
• 승부적인 접근방식을 추구하는 경향이 있다.
  – 갈등시 지나치게 추궁하는 접근방식을 취하거나 고민하고 방어적인 행동을 한다.
• 긴장 하에서는 고도로 체계화하고 조화된 행동을 추구하고, 참여적이며, 전문가나 단체의 도움을 구한다.
  – 지나친 경우 타인을 엄격히 감독하고 위임했던 권한을 다시 회수하며, 타인을 심하게 비판을 한다. |
| S/G   C/T   C/H   A/D | |

6 유형별 주요 특성

지금까지 유형에 대하여 개별적 특성과 혼합적 특성 등에 대하여 구체적으로 알아보았다. 이 장에서는 행동 유형별 커뮤니케이션 스킬 향상법, 유형별 강점 / 약점에 대하여 다음 표를 통해 알아보기로 한다.

[표 4-18. 유형별 강점 및 약점]

구분	강점	약점
지지-포기형 [S/G]	- 타인에 대한 관심이 높다. - 도움을 준다. - 반응하기 쉽다. - 탁월함을 추구한다.	- 너무 헌신적이다. - 아버지처럼 군다. - 지나치게 깊이 관여한다 - 완벽주의자이다.
주도-강제형 [C/T]	- 행동 지향적이다. - 강력하다. - 자발적이다. - 기회를 찾아낸다. - 신속하다.	- 충동적이다. - 거만하다. - 의논하지 않고 행동한다. - 들떠있다. - 성급하다.
신중-고집형 [C/H]	- 집요하다. - 비용을 인식한다. - 침착하다. - 논리적이다. - 확고부동하다.	- 집착한다. - 비용에 사로잡힌다. - 무감각함을 드러낸다. - 형식을 너무 강조한다. - 완고하다.
적응-타협형 [A/D]	- 재치가 있다. - 협력적이다. - 융통성이 있다.	- 유화적이다. - 남이 시키는 대로 한다. - 확신이 없다.

[표 4-19. 행동 유형별 커뮤니케이션 스킬 향상법]

구분	지지–포기형[S/G]	주도–강제형[C/T]	신중–고집형[C/H]	적응–타협형[A/D]
기본 가치	탁월성	행동	합리성	조화
의사소통 방법	– 가치를 강조 – 이상적 어필 – 도움을 청함 – 탁월성에 호소 – 관심을 보임 – 자기개발 강조	– 기회 제공 – 책임 부과 – 도전 – 성취를 위한 자원 제공 – 권한 제공	– 리스크가 낮은 아이디어 제공 – 분석기회 제공 – 논리/사실 사용 – 친밀감, 관행, 구조 사용 – 과거에 기반	– 타인과 협력기회 제공 – 유머 사용 – 자신의 좋은 기분을 알게 함 – 주목을 받을 수 있는 기회 제공
가장 효과적인 상대되는 방법	– 인정, 신뢰, 감사 표시 – 공동으로 목표 설정 – 접근 가능 – 상호공유 노력 – 믿을 수 있음	– 확신 – 자율성 – 결과에 보상 – 명확한 직무한계 – 주도권 – 경청, 결정력 – 대등 입장	– 조직적 – 목적적 – 상세함 – 체계적 – 객관적, 공정함 – 일관성	– 친밀감 – 정보 제공 – 유연함 – 유머감각 – 피드백 – 이해, 격려
가장 효과적으로 상대에게 영향을 미치는 방법	– 가치에 대한 강조 – 충성심 – 진지함 – 팀 지향적	– 반응적 – 능력 – 독립적 – 직접적	– 존경 표시 – 원칙에 충실 – 논리적 – 주의 집중	– 사교적 – 재치 있음 – 영향력 있음 – 용의주도
가장 효과적인 환경	– 존경 – 지지 – 확신 – 이상	– 경쟁 – 솔직 – 리스크 – 기회	– 이성 – 사실 – 과학 – 실제	– 사교 – 변화 – 생동 – 낙관
가장 비효과적인 환경	– 배신 – 개인 비판 – 조소 – 실패 – 지지 부재	– 자원 부재 – 권위에의 도전 – 책임 감소 – 도전 부재 – 결과에 대한 통제력 약화	– 규율과 정책의 지속적인 변화 – 감정적 상황 – 성급한 의사결정 – 심각성 부재	– 비판적인 권위 – 비협조적인 동료 – 상세함 – 천편일률적 – 엄격한 일정과 감독

V. DISC

주도형, 사교형, 신중형, 안정형

주요 인용 자료

- DISC 이해 –도흥찬
- 관리자 능력개발과정 강사용 매뉴얼–한국교육컨설팅연구소

참고자료

- 급할수록 돌아가라(창작시대사)
- 타고난 성격으로 최고가 되라(비전과 리더십)
- 관리자 능력향상과정(D사 교육과정 자료)
- 관리자 코칭 스킬 향상과정(D사 교육과정)
- 팀장 Best Core과정(D사 교육과정)
- 윈윈 파트너 십(21세기 북스)
- 3분 코칭(대교베텔스만)
- 코칭입문(교보문고) 등

1 DISC 이해

1) 개념 이해

일반적으로 사람들은 태어나서부터 성장을 하여 현재에 이르기까지 자기 나름의 동인 요인에 의해 선택적으로 일정한 방식으로 행동을 취하게 된다고 볼 수 있다. 그것은 하나의 경향성을 이루게 되어 자신이 일하고 있거나 생활하고 있는 환경에서 아주 편안한 상태로 자연스럽게 그러한 행동을 하고 있기 때문이다. 우리는 그것을 행동 패턴(Behavior Pattern) 또는 행동 스타일(Behavior Style)이라고 한다.

사람들이 이러한 행동의 경향성을 보이는 것에 대해 1928년 미국의 콜롬비아대학 심리학교수인 윌리암 M.마스톤(William Mouston Marston) 박사는 독자적인 행동 유형을 들어 설명하였다. 마스톤 박사에 의하면 인간이 환경을 어떻게 인식하고 또한 그 환경 속에서 자기 개인의 힘을 어떻게 인식하느냐에 따라 4가지 형태로 행동을 하게 된다고 설명하고 있다. 이러한 인식을 축으로 한 인간의 행동을 마스톤 박사는 각각 Dominance(주도형), Influence(사교형), Steadiness(안정형), Conscientiousness(신중형)으로 구분하여, DISC란 인간행동 유형(성격)을 네 가지로 제시하였다.

DISC의 주요 목표로는 자신의 행동 유형과 강점을 발견하고 이를 활용하는 데 있고, 타인의 행동을 이해하고 다른 사람과 효과적으로 상호작용하는 데 있다. 또한 자신에게 맞는 갈등관리, 대인관리 유지 방법, 학습 방법 등을 발견하고, 이를 적극적으로 활용 및 적용하는 데 있다고 할 수 있다.

2) DISC의 역사 및 활용

환경에 대한 인간의 인식으로부터 인간행동을 이론화한 윌리암 M.마스톤(William Mouston Marston) 박사의 연구결과를 토대로 미국의 칼슨 러닝(Carlson Learning)사와 쟌 가이어(John Geier) 박사의 연구팀이 공동으로 독특한 개인개발 도구를 개발했는데, 이는 개인 행동 유형 진단도구인 PPS(Personal Profile System)이다.

이 프로그램은 1992년부터 한국에 도입되어 기업체 교육 등 전 분야에 다양하게 적용 및 활용되고 있다. DISC는 자신의 이해, 타인의 이해를 좀더 객관적이며 과학적으로 이해하고자 하는 것으로부터 시작된다. 우리의 주변환경은 너무나 급격히 변화되고 있다. 이러한 급격한 환경의 변화 속에서 생존을 위한 끊임없는 변화와 혁신이 강요되며, 스스로 변화 적응을 하고 있는 것 역시 현재 우리들의 모습이라 할 수 있다.

생존을 위한 자신의 본 모습이 아닌 다양한 상황에 적응하기 위한 대인갈등과 그에 따른 사회적 문제가 날로 심각해지고 있는 이 시점에서 자신을 되돌아보고, 자신이 진정으로 어떠한 존재인지 이해하는 것이 절대적으로 필요하다. 우리가 무엇을 원하며 무엇을 두려워하는지, 무엇이 강점이고 약점인지를 이해하는 것은 우리 자신에게 뿐만 아니라 관계를 형성하고 있는 모든 이에게 절대적으로 필요하며, 그에 따른 상호 이해와 차이의 인정을 위한 한 가지 방법이 바로 DISC이다. 이를 통해 우리는 자신에 대해 보다 실천지향적으로 접근할 수 있다고 본다.

DISC를 통하여 우리는 업무 환경에서 개인이나 그룹이 자신의 생산성을 향상시킬 수 있다. 또한 타인의 업무 처리 과정, 업무 수행을 관리할 수 있는 능력을 향상시킬 수 있으며, 자신의 행동과 우리 주변 사람들의 행동을 더 잘 이해할 수 있는 체계적인 접근을 통하여 대인관계 형성과 업무 향상에 직접적인 접근 방식을 취할 수 있다고 본다.

이에 대한 세부적인 관리에서는 첫째, 자기관리 부분의 활용 측면에서 DISC에 대한 진단지를 통하여 자신의 행동 경향을 발견하고, 기술을 통해 인간의 행동 경향을 네 가지로 나눌 수 있다. 이러한 네 가지 주도형(D), 사교형(I), 안정형(S), 신중형(C)의 주요 특성, 목표, 요구, 두려움 등을 통해 구체적인 대인관계와 업무 상황에서 자기관리, 자기개발의 활동계획을 세우는 데 활용할 수 있다.

둘째, 타인관리 부분의 활용 측면에서는 타인(친구, 동료, 상사, 부하, 고객, 배우자 등)의 행동 경향에 대한 이해를 통해 자신과 다른 행동 유형을 가진 사람들과 효과적으로 직무(관계형성/업무)를 수행할 수 있는 구체적인 전략을 개발할 수 있고 행동 계획을 세울 수 있다.

셋째, 업무 관리 부분의 활용 측면에서는 자신의 업무 수행의 효율성을 파악하기 위해 역할행동 분석을 사용할 수 있으며, 자신의 업무 수행을 잘 수행하기 위해 요구되는 행동에 자신의 행동을 맞추기 위한 행동 계획을 개발할 수 있다. 더불어 한 역할에서 다른 역할을 수행해야 할 때 대응전략을 개발할 수 있고, 교육훈련이나 부하 육성에 요구되는 역할행동을 파악하는 데 활용할 수 있으며 더불어 생애개발 계획을 세우는데 역할행동 분석도구로 사용할 수 있다.

넷째, 업무 수행관리 부분의 활용 측면에서는 관리의 기본 원칙인 지시적 관리, 지원적 관리, 혼합 관리, 권한위임 관리를 파악할 수 있으며, 구체적인 업무수행에서 개인의 능력과 의욕의 수준에 따라 적절한 관리 방법 사용을 통해 개인의 욕구나 행동 유형에 맞는 구체적인 관리 행동 계획을 개발할 수 있다.

3) 개인 유형 시트지

개인 유형 시트를 통하여 DISC의 행동 유형의 네 가지를 나타내는데, 이는 우리들이 일상적인 일 또는 행동에 있어서 가장 잘 표현한다고 생각되는 문항에 체크를 통하여 그에 대한 합이 가장 많은 항목을 자신의 행동 유형이라고 본다.

다음과 같은 질문 문항의 사례를 통하여 본 질문에 대한 결과의 값을 나타낼 수 있다.

예를 들어 '신중함, 끈질김, 말을 많이 함, 관용적'이라는 네 개의 단어에서 자신의 일상적인 일과 행동에 가장 적합한 단어가 '관용적'이라면 체크표에 관용적이라고 표시를 하면 된다.

[표 5-1. DISC의 행동 유형]

구분	가형	나형	다형	라형
단어	신중함	끈질김	말을 많이 함	관용적(∨)

(1) 자신의 행동 유형 테스트지

각각의 번호에 따라 네 개의 단어가 나타난다. 자신의 일 또는 행동에 있어 자신을 가장 잘 표현해주는 단어 오른쪽에 표시(∨) 또는 단어에 O을 하며 24번까지 모두 마쳐야 한다. 하나도 빠뜨리지 말고 반드시 답을 해야 한다.

[표 5-2. 자신의 행동 유형 테스트지]

번호	A형	B형	C형	D형
예	신중함 ( )	끈질김 ( )	말을 많이 함 ( )	관용적 (V)
1	인내하는	밀어붙이는	꼼꼼한	표현을 잘하는
2	도전 개척적인	정확한	흥미에 관심	만족스러운
3	기꺼이 하는	활기 있는	대담한	빈틈없는
4	논쟁을 좋아하는	회의를 좋아하는	주저하는 성격	충동적인
5	공손한	사교적인	참을성이 있는	무서움을 모르는
6	설득력 있는	독립심이 강한	논리적인	온화한
7	신중한	차분한	고단성 있는	모임을 좋아하는
8	인기 있는	고집 있는	완벽주의자	인심 좋은
9	변화가 많은	수줍음을 타는	느긋한	완고한
10	체계적인	낙관적인	의지가 강한	친절한
11	엄격한	겸손한	상냥한	말주변이 좋은
12	호의적인	빈틈없는	놀기 좋아하는	의지가 강한
13	참신한	모험적인	인내하는	신중한
14	참는	성실한	공격적인	호감 주는
15	열정적인	분석적인	동정심이 많은	단호한
16	지도력 있는	충동적인	느린	비판적인
17	일관성 있는	영향력 있는	생기 활발한	느긋한
18	사람을 잘 사귀는	친절한	독립적인	정돈된
19	이상주의적	평판이 좋은	쾌활한	솔직한
20	참을성 없는	진지한	미루는	감성적인
21	경쟁심이 있는	자발적인	충성스러운	생각이 깊은
22	희생적인	이해심 많은	설득력 있는	용기 있는
23	의존적인	변덕스러운	인내 있는	밀어붙이는
24	포용력 있는	옛날을 생각하는	사람들과 어울리는	이끌어가는

(2) 개인의 행동 유형 조사 집계표

[표 5-3. 개인의 행동 유형 조사 집계표]

번호	가형 [주도형 : D]	나형 [사고형 : I]	다형 [안정형 : S]	라형 [신중형 : C]
1	B	D	A	C
2	A	C	D	B
3	C	B	A	D
4	A	D	C	B
5	D	B	C	A
6	B	A	D	C
7	C	D	B	A
8	B	A	D	C
9	D	A	C	B
10	C	B	D	A
11	A	D	C	B
12	D	C	A	B
13	B	A	D	C
14	C	D	B	A
15	D	A	C	B
16	A	B	C	D
17	B	C	D	A
18	C	A	B	D
19	D	B	C	A
20	A	D	C	B
21	A	B	C	D
22	D	C	B	A
23	D	B	A	C
24	D	C	A	B
합계	( )개	( )개	( )개	( )개

※ 자료 : 타고난 성격으로 최고가 되라(비전과 리더십)
※ 합계에서 제일 좋은 점수를 차지한 유형이 자신의 주 행동 유형이며, 차점은 보조 행동 유형으로 분류하여 DISC에서 제시되고 있는 행동별 특성에 대한 세부적인 내용을 참조하여 접근을 하면 된다.

2 DISC 특성 이해

1) 일반적 특징

DISC는 인간행동 유형(성격)을 네 가지로 구분하여 제시하는데, 그에 대한 첫 번째 대문자를 조합한 **D**ominance(주도형), **I**nfluence(사교형), **S**teadiness(안정형), **C**onscientiousness(신중형)를 의미한다.

DISC 유형의 일반적인 특징에 대하여 알아보면 다음과 같다.

Dominance(주도형)는 결과를 성취하기 위해 장애를 극복함으로써 스스로 환경을 조성하며, **I**nfluence(사교형)는 다른 사람들을 설득하거나 영향을 미침으로써 스스로 환경을 조성한다. **C**onscientiousness(신중형)는 업무의 품질과 정확성을 높이기 위해 기존의 환경 안에서 신중하게 일을 한다. 또한 **S**teadiness(안정형)는 과업을 수행하기 위해 다른 사람과 협력을 하는 특징이 있다고 할 수 있다. 각 유형별 일반특성의 세부 내용은 다음과 같이 제시될 수 있다. **D**ominance(주도형)는 빠르게 결과를 얻으려 하며, 다른 사람의 행동을 유발시키고, 도전을 받아들이며, 의사결정을 빠르게 내린다. 또한 기존의 상태에 문제를 제기하며, 지도력 발휘를 잘한다. 더불어 어려운 문제를 처리하는 능력을 갖고 있다.

Influence(사교형)는 사람들과 접촉을 즐겨하고, 호의적인 인상을 주는데 관심이 있으며, 말솜씨가 우수하고 다른 사람들에게 동기부여를 잘 한다. 또한 열정적이며 사람들을 즐겁게 하는 능력이 있으며, 그룹활동을 즐기고, 대인관계에서 긍정적이며 낙관적으로 대하는 일반적인 특성을 갖고 있다.

Conscientiousness(신중형)의 일반적인 특성으로 중요한 지시나 기준에 관심이 있으며, 세분적인 상황까지 관심을 나타낸다. 또한 분석적으로 사고하고, 찬반과 장단점 등을 고려한다. 이들은 외교적 수완이 뛰어나며 갈등에 대해 간접적 혹은 우회적으로 접근을 한다. 업무 수행에 대해서는 비평적으로 분석을 하면서 정확성을 점검하는 특성을 갖고 있다.

Steadiness(안정형)는 예측 가능하고 일관성 있게 일을 수행하며 전문적인 기술을 개발하고 참을성을 보인다. 이들은 다른 사람을 돕고 지원을 하며, 남의 말을 끝까지 경청한다. 이를 통하여 흥분한 사람을 진정시키는 능력과 안정되고 조화로운 업무 환경을 만드는 능력을 가지고 있다.

이와 같은 내용을 통해 유형별 일반적인 특성과 행동을 다음과 같이 표로서 제시할 수 있다.

[표 5-4. DISC 유형별 일반적 특징]

구분	D형(주도형)	I형(사교형)	S형(안정형)	C형(신중형)
특징	결과를 성취하기 위해 장애를 극복하고 스스로 환경을 조성한다.	다른 사람을 설득하거나 영향을 미침으로써 스스로 환경을 조성한다.	과업을 수행하기 위해 다른 사람과 협력한다.	업무의 정확성과 품질을 높이기 위해 기존의 환경 안에서 신중하게 일한다.
목표	−결과 성취, 즉각적 행동 −새로운 일을 맡음 −도전과 새로운 기회 −추진, 승진의 기회 변화유발, 모험 −광범위한 통제	−사람과 어울리기 −일에 있어서의 재미 −사람들의 격려 −사소한 일의 책임에서 벗어남	−다른 사람과 함께 일함 −일을 부드럽게 처리하기 −안정과 안전 −갈등 없는 환경	−업무 수행의 구체적 기준 −정확성 −높은 기준과 기준 수행 −분석과 평가 −논리적, 체계적 접근 방식
효과 증진책	−타인과 어울리기에 대한 인내 −타인과의 협상 −타인의 요구에 대한 더 많은 인식 −타인과 함께 참여	−의사결정시 객관적 태도 −조직적이고 체계적인 과업수행 −세부사항에 대한 검증 −시간관리	−변화에 적응하는 방법 습득 −보다 단호한 자기 주장 −갈등상황에서의 의연한 태도 −변화 추구 −불쾌한 점에 대해 솔직히 말함	−과제분석에 지나친 시간투자 자제 −다른 사람들과 비공식적 상호작용의 가치 인정 −환경의 요구에 다른 기준 조정 −직접적인 대면
두려움	−남들에게 압도 당함 −통제력 상실 −권태 −반복적인 업무 −부드럽고 약하게 보임	−일에 대한 비난 받음 −사람들을 압박하는 것 −사람들로부터 인정 못 받음 −홀로 있는 것	−혼돈과 불안정 −기대의 불명확 −공격적인 대면 상황	−일에 대한 비판 −변화나 뜻밖의 사건 −즉흥적인 표현 −사생활을 들추는 것
과도한 사용	−사람이나 상황을 자기 취향대로 통제 −무분별한 도전 및 새로운 기회 창출과 시도	−감정폭발:공격적으로 보일 수 있음 −회의, 토의시 말이 많음 −유머, 농담	−지나친 온건함 −지나친 수용, 희생	−과도한 분석 −업무 수행에 대한 비판 −방어적 태도 −사람 및 상황에 대한 지나친 논리적 태도

[표 5-5. DISC의 일반적 행동 요약]

D형(주도형)	I형(사교형)	S형(안정형)	C형(신중형)
• 자아가 강하다. • 목표 지향적이다. • 도전에 의해 동기부여가 된다. • 통제권을 상실하거나 이용당하는 것을 두려워한다. • 압력 하에서 다른 사람의 견해, 감정들을 별로 고려하지 않을 수 있다.	• 낙천적이다. • 사람 지향적이다. • 사회적 인정에 의해 동기부여가 된다. • 사회적 인정에 의해 동기부여가 된다. • 다른 사람들로부터 거부 당하는 것을 두려워한다. • 압력 하에서 일을 체계적으로 처리하지 못할 수 있다.	• 정해진 방식에 따라 행동한다. • 팀 지향적이다. • 현재의 상태를 안정적으로 유지하는 것에 의해 동기부여가 된다. • 안정성을 상실하거나 변화하는 것을 두려워한다. • 압력 하에서 지나치게 남을 위해 자신을 양보할 수 있다.	• 세부적 사항에 주의를 기울이고, 분석적이다. • 과업 지향적이다. • 정확성과 양질을 요구하는 것에 의해 동기부여가 된다. • 자신이 수행하는 작업에 대해 타인의 비판을 두려워한다. • 압력 하에서 자신과 다른 삶에 대해 지나치게 기대가 높고 비판적일 수 있다.

2) DISC 유형별 부모 및 자녀 이해

이 장에서는 일반적인 DISC 유형별 부모, 아이, 학생, 교사의 특징에 대하여 알아본다. 각 유형별 세분화를 통하여 일상적으로 발생되고 있는 다양한 갈등관계 속에서 보다 객관적인 접근과 상호 인정을 통한 학습능력 강화, 지속적인 성장의 기회가 제공될 수 있다.

(1) 부모의 유형별 일반적 특성

D형(주도형) 부모들의 일반적인 특징은 가정에서 부모에 의해서 세워진 기준 원칙을 자녀들이 그대로 순종하기를 강요하며, 부모의 기준에 위배되거나 반대되면 체벌을 해서라도 지키게 하려 한다. 또한 목표를 높게 잡고 일생동안 매진하여 성공하기를 기대하고, 지시적인 부모의 사랑을 자녀가 수용 못하고 반발하거나 간접적인 저항을 계속해서 나타내면 자녀들의 불순종을 무시하고 강압적인 부모가 될 수 있다.

I형(사교형) 부모는 자녀에 대한 애정을 겉으로 잘 표현하며, 자녀들이 원하는 것은 무엇이든지 해주려는 허용적인 성향을 가진다. 그러므로 자녀의 빗나간 행동이나, 잘못을 엄하게 다스리거나, 일관성 있게 훈육하지 못한다. 또한 용돈을 잘 주거나 여행, 모험적인 행동, 외식 등 자녀들과 함께 생활을 즐기는 편이다.

S형(안정형) 부모는 자녀에게 안정감을 주며, 자녀에게 세심하게 주의를 기울이고 조용하면서 편한 관계를 갖는다. 또한 자녀와 다른 사람들에게 성실하게 봉사하고 희생한다. 그리고 화가 나도 속으로 삭이려 하며, 지나친 수용성이 자녀를 부모 의존형이나 나약하게 만들 수 있다.

C형(신중형) 부모는 자녀를 바르고 남들에게 인정 받고 칭찬 받는 완벽한 자녀를 양육하고 싶어하며, 자녀들에게 감정표현을 잘하지 못하여 칭찬에 인색하다.

또한 부모의 요구사항을 자세하고 꼼꼼하게 설명하고, 자녀가 그대로 실행하는지 체크를 한다.

(2) 아이의 유형별 일반적 특성

D형(주도형) 아이들의 일반적인 특성으로 자신감이 넘친다. 고집이 세고 자기 주관이 뚜렷하여 독자적인 행동을 잘하고 남의 충고를 받아들이지 않는 경향이 있다. 모험심이 강하여 새로운 시도나 활동하기를 좋아한다. 위험부담 되는 일에 대면해서도 부모나 교사의 지시, 행동교정을 위한 꾸중에 말대꾸를 하거나 거칠게 반항하기도 한다. 과제나 일을 빨리 끝내는 경향이 있고, 자기 뜻대로 일이 제대로 안되면 화를 잘 내기도 한다. 경쟁심이 강해서 운동경기나 게임에서 이겨야 직성이 풀린다. 직선적으로 말하기 때문에 의사소통이 솔직하고 시원한 점은 있으나, 다른 사람에게는 퉁명스럽거나 거칠게 보이기도 한다.

I형(사교형) 아이는 사람과의 사귐을 중요시하기 때문에 쉽게 친구를 사귄다. 상대방의 감정을 잘 파악하는 직관력이 뛰어나기 때문에 상대방의 기분을

잘 맞추어 준다. 매사를 낙천적으로 생각하기 때문에 웃음이 많고 유머감각이 있는 분위기 메이커다. 희노애락 감정표현을 잘하며 애교가 많고 생동감이 있다. 그러나 예의를 지켜야 할 장소나 시간에도 튀는 행동을 하기도 하여 버릇이 없다는 말을 듣기도 하며, 실패나 사태의 심각성 등에 대해서 심각하게 느끼지 않기도 하다. 친구들에게 인기가 좋으나, 남들에게 인정을 받지 못하거나 자기 맘에 안들 때는 잘 토라지기도 한다.

S형(안정형) 아이는 일반적으로 조용하며 착한 아이라는 평을 듣는다. 그리고 시키거나 주어진 일을 성실하고 꾸준하게 잘한다. 남들 앞에 나서서 이끌기보다는 옆에서, 뒤에서 소리내지 않고 도와주는 일을 잘하는 봉사정신이 강한 아이다. 자기 주장이 강하지 못하고, 변화나 위험부담이 되는 일은 회피하는 경향이 있다. 행동하기 전에 생각하기 때문에 빨리 결과를 만들어 내지는 못하지만, 인내심이 있고 참을성 있게 꾸준히 한 가지 일을 성취하는 편이다.

C형(신중형) 아이는 자기 절제가 가장 잘 된다. 자신에 대한 기준이 높고 타인에 대한 기준도 높게 기대를 하기 때문에, 기준에 맞지 않을 때는 불편하게 생각하거나 비판적이 된다. 매사에 주의가 깊고 조심스럽게 행동하며 예의가 바르다. 논리적이고 분석적인 면이 강하다. 그러나 친구를 사귀는 데는 신중하고 낯을 가리기 때문에 사회성은 부족하다. 높은 직관력이 있고 올바른 행동과 사고를 하려는 경향이 있고 은근히 자기 고집이 있다.

(3) 학생의 유형별 일반적 특성

D형(주도형) 학생들은 공부, 숙제 등 과제나 일을 자발적으로 시작하며, 자신의 속도대로 빠르게 추진하고 집중력이 강한 일반적인 특성이 있다.

서론이나 주변사항보다는 핵심사항, 중요점에 바로 들어가며, 즉각적으로 결과를 얻기를 원한다. 또한 당장 써먹을 수 있는 것에 관심이 높으며, 도전적 과제를 원하고 가만히 앉아서 듣기보다는 실험하고 움직이고 체험을 원하며, 수업에 불만사항이 있으면 교사에게 불만을 직접 표현한다.

I형(사교형) 학생은 자신의 재능을 친구와 선생님에게 보여주고 싶은 욕구가 강하며, 교사의 질문에 본인이 답을 몰라도 아주 빠르게 손을 들고 나서 생각을 한다. 또한 이들은 외모, 복장, 말하는 태도에 신경을 쓰고 자신의 인기관리에 관심이 높다. 그리고 이들은 표현을 적극적으로 잘하나 체계적, 논리적, 분석적이지 못한 경우가 있으며, 특권의식, 공주병, 왕자병 등 남에게 인정 받고자 하는 의식이 강하다.

S형(안정형) 학생은 수업시간에 늦지 않게 잘 참석하고 수업태도가 성실한 편이며, 단원 목표, 내용 등 모든 것을 이해하길 원한다. 또한 교사나 친구들에게 은근히 신임 받기를 기대한다. 수업행동이 예측가능하고 진지한 편이며, 자발적인 발표는 하지 않지만 지적하면 그때서야 자신의 생각을 수줍게 말을 한다. 교사의 강의내용을 자세하게 많이 필기하는 편인 이들은, 학습내용, 자료, 사실을 비판적으로 따져보기보다는 그대로 수용하려 한다.

C형(신중형) 학생은 수업, 숙제, 시험, 점수 등에 관심이 많고, 민감하고, 세부적 사실, 자료 등에 관해 깊이 알기를 원한다. 또한 수업시간, 쉬는 시간에 남들과 어울리기보다는 조용히 자신의 자리를 지키며 혼자서 공부하거나 독립된 공간에서 작업 하기를 바란다. 그리고 이들은 호기심이 많아 구체적이며 '왜?(why)' 라는 질문이 많다. 또한 수업에서 남들에게 인정받고자 하는 욕구가 적으나, 자신의 기준은 높인다.

(4) 교사의 유형별 일반적 특성

D형(주도형) 교사들의 일반적인 특성으로 수업 목표와 훈련상황을 강하게 통제하여 수업분위기와 질서를 강하게 잡아가려는 욕구가 강하다. 수업계획과 일정대로 진행하여 학습목표를 빨리 달성하려 하며, 대답하기 곤란한 질문, 난처하게 만드는 질문, 농담 같은 질문은 교사에 대한 도전으로 생각하고 무시하거나, 강하게 혼을 내거나, 꾸중으로 대응한다. 또한 학습자의 참여보다는 자신의 방식과 주어진 과제를 주도적으로 이끌어가고, 화가 나면 큰소리를 치거

나 징계를 위해 회초리를 들고 벌을 주기도 한다.

I형(사교형) 교사는 학습활동시 상호작용, 토의, 활동, 게임 등 다양한 활동을 활용한다. 사례제시, 상황이야기, 자신의 경험 등을 많이 사용한다. 수업시간을 넘겨가면서 열정적으로 얘기를 하고, 수업준비를 사소한 것까지 철저하게 준비하지는 못해도 재치 있게 대응을 잘한다. 또한 이들은 수업시간에 늦을 수 있고 일찍 끝낼 수도 있다고 본다. 더불어 유머감각이 있어 수업분위기를 활성화시킬 수 있다.

S형(안정형) 교사는 수업의 단계와 절차를 중시하고 전통적인 수업규칙과 방식을 선호하고 전체의 통일성과 일관성을 가지고 수업을 진행한다. 또한 이들은 수업내용을 제시하고 설명하는 시간이 많으며, 학습자와의 개인적 관계를 중시한다. 더불어 이들은 전체적인 것(숲을 보기)보다 구체적인 것(나무를 보기)에 관심이 높다.

C형(신중형) 교사는 사전준비와 계획이 철저하고, 구체적인 사실과 데이터로 자세하게 설명을 한다. 또한 이들은 규칙을 엄격하게 지키고 출석, 지각, 숙제, 과제검사를 철저하게 한다. 학생들에게 공평무사하게 대하며 감정표현을 자제한다. 그러나 수업을 재미있게 하기 위해서 다양한 활동이나 게임 등의 시간을 주는 데에는 인색하다.

3) DISC 유형별 자기 관리 방법

(1) 유형별 동기요인

DISC 유형별 일반적인 동기요인 특성에 대한 내용은 다음과 같이 제시할 수 있다.

D형(주도형)의 일반적 동기요인으로는 자신의 업무 환경에 대한 통제권을 가질 때, 다른 사람에게 지시를 할 때, 새로운 기회나 도전이 제공될 때, 과정보다는 결과에 책임을 질 때, 성장기회가 주어졌을 때, 목적 달성에 보상이 있

을 때라 할 수 있다.

I형(사교형)의 일반적 동기요인으로는 다른 사람과 긍정적인 교류를 할 수 있을 때, 생각과 느낌을 자유롭게 말 할 수 있을 때, '훌륭하다', '참 좋다'는 식의 표현이 있을 때, 즉각적인 응대가 있을 때, 자신의 감정을 인정 받을 때 등과 같을 경우 동기요인이 될 수 있다고 할 수 있다.

S형(안정형)의 일반적 동기요인으로는 다른 사람과 협력하여 일할 수 있을 때, 다른 사람이 필요한 것을 제공할 때, 권한과 책임이 명확히 구분되어 있을 때, 질서있고 예측가능한 업무 환경이 유지될 때, 조화롭고 비공식적이며 우호적인 환경일 때 또는 자신의 충실성을 인정 받을 때에 안정형들은 일반적인 동기요인이 된다고 할 수 있다.

C형(신중형)의 일반적인 동기요인으로는 자신의 기준에 맞는 업무 수행의 환경이 제공될 때, 업무 수행 결과에 영향을 주는 요소가 통제될 때, 정확하고 완벽한 일처리를 인정 받을 때, 올바른 상태를 유지할 때, 논리적이고 체계적으로 접근할 때 등에서 동기요인을 가지게 된다.

(2) 갈등상황에서의 행동

각 유형별 갈등상황 속에서 자기 관리를 위한 행동을 알아보면 다음과 같이 제시할 수 있다.

D형(주도형)의 갈등상황 속에서의 행동으로는 지시적이고 공격적인 경향을 나타내며, 공격 정도가 높아짐에 따라 상대방에게 이기거나 지는 결과를 초래할 수 있다. 한편, 방어적인 경향을 나타내면서 권위와 직위를 사용하여 갈등을 종식시킬 수 있다. I형(사교형)의 갈등상황 속에서의 행동으로는 공개적이고 직접적인 갈등을 회피하며, 감정적으로 표현한다. 그리고 이들은 사적으로 공격을 하면서 문제의 핵심을 피하고, 화낸 사람을 달랜다. 또한 나쁜 인상을 주는 것을 피하고자 하면서 충동적인 행동을 나타낼 수도 있다.

S형(안정형)의 갈등상황 속에서의 행동으로는 상호공격을 피하면서 모두가

수긍하는 해결책을 찾으려 한다. 또한 문제를 회피하고 전체의 조화를 위해 양보하면서 말수가 적어진다. 그러면서 이들은 침묵을 통하여 흥분한 사람들을 가라앉히는 행동을 나타낸다.

C형(신중형)의 일반적인 동기요인으로는 대응전략을 짜기 위해 처음에는 양보를 하면서 방어적인 태도의 행동을 나타낸다. 또한 사실과 논리로서 상대를 압도하며, 수동적인 저항과 같은 간접적인 공격 방법을 사용한다. 이들은 완고하거나 굽히지 않는 행동과 함께 정보를 알려주는 것을 보류하면서 상대방을 공격할 수도 있다.

(3) 효과증진전략

각 유형별 특성에 대한 자기관리의 효과증진전략에 대한 내용은 다음과 같이 알아 볼 수 있다.

D형(주도형)의 효과증진전략으로는 행동하기 전에 예상 가능한 결과에 대해 심사숙고할 필요가 있으며, 다른 사람의 경험과 느낌, 생각을 듣고 고려함으로써 윈윈전략을 개발할 수 있다. 더불어 결과보다는 과정을 중시하고 설명함으로써 타인과의 상호작용에서 정중함을 보이며, 다른 사람의 노력을 인정해 줌으로써 자기관리에 대한 효과증진의 전략을 강화할 수 있다.

I형(사교형)의 효과증진전략으로는 사람과 상황을 현실적으로 파악하기 위해 긍정적, 부정적 정보를 모두 사용해야 하며, 과제완수를 위한 시간과 절차를 고려하여 과정을 구조화할 수 있어야 한다. 또한 다른 사람의 부정적 피드백에 대해 경청을 하고, 세부적 사항을 일관성 있게 끝까지 마무리하면서 시간관리에 특히 집중해야 한다. 그렇게 함으로써 자기관리에 대한 효과적인 증진전략을 강화할 수 있다.

S형(안정형) 효과증진전략으로는 예정되지 않은 변화에 대한 대응능력을 개발하며, 확고하고 단호한 태도와 새로운 도전을 받아들일 수 있어야 한다. 더불어 이들 유형들은 일상적인 반복 업무에 대한 융통성 개발을 통해 원하는

결과를 얻기 위한 적절한 권한을 위임해야만 효과적인 자기관리의 증진전략을 강화할 수 있다.

C형(신중형)의 효과증진전략으로는 자신의 업무 수행에 대한 평가에 대해 수용적 태도를 개발해야 하며, 타인의 일에 온건한 비판을 통하여 개방적이고 수용적인 태도를 지속적으로 개발하여야 한다. 한편 이들에게는 자기 노출과 자유로운 감정표현을 통하여 일과 자신의 생각에 대한 지나친 완벽성을 피함으로써 자기관리에 대한 효과증진전략을 강화할 수 있다.

(4) 비즈니스의 성공전략

유형별 분류에 따른 비즈니스 성공전략에 대하여 알아보면 다음과 같이 나타낼 수 있다.

D형(주도형)의 비즈니스 성공전략으로는 명료하며, 구체적이고 간략히 핵심을 말해야 한다. 일에 관하여 이야기를 하면서 모든 필요조건, 목표, 보도자료 등을 잘 준비해야 한다. 논리적으로 사실을 제시하여 효율적이고 간결하게 프리젠테이션을 할 수 있어야 한다. 더불어 질문을 할 때에도 '무엇에 관해' 라는 구체적인 질문을 해야 한다. 의사결정을 하기 위한 핵심적인 대안과 선택안을 제공하고, 성공적이며 효과적으로 선택하기 위한 사실과 특징을 제시할 수 있게 해야 한다. 또한 동의하지 않는다면 사람이 아니라 사실을 문제 삼아야 하며, 일이 끝난 뒤에는 호의적으로 헤어져야 한다.

I형(사교형)의 비즈니스 성공전략으로는 다른 사람과 감정, 직관, 기대 등을 나누며 빠르면서도 동시에 친근감을 느낄 수 있는 시간을 충분히 가져야 한다. 더불어 다른 사람들과 관계를 형성하고 사귈 수 있는 시간을 확보하면서 상호 흥미를 돋우는 의견을 나누어야 한다. 이들에게는 너무 지나친 세부적인 사항을 이야기하지 않는 대신 사람들에 관한 의견과 아이디어에 관한 질문을 하여야 한다. 이들에게는 행동으로 옮길 수 있는 아이디어의 제공을 통하여 구체적으로 '누구' 에 관해 질문을 하여야 한다. 또한 그들이 중요하고 유명한 사람이

라고 느낄 수 있도록 해주어야 한다. 한편 이들에게는 위험을 기꺼이 감수하도록 구체적이고 직접적인 동기와 인센티브를 제공하면서, 계속적으로 관계를 유지하고 격의 없는 관계를 형성하여야 한다.

S형(안정형)의 비즈니스 성공전략으로는 사적인 이야기를 간단히 언급하여 서로에게 관심을 가질 수 있는 시간의 제공을 통해 이들의 공통점을 찾아서 인간적인 진심어린 관심을 보이면서 진솔하고 개방적으로 이야기를 해야 한다. 아울러 참을성 있게 개인적인 목표를 끌어내고, 그 목표를 성취할 수 있도록 도와주고 경청하여야 한다. 또한 상대방과 대화시 부드럽고 비 위협적으로 하면서 '어떻게'에 관한 질문을 사용하여 그들의 의견을 이끌어내야만 한다. 한편 이들이 쉽게 동의한다면 불만족스러울 수 있는 잠재영역을 찾아서 활용을 하며, 동의하지 않는다면 감정이나 개인적인 이유를 상하게 했는지를 살펴보아야 한다. 그들에게는 결정이 위험을 최소화하고 더 나은 이익을 얻게 될 것이라는 확신을 통하여 구체적이고 명확한 해결안을 제시하여야 한다.

C형(신중형)의 비즈니스 성공전략으로는 공격적인 태도가 아닌 직접적인 접근을 통하여 일에 관해 관심을 집중하기 위해 미리 잘 준비하고 시간을 정확하게 준수하여야 한다. 또한 모든 것에 대하여 구체적인 것들을 제시하고 할 수 있다고 말한 것에 대하여 반드시 약속을 지키는 것으로 그들의 노력이 성과를 도출할 수 있도록 해야 한다. 이들에게는 체계적으로 실행하기 위한 계획을 세우도록 해야 한다. 만약, 이들에게 동의를 한다면 철저히 실행을 하여야 하고, 동의하지 않는다면 당신의 입장을 체계적으로 설명하고 의견을 구하면서 '왜'에 관해 질문을 하여야 한다. 행동에 있어서는 이들이 충분히 예측할 수 있도록 정확하고 실제적인 모습을 보여, 확고하고 구체적이며 실제적인 증거를 제시할 수 있어야 한다.

3 DISC 행동 유형별 사례

이 장에서는 DISC 이론을 통하여 다양하게 제시되고 있는 세부 사례를 보다 폭 넓고 다양하게 적용, 활용을 하고자 한다.

제시된 내용이 비록 어떤 특정된 상황에 대해 제시되지만, 이를 학습자들의 여건에 맞게 활용, 적용이 가능하다고 사료되면 그를 통하여 보다 생산적인 대인관계의 형성과 자신들이 얻고자 한 바를 명확히 얻을 수 있기를 기대할 수 있을 것이다.

1) 유형별 질문 방법

커뮤니케이션에서 가장 많이 그리고 중요하게 강조되고 있는 것 가운데 하나가 바로 질문이라 할 수 있다. 이 질문에서는 각 유형별 어떤 질문이 많이 사용되며 그 질문이 다른 유형에게 어떻게 느껴지는가를 생각하면서 서로간의 '오해'를 줄이고, 상대가 원하는 '의도'를 명확히 파악하는 데 도움이 되리라 사료된다.

D형(주도형)은 단도직입적으로 질문을 한다. "도대체 뭐가 문제야?", "뭘 먹고 싶어?", "무슨 영화 보러 갈까?", "이번 과정 결과가 어때?" 등과 같이 바로 원하는 답을 구하는 질문을 함에 따라 C형(신중형)에게는 다소 무례하게 보일 수 있으며, S형(안정형)에게는 다소 압박감을 느끼게 할 수도 있다.

I형(사교형)은 답을 원하는 질문보다 자신이 원하는 상황이나 분위기를 유도하는 질문을 많이 한다. 예를 들면 자신이 '떡볶이'를 먹고 싶으면 사무실에서 이러한 분위기를 연출하기 위해 질문을 하는데 "아! 비도 오고 출출한데, 이런 날은 군것질하면 좋지 않아?" 또는 "우리 회사 앞에 떡볶이 참 맛있더라" 등 과 같이 분위기를 유도하는 질문을 하면서 서서히 자신이 원하는 페이스로

끌고 가는데 상대가 잘 들어 주면 때때로 엉뚱한 방향으로 흘러간다. 즉, 원래 말하고자 하는 주제에서 벗어나는 경향이 있다고 볼 수 있다. 이렇게 I형(사교형)은 말을 이끌어내고 대화를 나누기 위한 질문으로 자신이 원하는 상황을 유도하기 위해 다양한 방법을 사용한다. 이에 대해 D형(주도형)이나 C형(신중형)의 입장에서 바라볼 때 I형(사교형)의 질문은 시간낭비이고 뭘 원하는 질문인지 잘 모르는 경우가 있으며, 이것이 때로 지나칠 때 상대와 공감이 없는 상황에서 상대는 "날 놀리나?" 하는 생각을 갖게 될 수도 있다.

S형(안정형)은 매우 조심스럽게 상대를 배려하는 질문을 하는데, 질문을 하기 전에 '이 질문을 상대가 알까?' 또는 '상대가 날 모른다고 무시하지 않을까?' 하고 생각을 하면서 부드럽게 질문을 한다. 이처럼 부드럽게 질문하는 것이니만큼 부드럽고 친절하게 대답을 해주어야 하는데, '그것도 몰라?' 하는 식으로 잘난 체하면 대화가 단절될 수도 있다. 비즈니스 상황이나 상담에서 S형(안정형)은 너무 질문을 하지 않아 D형(주도형)이나 I형(사교형)들이 답답하게 느낀다. 이들이 역으로 질문을 하지 않도록 '예상 질문'을 미리 준비하는 것도 하나의 전략이라 할 수 있다.

질문은 I형(사교형) 질문이 포괄적이고 상황을 설정하기 위한 질문인 것에 반하여 C형(신중형)은 구체적이고 문제를 해결하기 위한 체계적인 질문을 한다. 이들 유형들은 자신의 전문 분야라면 본질을 탐색하기 위해 질문하고 대답을 듣고 또 꼬리를 물며 질문을 하는데, 이는 자신의 업무에 충실하기 위해 정보를 구하고, 일을 제대로 하기 위해 질문을 하는 것이다. 하지만 이와 같은 지나친 질문을 받을 경우 D형(주도형)은 '날 못 믿는구나!', '지나치게 사소한 것 갖고 시비를 거는 군' 하는 것과 같은 인상을 받게 되고, I형(사교형)은 '아 머리가 아파, 왜 저렇게 따지지?' 하는 인상을 갖게 한다. 비록 C형(신중형)이 모든 사람들에게 많은 질문을 하는 것은 아니지만, 자신이 전문 분야로 생각하거나 책임을 맡고 있는 분야라고 생각할 경우 후배들이나 동료에게 '걱정'과 '문제해결'을 위해 많은 질문을 하게 되어 상대방으로 하여금 불편함을 느끼게 할 수도 있다.

2) 유형별 글쓰기

사람들은 유형별로 글을 쓰는 스타일이 다르다. 이는 다른 사람의 삶을 쫓으려 애쓰면 힘든 것처럼 자신의 유형과 다른 사람의 글쓰기 스타일을 억지로 베끼려 하면 성과가 그리 좋지 않게 도출이 된다. 이와 같은 의미에서 D형(주도형)과 C형(신중형)의 유형별 글 쓰기에 대한 구체적인 내용을 알아보면 다음과 같이 나타낼 수 있다.

D형(주도형)은 글을 쓸 때 간략하고 흐름이 빠른 글쓰기를 좋아하고, 그렇게 해야만 자신도 신이 나고 글의 질이 좋아진다고 생각한다. 특히 연역적인 글쓰기가 스타일에 적합한 이들은 결론을 먼저 내고 그 다음에 자신의 논리를 전개시키는 것을 좋아한다. 이들 유형들은 다른 사람들의 세밀한 글쓰기를 때로는 부러워하지만, 이들이 실제 글을 읽을 때에는 세밀한 부분은 생략하고 중요한 개념 위주로 빨리 읽어가는 특성을 나타낸다. D형(주도형)은 힘있고, 간결하고, 논리적이고, 결론을 일관성 있게 잘 주장하는 강점을 가지고 있다. 따라서 지속적인 글쓰기를 강화하기 위해서는 자신의 입장과 다른 사람의 입장을 좀 더 반영하는 부분에 신경을 쓰고, 좀 더 겸손한 자세를 가지면서 글을 써야 한다. 특히 자신이 주장하고자 하는 부분에 대해서는 좀 더 세밀한 자료(통계나 근거)에 관심을 기울여야 한다.

C형(신중형)은 글을 쓸 때 정확하고, 정밀한 글쓰기를 좋아하여 완벽하게 글을 쓰려고 한다. 이들 유형들은 글을 쓸 때 묘사하고 근거를 제공하는 면이 너무 지나치다는 점을 본인이 충분히 인지하여야 한다. 왜냐하면 글을 읽는 사람은 이들이 주장하고 있는 요지에 한두 가지 근거를 제공하는 것에 만족을 하고 있기 때문이다. 즉, 지나치게 작은 가지를 너무 세밀하게 묘사하면 전체 줄거리를 이해하는 데 방해가 될 수 있기 때문에, 어느 정도의 묘사를 한 후 스스로 속으로 스톱하고 외치면서 글을 써야 한다.

자신의 행동 유형과 글쓰기 스타일을 이해하면 장점을 살리면서 약점을 보완할 수 있다.

D형(주도형)이 C형(신중형)처럼 글쓰기를 하려고 노력하기보다는 자신의 유형별 스타일을 잘 살리면서 약점을 보완한다면 더 자연스럽게 글을 쓸 수 있다. 그러면 글을 읽는 사람(독자)들도 편하리라 생각된다. 글쓰기도 어떠한 측면에서 보면 커뮤니케이션의 한 스타일로써 자신이 어떠한 유형을 통해 편안하게 글을 쓴다면 최적의 성과를 도출할 수 있다.

3) 유형별 시간관리 방법

자기 자신의 관점에 따라 사람들은 시간에 대해 갖고 있는 개념을 다르게 해석하고 있다. 즉, 상대방이 시간을 어떻게 사용하는지 또는 시간을 어떻게 생각하는지 이해한다면 그 사람의 성격을 알 수 있다는 것이다. 다시 말해 시간의 사용 방법과 전략은 삶을 사는 방식 및 방향을 보여주기 때문이다. 이처럼 시간을 성격의 이해에 중요한 요소라 생각하며 유형별 시간관리 방법을 다음과 같이 알아볼 수 있다.

D형(주도형)은 일반적으로 시간에 대한 참을성이 없어 타인이 자신의 인생을 통제할 때 화를 내고 다른 사람이 자신의 시간을 장악하거나 끼어드는 것을 참지 못한다.

이들 유형의 입장에서 보면 시간은 권력이자 돈이며, 이들은 시간을 자신이 주도권을 갖고 통제할 대상이라 생각한다. 만약 누가 자신의 시간을 낭비한다면 바로 화를 내고 방해요인을 제거할 것이다. 일반적으로 자신이 해야 할 일보다 더 많은 양의 일 리스트를 만들고 하나씩 지워버리는 데 쾌감을 느끼면서 이들은 마치 적을 무찌르듯이 시간 위에 있는 일들의 리스트를 없애는 데 큰 기쁨을 느낀다.

I형(사교형)에게 시간은 소중한 사람과 새로운 만남의 기회라 할 수 있다. I형(사교형)은 시간으로부터 자유를 느끼게 한다. 즉, 이들 유형들은 시간 낭비

요인을 심각하게 생각하지 않기 때문에 다른 사람이 말을 많이 하거나 약속시간에 늦게 나타나도 화를 내지 않는다. 이들은 시간을 체계적으로 사용하지 못하기 때문에 일을 마무리하는 마감시간에 절대적으로 쫓긴다. 일반적으로 타인과 만나고, 대화하고, 새로운 것을 발견하는 데 시간 사용을 원하기 때문에 이들은 너무 세밀하게 시간을 나누거나 단순 반복적인 것에 시간을 보내야 한다면 매우 참을성이 없어진다.

특히 시간을 재미있게 보내야 한다는 생각을 하는 이들 유형들은 무미건조함이나 재미없는 시간을 참을 수 없는 스트레스라 생각한다. 이들의 유형들이 시간관리에 대한 단점을 극복하기 위해서는 사람을 만나기 전에 미리 계획하고, 메모하고, 하루가 끝나면 계획대로 되었는지에 대한 반성의 시간이 필요하다. 더불어 시간 방해요인을 발견하고, 그것을 개선하려는 노력이 필수적이다.

S형(안정형)은 본질적으로 시간에 대한 압박감 없이 여유 있게 편안한 사람들과 시간을 보내고 싶어한다. 이들 유형들은 자신의 시간은 물론 타인의 시간에 대해서도 다소 여유를 가지고 있다. 따라서 상대가 약속이 늦어도 크게 화를 내지 않는다. 그러나 이들에게 상대방이 시간적 여유를 주지 않고 조급하게 밀어부칠 때 매우 많은 스트레스를 받는다. 이들의 유형들은 시간과 인간적 교류에 대한 시간 배분의 균형을 유지하려고 하기 때문에 일과 인간관계 사이에 심한 갈등을 느끼기 쉽다. 다시 말해 인간관계도 잘하고 싶고(남의 부탁을 잘 거절하지 못함), 일도 세부적으로 꼼꼼하게 잘하고 싶어하기 때문에 시간 사용에 대한 심한 동요를 느끼기 쉽다(우유부단해 보이기도 함). 이들 유형에게 필요한 시간관리는 우선순위를 정해서 그 순서대로 업무를 처리하는 시간관리 방법이 절대적으로 요구된다.

C형(신중형)에게 있어서 시간이란, 따라야 할 규칙이고 법이라고 생각한다. 이들에게 약속시간이 정해지면 그것은 반드시 지켜야 할 규칙이 되는 것이다. 반면 D형(주도형)은 상황에 따라 규칙이 바뀔 수 있다고 생각을 한다. 즉, 약속시간이 정해지면 어떠한 상황이 발생하더라도 제 시간에 반드시 와야 한다고

생각을 한다. 그것은 이들 유형에게는 내면의 기준이기도 하고, 외부의 규정이기도 하다. 이들은 원칙 없고 계획성 없는 인생을 경멸하듯이 시간 계획이 없이 생활하는 사람들을 매우 싫어한다. 이들 유형의 머리 속에는 내면의 시계가 있어서 쓸모 없이 시간을 보낼 경우, 내면의 시계는 인생을 허비하지 말라고 소리치고 곧 죄책감을 느끼게 된다. 이들은 시간의 낭비를 원하지 않기 때문에 규칙적이고 정리정돈이 된 상황을 좋아하며 지나치게 잡담을 하거나 유흥 및 잡기에 시간을 소모하는 것을 매우 싫어한다.

이들 유형에게 필요한 시간관리 방법은 계획이 아니라 실천(행)에 있다. 이들은 너무 세세한 것까지 시간 계획을 세우기 때문에 이를 실천하지 못하고 후회하는 경향이 많다. 따라서 이들은 체계적인 시간관리보다 깊이 생각하지 않아도 될 간단한 일은 아무 생각 없이 바로 실천하는 실행력 있는 시간관리 방법이 필요하다고 할 수 있다.

4) 유형별 영업적용 방법

영업은 비즈니스 인간관계의 한 유형이라 할 수 있다. 즉, 우리는 목적을 가지고 다른 사람과 만남을 갖는데, 만약 목적을 달성하지 못할 경우에 그 만남이 끝나는 경우가 종종 있다. '누구를 어떻게 만날 것인가?'에 대한 질문을 수없이 많이 하고 있는 것이 많은 사람들의 현실적인 고민이다. 그 사람의 성격을 알면 적어도 싫어하는 행동을 피할 수 있고 좋아하는 행동을 많이 함으로써 만남의 목적을 쉽게 달성할 수 있다.

이처럼 상호 목적을 갖고 있는 만남에서 각 유형별 특성을 파악하여 만남을 이끌어간다면 상대방의 태도를 이해할 것이고, 상대로부터 받는 스트레스를 적게 받을 수 있다.

D형(주도형)이 높은 사람을 만날 때는 그 사람의 시간을 존중해주어야 한다. 또한 방문시 방문시간을 간결하게 사용해야 한다. 방문 목적에 대해서 설

명은 짧고 간결하게 그리고 결론부터 먼저 얘기를 한다. 또한 이들 유형이 거절을 한다면 더 이상 질질 끌지 말고 다음을 기약하면서, 시간을 허락해 주신 데 감사를 표시하고 바로 물러나야 한다.

I형(사교형)이 높은 사람을 만나면 그들은 매우 우호적이지만, 이런 저런 쓸데 없는 얘기를 하다가 시간을 모두 허비하는 경우가 많다. 막상 방문 목적에 맞게 접근을 하면 그 문제에 대해 회피를 하고 결정을 뒤로 미루는 경우가 있다. 그리고 쉽게 잊어버리기도 한다. 이들에게는 조금이라도 회의 마무리 단계에서 결론을 짓는 것이 필요하다.

S형(안정형)이 높은 사람들을 만날 때는 미리 안면이 있는 사람을 통해 다리를 놓고 들어가거나, 시간적 여유를 갖고 상담을 해야 한다. 이들은 겸손하고 예의가 바르지만 의심이 많고 아주 안전한 의사결정을 원하기 때문에 신뢰할 만한 주변 인물을 거론하고 그에 합당한 자료를 제시하여야 한다.

C형(신중형)이 높은 사람을 대면할 때는 자료를 철두철미하게 준비하여 들어가야 한다. 미리 자료를 보내고, 약속시간을 정해서 만나면 더 좋다. 이들은 까다로운 고객이고 너무나 많은 것을 요구하지만, 결론을 빨리 내리지 않는다. 이들은 단순히 고민하다가 끝나는 경우가 많다. 그러나 지속적으로 자료를 요구하면 분명 가능성이 있다.

5) 유형별 판매전략 방법

유형별 판매전략에 대한 사례를 통하여 각 유형별 장·단점을 살펴보고, 설득과 세일즈에 효율적인 전략을 지속적으로 개발할 수 있으며, 유형별 차별화 판매전략이 가능하다고 사료된다.

"지금 구입하시면 특별 세일가로 드리고 그리고 추가로 기념품을 하나 더 줍니다. 오늘이 마지막입니다. 내일부터 정상가입니다"에 대한 판매전략은 D형(주도형)에게 특히 적합한 판매전략이라 할 수 있다. 즉, 시간적 압박감에 따른 빠른 선택과 지금 바로 이익이 생긴다면 이들은 곧바로 선택을 한다.

"김치냉장고 판매전략에서 우리나라의 가정에서 60%는 김치냉장고가 있고 40%는 김치냉장고가 없습니다. 사모님은 어떤 집단에 속하기를 바라십니까? 이 기회에 하나 장만하는 것도 괜찮을 것 같습니다"의 판매전략에는 I형(사교형)에게 특히 적용될 수 있다. 즉, 다수의 집단에서 인정을 받지 못한다는 것은 '왕따.' 소외받는 느낌은 이들 유형에게 참기 힘든 일이기 때문이다. 아마 이들은 빚을 내서라도 구입하게 될 것이다.

S형(안정형) 고객은 친절하게 행동하고 많은 빚을 지게 하면, 이들은 미안해서라도 구입하게 된다. 이들 유형은 마음이 약하고 뭔가 구입하겠다는 구체적인 목표가 다른 유형에 비하여 약하기 때문이다. 따라서 좀 더 친절하고 구체적으로 하나하나 들어주면 이들 유형은 반드시 물건을 구매하게 될 것이다. 이들에게 제시하는 방법으로는 "사모님이 필요한 것은 이런 것이지요", "그럼 이것은 어떻겠습니까?"와 같이 마음에 들 때까지 친절하게 자꾸 제품을 보이고 경험하게 하면 결국 미안해서라도 물건을 구매하게 되는데, 주의할 점은 강압적이거나 시간을 촉박하게 해서 재촉을 하면 절대로 물건을 구매하지 않을 것이다.

C형(신중형) 고객은 물건을 살 것을 미리 정해놓고 쇼핑을 한다. 예를 들어 C형(신중형) 고객이 사전에 어떤 회사 제품을 사려고 마음먹고 백화점에 오더라도 사전에 이런저런 비교를 위해 타사제품을 구경한다. 그럴 때 자사제품을 구매하지 않을 것 같다는 생각이 들더라도 친절하게 객관적으로 설명을 한 뒤, 어떤 제품에 대하여 관심이 있는지를 물어보고 그 제품에 대한 전문가를 소개해 준다면 당신에게 강한 신뢰감을 얻어 제품을 구입할 수도 있다. 특히 이들에게는 강하게 밀어 부쳐서는 안되며, 상품에 대한 비교분석과 평가를 잘하는 것이 최상의 판매전략이다.

결론적으로 각 유형별 판매전략으로 D형(주도형)은 '선택'을 좋아하고, I형(사교형)은 다른 사람이 나를 어떻게 생각을 할까 하는 '관계'를 중요시하고 S

형(안정형)은 '안전하고 오래가는 것'을 좋아하며, C형(신중형)은 '결함 없는, 실수 없는 판단'을 좋아한다는 사실을 항상 염두에 두어야 한다.

6) 유형별 칭찬기술 방법

대인관계와 업무 수행에서 최고의 동기부여 방법은 아마도 칭찬의 기술이라고 해도 과언이 아닐 것이다. 똑같은 칭찬을 해도 그에 대한 반응은 각기 다르게 나타나고 있는데, 이에 대한 각 유형별 차별화 칭찬 방법을 통하여 학습과 업무의 성과를 극대화할 수 있다.

D형(주도형)에게 칭찬하는 방법으로 이들 유형들은 독립적인 유형이라서 자기영역이 매우 뚜렷하다. 그렇기 때문에 과잉칭찬은 이들 유형에게는 자신의 영역을 침범하는 것으로 느껴질 수 있다. 타인이 이래라, 저래라 하는 것을 싫어하는 이들 유형은 상대가 지나치게 칭찬을 하면 "이렇게 칭찬을 해놓고 날 이런 행동으로 유도하려고 하는 것이지"라며 의심을 하게 된다. 따라서 정당한 칭찬의 이유가 있어 칭찬을 할 때, 사람에 대한 칭찬보다는 이룩한 업적에 대하여 칭찬해주는 것이 좋다. 특히 성취 지향적인 이들의 유형에게는 목표를 달성하는 순간(적시성) 칭찬을 해주면 동기유발이 더욱 더 잘 된다.

I형(사교형)에게 칭찬하는 방법으로 자신에 대해서 긍정적인 이미지를 갖고 있는 이들 유형은 매우 순수하기 때문에 다소 과장되게 칭찬을 해주는 것이 좋다고 할 수 있다. 이들 유형들은 어떠한 칭찬이라도 관심으로 받아들이기 때문에 동기부여에 효과적이다. 이들 유형들은 긍정적이고 편안한 분위기를 즐기고자 하므로 가능한 부정적인 소식을 전해주지 않는 것이 좋다. 이들은 칭찬을 받아야 할 때 칭찬을 해주지 않으면 매우 상심하면서 의아하게 생각한다. 지속적인 칭찬을 함으로써 이들은 더욱더 열심히 일을 할 것이고, 당신에게 호감을 가질 것이다.

S형(안정형)에게 칭찬하는 방법으로 매사 자율적이고 약간은 손해를 보면

서 업무를 수행하는 이들 유형은 자신이 하는 일을 진정으로 남이 인정해주고, 알아주고, 감사하는 것에 동기부여를 받는다. 인정을 받으려는 노력을 적극적으로 하지 않기 때문에 일반적으로 이들 유형들의 욕구를 간과하는 경우가 많은데, 내면적으로 이들은 칭찬 받기를 간절히 바라고 있다. 이들에게 일반적으로 '알아주고 감사하는 마음'으로 칭찬하면 이들 유형들은 진정한 친구가 될 수 있다.

C형(신중형)에게 칭찬하는 방법으로 이들 유형들은 모든 행동에서 구체적인 이유를 발견하고자 하므로 즉흥적인 칭찬이 잘 먹히지 않는다고 할 수 있다. 이들 유형들은 총괄적, 개괄적인 화법을 싫어하기 때문에 구체적인 칭찬을 해주어야 한다. 그리고 항상 받는 만큼의 칭찬을 기대하기 때문에 이들이 잘한 사항에 대하여 구체적으로 칭찬을 해주면 더욱더 동기부여가 되며, 좋은 관계를 지속적으로 유지할 수 있다.

7) 유형별 협상 방법

협상에서 중요한 요소로 작용하는 것은 판단의 기준과 파워라 할 수 있다. 이 사례는 협상의 상대가 협상시 즐겨 사용하는 각 유형별 파워는 다음과 같이 제시될 수 있다.

D형(주도형)은 권력의 파워, 물리적인 파워, 위협의 파워, 통제권의 파워, 보상의 파워 그리고 경쟁의 파워들을 사용한다. 상대를 물리적으로 장악하고자 하는 욕구가 매우 크기 때문에 자신보다 힘이 약한 상대라고 생각이 되면 잘 양보를 하지 않는다. 따라서 이들 유형과 협상시 겸손하고 약한 모습을 보이는 것은 협상에서 불리하게 작용할 수 있다. 즉, 내가 가지고 있는 파워를 상대에게 보여주는 것이 필요하다. 이들 유형들은 항상 본인이 주도권을 잡으려고 하고 단기 결과에 집착하며 참을성이 약하기 때문에 이 유형과 협상을 한다면 그들의 시간에 대한 참을성 없는 점을 잘 활용하는 것이 좋다. 예를 들어

"지금 구입하면 이것 하나 더 드립니다" 또는 "지금 결정하시면 할인해 드립니다" 등과 같은 제안이 설득력 있게 적용될 수 있다. 만약 자신이 D형(주도형)이라면 협상을 할 때 조급함을 보완하기 위해 좀 더 느긋한 태도를 갖고 협상에 임하는 것이 유리하다. 그리고 결정을 내리기 전에 한번 더 생각해보는 인내의 파워가 절대적으로 필요하다.

I형(사교형)은 친밀함, 인간적 매력, 미소, 이미지, 인간관계의 파워를 사용하기를 좋아한다. 매력적인 모습과 친절한 태도, 오랜 인간관계 그리고 평소에 도움을 주고 받는 관계와 같은 것들이 상호 조화롭게 관계를 형성하여 사람과 협상을 한다면 상대방의 마음이 약해질 수밖에 없다. 인간적인 매력의 파워가 두려워 타인의 친절과 친밀함을 잘 받아들이지 못하는 사람도 많이 있지만, 이들 유형이 대인관계를 지향하는 이상 이런 부분에 설득되지 않을 수 없다. 인간적인 매력이란 파워를 많이 사용하는 이들은 역으로 인간적인 매력이라는 파워에 쉽게 싫증을 내면서도 '사람을 잃을까, 매력과 인기를 잃을까' 하며 두려워한다. 모든 사람들이 싫어하는 결정을 혼자 외롭게 결정하는 것이 이들 유형에게는 너무나 어렵고 힘든 일이기 때문에 동료를 이용하면 협상에 매우 유리하다고 할 수 있다. "손님, 이것을 입으시면 많은 사람들이 좋아할 것 같아요. 많은 사람들이 이 제품을 알아보지요"라고 하면 이들 유형들은 아마도 즉시 구입을 할 것이다. 만약 자신이 I형(사교형)이라면 분석력이라는 파워를 보완하는 것이 필요할 것이다.

S형(안정형)은 끈기의 파워, 수용성의 파워, 안정성의 파워, 조화와 평화의 파워, 전통의 파워를 사용한다. 모든 사람들에게 편안하게 하는 태도 그리고 조화와 안정을 추구하는 파워는 상대의 경계심을 무너뜨리고 마음을 열게 한다. 이들 유형들은 속 마음을 잘 보여주지 않기 때문에 상대가 정보를 파악하기 힘들게 하고 끈기를 요구함으로써 협상에서 유리한 위치에 설 수 있다. 특히 상대방이 참을성이 없다면 이들 유형에게 휘말릴 수 있기 때문에 이들과 협상을 한다면 전통의 파워나 안정의 파워를 사용하면 효과적이다. 예를 들어 "손님, 이것

은 역사가 오래된 제품입니다. 그리고 언제든지 환불과 교환이 가능합니다"라고 하면 일반적으로 이들은 물건을 구매할 것이다.

C형(신중형)은 합법성의 힘, 규정의 힘, 전문적인 지식의 힘을 사용하기를 좋아한다. 합법성과 규정을 내세우면 협상이 쉽지 않다. 이들 유형과 협상을 한다면 규정과 합법성을 내세우면 쉽게 설득이 가능하다. 예로 이들 유형들은 "회사 규정상 20일 이내 환불이 가능합니다"와 같은 규정을 누가 만들었는지 따지지 않는다. 이들 유형들에게는 이미 규정은 지켜야 한다는 것이 사전에 단단하게 학습되어 있기 때문에 규정과 합법성이 정당하게 적용된다면 더욱더 설득력이 있다.

8) 유형별 직장상사 대처법

우리들이 일반적으로 회사생활을 잘하는 요령 중에서 직장 상사와의 관계를 원만하게 하는 것도 하나의 중요한 방법에 해당된다. 즉, 상사의 정확한 유형을 인지하여 그에 합당한 대응을 통해 업무의 성과와 원만한 대인관계를 이룰 수 있기 때문이다.

유형별 상사의 일반적인 특성을 알아본다.

D형(주도형)은 뒤끝이 없는 유형으로서 일의 수행에 관심이 많으며, 후배(부하)의 감정이나 느낌을 잘 눈치채지 못하기 때문에 다소 상대방에게 심한 말을 할 수 있고 화를 낼 수도 있다. 이때 상대방은 가만히 듣고 있는 것이 좋으며, 만약 피드백을 할 경우에 정면에서 반박을 하는 것은 D형(주도형)에게는 합리적인 방법이 아니다. 일정한 시간이 지난 후에 다시 찾아가서 자초지종을 이야기하는 것이 상사와의 관계형성과 업무 수행 결과의 도출에 양호하다고 할 수 있다. 이 유형의 상사와 대화시에는 항상 업무적으로 접근하고, 당당하고 자신있게 할 얘기를 하는 것이 매우 중요하다.

이 유형의 상사가 화를 내거나 논쟁을 벌이더라도 업무 지향적(과업중심)이고 정당하며, 합리적인 논리로 접근을 하면 이들 유형들은 뒤끝이 없다.

I형(사교형)은 '죄송합니다'의 유형으로서 이들에게는 "죄송합니다"라고 그 자리에서 시인을 하고 다음 번에 최선의 노력으로 잘하겠다고 말하면 원활한 관계를 형성할 수 있다. 이들 유형들은 한번 잔소리를 시작하면 끝없이 지속하기 때문에 논리적으로 그 자리에서 따지지 않는 것이 업무 수행과 관계형성에 유리하며, 분위기를 손쉽게 반전시킬 수 있다. 이들 유형들에게는 일정한 시간이 경과한 후 기분이 좋을 때 전후 사정을 이야기하는 것이 유리하다. 특히 이들 상사 유형들과 회식자리에서 자신의 어려움과 고충을 얘기함으로써 원만한 관계를 형성할 수도 있다.

S형(안정형)은 오래 관찰하고 참고 나서 얘기하는 유형으로서 이들이 상대방에게 피드백을 할 경우에는 진지하게 듣는 것이 좋다. 이들은 상대방에 대하여 오랫동안 관찰하고나서 말을 하기 때문에 피드백시 쉽게 반박하려고 하지 말아야 한다. 이들 유형들이 당신을 장시간 지켜보면서 못마땅한 부분을 보고 많이 참았을 것이라고 가정을 하는 것이 좋다. 아마 이들은 당신에 대한 실망이 오랜 시간 동안 지속되었을 것이다. 이들 유형들에게는 지금부터라도 당신이 아주 사소한 것에서부터 성의를 다하고 있다는 모습을 보여주어야 한다. 이것은 아마 당신이 이들 유형들에게 아주 사소한 것에서부터 신뢰를 많이 잃었을지 모르기 때문이다. 당신이 너무 중요한 일만을 찾아 이들 유형들이 지시한 사소한 업무 수행에 대하여 잊어버렸거나 또는 방관했는지에 대한 여부를 반성할 필요가 있다고 하겠다.

C형(신중형)은 당신에게 좀 심하다 싶어도 그냥 새겨 듣고 있는 것이 유리하다. 이들 유형들은 너무 세세한 것까지 피드백을 할지 모르고, 과거 당신이 실수했던 모든 것들을 기록하고 기억하여 당신을 당황스럽게 할 수도 있다. 그러나 이들의 이와 같은 피드백은 당신에게 나쁜 감정이나 편협한 감정이 있어서가 아니며, 단지 당사자들에게 명확하게 피드백을 해주기 위해 증거를 제시한다고 생각하면 된다. 이들 유형들은 최대한 공정한 피드백을 하기 위하여 모

든 기록들을 제시한다고 볼 수 있다. 이들 유형들이 피드백을 할 경우에는 섣불리 잘하겠다거나 미안하다는 말을 하지 말고, 일단 진지하게 가만히 듣고 있는 것이 좋다. 가능한 한 진지하게 이들의 피드백을 듣고 있으면서 긍정을 한다면 좋은 인상을 심어줄 수 있다.

9) 유형별 책상 위 서류를 요청하는 방법

각 유형별 정리정돈의 방식은 다르게 나타날 수 있다. 일반적으로 직장 내 업무 수행 공간인 책상의 상태를 보면 유형별 특성을 잘 이해할 수도 있다.

이에 대한 사례를 다음과 같이 나타낼 수 있다.

D형(주도형)은 다른 유형들에 비해 유난히 책상 위가 지저분하다. 이들 유형들에게 책상 위의 서류를 요청하면 다소 극단적인 표현이지만 "그거 저기 있어요", "직접 찾아봐요"와 같이 정리정돈이 다소 미흡하여 자신의 서류에 대한 정확한 위치를 파악하는 데 많은 시간이 소요된다.

I형(사교형)은 "내가 지금 바빠요. 나중에 내가 찾아서 갖다 줄게요"하며 말은 하지만, 사실 이들 유형들은 대부분 그것을 정확히 어디에 두었는지를 잘 모르기 때문에 반드시 관련 서류나 자료를 당신에게 갖다 줄 것이라고 믿어서는 안된다.

S형(안정형)은 자신이 보유하고 있는 모든 서류에 대하여 알파벳 순이나 색깔표시를 해서 모든 관련 서류를 철저히 분류하여 관리한다. 또한 이들 유형들은 책상주변이 깔끔하고 정리정돈이 잘 되어 있다.

C형(신중형)은 비록 책상이 잘 정리정돈 되어있지 않아 지저분하지만, 그래도 누군가 관련된 서류나 물건을 요구하면 어느 곳에 관련 서류를 보관하고 있는지에 대한 명확한 위치를 알고 있다. "그건 서류철 밑의 세 번째에 있습니다" 와 같이 말이다.

10) 유형별 스트레스를 대응하는 방법

모든 질병의 주요 원인인 스트레스는 인류의 모든 동식물에게 작용하고 있는 것으로 알려지고 있다. 그 스트레스의 정도와 대응방법에 따라 질병이 될 수도 있고 또는 성장, 발전의 전환점이 될 수도 있다. 이번 사례에서는 각 유형별 스트레스의 대응에 대한 특성을 통해 보다 알찬 업무 성과를 도출할 수 있기를 기대한다.

D형(주도형)은 스트레스를 받으면 몸을 움직이는 것이 좋다. 격렬한 운동이나 등산과 같이 발산을 할 수 있는 다소 격한 운동을 하는 것이 좋다. 또는 단기(즉각)적인 방법으로는 주변을 빠른 걸음으로 걷고 오는 것이 좋다고 할 수 있다. 또한 휴식을 할 때 아무런 목적 없는 휴식을 갖는 것이 이들에게는 도움이 된다. 이들 유형들은 항상 목적을 안고 삶을 살아가고 있기 때문에 휴식을 하는 방법에 있어 비디오 하나를 보더라도 목적의식을 갖고 있다고 할 수 있다. 따라서 이들이 동료들과 놀러를 갈 때 어떠한 목적의식과 함께 휴식을 취한다면 결코 진정한 휴식을 얻을 수 없을 것이다. 이들 유형들이 스트레스를 대응하는 주요한 방법으로는 에너지의 충전이 필요한데, 그에 대한 주요 방법은 휴식을 통하여 가능하다고 할 수 있다.

I형(사교형)은 스트레스를 받으면 자신을 인정하는 사람들과 함께 즐겁게 어울리거나 자신의 얘기를 충분히 이해하고 잘 들어줄 수 있는 사람을 만나서, 마음 한 켠의 얘기를 하는 것으로 스트레스에 대응할 수 있다. 따라서 이들 유형들에게는 특히 자신의 얘기를 잘 들어줄 사람을 선정하여 쇼핑이나 여행, 기타 재미있는 일들을 찾아내는 것이 무엇보다도 중요하다.

S형(안정형)은 잘 정돈된 집에서 음악을 틀어놓고 편안히 쉬거나 가족들과 맛있는 음식을 함께 즐기는 것이 좋다. 이들 유형들에게는 가족만큼 스트레스를 풀어주는 대상이 없기 때문이다. 이들 유형들에게는 평온하고, 따뜻하고, 잘 정리된 거주 환경이 매우 유익한 스트레스 대응 환경이라 할 수 있다.

C형(신중형)은 스트레스를 받으면 혼자 있는 것을 좋아한다. 특히 혼자서 모든 문제를 해결하고, 스스로 문을 열고 나올 때까지 주변에서 기다려 주는 것이 필요하다. 이들 유형들은 주말을 이용, 조용한 도서관에서 시간을 보내고, 아침이나 저녁에는 혼자 산책을 하거나 자신이 자유롭게 사색을 즐길 수 있는 시간을 통해 에너지를 회복하고(스트레스를 해소) 머리를 정리한다. 그러나 한쪽으로 너무 지나치면 또 다른 스트레스를 받게 될 수도 있다.

11) 유형별 돈에 대한 입장

돈에 대한 유형별 관점에 대해 그 사례를 알아보면 다음과 같은 특성을 나타낸다.

D형(주도형)은 자신의 권위와 힘을 과시하고 싶어한다. 따라서 이들 유형들은 많은 돈을 벌고 좋은 차를 사고, 좋은 집을 사고 싶어한다.

I형(사교형)은 시시콜콜한 귀찮은 일에서 벗어나 마음껏 자유를 누릴 수 있기를 바란다. 자유를 좀 더 향유할 경우 이들은 돈을 아끼지 않는다. 즉, 세계여행을 떠난다거나 사고싶은 것을 마음껏 구입하는데 대하여 그들은돈에 대한 가치를 부여하고 있다고 할 수 있다.

S형(안정형)은 자신의 애정을 표현하는 데 돈을 쓸 것이다. 즉, 가족이나 친구, 친척 그리고 도움을 받은 사람들에게 정성을 표현할 때 돈을 적절히 사용하는 데 그 가치를 두고 있다고 할 수 있다.

C형(신중형)은 위험을 대비해 돈을 잘 저축함으로써 어려울 때 사용하고 싶어하는 경향을 나타낸다. 이들 유형들은 특히 돈을 가장 잘 저축하는 유형이다.

12) 유형별 알맞은 음식 형태

유형별 음식에 대한 간략한 사례는 다음과 같이 제시될 수 있다.

높은 D형(주도형)은 무엇이든지 빠른 음식을 좋아한다. 심지어 물조차도 빨리 자신에게 주기를 바란다.

높은 I형(사교형)은 포장 안에 들어 있는 음식물이 다소 싫더라도 겉 포장이 마음에 끌리면 그것을 사고 싶어한다.

높은 S형(안정형)은 주방이 자신에게 매우 중요한 요인이 되며 또한 자신이 직접 요리를 하는 것을 중요하게 여긴다. 더불어 자신의 요리법에 따라 요리한 음식물을 다른 사람이 맛있게 먹어주기를 바란다.

높은 C형(신중형)은 겉에 있는 설명서를 모두 꼼꼼히 읽고 더불어 음식물에 들어있는 구성요소 확인과 함께 조리법을 철저히 확인하면서 요리를 한다.

13) 유형별 리더십

리더십에 대한 중요성은 경영환경의 급격한 변화 속에서 더욱 강조되고 있는 것이 현실이다. 다양한 리더십의 유형들이 제시되고 있는 이 사례를 통하여 자신의 리더십에 대한 유형별 특성 이해와 상사의 리더십에 대한 유형별 특징을 알아보자.

D형(주도형) 리더십의 대표적인 인물로는 박정희 전 대통령과 나폴레옹을 제시할 수 있다. 즉, 이들 유형에서는 도전과 목표 달성이 매우 중요하며, 후배나 부하들이 언젠가는 자신을 이해하리라는 생각과 믿음으로 팀원과 구성원을 밀어붙이는 경향이 매우 강하다. 이와 같은 특성으로 인해 주변 환경에서 많은 오해를 사고 환경이 어려울 때 무감각이 아닌, 무자비한 리더로 보여지기도 한다. 따라서 이들 유형의 리더십 특성은 남들이 자신을 따라주고 이해해주기를 바라는 리더십이라 할 수 있다.

한편, 이들 유형들은 일에 성의를 보이고 업무지향적, 논리적으로 접근하면서 외로운 마음을 이해해주고, 구성원들을 잘 챙겨주고, 책임을 지는 면도 발견할 수 있다. 이들은 카리스마를 갈망하고 존경에 대한 욕구가 강하며, 이들 유형들이 유의해야 할 점은 남의 얘기를 귀기울이는 태도 즉, 상대방에 대한 존경과 배려가 있어야 한다.

I형(사교형) 리더십의 대표적인 인물로는 클린턴 전 미국대통령을 제시할 수 있다. 이들 유형의 리더십은 상대를 부추겨주고 필요한 것을 베푸는 리더로서 공감대 형성을 많이 하고 협상력이 뛰어나며, 좋은 이미지에 관심을 많이 나타낸다. 이들은 항상 많은 사람과 함께 하지만, 그들에게 심한 소리를 못하는 단점을 갖고 있다. 이들 유형의 리더들에게는 기본적인 관리 스킬과 코칭스킬을 별도로 체득하고 배울 필요가 있다. 이들 유형의 리더들은 모든 일의 성공과 실패를 사람 탓으로 돌리는 경우가 많은데, 진정한 문제의 원인은 사람이 아닌 '일'의 구조인 업무 프로세스에 있을지도 모른다는 것을 항상 염두에 두어야 한다.

한편, 이들은 지나치게 타인의 평가에 신경을 쓰다가 정에 이끌린 의사결정으로 원리원칙이 없어 보이기도 한다. 이들 유형 리더들이 유의할 점은 시간관리, 엄격한 태도, 업무관리에 있다고 할 수 있다.

S형(안정형) 리더십의 대표적인 인물로는 간디를 제시할 수 있다.

이들 유형들은 참고 기다리고 도움을 주는 리더십 즉, 서번트 리더십을 실천하는 리더이다. 이들은 관계의 신뢰성을 회복하는 것이 가장 중요하다고 생각을 하며, 남들에게 많은 것을 요구하지 못하고 자신이 직접 솔선수범 한다. 또한 이들은 비전제시와 변화를 이끌어가는 능력이 다소 부족하며, 어려운 상황에서 의사결정을 지연하거나 회피하며, 책임을 지지 않으려는 나약한 지도자로 보일 수도 있다. 이들 유형의 리더들이 유의할 점은 적극적인 의견제시와 권한 위임, 실적관리에 있다.

C형(신중형)의 대표적인 인물로는 아인슈타인, 빌 게이츠 등으로 나타낼 수 있다.

이들 유형들은 모든 것을 미리 알고 대처하는 특성으로서 어떤 나쁜 일이 일어날지 잠재적 위협의 가능성을 발견해서 사전에 완벽한 대처를 하는 경우라 할 수 있다. 즉, 충분한 실력과 자원을 준비해 두어야 하고, 모든 것을 잘 사용할 수 있도록 준비되어 있어야 한다는 사고를 갖고 있는 유형이다. 따라서 이들 유형들은 자료 정리와 매뉴얼 정리, 성실한 태도와 자세, 정확한 업무처리, 위기관리 등을 강조하고 있다.

한편, 이들 유형들은 절차를 중요시하고 예의 바르며, 세부적인 사항에 대한 정확한 지식 및 준비를 요구하며, 실수에 대하여 항상 대비를 한다고 볼 수 있다. 즉, 이들은 너무 세밀하고 예민하며, 걱정이 많은 리더로 보여질 수도 있다. 이들 유형들이 특히 유의할 점은 실수에 대한 관대함과 후배에 대한 신뢰 및 권한 위임, 동기유발, 칭찬 등에 보다 적극적으로 반응하고, 이에 대한 방법을 습득하고 체득하여야 한다.

14) 유형별 삼국지 인물 분석 방법

삼국지에 등장하는 인물에 대하여 DISC로 분석을 해보면 다음과 같이 나타낼 수 있다.

유비는 덕과 의리를 중요시하는 S형(안정형)이다. 통치 방법도 권한위임을 중요시한다. 즉, 군사작전은 대부분 제갈공명이 했으며, 전투는 장비와 관우가 주가 되어 실행했다고 볼 수 있다. 유비는 전통과 관계를 중요시하기 때문에 정치 철학도 '한 왕조'의 부흥에 있었다. 이러한 유비는 중요한 상황에서도 현실적인 이익과 의리를 중요시함에 따라 유비를 따르는 사람들에게 매력적인 요소로 작용을 했다. 이처럼 S형(안정형)의 리더들에게는 '큰 인물'들이 많이 모이는데, 이는 남들에게 이래라 저래라 하지 않는 권한위임형 리더십을 행사하기 때문이다.

한편, DI(주도사고 형)유형인 성질 급한 장비, 원칙을 중요시하는 CS(신중안정형)유형인 관우는 모두 시대의 영웅이지만, 신뢰에 대한 관점에서는 많은 의문을 나타내고 있다.

조조는 DC유형(주도신중형)으로 그는 결단력이 있으면서도 전략적인 인물이라 할 수 있다. 즉, 유비가 처음 조조를 대면했을 때 차갑고 날카로운 느낌이었다고 하는 것처럼 그것은 조조의 성격을 단적으로 나타내고 있다. 조조는 스스로 전략도 구상을 하면서 모든 것을 직접 챙기는 스타일이다. 다시 말해 유비는 주요 정책에 대하여 위임을 통한 리더십을 발휘하는 반면, 조조는 진두지휘를 하며 여러 가지 아이디어를 내어 직접 실천하는 리더십을 발휘했다고 할 수 있다. 조조의 정치철학은 새로운 변혁을 원하기 때문에 한 왕조의 숭상보다 새로운 시스템을 만드는 것에 중점을 두었다. 더불어 그가 부하를 다루는 방식은 뛰어난 사람을 빨리 알아보고 이용하였으며, 만약 마음에 들지 않는 인물에 대해서는 가차없이 제거를 하였다. 그의 밑에는 실무를 제대로 다룰 줄 아는 다양한 부하들이 많았는데, 이는 효율적이며 효과적인 시스템에 의한 경영을 할 줄 알았기 때문이다. 비록 일부분의 단면을 제시했지만 대부분의 위대한 인물들은 자신을 잘 알고 있고, 자신의 장점을 잘 활용할 줄 아는 사람이라고 할 수 있다. 객관적인 입장에서 우리 자신이 자신에 대한 정확한 판단을 통해 제대로 알아보는 것은 자신과 타인에게 영향력을 끼칠 줄 아는 리더십의 첫 걸음이라 할 수 있다.

15) 유형별 학습전략 방법

이 DISC 행동 유형은 비록 능력과 상관이 없는 행동 유형에 있지만, 자신의 행동 유형과 선호하는 학습전략에 대하여 정확히 이해하고 학습에 매치할 수 있으면 공부(학습)하는 방법에 보다 많은 도움이 될 수 있다고 본다. 비록 이 행동 유형의 학습전략이 어느 정도 한계성을 지닌 것은 사실이지만, 학습자 자신이 주도적으로 학습을 정리하는데 도움이 되리라 생각한다.

D형(주도형)의 학습전략은 신체학습 유형이라 할 수 있는데, 이는 신체감각적 지능을 활용하는 학습 방법이 유용하기 때문이다. 즉, 몸으로 경험적으로

깨닫는 수업을 선호한다고 볼 수 있는데, 이는 백마디 말보다 한 번의 경험과 실천이 중요하다고 생각을 하는 의미이다. 다시 말해 말 많은 교사, 글자 많은 책보다는 실용적인 지침을 더욱더 좋아한다는 것이다. 먼저 부딪쳐보고 경험을 통해서 나름대로 주관적인 진리를 깨닫기를 좋아하는 학습전략이 이들 유형에는 적합하다고 할 수 있다.

I형(사교형)의 학습전략으로는 언어재능에 있다고 할 수 있다. 이들 유형들은 말이 많으며, 말 재주가 특히 좋다. 또한 이들은 말을 하면서 아이디어를 도출하고, 자신의 아이디어를 대화 중에 정리를 한다. 따라서 워크샵을 진행해보면 이들 유형들은 토의식 수업, 발표식 수업을 매우 좋아한다. 강의를 오래하면 이들의 태도는 무척이나 힘들어 보이는 반면, 상대방과 대화를 통하면 생기가 돌면서 많은 대화와 함께 배움을 키워간다고 할 수 있다. 이들은 다양하고 재미있는 표현 방법을 좋아하며, 자신과 마음에 맞는 사람과 같이 학습을 하면 신나게 열심히 학습을 한다.

S형(안정형)은 논리와 수학적 재능이 다소 우수하며, 예측 가능한 것을 좋아한다. 그리고 모든 것이 정리정돈되어 있는 것을 좋아하며, 떠들썩한 것을 좋아하지 않는다.

이들 유형들은 두 가지 일을 동시에 벌리지도 않고, 그렇게 하려고 하지도 않는다. 수학 문제를 푸는 경우에서처럼 오직 한 가지에 집중해서 그 문제를 해결하기 위한 절차와 프로세스에 따라 문제를 해결하는 것을 좋아한다. 이들이 좋아하는 학습 방식은 절차와 집중에 있다. 따라서 이들의 학습 전략 방법으로는 집중할 수 있도록 환경을 조성해주며, 그들을 방해하지 말아야 한다.

C형(신중형)은 공간적 지능이 우수하다. 이들의 유형이 높은 사람은 대개 S형(안정형)도 높아 두 가지가 많이 혼재되어 있다고 볼 수 있다. 이들 유형은 생각이 많은 사람들이다. 마음속에 어떤 그림이 떠올라야만 이해가 되는 스타일이다. 이들 유형에게는 눈을 감고 마음속으로 그림을 그릴 시간을 주어야 한다. 이

들은 그림을 구조 또는 도표로 그려주면서 학습을 유도하면 효과적이다. 아마도 이들 유형들은 '마인드 맵'을 가장 선호하는 유형이라 할 수 있다. 이들 유형들에게는 개념과 개념의 연결 구조를 그려주어야만 이해가 잘 된다. 따라서 혼자 정리하는 작업에서는 동료의 지도가 요구된다.

유형별 학습전략에 대하여 자신에게 딱 맞아떨어지는 경우는 없겠지만, 자신이 어떤 유형의 학습을 선호하는지에 대한 이해를 통해 학습의 효과를 강화할 수 있기를 기대한다.

16) 유형별 학습자들의 불만

유형별 차이는 학습자들의 기대 반응과 학습 참여시 나타나는 불만의 형태에도 유형별 특성이 다르게 나타난다고 할 수 있다.

D형(주도형)은 강사의 강의시 서론이 긴 것을 잘 못 참는다. 즉, 강사가 본론을 간단명료하게 빨리 얘기하는 것을 좋아하며, 만약 강의 내용이 자신에게 도움이 되지 않고 특히 실용적인 목적에 맞지 않으면 바로 딴지를 건다. 또는 심지어 강사에게 시비를 걸거나 당황스러운 질문을 하고, 강사의 답변에 대하여 자신의 주장을 통한 반론을 제시하기도 한다.

만약 교육생의 직급이 높거나 담당자의 감시가 소홀하면 강의장을 나가버리거나 휴식시간 이후에 돌아오지 않는 경우도 종종 있다.

I형(사교형)은 참여나 활동, 재미있는 비디오나 게임을 좋아한다. 이들 유형에게 재미의 요소가 없으면 풍선에 바람이 없는 것처럼 정신을 집중하지 않고 바로 잠을 자기 위해 노력하거나 옆 동료와 잡담을 하는 등 딴짓을 한다. 특히 이들 유형은 수업시간에 가장 많이 조는 유형이라 할 수 있다.

S형(안정형)은 말없이 잘 들으나, 참여를 싫어하는 유형이다. 이들 유형은 강의 내용이 체계적이고 잘 정리되어 있기를 기대하며, 강의계획서대로 교육

이 진행되기를 원한다. 그러나 산만한 강의나 체계가 없는 강의를 하면 스트레스를 받는다.

C형(신중형)은 강사의 준비성과 성실성 그리고 강의할 자격이 있는지를 따진다. 이들 유형들은 교육 내용의 상호 연관성과 논리성을 따지며, 만약 논리적으로 이해되지 않는다면 머릿속으로 반박을 하거나, 강사의 허점이나 모순을 발견한다. 이들이 가끔 강사들에게 의문점을 질문할 때에는 현시점보다는 미래시점에 관한 질문을 하길 좋아한다. 즉, "그래서 어떻게 되나요?" 또는 "만약 ……"이라는 말을 좋아한다. 이는 미래에 대한 모든 가능성을 검토하여 실수가 없기를 바라는 마음에서 비롯된 것이다.

4 DISC 행동 유형별 코칭 방법

유형별 코칭이란 자신의 이해와 타인에 대하여 좀 더 객관적으로 이해하고자 하는 것에서부터 출발한다. 우리의 주변 환경은 알게 모르게 급변하고 있는데, 고객의 입장과 구성원의 입장 등 서로 상충된 입장을 나타낸다. 이와 같은 급변한 환경 속에서 생존을 위한 절대적인 필수 조건이 아마도 끊임없는 자기혁신과 변화라 할 수 있다. 여기에서 제시하고자 하는 바는 타인에 대한 올바른 코칭의 한 방법으로서 행동 유형별 특성에 대한 방법을 습득하고 인지하고자 하는데 있다. 즉, 그들이 무엇을 원하고 무엇을 두려워하는지에 대한 이해와 어떤 것들을 좋아하고 싫어하는지에 대한 기본적인 행동 특성의 이해, 여러 다양한 상황에서 다른 사람들과의 원활한 관계를 위한 코칭의 방법을 알고자 하는데 있다. 다시 말해

'안되면 되게 하라' 는 주도적 유형(D형)은 결과를 얻기 위해 어려움을 이겨냄으로써 자신이 환경을 만들고 개척하는 유형이며, 사람 사귀는 재미를 즐기는 사교형 유형(I형)은 타인을 설득하거나 영향을 미침으로써 스스로 환경을 만들어가는 유형이며, 좋은 게 좋은 거지라는 안정형 유형(S형)은 업무를 잘 하기 위해서 다른 사람과 협력하는 유형이며, 믿을 수 있는 것은 데이터뿐이라는 신중형 유형(C형)은 업무의 정확성을 높이기 위해 현재의 여건 속에서 신중하게 일하는 유형이다. 이에 대한 학습의 내용을 종합적으로 적용하여 구성원에 대한 코칭을 효과적으로 적용하고자 한다.

1) 개인코치 스타일 조사

다음의 표에 제시되어 있는 각각 20개 내용의 특성에 대하여 자신에게 해당되는 항목을 체크(O 또는 V)하고 합계에 체크 문항의 갯수를 기술한다.

예를 들어 파트 1에 5문항, 파트 2에 10문항, 파트 3에 10문항, 파트 4에 15문항을 체크 했을 경우 합계에 파트 1 5, 파트 2 10, 파트 3 10, 파트 4 15를 기술한다.

2) 개인코치 스타일의 주요 내용 및 유형별 코칭의 정의

(1) 개인코치 스타일의 주요 내용

① 주도형 파트 1(D형) : 주도형은 지배하기를 좋아하며, 결과 지향적이고 가능성을 생각한다. 이들은 새롭고 위험한 도전을 즐겨하며 신속하게 목표를 정하고, 목표 달성을 위해 열심히 노력을 한다. 특히 이들은 타인을 지배하는 것을 가장 중요하게 인지를 한다. 이들은 자주 리더로 선출되며, 다른 사람들이 만든 규칙에 맞서거나 자신의 길을 개척하는 것을 좋아한다. 또한 이들의 관점에서 전략적 우위를 생각하고, 경쟁에서 이기는 데 역점을 둔다. 아울러

[표 5-6. 개인코치 스타일 조사]

부분	주요 항목(체크 항목)		
PART 1	• 야심적이다 ( ) • 추진력이 있다 ( ) • 통제적이다 ( ) • 독립적이다 ( ) • 고집이 세다 ( ) • 리더이다 ( ) • 자신의 주장이 강하다 ( )	• 밀어붙이다 ( ) • 창조적이다 ( ) • 책임감이 있다 ( ) • 결과 지향적이다 ( ) • 쉽게 싫증을 낸다 ( ) • 위험을 감수한다 ( ) • 거침없이 말한다 ( )	• 속도가 빠르다 ( ) • 의지가 강하다 ( ) • 용기가 있다 ( ) • 가능성을 창출한다 ( ) • 결단력이 있다 ( ) • 경쟁적이다 ( )
PART 2	• 생기가 있다 ( ) • 큰 그림을 좋아한다 ( ) • 자신에 차 있다 ( ) • 에너지가 넘친다 ( ) • 다양성을 선호한다 ( ) • 자발적이다 ( ) • 의사소통을 잘한다 ( ) • 걱정이 없는 것처럼 보인다 ( )	• 파티같이 재미있는 삶을 산다 ( ) • 사람을 좋아한다 ( ) • 세부적인 것을 좋아하지 않는다 ( ) • 유머감각이 있다 ( ) • 설득력이 있다 ( ) • 호기심이 많다 ( ) • 옳은 말을 한다 ( ) • 잘 웃는다 ( )	• 혁신적이다 ( ) • 매력적이다 ( ) • 외향적이다 ( ) • 충동적이다 ( )
PART 3	• 친절하다 ( ) • 신뢰를 쌓는다 ( ) • 멘토 역할을 잘한다 ( ) • 감정이입을 잘한다 ( ) • 까다롭지 않다 ( ) • 갈등을 싫어한다 ( ) • 다른 사람을 배려한다 ( )	• 지식이 많다 ( ) • 잘 이해한다 ( ) • 타인의 욕구를 잘 파악한다 ( ) • 잘 참는다 ( ) • 유쾌하다 ( ) • 긍정적이다 ( ) • 협력적이다 ( )	• 규율을 중히 여긴다 ( ) • 리더이다 ( ) • 중재자이다 ( ) • 소극적이다 ( ) • 주의 깊다 ( ) • 객관적이다 ( )
PART 4	• 지적이다 ( ) • 이상주의자이다 ( ) • 속마음을 잘 드러내지 않는다 ( ) • 충성심이 강하다 ( ) • 높은 수준을 추구한다 ( ) • 세부 지향적이다 ( ) • 모든 가능성을 고려한다 ( ) • 생각이나 행동이 잘 정리되어 있다 ( )	• 체계적이다 ( ) • 보수적이다 ( ) • 정리정돈된 것을 좋아한다 ( ) • 협상을 잘한다 ( ) • 자제력이 있다 ( ) • 일관성이 있다 ( )	• 규칙을 잘 따른다 ( ) • 꼼꼼하고 정확하다 ( ) • 완벽주의자이다 ( ) • 신중하다 ( ) • 행동을 주저한다 ( ) • 철저하다 ( )
합계	*PART 1 : _______ *PART 2 : _______ *PART 3 : _______ *PART 4 : _______		

오랫동안 열심히 일을 하는 이들에게 타인들은 추진력이 강하고 좋은 리더의 자질이 있으며, 단정적이고 거리낌이 없다고 말을 한다.

② 사교형 파트 2(I형) : 사교형은 중요한 사람들을 모두 알고 있으며, 언제 어느 사람이나 어떤 주제에 관해서 이야기하기를 무척 좋아한다. 이들은 언제

나 생기가 있고 활력이 넘쳐 자발적이며, 모든 일이 재미있기를 원한다. 이들은 의사소통을 잘하고 설득력이 있으며, 종종 화려한 일화로 자신의 경험을 수놓으며 사람들을 즐겁게 한다. 다른 사람들에게 성공하는 것처럼 보이길 원하는 이들은 또한 다양성을 좋아하고 호기심 많으며, 때때로 충동적이기도 하다. 아울러 한가지 일에 얽매이는 것을 싫어하며, 프로젝트를 시작한 후에는 금새 흥미를 잃어버린다. 이들은 친화력이 있어서 사람들을 끌어당기며, 쉽게 신뢰한다. 무엇보다도 이들은 주목의 대상이 되는 것을 좋아한다.

③ 안정형 파트 3(S형) : 안정형은 모든 사람들이 좋아한다. 이들은 자기분야의 전문가가 많으며, 그로 인하여 많은 사람들이 이들에게 조언을 구한다. 다른 사람들을 많이 돕기도 하는 이들은 가끔 결점이라고 할 수 있을 정도로 상대를 배려하며, 그룹에 있는 모든 사람들에게 편안함을 느끼게 해준다. 또한 사람들을 좋아하며, 다른 사람들과 대화를 할 때는 일반적으로 잘 나서지 않는다. 과시하는 것을 싫어하기 때문에 종종 사교형에게는 감화력이 없는 사람이라는 오해를 사기도 한다. 이 유형의 리더들은 함께 일하는 사람들에게 신뢰감을 불어넣고, 참을성이 있고, 철저하고, 포용력이 있는 리더의 역할을 수행한다. 이 유형의 리더와 직원들이 한 팀으로 구성되면 조금씩 움직여 결국 산을 움직일 수도 있다.

④ 신중형 파트 4(C형) : 신중형(분석형)은 철저하고 근면하며, 열심히 일하는 전략가라 할 수 있다. 이들은 분석 전문가이자 해결사이다. 또한 규칙을 따르고 천천히 그리고 충분하게 생각하며, 주변의 모든 것을 사람들에게 질문하고 평가를 한다. 이들은 특히 잘못되는 것과 실수하는 것을 몹시 싫어한다. 의사표현이 분명하고 능숙하기 때문에 그들이 어디에 위치해 있는지 알 수 있다. 완벽주의 경향이 있지만 이들이 온갖 노력을 다했다는 것은 믿어도 된다. 프로젝트의 중요한 전략적 행동에 초점을 맞추는 이들은 일을 종료할 때까지 결코 포기하지 않는다.

(2) 유형별 코칭의 정의

각 유형별 코칭에 대한 주요 내용은 다음과 같이 알아볼 수 있다[**표 5-7**].

[표 5-7. 유형별 코칭]

구분	주요 내용
D형 (주도형)	• 자아가 강하다. • 목표 지향적이다 → 결과와 다양성 • 도전에 의해 동기부여가 된다. • 통제권을 상실하거나 이용당하는 것을 두려워한다. • 압력 하에서 다른 사람의 견해, 감정을 별로 고려하지 않을 수 있다.
I형 (사교형)	• 낙천적이다. • 사람 지향적이다. • 사회적 인정에 의해 동기부여가 된다. • 다른 사람들로부터 배척당하는 것을 두려워한다. • 압력 하에서 일을 체계적으로 처리하지 못할 수도 있다.
S형 (안정형)	• 정해진 방식으로 일을 수행한다. • 팀 지향적이다. • 현재의 상태에서 안정적으로 유지하는 것에 동기부여가 된다. • 안정성을 성실하고, 변화한 것을 두려워한다. • 압력 하에서 지나치게 남에게 양보한다.
C형 (신중/분석형)	• 세부적인 사항에 분석적으로 주의를 기울인다. • 과업 지향적이다. • 정확성과 품질에 의해 동기부여가 된다. • 자신이 수행한 업무에 대해서 비판받는 것을 두려워한다. • 압력 하에서 자신과 다른 사람에 대해 지나치게 비판적일 수 있다.

3) 유형별 세부 코칭 방법

유형별 행동 특성에 따라 효과적이며 차별화된 코칭을 위해 다양한 관점에서 유형별 특성에 대한 내용을 다음의 표와 같이 제시할 수 있다. 즉, 유형별 대화, 경청, 질문 방법, 강화 및 약화 부분과 부모의 유형별 특성 등에 대한 내용을 통해 구성원에 대한 객관적인 접근과 활용이 가능하다.

[표 5-8. 유형별 강화 및 약화할 것에 대한 이해]

구분	줄여야 할 것(약화)	늘려야 할 것(강화)
D형(주도형)	통제	인내, 개방, 경청
I형(사교형)	타인 인정 욕구	경청 체계성
S형(안정형)	갈등 회피, 새로움의 저항	적극성, 변화에 개방성
C형(신중/분석형)	완벽성, 비판	유연성, 공감적 태도

[표 5-9. 유형별 부모의 특성 이해]

구분	주요 내용
D형 (주도형)	• 가정에서 부모에 의해 세워진 규칙, 원칙을 자녀들이 그대로 순종하기를 바란다. • 부모의 기준에 위배되거나 반대되면 체벌을 해서라도 지키게 한다. • 목표를 높게 잡고 일생동안 매진하여 성공하기를 기대한다. • 지시적인 부모의 사랑을 자녀가 수용하지 못하고 반발하거나 간접적인 저항을 하면 계속해서 잔소리를 한다. • 자녀들의 불순종을 무시하고 강압적인 부모가 될 수 있다.
I형 (사교형)	• 자녀에 대한 애정 표현을 겉으로 잘 드러낸다. • 자녀가 원하는 것은 무엇이든지 해주려는 허용적인 부모이다. • 자녀의 빗나간 행동이나 잘못을 엄하게 다스리거나 일관성있게 훈육하지 못한다. • 용돈을 잘 주거나 여행, 모험적인 행동, 외식 등 자녀들과 함께 생활을 즐기는 편이다.
S형 (안정형)	• 자녀에게 안정감을 준다. • 자녀에게 세심하게 주의를 기울이고 조용하면서 편한 관계를 갖는다. • 자녀와 다른 사람들에게 성실하게 봉사하고 희생한다. • 화가 나도 속으로 삭이려 한다. • 지나친 수용성이 자녀를 부모 의존형이나 나약하게 만들 수 있다.
C형 (신중 / 분석형)	• 자녀를 바르고, 남들에게 인정받고 칭찬받는 완벽한 자녀로 양육하고 싶어한다. • 자녀들에게 감정표현을 잘하지 못하여 칭찬에 인색하다. • 부모의 요구사항을 자세하고 꼼꼼하게 설명하고, 자녀가 그대로 실천하는지 체크를 한다. • 자녀에게도 스트레스를 주고 부모 자신도 스트레스를 많이 받을 수 있다.

[표 5-10. 유형별 행동 특성 이해]

유형	말할 때	글 쓸 때	들을 때	질문할 때
D형 (주도형)	• 결론 중심 • 급하게 빨리 말한다. • 세세하고 작은 부분은 말하지 않는다.	• 대의명분이 있는지 꼼꼼히 필기한다. • 중요치 않다고 생각하면 그때마다 포기한다. • 다소 산만하다.	• 답답한 것을 못견딘다. • 중요한 것은 우선 챙겨듣고 → 결론이 뭐야? • 장황하게 길면 지루해 한다.	• 단도직입적이다 . → 수사를 섞지 않는다. • 강한 어필을 느낀다. • 상대가 다소 부담스러워한다.
I형 (사교형)	• 고저강약, 말을 즐긴다. • 제스처형으로 뼁이 세다. • 하고 싶은 말을 다 한다. → 다소 오버한다.	• 미사어구를 사용한다. • 문장이 길며, 쓸데없는 낙서를 한다. • 필기를 잘 안한다. • 신중한 유형의 것을 Copy한다.	• 주의가 산만하다. • 제스쳐가 풍부하다. • 적극적으로 동조한다. • 공통화제 무관심 → 딴생각	• 유도형 질문을 한다. • 질문이 많다(분위기 따라). • 엉뚱한 질문을 한다. → 사람을 즐겁게 하기 위해 • 즉각적인 질문을 한다.
S형 (안정형)	• 말을 잘 안한다. • 저음에 부드러운 목소리	• 말보다 편하게 느낀다. • 읽고 또 읽으면서 쓴다. • 서술적인 표현을 한다.	• 사교 유형보다 적극적이다. • 공감적 경청에 능하다.	• 거의 질문을 하지 않는다. • 스스로 문제를 해결한다.
C형 (신중형 / 분석형)	• 신중하게 깊이 생각한다. • 먼저 말을 걸지 않는다. → 관심분야에 적극적/집착 • 논리적으로 차분히 한다.	• 장황하고 설명형 문장이다. • 내용과 단어 선택에 신중하다. • 강의 노트작성은 철저하다.	• 자기 기준이 뚜렷하다. • 다른 의견에 충분히 반박한다. • 이견을 장황하게 경청하지 않으려고 한다.	• 즉흥적 질문을 삼간다. • 긴 논쟁을 즐기지 않는다. • 질문의 양은 많지 않다.

VI. 교류분석 [TA : Transactional Analysis]

- **CP** : Critical Parent, **NP** : Nurturing Parent,
- **A** : Adult, **FC**: Free Child, **AC** : Adapted Child

주요 인용 자료	• TA강사과정(기업발전연구원)
	• 교류분석을 통해 자기를 알아봅시다
인용자료	• 교육팀장 강화과정(코칭 전문가) 교안(D사)
	• 관리자 능력향상 과정 교안 등(D사)

1 조직생활과 인간관계

1) 교류분석의 이론적 배경

교류분석의 이론적 배경으로는 첫째, 프로이드의 정신분석학적 토대인 성격의 형성과 성격의 구조 둘째, 행동주의 심리학적 방법론에 근거한 자극과 반응이론 및 조건화와 행동수정이론 셋째, 인본주의 심리학적 철학에 근거한 매슬로(Maslow)의 자아실현 욕구, 로저스(Rogers)의 인간중심 상담, 인간은 본래 OK-OK존재, 스스로 OK-OK회복가능이론 넷째, 인지주의심리학적 방법론에 근거한 정신작용의 생리적, 정보처리적 이해와 인간의 마음이란 환경에서 자극을 받아 정보처리를 하는 인지적 체계, 환경정보가 인간의 마음에 어떤 구조와 형태로 표상 되는가 등이다. 이러한 심적 표상 즉, 정보는 어떤 단계를 통해 처리되는가에 대한 다양한 이론적 배경을 종합하여 교류분석은 1957년 에릭번(Eric Berne)에 의해 제창되었다.

이에 대한 주요 내용으로는 구조분석, 대화분석, 스트로크, 인생태도, 시간의 구조화, 게임분석, 각본분석으로 이루어지고 있다.

2) 조직생활과 인간관계

최근 과학의 발달과 기술 혁신에 힘입어 사람문제에 대해서도 역시 많은 연구와 진전이 있었다. 그러나 중요한 것은 사람문제에 대한 지식은 그 어느 때보다도 많아졌을지는 몰라도 자기 자신들에 대해서는 너무 모르고 있었다는 것이다. 또 근래 들어 사람의 움직임을 빨리 파악하고 조정하는 인간기술의 연구에 있어서도 어느 조직에서나 대단한 역점을 두고 있다. 그러나 이것도 가장 중요한 자기 분석이나 자기이해를 게을리하고 상대방을 임의로 조작하려고만 하는 시각에서 벗어나지 못한다면 시적인 방편에 그칠 뿐 진정으로 남을 움직일 수는 없을 것이다. 이와 같이 자기를 모르고 타인만을 어떻게 하겠다는 생각들이 많은 모순과 갈등을 일으키고 있는 것이다. 사람을 이해한다는 것은 자기 이외의 다른 사람을 이해하는 것 뿐만 아니라 당연히 자기를 이해하는 것이 포함되어야 한다는 점이다.

이와 같은 자기 이해가 이루어지면 거기에 따라서 자기의 성격적인 불균형에 대하여 현실적응에 필요한 수정이 가능하게 될 것이며, 아울러 다른 사람에 대한 이해가 촉진되어 그 기초 위에 상호간의 관계가 개선될 것이다. 그리고 생활 속에 따뜻하고 아름다운 관계형성이 이루어지고 우리의 인생 또한 보다 즐겁고 효율적으로 영위될 것이다. 따라서 TA(교류분석)는 자기와 타인 또 상호간의 올바른 이해의 기초 위에 궁극적으로 자기혁신, 인간관계 개선, 조직활성화를 가능토록 하는 것이다. 이와 같은 목적을 달성하기 위하여 에릭번에 의해 제창된 '교류분석(Transactional Analysis)'이라는 심리분석이론을 활용하고자 한다.

교류분석이란 인간행동에 관한 진단체계이며, 이에 의거한 자기 개선 기법이다.

2) 자아구조 분석

(1) 마음과 행동

교류분석에서는 마음이 구체적인 말과 행동을 결정한다고 한다. 그때 마음속에서 어떻게 구조되어 있느냐에 따라서 그와 관련된 말과 행동이 외부로 표현된다. 따라서 그때그때 자기 마음속을 진단할 수 있다면 외부로 표현되는 자신의 말과 행동의 성질을 또 상대에의 영향이 어떠한가를 예측할 수가 있다. 만약, 그 말과 행동이 주위 상황과 상대에게 어울리지 않는다면 외부표현을 참거나 마음속을 다른 상태로 조절하는 등 자기통제를 하여 서로간의 관계를 원만하게 할 수 있다.

반대로 다른 사람의 말과 행동을 보고, 그 성질을 파악하여 그 사람의 마음속을 올바르게 이해함으로써 서로 조화를 이루어갈 수 있다.

이와 같이 자기와 타인의 마음속에 대한 이해로 그 상호관계를 바람직하게 하고 집단을 활성화시킬 수 있게 한다.

(2) 자아상태와 마음

교류분석에서는 인간의 마음을 서로 다른 성질의 3가지 상태로 구성되어 있는데, 이것을 자아상태라고 말한다. 자아상태란 감정 및 사고, 이에 관련된 일련의 행동양식을 종합한 하나의 시스템이라고 정의하고 있다. 즉, 모든 인간은 다음의 3가지 자아상태로 구조되어 있다는 것이다.

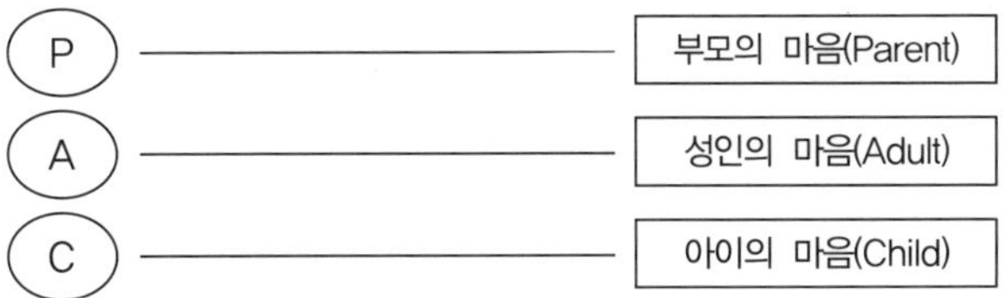

가. 부모의 마음(P)

부모의 마음은 자신을 길러준 부모로부터 받아들인 부분으로 타인에 대해 비판적, 보호적 행동으로 표현된다. 예를 들면 상대를 내려다보는 자세로 '밤 세워 노름이라니 안되겠군' 이라고 말하는 모습이나, 상대방에게 손을 내밀면서 '매우 곤란한 것 같은데 뭘 도와줄까?' 라고 하는 모습처럼 흔히 부모가 자식에게 하는 것처럼 생각하고 있다고 느끼면, 당신은 P의 상태에 있다.

나. 성인의 마음(A)

성인의 마음은 객관적인 정보수집으로 현실을 분석하고, 가능성을 측정하며 감정에 좌우됨이 없이 기능하는 모습이다. 즉, 컴퓨터와 같이 냉정히 사물을 판단하고 처리해갈 때 A가 작용하고 있다. 예를 들면 '그 문제의 원인은 무엇일까?' 등 사실에 입각하여 판단하고 합리적으로 일을 해결하고자 하는 모습이다.

다. 아이의 마음(C)

아이의 마음은 유아에 자연적으로 발생하는 모든 충동에 유아기의 변형된 모습으로 구성된다. 어렸을 때 한 것과 똑같이 당신이 느끼거나 행동하고 있을 때 당신은 C의 상태에 있다. 예를 들면 '이야, 멋있다!', '에이 뭐 되는 게 없어' 와 같이 자기가 느낀 그대로 표현하거나, '그래 이번에는 내가 참자', '저 사람은 뭐라고 생각할까?' 와 같이 자기가 본대로 감정을 누르고 있는 모습일 때를 말한다.

(3) 구조분석에 의한 자기이해

일반적으로 P우세형의 사람은 엄격하고 성실하며, 자유롭게 자기감정을 표시하지 못하며 인생을 즐기는 능력이 결여되어 있으며, 일에만 열중하기 쉽다.

양친이나 양육자와 같이 '이렇게 해야 한다' 라든가 '그래서는 안 된다' 든가 '내가 해줄게', '도와줄까?' 라는 식의 언동이 많아서 상대는 C우세형이 되기 쉽고 또 많은 편이다. A우세형은 현실적 자아가 우세해서 타산적이 되기 쉽고 합리적이지만 인정미가 없으며, 상대도 A의 자아상태가 되어 냉정한 관계가 되기 쉽다.

C우세형은 유아적 욕구가 강하고 현실적 자아 A의 부족에서 사회적 적응에도 어려움이 많으며, 감정 면이 우세하여 자유방종한다든지, 반대로 지나치게 자기를 억압해서 상대의 감정에 영합한다. 이런 사람에 대해서 상대는 P로 접촉할 경우가 많다.

3) 자아 기능 분석

인간 한 사람 한 사람의 자아상태 P, A, C가 어떠한 배분으로 구성되어 있는가. 이를 알기 위한 자아구조 분석에 대해 그 사람의 자아상태가 되어 도대체 어떻게 나타나는가를 실제 면에서 알기 위한 방법인 자아기능 분석에 관해 이야기하려면 우선 구조분석 P, A, C를 더욱 기능적으로 세분화해야 한다.

[자아 기능 분석]

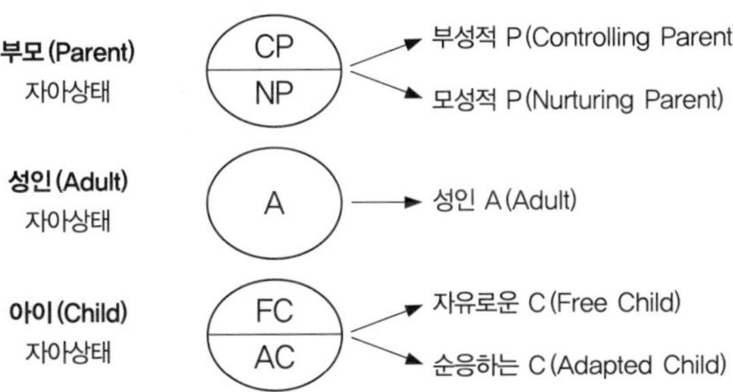

기능적으로 분류하여 P는 부성적 P(Father Parent : FP)와 모성적 P(Mother Parent : MP)로 또는 CP(Controlling Parent)와 NP(Nurturing Parent) 나누어 생각한다.

C는 아이의 마음도 자연스럽고 속박되지 않은 자유로운 C(Free Child :

FC)와 순응하는 C(Adapted Child : AC)로 분류하게 된다. A(Adult)만은 그대로 있으며 나누어지지 않는다.

4) 자아상태의 양면성

자기의 마음속에 내재하고 있는 부성적(P), 이성적(A), 아이적(C)인 마음구조에서 어느 부분이 강하고 약한가에 따라 성격의 양면성이 나오게 된다. 그것이 그 사람의 분위기 또는 인상으로 표현되고 그 자아에 순응하는 사람들이 만들어지기도 하고 주변에 모이게 되는 것이다.

그 양면성을 보면 아래 표와 같다.

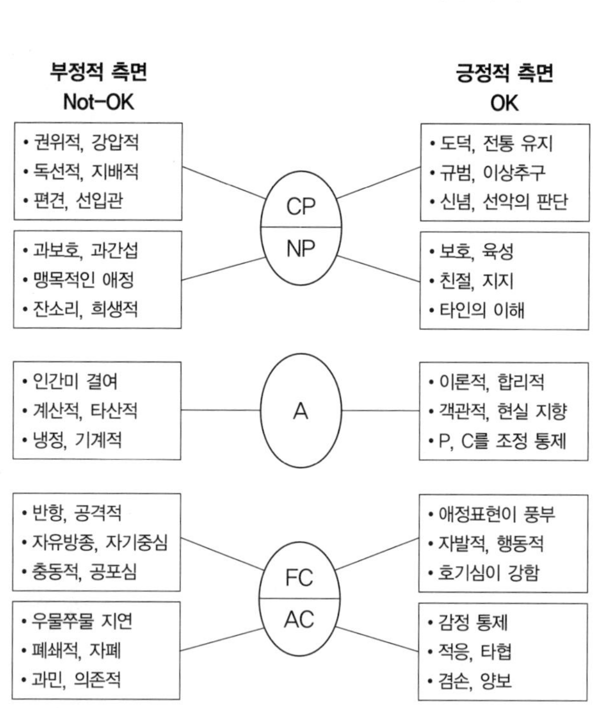

5) 자아상태 구분에 대한 일반적 이해

[표 6-1. 자아상태 구분에 대한 일반적 이해]

구분	특징	상대방이 받는 듯한 느낌	언어적 표현	바디 랭귀지
CP	봉건적, 보수적 권위적, 비판적 규제적, 편견적 도덕관, 선악관	깔보는 듯한 느낌 풋내기라는 느낌	바보, 그것도 못해. 내 말대로 하도록 해. 꼭 하지 않으면 안돼.	손가락질을 한다. 팔짱을 낀다. 못마땅한 표정을 진다.
NP	양육적, 보호적 지지적, 동정적 남을 위하는 마음	위안의 기분을 느낌 달래는 듯한 태도를 느낌	내게 맡겨줘요. 잘했어, 수고 많았어. 마음에 걸리는 군	어깨를 두드린다. 자연스럽게 안아준다. 상대에게 미소짓는다.
A	논리적, 합리적 객관적, 확률론적 이성적, 컴퓨터적 정보수집지향 사실적, 현실적	안정된 기분을 느낌 냉정하고 침착한 느낌 객관적이고 심할 경우 타산적이라고 느낌	왜, 그럴까? 나는…라고 생각해 반대의견도 한번 들 어보지.	주의깊게 관찰한다. 신중히 얘기를 듣는다. 골똘히 생각한다.
FC	본능적, 자발적 적극적, 충동적 향락적, 반항적 반동적, 직관적 창조적, 조작적	자유스러움 희로애락 깜찍하고 귀여운 느낌 지나치면 자기중심 적이라고 느낌	와! 대단해, 멋있어. 난, 도저히 못해, 도와줘. 나와 상관도 없는데 뭘.	박장대소한다. 손뼉을 친다. 들뜬 모습을 보인다.
AC	순응적, 소극적 폐쇄적, 억압적 비대결적, 연민	기분을 억누른다는 느낌	인사치레라도 할까? 정말 난처하군. 네 생각대로 하지 뭐.	남의 눈치를 살핀다. 말을 머뭇거린다. 입을 꼭 다물고 있다.

6) 자아상태 식별 연습(1. 2)

연습 1. 다음 문장들을 읽고 자아상태 PAC 중에서 어디에 해당하는지 적어봅시다.

1. 누구에게나 편하게 말을 걸 수 있다(낯가림을 안 한다). ____
2. 우는 아이를 보면 측은하여 안아주고 싶다. ____
3. 생각한대로 되지 않으면 울게 된다. ____

4. '회사 규칙상 곤란합니다' 라고 원칙을 강조한다. _____

5. 자기 이해득실을 따진 후 결정한다. _____

6. 직관적으로 떠오른 것을 말로 나타낸다. _____

7. 동료와 말다툼하고 나서 토라져 있다. _____

8. 권위적으로 행동하는 것이 좋다. _____

9. 사실을 조사해 본다. _____

10. 누구에게 책임을 전가시킬까 전전긍긍한다. _____

11. 몸이 불편한 사람을 보면 도와주고 싶다. _____

12. 자신에 대해 열등감을 가지고 있다. _____

13. '와, 대단해!' 라고 큰소리로 말한다. _____

14. '언제, 어디서, 누구' 라는 질문을 자주 한다. _____

15. 상사가 시키는 대로 묵묵하게 일한다. _____

16. 하기 싫은 일을 질질 끌어버린다. _____

17. 동료와 잡담하기를 즐긴다. _____

18. '넌 왜 늘 그 모양이야!' 라고 동료를 나무란다. _____

19. 도리나 전통에 어긋나는 일은 절대 허용하지 않는다. _____

20. 무미건조하고 컴퓨터처럼 따분하다. _____

① 신입사원 한 사람이 중요한 서류를 분실했다. 이때 당신이라면,

   (   ) a. 자네가 책임져야 할 일을 왜 제대로 못해!

   (   ) b. 최근 일을 잘 생각해 봐. 누가 가져갔을지도 모르잖아?

   (   ) c. 이거 정말 야단났는데.

② 컴퓨터시스템이 말썽이다. 이때 당신이라면,

   (   ) a. 지금 바로 손봐줄 수 있는지 전산실에 알아보세요.

   (   ) b. 에이! 밤낮 속을 썩이니 정말 내다버리든지 해야지!

   (   ) c. 취급자가 부주의해서 그런 거 아냐? 정신 좀 차려서 하라고.

③ 동료가 신경써서 제안한 안건을 상사가 기각시켜 버렸다. 이때 당신이라면,

   (   ) a. 기분이 상했겠군. 이거라도 마시고 힘내게.

   (   ) b. 이봐, 나도 전에 그런 일이 있었는데 정말 약 올라 미치겠더군.

   (   ) c. 무슨 이유 때문인지 다시 한번 생각해보지 그래.

④ 여사원이 몸에 꽉 끼는 옷을 입고 출근했다. 이때 당신이라면,

   (   ) a. 야! 멋진데….

   (   ) b. 회사에 오면서 저런 옷을 입다니 도대체 정신이 있는 거야 없는 거야!

   (   ) c. 저런 옷을 입고 출근한 것을 보니 오늘 무슨 좋은 일이 있나 보군.

⑤ 회의시간에 늦게 들어온 동료가 당신 옆 자리에 앉았다. 이때 당신이라면,

   (   ) a. 안색이 안 좋아 보여? 요즘 일이 많아 고생이 많지?

   (   ) b. 헐레벌떡 뛰어오는 걸 보니 정말 가관이군!

   (   ) c. 거래처에서 손님이 왔다더니 이제 갔나 보군?

7) 유형별 일반적인 행동 특성 이해

(1) CP유형 고객의 구매심리 행동 특성과 판매 역할 포인트

CP유형 고객의 구매심리와 일반적인 행동 특성으로는 첫째, 스스로 상품을 선택하려는 의지가 강해 판매사원들의 권유, 설득을 받아들이지 않는다. 둘째, 상품에 대한 비판이나 하자를 잘 찾아내면서 상품을 고를 때 신중하다. 셋째, 진열장 밖에서 팔짱을 끼고 상품을 살펴보면서 마음에 드는 상품을 발견하면 매장에 들어선다. 넷째, 같은 상품이라도 타 지점이나 매장에서 구입하지 않고 거리가 다소 멀어도 거래하는 곳을 찾으려 한다. 즉, 이들은 특히 단골 심리가 매우 강하다. 다섯째, 자신의 의사결정을 방해하는 것 같은 느낌이 들면 매우 불쾌감을 갖는다. 여섯째, 검소하고 수수한 것, 품격있고 점잖은 상품을 선호하며, 요란한 색상이나 야한 것은 거부감을 느낀다. 일곱째, 판매사원들을 대하는 태도가 거만하고 까다로워 판매사원들에게 불쾌감을 줄 수 있으며 또한

판매사원들을 무시하는 태도를 보일 수 있다(고정된 성격 패턴을 나타냄).

CP유형 고객 응대시 바람직한 판매 역할 포인트는 첫째, 상품설명을 많이 하면 거부감을 갖거나 상품에 대한 의구심을 갖게 되므로 상품정보는 간단명료하고 정확하게 한다. 판매 역할 자세는 공손하고 친절하며, 상품선택은 스스로 선택하고 결정할 수 있도록 해야 한다. 둘째, 처음 방문한 고객이라도 판매사원의 태도나 자세가 마음에 들면 영원불멸의 단골고객이 되므로 한번 판매사원의 태도나 말씨와 행동이 이들 유형의 마음에 들게 되면 항상 그 판매사원만 찾으려 하는 경향이 매우 높다. 셋째, 만약 판매사원의 태도나 자세 및 행동이 못마땅하면 주위를 의식하지 않고, 큰소리로 화를 낼 수도 있다. 넷째, 상품을 선택할 때 "이건 어떠세요? 저건 어떠세요?" 보다는 "어떤 취향을 좋아하시는지 말씀해 주시면 제가 도와 드리겠습니다" 또는 "필요한 것을 말씀해 주시면 제가 찾아보겠습니다"라고 하는 진지한 태도가 이들에게는 효과적일 수 있다. 다섯째, 다시 상품구입을 위해 연락이나 방문을 했을 때 꼭(반드시) 기억해 주어야 하며, 고객관리 시스템을 도입하여 지속적인 고객관리를 하면 영원한 단골고객으로 정착하게 된다. 이들에게는 스킨십이나 터치를 사용하는 것에 대단한 주위를 해야 한다.

(2) NP유형 고객의 구매심리 행동 특성과 판매 역할 포인트

NP유형 고객의 구매심리와 일반적인 행동 특성으로는 첫째, 판매사원에게 호의적으로 대해주며 상품에 대해 관심과 더불어 호의적인 반응을 나타낸다. 둘째, 비싼 것을 경계하며 알뜰하게 세심한 부분까지 실용성을 감안하여, 상품을 차분하고 꼼꼼하게 살펴보며 고른다. 셋째, 상품을 살펴보는 태도가 너무 진지하므로 꼭 구입할 것 같은 인상을 주지만 마음에 드는 것을 정해놓고 하는 구입은 다음으로 미루는 경우가 많다. 넷째, 상품을 구입할 의사를 가지고 있는 좋은 상품이 있으면 반드시 다음에는 꼭 구입하고자 하는 상품을 구입하는 고객이다. 다섯째, 상품의 질, 경제적인 면, 판매사원의 태도에 따라 단골을 정하려는 경향이 많은 고객이라 할 수 있다. 여섯째, 판매사원들의 상품설명에 공감을 잘 해주어 판매사원들로 하여금 '이 고객은 분명히 구입할 의사가 있구나' 라는 성급한 판단을 갖게 한다. 그러나 구입을 하지 않고 "다시 한번 생각해 보고 다음에 구입하겠습니다"라고 말하여 판매사원들의 기대를 좌절시키거나 마음을 애태우게 하는 경향이 많다. 일곱째, 구입하고 싶은 마음이 있어도 자제를 하려는 마음이 강하며 "미안해서 어쩌나, 어쩌나!" 하면서 이것저것 포장을 많이 풀어보고 착용해보고 구입하지 않거나, 아니면 값싼 것 하나만 구입할 수 도 있다.

NP유형 고객 응대시 바람직한 판매 역할 포인트는 첫째, 외적으로는 부드러운 인상이지만 내적으로는 보수적인 면을 가지고 있어 대하기 편해도, 끝까지 예의를 갖추고 대해야 한다. 둘째, 상품에 대한 합리적인 선택과 관리 방법 등의 정보를 곁들여 상품설명을 하면 효과적이다. 셋째, 구입의사 결정에 망설임이 있으므로 판매사원들이 적당하게 조언을 해줄 필요가 있다. 넷째, 상품에 대한 질문을 할 때 친절하고 자상한 음성으로 설명하는 것이 효과적이다. 다섯째, 다시 상품구입을 위해 방문을 할 때 반갑게 기억해 주어야 한다. 이들에게는 약간의 터치나 스킨십을 사용해도 좋다. 또한 고객이(이들의 유형들이) 먼저 인사하는 경우가 많다.

(3) A유형 고객의 구매심리 행동 특성과 판매 역할 포인트

A유형 고객이 구매심리와 일반적인 행동 특성으로는 첫째, 처음부터 상품을 구입하려 하기보다는 상품정보를 알아보려고 한다. 둘째, 상품을 구입하기 전에 타사 상품과의 차이점에 대한 정보를 질문하면서 상품을 살펴보는 표정이 매우 진지하다. 셋째, 판매사원들에게 꼬치꼬치 따지는 것 같고 까다롭다는 느낌을 주는 유형들이다. 넷째, 상품을 구입할 의사가 분명하지 않을 때 착용해 보거나 샘플을 사용해 보려 하지 않으며, 만일 샘플 사용시에는 "오늘 구입하지 못하는데 사용해봐도 되겠습니까?"라고 확실한 자기의사를 밝힌 후 사용을 한다. 다섯째, 상품의 실용성, 합리성, 경제성에 대하여 매우 고려를 하며, 구입하

고자 하는 상품 전반에 걸쳐 정보를 많이 알고 있다. 여섯째, 대인관계 능력이 안정되어 있고, 지나친 냉정함과 침착함이 상대방으로 하여금 깐깐하다는 인상을 느끼게 한다.

A유형 고객 응대시 바람직한 판매 역할 포인트는 첫째, 판매사원들이 모르는 정보에 대하여 고객이 질문을 하면 대충 설명하면 된다는 생각을 버리고 확실하고 근거있는 정확한 정보로 설명을 해주어야 한다. 둘째, 고객 스스로 알아서 선택을 하므로 묻는 말에만 정확히 대답을 해야 한다. 또한 이들은 상품에 대한 사전지식을 충분히 인지하고 있으므로 고객을 대하기가 훨씬 쉬워진다. 셋째, 판매사원들이 타 상품과 비교설명을 하면 그 말을 듣고 있다가 판매사원들이 모르는 타사 상품정보를 포함하여 더 정확한 장단점을 말해주기도 한다. 이때 특히 이들 유형들의 고객에 대하여 불쾌한 표정을 보이지 말고 "제게 많은 도움이 되었습니다. 또는 중요한 것을 배웠습니다"라는 인정과 수용의 자세, 친절한 판매 역할 태도를 통해 고객에게 신뢰감을 갖게 해야 한다. 넷째, 다시 상품구입을 위해 매장에 방문했을 때 "안녕하십니까? 또 와주셨군요. 언제 ~상품을 구입하셨죠"라고 구체적으로 기억해 주면 최고의 판매사원으로 선정이 되며, 고객으로부터 절대적인 신용을 얻게 된다.

(4) FC유형 고객의 구매심리 행동 특성과 판매 역할 포인트

FC유형 고객의 구매심리와 일반적인 행동 특성으로는 첫째, 향기나 색상 디자인의 감각적인 면을 선호하며, 옷의 경우 화려한 것, 꽉 끼거나 펑펑한 것, 세련된 것을 좋아한다. 둘째, 자기 취향에 맞는 상품에 대하여 많은 정보를 알고 있고 호감을 갖고 있어, 금방이라도 상품을 구입할 것 같은 느낌을 준다. 셋째, 상품에 대하여 이것저것 많이 살펴보고 착용도 해보고 하여 많은 것을 구입할 것 같은 느낌을 주지만, 실 구입 단계에서는 작은 것 하나만 구입할 수도 있다. 넷째, 다른 고객의 상품선택에 한 몫을 하는 경우도 있는 반면에, 구매의욕을 꺾어놓기도 한다. 다섯째, 구입할 형편이 안되어도 상품을 접하게 되면 상품에 대하여 좋다고 감탄을 하면서 호의적인 반응을 보인다. 여섯째, 갑자기 즉흥적으로 비상금이나 다른 곳에 써야 할 돈으로 충동적 구매를 하였다가 부담을 느끼면 구입한 상품을 교환 또는 트집을 잡으면서 반품을 한다. 일곱째, 구입시는 침이 마르도록 좋다고 했어도 차후에 엉뚱한 소리를 하기도 한다. 그러면서 언제나 최고 일류가 아니면 안된다는 생각이 강하고, 유행하는 상품을 매우 선호한다.

FC유형 고객 응대시 바람직한 판매 역할 포인트는 첫째, 고객의 기분을 잘 맞추되 구입할 것이라는 들뜬 기대감으로 흥분하지 말고 끝까지 진지하게 대해야 한다. 둘째, 기분을 잘 맞추어 주고 취향의 감각적인 면과 세련되고, 상품을 보는 안목을 인정해 주면 단골고객이 될 수 있음은 물론 상품광고를 무료로 하게 되는 '살아서 움직이는 홍보매체'와 다름없으니 각별히 신경을 쓰면서 관리를 해야 한다. 셋째, 시원시원하게 상품을 선택하여 판매사원들의 기분을 전환시켜 줄 때가 많다. 한편, 판매사원들은 이들 고객의 질문에 시원시원하고 유머 있는 대답을 해주어야 한다. 넷째, 다시 고객을 만나게 되었을 때 반가운 표정으로 "성격 좋고, 밝고 웃는 모습이라 퍽 인상적이었습니다"라고 기억해 주어야 한다. 이때 판매사원과 동성일 때에는 약간의 터치나 스킨십을 쓰면 더욱 효과적으로 고객과 친숙해지기 쉽다.

(5) AC유형 고객의 구매심리 행동 특성과 판매 역할 포인트

AC유형 고객의 구매심리와 일반적인 행동 특성으로는 첫째, 판매장(매장)에 쉽게 들어서지 않고 머뭇거리거나 판매사원들의 적극적인 행동에 부담을 느낀다. 둘째, 상품구입시 판매사원들에게 다그치듯 "~~ 있습니까?"라고 질문을 하며, 상품이 자신에게 마음이 들어도 강매를 우려하여 착용해 보려 하지 않는다. 셋째, 상품을 몇 가지 골라놓고 한 가지를 선택할 때 망설이고 또 망설이고 결단을 빨리 내리지 않아 판매사원들을 답답하게 만들 수 있다(구입을 한 뒤 후회할까 걱정하는 형). 넷째, 상품에 관심을 기울일 때 상품포장을 풀어버리면 구입해야 되는 것 아닌가 하는 부담을 느끼므로, 이들 유형의 고객들에게는 부담을 느끼지 않도록 안심시키면서 친절로 받아들여 신뢰감을 갖는다. 다섯째, 상품설명을 많이 하면 자신을 설득하려 한다는 느낌을 갖게 된다. 이들 유형의 상품 구매 특성은 무난하고 고상하며, 다소 어두운 계열의 색상을 잘 선택한다. 여섯째, 남을 의식하므로 남들로부터 비판을 받을 소지가 있는 상품은 절대 구입하지 않는다(튀는 디자인, 야한 옷, 지나치게 파진 옷, 요란한 액세서리, 짙은 향수 / 화장품).

AC유형 고객 응대시 바람직한 판매 역할 포인트는 첫째, 상품구입에 있어서 최후 상품 선택을 자기 의지로 구입했다는 생각을 갖도록 한 뒤에 판매사원들과 헤어져야 한다. 그렇지 않고 판매사원들의 권유나 설득에 의해 구입 된 기분을 느끼면 불쾌감이 유발되어 반품, 교환의 문제가 생길 수 있다. 둘째, 여러 개의 상품이 모두 마음에 들지만 한가지만 선택하여야 할 때 망설임이 많아 결정을 못 내려, 반복적으로 "이게 좋겠다, 저게 좋겠다" 할 때가 많다. 계산을 끝내고 생각해 보고는 "아니야, 저게 더 좋겠어!" 하면서 다른 것으로 교환해 달라고 할 수 있다. 이때 고객의 마음 변화에 눈살을 찌푸리면 단골고객을 놓치게 된다. 이들 유형들은 힘들게 구매하는 유형이지만, 끝까지 이해하고 친절히 대하면 단골고객이 확보된다(판매사원의 진을 빼는 형이기도 하다). 셋째, 매사에 소극적이고, 미안해하고, 자격지심이 많고, 자존심이 잘 상하니 각별히 신경써서 친절하게 대하면 은혜를 잊지 않는 단골고객형이다. 넷째, 상품을 구입했을 때 즉시 "정말 잘 선택하셨군요"라고 지지 보증해 주어야 하며, 고객과 판매사원들이 다시 만나게 되었을 때 기억해주지 못하면 자존심이 상할 수도 있다.

2 자기진단과 개선

1) 자기진단

자기진단과 개선 작업은 교류 분석의 개념을 가지고 직관적인 판단이나 질문기법을 이용하여 자기의 참모습을 진단하고 더욱 균형된 모습으로 변화시키고자 하는 노력이다. 즉, 자기가 자아상태의 표현인 말과 행동의 일반적인 경향을 알고 만일 편향이 있는지를 알면 끊임없는 수정행동을 통해 이를 시정하여 보다 좋은 대인관계와 보다 풍요로운 인생으로의 길을 나아가야 한다. 이상적인 성격이 있느냐는 질문을 흔히 받는데, '마음 그림표'는 각자의 개성이나 특성을 파악한 것으로서 성격이 '좋다, 나쁘다'를 정하는 것이 아니다. 다만, 이와 같은 개인의 성격이 조직생활, 인간관계 중에서 부정적으로 나타날 수 있는 가능성을 진단하고 바람직한 방향으로 수정, 개선해 나가고자 하는 것이다.

2) 자아상태 진단

(1) 진단 방법

다음 장부터 나오는 진단양식을 보면서 최대한 짧은 시간 내에 작성해 보고, 수직으로 기록된 숫자를 더하여 마음 그림표 각 항목에 해당하는 수직선상에 진단양식에서 계산된 숫자로 점을 찍어 각각의 점을 연결하면 마음 그림표가 완성된 것이다.

이 완성된 마음 그림표를 가지고 다음 장의 분석 내용 중에 자신의 마음 그림표와 대체적으로 유사한 그림표를 찾아 자아진단을 받아보면 된다.

<u>그렇다 2, 잘 모르겠다 1, 아니다 0</u>을 공란에 적어보고 맨 아래 칸에 수직으

로 합계를 계산, 뒷장의 마음 그림표에 나온 숫자에 맞추어 점을 찍고 선을 연결해보면 자기의 마음 그림표가 된다. 잎 마음 그림표를 가지고 마음 그림표 읽는 법을 참고로 하여, 자기가 남에게 어떻게 표현되고 있는지 알아보도록 하자.

(2) 자아상태 진단지

1	자기의 손익을 생각하고 행동하는 편이다					
2	자신을 자유롭게 행동하는 사람이라고 생각한다					
3	남의 말을 가로막고 자기의 생각을 말하는 일이 있다					
4	생각하는 바를 말하지 못하는 성질이다					
5	다른 사람을 엄하게 비판하는 편이다					
6	다른 사람에 대해 헤아려 주는 바가 강하다					
7	상대방의 좋은 점을 잘 알아차리는 편이다					
8	대화 중에 감정적이 되는 일이 적다					
9	호기심이 강한 편이다					
10	시간이나 금전에 대한 약속을 소홀히 하는 것을 싫어한다					
11	사람들로부터 좋은 인상을 받고 싶어한다					
12	남이 부탁하면 거절 못하는 편이다					
13	양보심이 많으며 나서지 않는 편이다					
14	사회의 규칙, 윤리, 도덕 등을 중시한다					
15	사물을 분석적으로 깊게 분석한 다음 결정한다					
16	싫은 일은 이유를 붙여 뒤로 미루는 경향이 있다					
17	아이들이나 남의 일을 돌봐주는 것을 좋아한다					
18	자기 생각을 주장하기보다 타협하기를 좋아한다					
19	감정보다는 이성적인 편이다					
20	예절이나 규범에 까다로운 편이다					
21	의견이 다를 때는 양쪽 의견을 다 듣고 결정한다					

번호	문항	CP	NP	A	FC	AC
22	오락, 음식 등을 만족할 때까지 찾는 편이다	▨	▨	▨		▨
23	책임감을 남에게 강하게 요구한다		▨	▨	▨	▨
24	남에 대해 융통성이 있는 편이다	▨		▨	▨	▨
25	남의 말이나 안색에 신경을 쓰게 된다	▨	▨	▨	▨	
26	불만이 있더라도 참는 편이다	▨	▨	▨	▨	
27	"해야 한다. 하지 않으면 안된다"를 자주 쓴다		▨	▨	▨	▨
28	말하고자 하는 것은 서슴없이 하는 편이다	▨	▨	▨		▨
29	작은 일이라도 흐지부지 지나치지 않는 편이다	▨	▨		▨	▨
30	남의 기대에 어긋나지 않도록 노력을 많이 하는 편이다	▨	▨	▨	▨	
31	자기감정을 억누르는 편이다	▨	▨	▨	▨	
32	원하는 것을 손에 넣치 못하면 못배기는 편이다	▨	▨	▨		▨
33	무슨 일이나 사실에 입각해서 판단한다	▨	▨		▨	▨
34	"야 멋있다. 야!" 등 감탄사를 자주 쓴다	▨	▨	▨		▨
35	자신이 없고 열등감을 느낄 때가 많다	▨	▨	▨	▨	
36	여러 가지 책을 많이 읽는 편이다	▨	▨		▨	▨
37	농담을 잘하는 편이다	▨	▨	▨		▨
38	화내는 일이 많은 편이다	▨	▨	▨		▨
39	좋다, 나쁘다를 분명하게 말한다		▨	▨	▨	▨
40	앞으로의 일을 냉정하게 생각하고 행동한다	▨	▨		▨	▨
41	잘 모르는 것은 질문이나 상의해서 처리한다	▨	▨		▨	▨
42	아이들이나 부하의 잘못에 대해서 관대하다	▨		▨	▨	▨
43	상대방의 말에 귀기울여 공감하는 편이다	▨		▨	▨	▨
44	아이들이나 부하를 엄격히 교육시킨다		▨	▨	▨	▨
45	흥에 취하면 도에 지나치는 행동을 할 때가 있다	▨	▨	▨		▨
46	길을 물으면 친절히 가르쳐준다	▨		▨	▨	▨
47	감정이 풍부하고 눈물이 많은 편이다	▨	▨	▨		▨
48	친구나 가족들에게 무엇이든 사주는 것을 좋아한다	▨		▨	▨	▨
49	몸이 좋지 않을 때는 자중해서 무리를 피한다	▨	▨		▨	▨
50	동정심이 많다고 생각한다	▨		▨	▨	▨
	합계 계산					
		CP	NP	A	FC	AC

(3) 자기의 마음 그림표

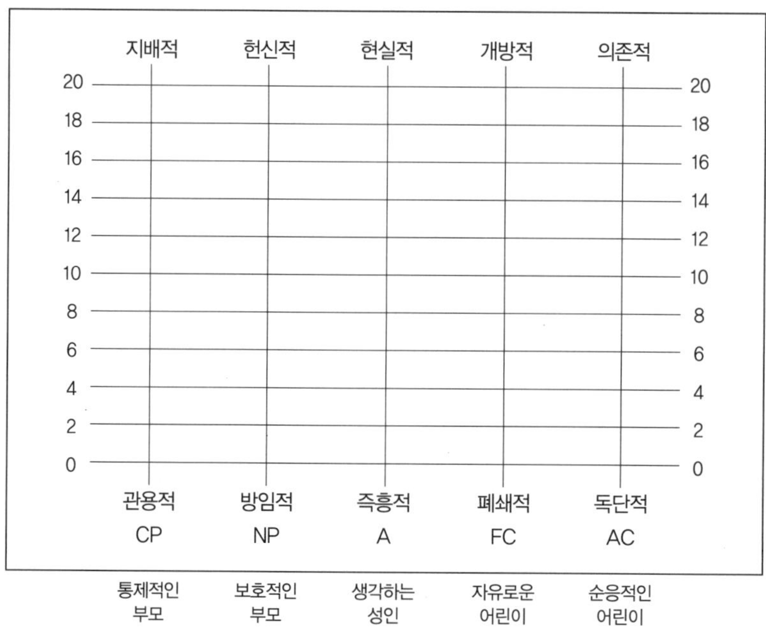

3) 자아상태(Egogram) 해석 방법

자아상태 진단에 대한 자기 마음 그림표에 대한 해석 방법에 대하여 일반적
인 해석 방법과 마음 그림표 해석 방법 및 세부적인 주요 유형별 해석 내용에
대하여 다음과 같이 알아볼 수 있다.

(1) 일반적 해석 방법

에고그램에 대한 일반적인 해석 방법은 크게 네 가지로 구분하여 알아볼 수 있는데 첫째, 먼저 제일 높은 곳에 주목하여 어느 자아상태가 우위의 마음인지 판단을 한다. 가장 강한 상태가 그 사람의 행동에서 가장 눈에 띄는 특징을 나타낸다고 할 수 있는데, 이를 1차 개성이라 한다.

둘째, 낮은 자아상태의 성질(2차 개성)을 합해서 생각해야 하는데, 이것은 일반적으로 각각의 자아상태의 특색과 반대되는 내용을 나타내고 있다. 그 성질은 다음과 같다

① 낮은 CP : 우호적, 타인이나 사회를 비판하거나 공격하지 않는다. 소신이 없고 느슨하여 적당주의라는 공격을 받는다.

② 낮은 NP : 방임적, 타인에게 그다지 관심이 없고 또한 무심하고 동정심이 없다. 한편 이들은 쓸쓸해 한다.

③ 낮은 A : 직관적이고 합리성이 약하다. 생각하는 것이 고역이고 현실 인식이 왜곡되어 있다. 한편 감정적이고 즉흥적이다.

④ 낮은 FC : 감정 억제가 심하고 사물을 즐기지 못한다. 한편 향락적인 사람을 좋아하지 않는다.

⑤ 낮은 AC : 협조성이 약하고 완고하며, 융통성이 없다. 이들은 타인에게 이용당하지 않는다.

셋째, 에고그램을 더욱 자세히 볼 때에는 CP·NP의 P와 FC·AC의 C의 높이를 전체로서 비교를 해야 한다. P의 쪽이 높으면 부모와 같은 마음이 강하고, C의 쪽이 높으면 아이와 같은 마음이 강하다고 할 수 있다. 이에 대한 세부 내용은 아래와 같이 제시될 수 있다. ① P가 높은 사람은 CP와 NP의 높이를 비교해야 한다. 즉, CP 쪽이 높으면 엄하고 비판적인 부모의 마음이 강하며, NP 쪽이 높으면 온화하고 보호적인 부모의 마음이 강하다고 할 수 있다. ② C가 높은 사람은 FC와 AC의 높이를 비교해야 한다. 즉, FC 쪽이 높으면 생각대로의 감정표현을 하는 자유로운 아이의 마음이 강하고, AC 쪽이 높으면 자신을 억제하여 남에게 순응하는 아이의 마음이 강하다고 할 수 있다.

넷째, 에고그램에서 A가 어느 정도의 크기인지를 보는 것도 매우 중요하다.

즉, A는 다른 자아상태를 컨트롤하는 작용을 가지고 있기 때문이다. A가 다른 자아상태보다 크면 이때 A는 다른 자아상태를 컨트롤하는 것이 가능하다. 이 경우 에고그램은 A의 컨트롤을 받고 있다고 할 수 있다. 반면 A가 어떤 자아상태보다 작은 경우, A보다 큰 자아상태를 컨트롤할 수가 없다고 본다. 다시 말해서 그것은 A보다 큰 자아상태가 전체의 경향을 좌우하는 가능성이 있기 때문이다. 이와 같은 일반적인 해석방법은 타인을 진단하고자 하는 것이 목적이 아니라, 자신의 특성을 보다 객관적인 방법으로 이해하고 자신의 맛(특성)을 살리기 위한 자료를 제공하는 데 주목적이 있다. 이를 다시 한번 더 상기하면서 세부적인 내용에 접근해야 한다.

(2) 마음 그림표 읽는 방법

높으면	자아상태	낮으면
높아지면 높아질수록 양심적, 권위적, 책임감, 선악감, 도덕관이나 이성을 찾는 등의 특징이 강해진다. 극단적으로 높을 때는 편견에 의한 평가나 비판을 하거나 자기주장을 강요하는 수가 많아진다. 그래서 상대의 기분이나 감정을 받아들이지 않는 경우가 많다. 상대방은 표면상 납득한 듯 하지만 실은 위축해서 말을 하지 않게 되고 본심을 죽이면서 견디다가, 어느 시기에는 반발하게 된다.	CP	좋게 말하면 관용적, 나쁘게 말하면 소신이 없고, 지조가 없다고 할 수 있을 것이다. 사회생활의 틀, 도덕, 가치관을 아이들이나 부하는 당신으로부터 배울 수 없기 때문에 일관된 생활태도를 유지하지 못하고, 때로는 당신을 적당주의라고 공격할 때도 있다.
높으면 높을수록 모성적인 풍성함을 보인다. 양육적, 보호적, 지지적, 헤아려줌, 돌보아주기, 동정, 부탁을 받으면 거절을 못하는 등의 특징이 강해진다. 극단적으로 높을 때는 과보호의 결과, 버릇이 없어도 묵인하게 되거나 너무 간섭을 해서 참견이 많다고 받아들인다. 이러한 것이 누적되면 모르는 사이에 의타심을 길러주게 되고 어린이나 부하의 자주성이나 자율성을 빼앗아 버리게 된다. 그래서 어느 날 싫어하는 사람들의 반항을 받게 된다.	NP	아이들이나 부하에 대해 쌀쌀하고 불안감을 준다. 상대방은 어딘지 위축되어 있고 사람의 안색을 살피게 될 것이다. 게다가 당신의 FP가 높을 경우는 폭발이나 여러 가지 심신증상이 나오므로 아이들이나 부하에게는 중요한 의미를 갖는 것이다.

높으면	자아상태	낮으면
높아지면 높아질수록 합리적, 이성적, 능률적, 객관적이며 냉정, 솔직, 결단 등의 특징이 강해진다. 가사나 일도 계획적으로 하는 현실 지향형일 것이다. 어린이나 부하에 대해 기분으로 야단을 치기보다는 잘 타이르는 태도로 한다. 그러므로 상대방도 자기와 같이 안정되고 사실 추구적, 정보수집 지향적이 된다. 극단적으로 높을 때는 물질만능, 무감정, 자기중심적이 되어 남에게 차디찬 느낌을 주기도 한다.	A	아이들이나 부하를 돌보아줌이 서투르며, 사실에 의거한 정확한 판단이나 지시가 부족하고 심리적으로 불안정하기 때문에 상대방은 불만을 가져 당신의 희망과는 반대방향으로 나가는 수가 있다. 그러한 결과 당신을 무시하거나 바보취급을 하는 사람도 나올 것이다.
자발적, 적극적, 상상적, 직감적, 공상을 좋아하는 등의 특징이 강하며, 희로애락의 감정을 솔직히 표현하여 상쾌한 생활감을 가지고 있을 것이다. 따라서 어린이나 부하는 당신과 함께 지내기를 좋아하며, 어느 사이에 싱싱한 인생을 즐기는 태도를 당신으로부터 이어받을 것이다. 극단적으로 높을 때는 행동적, 자기중심적, 무책임과 같은 면이 강하게 나타나 아이들을 자기 애완동물처럼 취급하거나 반대로 방임적이 되는 수도 있어, 아이들이나 부하는 당황해서 감상적으로 키워질지도 모른다.	FC	정신적으로 위축되어 있어 하고 싶은 것도 못하고 아이나 부하는 활력이 적은 인간이 되어갈 가능성이 높다. 특히 당신이 AC가 높을 경우에는 자기 자신을 억압하고 있기 때문에 마음의 고민이나 조마조마함이 많아 사람에게 나쁜 영향을 줄 것이다.
순응, 타협, 감정억압 등의 특징을 가져 무리해서라도 상대방의 기대에 따르기 위해 자기가 희생되기를 꺼려하지 않는다. 타인의 눈이나 말에 신경을 쓰게 되어 걱정이 많고 불안감이 많으므로 아이들이나 부하도 신경질적인 감정을 갖는, 겁내는 태도를 보인다. 어떤 때는 상대방이 하려는 대로 행동하여 결과적으로 방임하는 태도가 되어 상대방이 제멋대로 되는 수가 있다.	AC	독선적인 면이 강하게 나타나 특히 FC가 높고 AC가 극단적으로 낮을 때는 자기중심이 되어 아이나 부하로부터 "제멋대로군"이라고 비판을 받을 것이다. 인간관계가 마음대로 잘 되지 않는 일이 많아지지 않을까.

(3) 세부 주요 유형분석 현황

가. NP와 AC가 높고 CP와 FC가 낮은 N형

- 자신을 억제하고라도(AC), 타인과의 관계를 잘하려는 경향이 보인다(NP).

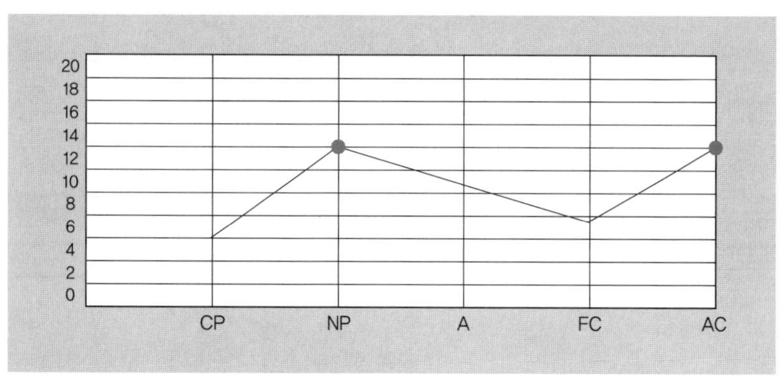

- 남에게 엄하게 대하지 못하고(CP), 자신의 감정을 자유로이 표현하지 못한다(FC).
- 자기의 입장이나 능력을 돌아보지 않는 위험이 있고 인생에 대한 엄격함과 자기주의 주장이 약해 남에게 이용당하거나 속임을 당하기 쉬운 타입이다.
- 또 스트레스를 느끼기 쉽고 내부에 모순을 축적해가는 타입이다.

나. NP를 정점으로 하고 AC로 내려가는 언덕형

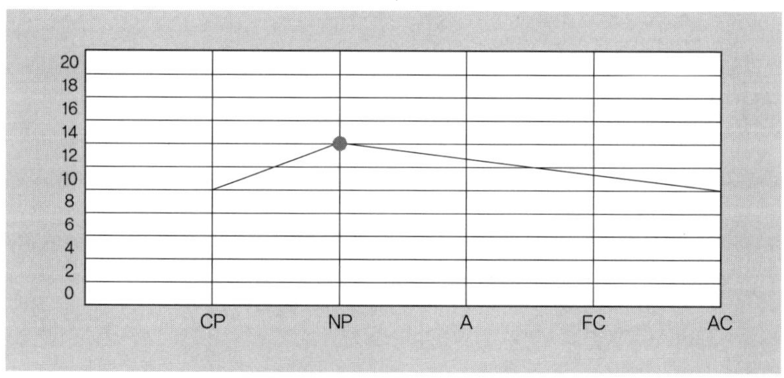

- 남을 위한 생각으로 행동하고(NP, A), 명랑성도 있고(FC), 자신을 적

절히 표현할 수 있다.

- 타인과의 사이에 따뜻한 교류가 이루어지기 쉽고 자신도 있기 때문에 인간관계가 잘 되기 쉬운 타입이다.
- 친절하고 돌보기도 잘하나(NP), 자신을 희생해서까지 하려고는 생각하지 않는다(AC).
- 오히려 상대를 설득해서 협력을 촉진하는 일을 잘한다(A).
- 성질은 온화하나 마음이 강한 사람이다.

다. CP와 FC가 높고, AC가 낮은 역 N형

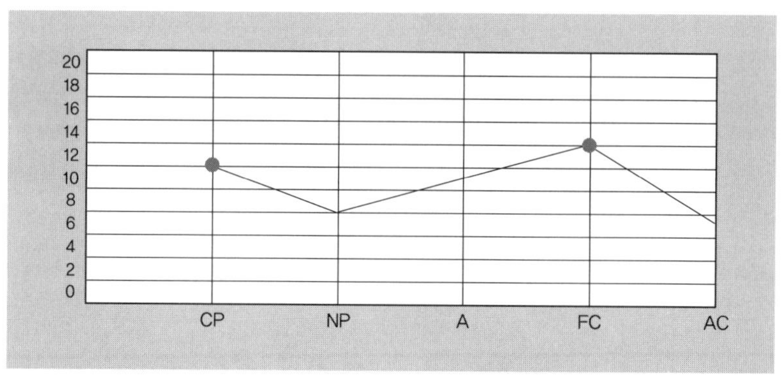

- 타인에게 비판적이며(CP), 자신을 적극적으로 주장하고(CP, FC), 남에게 맞추지 않고(AC),
- 자기중심의 행동을 취한다(FC). 남을 위해서 봉사하려는 감정은 약하다(NP).
- 자칫하면 주위와의 사이에 마찰이 생기기 쉬운 타입이다.
- 그러나 그 성격을 좋은 방향으로 가져갈 때는 강력한 힘을 발휘할 가능성도 결코 적지 않다.
- 이런 유형의 여성은 감정을 자유롭게 표현하고 행동도 활발한 여성이

지만, 동시에 독선적, 비판적이기도 하다.

- 아마도 남성의 마음에 걸리는 말을 집요하게 할 수 있는 사람이다.
- 이것은 NP, AC, A가 모두 낮은 사실이 입증한다.
- 남의 감정을 건드리고서도 대수롭지 않게 여기며(NP) 또 한번 말을 끌어내면 남의 말은 듣지 않고 고집하는 수가 많다.

라. W형에 대한 내용

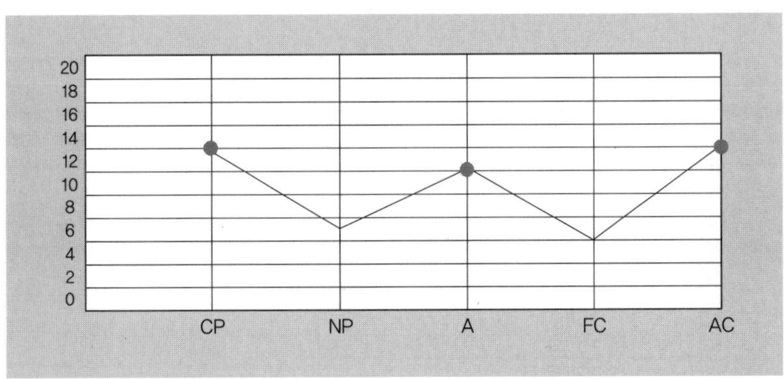

- 억압, 우울상태가 되기 쉬운 사람의 에고그램이다.
- CP가 매우 높다는 것은 비판이나 비난의 감정이 강하다는 것을 나타내고 있으나, 동시에 AC(순응성)도 높으므로 이들을 밖으로 표출하지는 못한다.
- 이 사람은 공연히 타인의 행동이 마음에 걸리면서도(CP) 그다지 말하지 못하고(AC) 고객이나 상사 앞에서도 머리를 들 수 없다(AC).
- 반면 동정심도 부족하여(NP) 오직 일뿐이며(A), 자유로이 놀지도(FC) 못한다.
- 또 CP와 NP가 함께 낮다는 것은 타인과의 즐겁고 따뜻한 관계를 맺지 못하고 처박혀있는 상태를 나타낸다.

- 이러한 사람은 일반적으로 어렸을 때에 충분히 부모에게 응석부리고 싶은 것을 못한 데에서 적극적으로 타인과 관계지어 가는 것이 어려운 것이다(낮은 NP).
- 또 높은 AC도 타인 중심의 이른바 '자기 없는' 삶의 방식을 의미하고, 성격의 치우침이 많은 편집타입의 유형이라고 말할 수 있다.

마. M형에 대한 내용

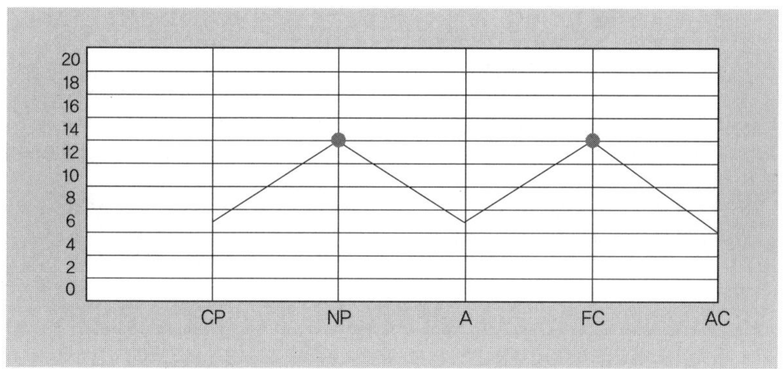

- AC가 상당히 낮은 데에다 A도 극단적으로 낮다는 것은 완고하고, 고집 세고, 무계획성을 의미하며, FC가 높다는 것은 행동 우선을 의미한다.
- 그러나 FC와 동시에 NP도 높은 점은 극히 인간적이어서 친구들의 어려움을 돌본다는 것을 나타낸다. 특히 FC는 풍부한 창조성, 잠재능력은 비장함을 알 수 있다.
- 단 CP가 매우 낮으므로 선악 판단의 양심이 미 발달인 점이 아쉽다.
- 감정이 풍부하고 감각적으로 사물을 판단하나 논리적인 전개가 부족한 다정다감형이다.
- 언제나 밝고 느긋함으로 즐거운 분위기를 만드는 일을 잘한다.
- 호기심이 왕성하고 표현력이 풍부한 것은 장점이지만, 느슨하며 기분

대로 덜렁대고 생활 전반에 질서가 보이지 않는 것이 결점이다.

- 현실감각이 부족하여 남에게 이용당하기 쉽고 기분에 따라 하다가 자기도 모르게 엉망진창이 되지 않도록 주의해야 한다.

(4) 자아상태의 일반적인 활성화 방안

CP 활성화 방안	NP 활성화 방안
1. 자신을 갖고 큰소리로 이야기한다.	1. 상대의 이야기를 친근감있게 듣는다.
2. 등을 펴고 동작을 크게 한다.	2. 사람을 좋아하고 싫어하는 편견을 없앤다.
3. 인생 목표, 업무 목표 등을 명확히 세운다.	3. 타인을 격려하고 용기를 북돋아준다.
4. 결정, 결심한 것을 끝까지 한다.	4. 타인에의 관심을 높이고 장점을 배운다.
5. 가훈, 좌우명을 만들어 수시로 읽는다.	5. 모임에서 총무나 서기의 역할을 맡는다.
6. 자기 의견, 소신을 미리 준비한다.	6. 타인에게 관심과 호의를 몸으로 표현한다.
7. 시간, 금전 등의 계획을 세우고 엄격히 지킨다.	7. 타인의 부탁은 기분 좋게 받아들이고 최대한 지원한다.
8. 사물의 옳고 그름을 명확히 가린다.	8. 사회봉사활동에 앞장서서 참가한다.
9. 타인에 대한 평가를 확실하게 한다.	9. 관대한 애정으로 타인을 바라본다.
10. 주위의 좋지 않은 행동에 주의를 준다.	10. 타인이 듣고 싶어하는 말을 준비해 둔다.

A 활성화 방안
1. 무엇이든 계획을 세우고 행동한다.
2. 같은 상황에서 타인은 어떻게 할까를 생각한다.
3. 가능성과 결과를 예측하고 전체를 보며 추진한다.
4. 찬반 양쪽을 모두 파악하고 판단한다.
5. 하려는 것을 미리 문장화, 구체화한다.
6. 감정이 격할 때 틈을 두고 천천히 말한다.
7. 현실상황, 여건을 감안해 행동한다.
8. 요가, 명상, 자율훈련 등 자기조절훈련을 한다.
9. 상대 말의 내용을 확인 후 내 말을 한다.

FC 활성화 방안	AC 활성화 방안
1. 생각을 하면 곧 행동에 옮긴다.	1. 내심 불만이라도 즉각 표현하지 않는다.
2. 자질구레한 일에 구애받지 않는다.	2. 집단이나 타인이 정한 사항에 따른다.
3. 낙관적으로 생각하고 행동한다.	3. 상대가 어떻게 느끼는지 확인한다.
4. 자신의 생각을 적극적으로 피력한다.	4. 주위를 생각하고 상대의 안색을 살핀다.
5. 자신의 태도, 감정을 그대로 나타낸다.	5. 부정, 거부하는 말을 한번 더 생각한다.
6. 코미디를 보고 유행하는 농담을 해본다.	6. 상대 얘기를 잘 듣고 맞장구쳐준다.
7. 등산, 수집, 감상 등 취미활동을 적극적으로 한다.	7. 스스로 겸손하고 상대를 추켜세운다.
8. 즐거운 공상을 통해 좋은 기분에 빠진다.	8. 세부적인 일까지 신경을 쓰고 배려한다.
9. 사물에 대해 강한 호기심을 갖는다.	9. 자신의 기분, 감정을 조절, 억제한다.
	10. 평지풍파나 분란을 일으키는 일을 주도하지 않는다.

(5) 자아상태를 활성화시키는 세부 행동

CP	NP	A	FC	AC
약속을 지킨다	어린이와 부하에게 상냥한 말을 건넨다	교통기관의 시간표를 기입해둔다	마음의 여운을 갖는다	타인의 이야기에 귀를 기울인다
주어진 업무를 확실히 해낸다	"잘했구나" 하면서 격려한다	감정 기복을 일으키지 않고 냉정히 이야기한다	예술에 심취하며 풍요로운 마음을 갖는다	자신의 기분을 조절한다
책임을 갖고 행동한다	상대방 입장에서 생각해준다	계획을 잘 세워 실행한다	대자연을 접해본다	상대방의 마음에 들도록 노력한다
목표를 갖는다	상대방의 장점을 파악하려고 한다	확실히 예산을 세워 행동한다	많은 사람들에게 이야기를 듣는다	적당히 자신을 억제한다
결정된 일을 완수한다	용기를 북돋아준다	사물을 명확히 판단하도록 한다	최선을 다할 수 있는 일을 갖는다	항상 주위에 배려한다
자신을 절대시한다	어린이에게 스킨십을 준다	주변현상에 주의를 기울인다	자질구레한 일에 구애받지 않는다	타인의 눈을 생각한다
공사를 구분하며 행동한다	봉사활동을 한다	객관적으로 생각을 한다	사물에 대한 강한 호기심을 갖는다	스스로 동료의식을 높인다
자신에게 엄격히 한다	사람에 대한 편견을 갖지 않는다	무엇이든 계획을 세워 행동한다	생각을 하면 곧 행동에 옮긴다	상대의 의견을 순수하게 들어준다
등을 곧바로 편다	관대한 애정으로 대한다	가능성을 추정하도록 한다	적극적으로 행동한다	풍파를 일으키는 일을 하지 않는다
좋지 않은 행위에 주의를 준다	친절한 마음가짐으로 행동한다	사실에 따라 생각하는 습관을 갖는다	마음내키는 대로 하고싶은 일을 한다	세부적인 일까지 신경을 쓴다
가훈을 만든다	상대의 이야기를 친근감있게 듣는다	찬부에 대한 의견을 묻는다	태도, 감정을 그대로 나타낸다	타인이 정한 상황에 따른다
타인의 평가를 확실시한다	모성적인 풍부함을 갖는다	감정적으로 되지 않도록 한다	명랑하고 대인관계가 원만하다	내심 불만이라도 표면에 나타내지 않는다
동작을 시원스럽게 한다	타인에게 위로받으면 기분 좋게 받아들인다	5W1H를 묻는다	언제나 생기가 발랄하다	불쾌한 감정을 웃는 얼굴로 나타낸다
사물의 옳고 그름을 명확히 한다	자녀와 타인을 잘 보살펴준다	사이를 두고 이야기한다	자신의 의견을 적극적으로 피력한다	주위를 의식하고 체면을 차린다
흑백을 명확히 한다	사회봉사적 활동에 앞장서서 참가한다	사물을 공평히 본다	낙관적으로 행동하고 생각한다	타인의 비위를 맞추고 후회한다

3 대화분석법

1) 대화분석

교류분석에서 대화란 어떤 사람의 하나의 자아상태에서 보내지는 자극에 대해서 다른 사람의 하나의 자아상태에서 반응이 되돌아오는 것이라고 정의하고 있다. 따라서 대화분석은 사람 간의 자극과 반응과의 관계를 간결한 모양으로 분석하여 명확히 하는 것이다.

다시 말하자면, 마음 그림표에 의해 명확해진 자아상태의 이해를 근거로 해서 일상생활 속에서 주고받는 말이나 행동, 태도 등을 분석하는 것이다. 교류는 언어에만 한정된 것은 아니다. 얼굴 표정, 몸짓, 자세, 말투 등 비언어적인 것도 포함된다.

언어에 의한 메시지가 상대편에게 완전히 이해되려면 상대편의 말뿐만 아니라 비언어적 표현도 충분히 고려해 넣을 필요가 있다.

교류분석은 사람 간의 주고받은 것을 파악하고, 이어서 그것을 분석함으로써 상대편과의 인간관계에 어떠한 장애가 있는지 또 어떻게 하면 그 장애를 제거할 수가 있을 것인가를 도출해내는 방법인 것이다.

대화분석을 구체적으로 학습하게 되면 자신의 대인교류의 문제점을 발견하게 되고 스스로 자극의 발신이나 반응의 수신을 개선하여 좋은 인간관계를 조성하게 된다.

2) 대화분석 해설방법

대화분석 해석방법으로는 발신자의 자아상태 확인과 수신자의 자아상태 확인의 두 가지 측면으로 나누어서 해설을 하는데, 그에 대한 내용은 다음과 같다.

(1) 발신자의 자아상태

① P에서의 발신(P →) : 부모 또는 양육자의 모습과 같은 언동으로 비판적(CP)이기도 하고, 보호적(NP)인 것이다.

② A에서의 발신(A →) : 사실을 근거로 해서 사물을 판단하고 냉정하게 전달한다.

③ C에서의 발신(C →) : 유아기와 같은 행동방식으로 감정적이고 자기가 느낀 대로 처신하는 것(FC), 상대의 기분이나 감정을 상하지 않게 행동하는 것(AC)이다.

(2) 수신자의 자아상태에의 확인

① P로 향한 수신(→ P) : 상대에게 지시를 바란다거나(CP), 원조를 청하려는(NP) 말이나 행동이다.

② A로 향한 수신(→ A) : 사실이나 정보를 수집하려고 한다든지 또는 상대에게 그것들을 전하려는 말이나 행동으로 상대를 수평적으로 접촉하려는 것이다.

③ C로 향한 수신(→ C) : 상대의 감정을 자극한다든지 상대의 감정에 호소하는 말이나 행동으로써 상대를 낮추어 본다든지 약하다고 보는 경우에 대개 C에 향해지고 있다. 관심이나 이해를 나타낼 때에는 FC로 향하지만, CP는 주로 상대의 AC로 향하게 된다.

3) 대화 형태별 교류

(1) 일어나기 쉬운 교류

다음 그림은 대인교류 중에서 자연스럽게 가장 일어나기 쉬운 조합을 나타낸 것이다.

① A로부터의 접근은 상대편에게 A의 반응을 유발한다. 이것은 냉정한 대화나 문제해결에는 필수적이다.

② FC로부터 대응은 상대평의 NP의 반응을 유발한다. 자신의 감정을 분산, 표현하면서 상대의 이해나 원조를 청하는 교류가 된다.

③ CP적 언동이나 태도로 상대편에게 대응하면 대체로 상대편의 AC를 자극하여 순응, 회피 혹은 반항과 같은 반응을 유발한다.

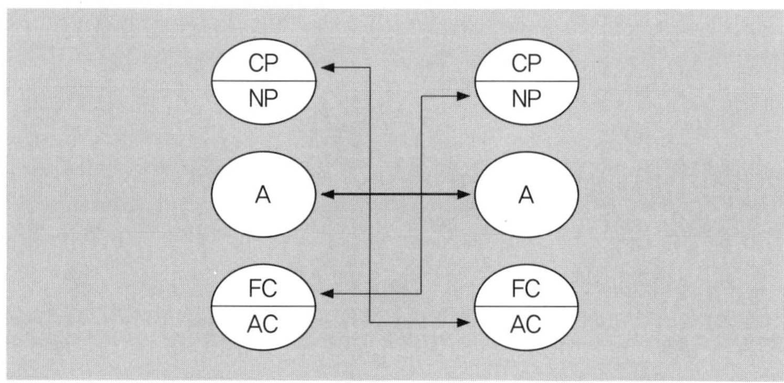

(2) 가까운 사이 교류

다음 그림은 대인교류 중에서 가까운 사이에 흔히 일어나기 쉬운 조합을 나타낸 것이다.

① CP에서 제3의 인물이나 상태에 대한 화제로 발산하는 것은 상대편의 CP의 반응을 유발한다. 즉, 자신이 비판하고 있는 인물이나 상태에 대하여 상대의 동의를 구하는 교류가 된다.

② FC로부터의 발신은 상대편의 FC의 반응을 유발한다. 건강한 사람들 사이에서는 웃음이나 애정표현 등이 풍부한 즐거운 교류가 된다.

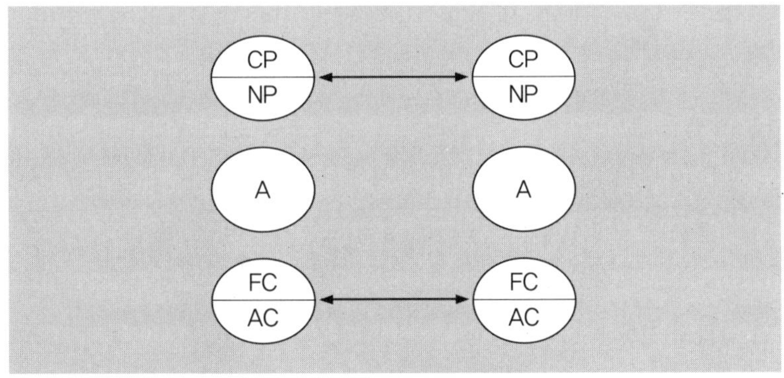

ᄔ) 대화의 교류 유형

대화의 교류 유형은 크게 세 가지로써 상보적 교류와 교차적 교류, 이면적 교류 등으로 나눌 수 있다.

(1) 상호적 교류

이 교류에서는 자극과 반응이 상호 평행선이 된다. 보통 처음에 발해지는 자극을 상위치의 벡터로 나타내기도 한다. 어머니가 아들에 대해서 "OO아! 지금 몇 시냐?"라고 물은 것에 대해서, 아들이 "지금 8시 15분이예요" 라고 대답하고 있다. 여기에서는 두 A가 서로 대화를 하고, 교류는 원만히 진행되고 있다. 즉, 아래 그림과 같이 벡터는 평행선을 긋고 있다. 발신자가 구하고자 하는 정보는 직선적으로 수신자에게 전달되고 있다. 이런 종류의 상보적 교류는 다음 예에서 나타낸 바와 같이 기타의 자아상태 사이에서 일어날 수 있다.

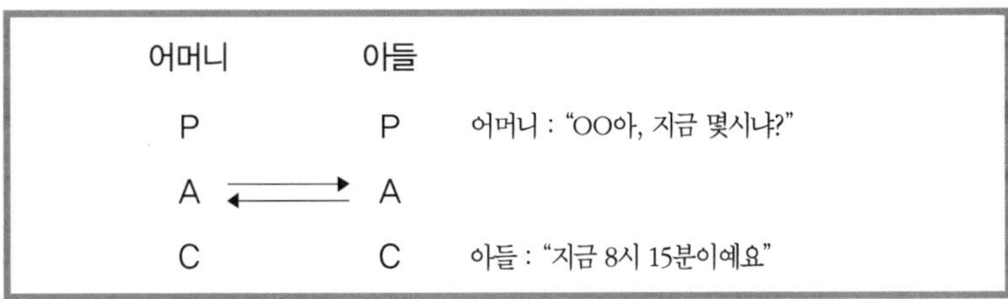

두 사람의 자아상태 중 두 개의 자아상태가 상호 관여하는 교류로 발신과 응답의 방향이 병행되고 있으며, 말하기 쉽다는 생각이 있는 한 상호 지지의 대화는 계속된다.

커뮤니케이션의 제1법칙은 "벡터가 평행선이 될 때에는 그 화제에 관한 커뮤니케이션은 언제까지라도 진행되는 것이 보통이다"라는 것이다.

(2) 교차적 교류

이 교류에서는 두 벡터가 교차하기 때문에 평행선이 되지 않는다.

예컨대, 어머니가 "OO아, 지금 몇 시냐?"라는 자극을 발하면 아들이 그의 P에서 어머니의 C를 향해서 "어머니는 시계가 없어요? 시계를 자신이 보면 어때요?(귀찮아요)"라고 반응하고 있는 경우 등이다. 위에서 살펴본 예와 같은 경우라면 어머니와 아들은 더 이상 시간에 대한 대화를 주고받고 있는 것이 아니다. 아마도 두 사람은 상호 관계의 존재 양상에 대해서 논쟁을 하게 될 것이다.

이런 종류의 관계에서는 "어머니에게 그 말버릇이 무엇이냐!"라든가, "더 이상 용돈을 줄 수 없다"와 같은 결말이 예상된다.

이는 두 사람의 자아상태 중 셋 또는 넷이 관여하는 것으로 발신자의 기대 교류가 저지됨으로써 교류는 단절된다. 커뮤니케이션 제2법칙은 '벡터가 교차할 때에는 그 화제에 관한 커뮤니케이션은 즉시 끊어버리는 것이 보통이다' 라는 것이다.

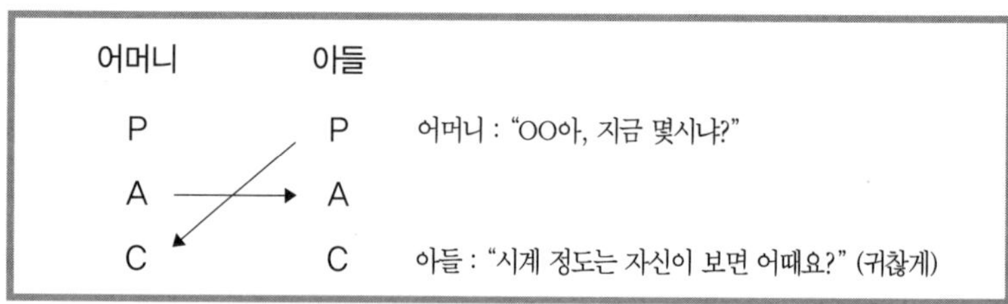

(3) 이면적 교류

우리는 다른 사람과 교류를 하는 경우 표면과 다른 이면적인 의도를 많이 숨기곤 한다. 때때로 우리는 이런 사항을 알고 있기도 하고, 어떤 때는 그렇지 못할 경우도 있다. 즉, 본심의 욕구, 의도 혹은 사건의 진상 등이 이면에 숨겨져 있어서 표면적으로는 그것과 다른 형태의 교류가 이루어진다. 이와 같이 표면의 메시지와 이면의 메시지가 다른 교류를 이면적 교류라 한다.

다음의 사례는 어머니와 결혼한 딸과의 대화의 예이다. 이 경우 표면에서는 어머니가 언제까지 딸을 아이로 생각하고 돌보고자 하는 것 같으나, 사실은 어머니 자신이 딸에게 의지하려는 것이다. 장성한 딸의 입장에서 이처럼 자식에게 의지하고자 하는 어머니의 기분을 받아들여서 표면에서는 어린아이 모습으로 행동하면서, 이면에서는 오히려 어머니를 위안하는 부모적 반응을 보이고 있다.

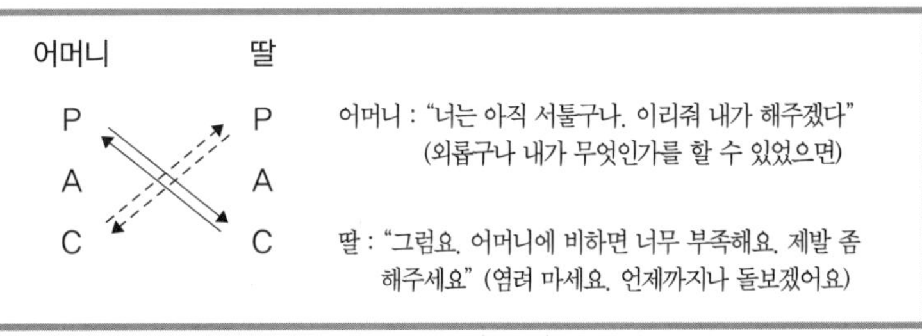

5) 대화의 활용과 기술

대인 교류라는 것은 자극과 반응의 연쇄이므로 상호 간에 누군가가 '자극을 주는 방법'이나 '반응의 방법'을 바꾸면 교류의 흐름이 바뀌게 된다. 교류분석을 학습하고 있는 사람은 이 점을 감지하고, 이 순간부터 자극이나 반응의 방법을 조금씩 바꾸어 가면 자신도 느끼지 못하는 사이에 변화된 자기 모습을 발견하게 될 것이다. 직장에서의 대화는 상보대화에서 시작하여 상보대화로 끝나게 된다. 대화를 진행하다 보면 교차대화가 될 때도 있겠지만, 최후에는 상보대화로 끝나도록 노력해야 한다. 상보대화가 되려면 대화의 방향을 맞추어 한다. 그러기 위해서는 자기의 생각과 감정을 상대방이 잘 맞출 수 있도록 올바르게 표현하여야 한다. 또한 상대의 말을 경청해야 한다. 상대가 원하는 내용을 잘 이해하지 않으면 상대가 기대하는 말을 되돌려줄 수 없다. 대화 개선 기본기술에는 첫째, A표현법으로 자기의 생각과 감정을 A상태에서 표현하는 방법과 둘째, NP반응법으로 상대의 FC에 MP상태로 반응하는 방법으로 구분이 된다. 또한 대화 개선 특별기술에는 첫째, AC반응법으로 상대의 비난과 공격에 대하여 시인이나 수용하는 방법과 둘째, CP반응법으로 상대와 같은 생각을 표현하는 방법 셋째, FC반응법으로 상대와 같은 감정을 표현하는 방법이 있다.

4 인생 태도의 형성

인생의 초기 5, 6세경까지의 경험을 통해 자기 자신의 가치에 대한 정착된 관념은 성장 후, 그 사람의 성격이 되는 어떤 특징있는 방법을 말하는데, 이는 행동이나 반응하는 것을 결심하게 한다. 특히 유아기 때 부모나 부모를 대신하는 양육자로부터 받은 스트로크의 질과 양에 따라 인생의 태도는 다음과 같은 네 가지로 결정된다(인간의 4가지 Paradigm : Harris 박사). 첫째, 자기긍정 – 타인부정 : 나는 항상 옳다고 하는 것과 둘째, 자기부정 – 타인긍정 : 주위의 사람에 비해 나는 형편없다

고 하는 것과 셋째, 자기부정 – 타인부정 : 나도 형편없고 세상 사람들도 틀렸
다고 하는 것으로 구분될 수 있다.

1) Stroke(토닥임)

사람의 몸짓이나 눈짓, 표정, 감정, 언어 등은 자신의 반응을 상대에게 알리
는 인간인식의 기본단위로서 토닥임 (Stroke)를 사용하는데, 이에 대한 스트로
크의 종류에는 긍정적, 부정적, 신체적, 정신적, 조건부, 무조건부 스트로크로
구분할 수 있으며, 자극과 반응값이 다르게 되면 인간관계에 문제가 발생하므
로 스트로크의 값은 그에 대한 양과 질의 값이 동시에 존재한다고 할 수 있다.

2) 실제 활용

스트로크의 실제 활용 방법에는 적극적 경청, 나 전달법, 공감적 반응으로
구분할 수 있으며, 그에 대한 내용은 다음과 같이 제시된다.

(1) 적극적 경청

제시된 사례 2가지를 통하여 적극적 경청에 대한 내용을 알아보면 다음과
같다.

① 첫번째 (흔히 있을 수 있는 대화 사례)

> 팀장 : 국장님! 한 달에 순증(純增) 50명이라니 그건 말도 안됩니다. 윗분들은 지시만 하
> 면 모든 일이 다 된다고 생각하시는 모양인데요.
> 국장 : 말도 안 된다니, 무슨 말을 그렇게 해. 누가 지시만 하면 다 된다고 했어. 때가 때이
> 니까 하는 말이지.
> 팀장 : 날씨는 푹푹 찌는데다 교사들은 지치죠. 손수건을 짜면 물이 줄줄 흐릅니다. 그리고

아직도 바캉스다, 휴가라고 해서 사람들이 들떠있는데…. 지난달에도 겨우겨우 맞춘 거 잘 아시지 않습니까?

국장 : 그런걸 누가 모르나? 아무튼 이번 목표는 대표님 특별 지시니까 무슨 일이 있어도 달성해야 돼. 알겠나?

팀장 : 선생님들 반발이 아주 심할 겁니다.

국장 : 그러니까 김팀장에게 얘기하는 거 아닌가? 그 정도 문제를 처리 못하면 팀장이 무슨 필요가 있어.

② 두번째 사례(적극적인 경청 방법)

팀장 : 국장님! 한 달에 순증 50명이라니 그건 말도 안됩니다. 윗분들은 지시만하면 모든 일이 다 된다고 생각하시는 모양인데요.

국장 : 왜 안그렇겠어? 쉽지 않다는 것 나도 잘 알아.

팀장 : 국장님도 잘 아시지 않습니까? 저희들이 얼마나 노력하고 있는지. 이른 새벽부터 늦게까지 상담도 하고 뭔가 해보겠다고 삼복더위에 이리 뛰고, 저리 뛰고 있는데 교사들에게 일방적으로 밀어붙이기 식은 좀 곤란하지 않겠습니까?

국장 : 1팀의 상황은 충분히 이해해. 지난번 단합대회도 비상근무 때문에 취소되었고, 여러 가지로 입장이 힘든 모양이군.

팀장 : 물론 국장님의 입장이나 회사의 흐름을 이해 못하는 것은 아니지만, 이건 좀 너무 일방적이지 않나 싶습니다.

국장 : 그러니 김 팀장! 이제 그간의 노력의 대가를 결과로 한번 보여줘야지. 필요하다면 지난번 일은 팀원들에게 내가 직접 이야기를 한번 하지.

팀장 : 아, 뭐 그러실 필요까지는 없고요. 어떻게든 한번 추진해보겠습니다. 그리고 국장님의 마음은 제가 팀원들에게 충분히 선하겠습니다.

두 예를 보면 똑같은 상황이지만, 대화 방법이 전혀 다르다는 것을 알 수 있다.

첫 번째 국장은 사실만 주고받으며 팀장의 의사를 무시하고 강압적이라는 비판을 듣기 쉬운 대화법을 사용하고 있으며, 두 번째 국장은 팀장이 이야기하는 내면에 깔려 있는 의미와 기분에 귀를 기울이고 반응을 표시함으로써 팀장이 스스로 의사결정을 하도록 돕고 있는 것이다. 두 번째 국장의 대화 방법이 적극적인 경청 방법이다.

(2) 나 전달법

어떤 상황이 발생 했을 때 의사 표현에 대한 방법으로 다음의 사례를 통하여 알아볼 수 있다.

[표 6-2. 나 전달법]

자녀가 늦게 들어올 때	의사 표현 [부모] (불안, 걱정, 긴장)	해석 [자녀]
You - Message	왜 늦게 다니며 속 썩이냐	나를 미워하시는 구나
I - Message	**얼마나 걱정했다고~**	**나를 사랑하시는 구나**

(3) 공감적 반응

공감적 반응의 단계는 크게 네 단계로 인지할 수 있는데,

① Mimicking : 내용 반복

② Rephrasing : 내용을 재정리(좌뇌)

③ Reflecting feeling : 상대의 감정 파악(우뇌)

④ Rephrase content and reflect feeling(좌뇌+우뇌) : 내용 재정리+감정 파악 등으로 나타낼 수 있다.

Ⅶ. MBTI

16가지 성격 유형 : ISTJ~ENTJ

참고 자료

- 심리검사 도구의 이해와 활용 : OPE교육지기
- 기업조직에서의 MBTI 활용 입문 : 한국심리검사연구소
- 16가지 성격 유형의 특성 : 한국심리검사연구소
- 성격 유형과 삶의 양식 : 한국심리검사연구소
- 간편 유형 해석집 : 한국심리검사연구소
- 성격 유형과 진로탐색 : 한국심리검사연구소
- 성격 유형과 학습 스타일 : 한국심리검사연구소
- D사 관리자 능력향상과정 교안 등
- MBTI 개발과 활용 : 한국심리검사연구소

1 MBTI(Myers-Briggs Type Indicator) 이해

1) MBTI란?

MBTI(Myers-Briggs Type Indicator)는 C.G. Jung의 심리 유형론을 근거로 하여 Katharine Cook Briggs와 Isabel Briggs Myers가 보다 쉽고 일상생활에 유용하게 활용할 수 있도록 고안한 자기보고식 성격 유형 지표이다. 융의 심리 유형론은 인간행동이 그 다양성으로 인해 종잡을 수 없는 것 같이 보여도, 사실은 아주 질서정연하고 일관된 경향이 있다고 인식하는 데서 출발하였다.

그리고 그는 인간행동이 다양한 것은 개인이 인식(Perception)하고 판단(Judgement)하는 특징이 다르기 때문이라고 보았다. MBTI는 인식과 판단에 대한 융의 심리적 기능이론 그리고 인식과 판단의 방향을 결정짓는 융의 태도이론을 바탕으로 하여 제작되었다. 또한 개인이 쉽게 응답할 수 있는 자기보고를 통해 개인이 인식하고 판단할 때에 선호하는 경향을 찾고, 이러한 선호 경향들이 각각 또는 여러 개가 합쳐져서 인간의 행동에 어떠한 영향을 미치는가를 파악하여 실생활에 응용할 수 있도록 제작된 것이다. MBTI는 유형 간의 우열을 논하지 않는다. 개개인의 타고난 성격 유형을 확인할 수 있도록 도와주는 비진단검사이다. 따라서 MBTI가 제시하는 16가지 유형 중 어떤 유형도 다른 유형보다 우월하거나 열등하지 않다.

2) MBTI의 네 가지 지표

MBTI의 근간이 되는 C.G. Jung의 심리 유형이론의 요점은 인간의 행동이 겉으로 보기에는 멋대로이고 예측하기 힘들 정도로 변화무쌍해 보이지만, 사실은 매우 질서정연하고 일관성 있게 보이는 것이다. 그리고 이러한 상이성과 일관성은 각 개인이 외부로부터 정보를 수집하고(인식과정), 자신이 수집한 정보에 근거해서 행동을 위한 결정을 내리는 데(판단과정) 있어서 각 개인이 선호하는 방법이 근본적으로 다르기 때문이라는 것이다. 이를 토대로 한 MBTI에는 선호성을 나타내는 4가지 지표를 다음의 **표 7-1**과 같이 나타낸다.

[표 7-1. MBTI에 의해 측정된 네 가지 지표들]

지표(척도)	선호 경향	주요 활동
외향(E) - 내향(I)	에너지의 방향은 어느쪽인가?	주의초점
감각(S) - 직관(N)	무엇을 인식하는가?	인식기능
사고(T) - 감정(F)	어떻게 결정하는가?	판단기능
판단(J) - 인식(P)	채택하는 생활양식은 무엇인가?	생활양식

각 지표는 인식, 판단기능과 연관된 4가지 근본적 선호 중 하나를 대표한다. 이 선호성은 주어진 상황에서 사람들이 '무엇에 주의를 기울이는가' 와, 그들이 인식한 것에 어떻게 결론을 내리는가에 영향을 미친다. 여기서 말하는 심

리적 선호경향(Preference)이란 '내가 더 지속적이고 일관성 있게 활용하는 것', '더 자주, 많이 쓰는 것', '선택적으로 더 좋아하는 것', '상대적으로 편하고 쉬운 것', '상대적으로 더 쉽게 끌리는 것'을 의미한다.

3) 네 가지 지표의 특성

네 가지 지표에 대한 내용을 통하여 각 지표에 대한 특성들에 대하여 구체적으로 알아보면 다음의 **표 7-2**와 같이 알아볼 수 있다.

[표 7-2. 네 가지 지표의 특성]

경향	주요 내용	
에너지의 방향	• **외향(E)**: 사람, 활동이나 사물과 같은 외부세계로 에너지를 도출해내는 것을 선호한다.	• **내향(I)**: 아이디어, 정서 또는 인상과 같은 자신의 내부세계로부터 에너지를 도출해내는 것을 선호한다.
인식기능	• **감각(S)**: 오관을 통해 정보를 받아들이고 실재적인 것에 주의를 기울이는 것을 선호한다.	• **직관(N)**: '육감'을 통한 정보와 가능성에 주의를 기울이는 것을 선호한다.
판단기능	• **사고(T)**: 논리적이고 객관적인 방법으로 결정하기 위해 정보를 조직화하고 구조화하는 것을 선호한다.	• **감정(F)**: 개인적이며 가치 지향적인 방법으로 결정하는 정보를 조직하고 구조화하는 것을 선호한다.
생활양식	• **판단(J)**: 계획되고 조직된 삶을 살아가는 것을 선호한다.	• **인식(P)**: 자율적이고 융통성 있는 삶을 살아가는 것을 선호한다.

2 MBTI에 나타난 선호경향 이해

1) 선호경향이란?

MBTI의 바탕이 되는 융의 심리 유형론의 요점은 각 개인이 외부로부터 정보를 수집하고(인식기능), 자신이 수집한 정보에 근거해서 행동을 위한 결정을 내리는 데(판단기능) 있어서 각 개인이 선호하는 방법이 근본적으로 다르다.

융의 심리 유형론을 경험적으로 검증하여, 실생활에 적용하기 위해 만들어진 MBTI에서는 인식과정을 **감각**(S : Sensing)과 **직관**(N : Ntution)으로 구분하여 사물, 사람, 사건, 생각들을 인식하게 될 때 나타나는 차이점을 이해할 수 있도록 해주며, 판단과정은 **사고**(T : Thinking)와 **감정**(F : Feeling)으로 구분하여 우리가 인식한 바에 의거해서 결론을 이끌어내는 방법들간의 차이점을 알 수 있도록 해준다.

그리고 이러한 기능을 사용할 때 어떤 태도를 취하는가에 따라 **외향**(E : Extraversion)과 **내향**(I : Introversion), **판단**(J : Judging), **인식**(P : Perceiving)으로 구분하여 심리적으로 흐르는 에너지의 방향과 생활 양식들을 이해할 수 있도록 해준다. MBTI는 네 가지의 분리된 선호경향으로 구성되어 있다. Jung의 심리 유형론에 따르면 선호경향이란 교육이나 환경의 영향을 받기 이전에 이미 인간에게 잠재되어 있는 선천적 심리경향을 말하며, 각 개인은 자신의 기질과 성향에 따라 아래의 4가지 이분척도에 따라 둘 중 하나의 범주에 속하게 된다.

2) 선호경향별 세부 내용

(1) 주의 집중과 에너지의 방향성 : [외향(E) ← 에너지 방향(주의 초점) → 내향(I)]

① **외향(E)** : 외향성의 사람들은 자신의 외부 세계를 지향하고 사람과 행동, 사물 등의 외적 자극에 의해 일어나는 것에서 에너지를 얻는다. 이들은 광범위한 분야에서 흥미를 느끼며 세상을 이해하기 위해 외적 경험이 필요하다고 생각한다. 또한 먼저 행동으로 체험하려는 경향이 있다. 그들은 많은 사람들과 폭 넓은 인간관계를 맺으며, 자기 표현이 자유롭고 활동적으로 보인다.

② **내향(I)** : 내향성의 사람들은 주로 자신의 내적 세계를 지향하고 개념이나 생각을 혼자서 간직하는 경향이 있다. 이들은 자신을 반추해 볼 수 있는 혼자만의 시간을 갖고 싶어하며, 이 시간 동안 에너지를 비축한다. 또 말하기 전에 생각할 수 있는 시간을 필요로 하기 때문에 신중하게 고려한 후에 행동하는 편이다. 그리고 소수의 사람과 깊은 관계를 맺으며, 침착하고 조용해 보인다.

(2) 정보수집 기능 : [감각(S) ← 인식 기능(정보수집) → 직관(N)]

① **감각(S)** : 감각 기능을 선호하는 사람들은 자신의 내적, 외적 세계에 무엇이 존재하는가 또한 그것들이 어떻게 발생하는가에 대한 정보를 자신의 오감(시각, 청각, 촉각 등)에 의존하여 받아들이는 경향이 있다. 이것은 상황의 실체를 이해하는데 특히 유용하다. 감각형의 사람들은 **'지금여기 (Here and Now)'** 를 중요시하므로 현실적이고 실용적인 특징을 지닌다. 이들은 현재 있는 그대로 즐기며, 구체적이고 단계적으로 업무를 수행해 나가는 근면성실한 태도를 보인다.

② **직관(N)** : 직관 기능을 선호하는 사람들은 오감에 의해 얻어진 사실적 정보의 차원을 넘어 가능성이나, 드러나지 않는 의미와 전체적인 관계를 육

감에 의존하여 수집한다. 이들은 전체를 파악하고 새로운 일 처리 방식을 추구하며 아이디어와 상상력이 풍부하고 영감에 더 큰 가치와 비중을 둔다. 또한 이들은 현재에 머무르기보다는 미래의 성취와 변화 다양성을 중요하게 생각하여 새롭고 복잡한 일을 추구하는 편이다.

(3) 의사결정(판단) 기능 : [사고(T) ← 판단 기능(판단, 결정) → 감정(F)]

① **사고(T)** : 사고형을 선호하는 사람들은 어떤 특별한 선택이나 행동에 대한 논리적인 결과를 예측하며, 객관적인 판단기준에 근거하여 정보를 분석, 비교한 후에 의사결정을 한다. 이들은 일관성과 타당성을 기본으로 하여 자신의 주관적인 감정과 태도에 상관없이 원리원칙에 입각하여 결정한다. 그리고 자신이 개인적으로 느끼는 가치나 감정보다는 무엇이 옳고 그른가 하는 객관적인 기준과 공정성을 중시하는 편이다.

② **감정(F)** : 감정형의 사람들은 자신과 다른 사람들의 관계에 관심을 가지며, 주관적인 감정과 태도 그리고 인간 중심의 가치를 중요하게 생각한다. 또한 의사결정을 할 때 객관적인 기준보다는 가치와 의미, 그 결과가 자신과 타인에게 미치는 영향에 따라 결정한다. 이들은 사실적인 진리보다는 인간관계를 중시하며, 일이나 사람에 대한 열정이 많은 편이다. 그리고 사람들에 대한 배려를 잘하고 개인의 입장을 고려하여 조화를 이루고자 한다.

(4) 행동(생활)양식(외부 세계로의 지향) : [판단(J) ← 생활양식 → 인식(P)]

① **판단(J)** : 판단형의 사람들은 계획과 체계를 세워 생활하고 계획적으로 일하는 것을 선호한다. 이들은 효율적으로 일하고 정해진 시간 내에 일을 끝마칠 수 있도록 미리 준비하는 편이다. 예측가능하고 통제할 수 있는 상황을 선호하며, 하기 싫은 일이나 스트레스 받는 일을 먼저 처리해 놓고 휴식과 여가를 즐긴다. 그리고 일상적이고 반복되는 일도 꾸준히

해내며, 한번에 한 가지씩 처리하고 주변 정리정돈을 잘한다.

② **인식(P)** : 인식형의 사람들은 자율적이고 융통성을 발휘하여 생활한다. 동시에 여러 가지 일을 벌려놓고 한번에 처리하는 편이며, 마감시간에 맞춰서 끝마무리를 한다. 이들은 예측하지 못한 상황에 대처하는 순발력이 뛰어나서 애매한 상황에도 잘 적응하며, 유동적이고 개발적인 편이다. 틀에 박힌 생활이나 여유가 없는 생활은 구속이라고 생각하며, 새롭고 흥미로운 경험을 하려고 노력한다. 그리고 즉각적인 활동을 선호하고 스트레스 상황에서도 잘 견뎌낸다.

3) 선호하는 업무 처리 스타일

(1) 주의집중과 에너지의 방향성 : [외향(E) ← 에너지 방향 (주의 초점) → 내향(I)]

① **외향(E)** : 다양하고 활동적인 일을 선호하면서 장시간을 요하는 일들을 힘들어할 때가 있다. 다른 사람들이 일한 결과와 어떻게 일하는지에 관심이 많으며, 때로 미리 생각하지 않고 행동으로 먼저 옮기기도 한다. 그리고 이들은 전화 응답을 업무 방해로 여기지 않으면서 토론을 하면서 아이디어를 개발하고, 주위에 사람들이 있는 것을 좋아한다.

② **내향(I)** : 조용한 분위기에서 집중하는 것을 선호하면서 장시간 동안 방해받지 않고 한 가지 일을 하는 것을 꺼려하지 않는다. 또한 일 뒤에 있는 사실이나 관념에 관심이 있으며, 행동하기 전에 생각하고 때로는 생각만 하고 그치는 경우도 있다. 이들은 업무시 전화 때문에 방해받는 것을 싫어하며, 심사숙고함으로써 아이디어를 개발하고 혼자서 일하는 것을 좋아한다.

(2) 정보수집 기능 : [감각(S) ← 인식 기능(정보수집) → 직관(N)]

① **감각(S)** : 문제해결을 위해 경험과 기준을 사용하는 것을 좋아하며, 이미 알고 있는 방법을 적용하기를 좋아한다. 특히 이들은 영감을 무시하거나

믿지 않고 사실에 대해 거의 실수하지 않으면서 실질적인 일을 하는 것을 좋아한다. 이들은 정확함을 요하는 것을 좋아하면서 대개 단계적으로 업무를 진행한다.

② **직관(N)** : 새롭고 복잡한 문제를 해결하는 것을 좋아하면서 사용하지 않은 새로운 기술을 배우는 것을 좋아한다. 좋고 나쁨에 대하여 자신의 영감을 따르면서 사실에 대해 실수를 한다. 또한 혁신적인 일을 좋아하는 이들은 먼저 자신의 일을 개관해 보는 것을 좋아하고 변화, 때때로 급진적인 일을 좋아한다. 더불어 종종 에너지가 솟는 대로 진행을 하기도 한다.

(3) 의사결정(판단) 기능 : [사고(T) ← 판단 기능(판단, 결정) → 감정(F)]

① **사고(T)** : 논리적 분석을 이용하여 결론에 도달하며, 조화 없이도 일을 할 수 있다. 이들은 타인의 감정을 상하게 하는 것을 모를 수 있으며, 비개인적으로 판단하는 경향이 있다. 때로는 사람들의 소망에 충분히 주의를 기울이지 않는다. 더불어 의지력이 강한 경향이 있으며, 적당한 때에 비판을 할 수 있다. 한편, 상황에 포함된 원칙을 관찰하고 일이 잘 되었을 때 보상을 받고자 한다.

② **감정(F)** : 가치를 이용하여 결론에 도달하며, 다른 사람과의 조화 속에서 일을 가장 잘 한다. 또한 중요하지 않은 상황에서라도 타인을 즐겁게 하려고 하며, 다른 사람들이 좋아하고 싫어하는 데 영향을 받아 결정을 내리기도 한다. 그리고 이들은 상황에 깔려있는 가치를 관찰하면서 사람들의 요구를 들어줄 때 보상을 얻고자 한다.

(4) 행동(생활)양식(외부 세계로 지향) : [판단(J) ← 생활양식 → 인식(P)]

① **판단(J)** : 계획을 세우고 그에 따라 일할 때 잘하며, 일을 완결하게 끝내는 것을 좋아한다. 이들은 해야 할 필요성이 있는 새로운 일에 주의를 기울이지 않는 경향이 있고, 어떤 사물이나 상황 또는 사람에 대하여 결론

을 얻었을 때는 만족해 하는 경향이 강하다. 더불어 너무 빨리 결정을 내리 수 있고 구조와 계획을 찾으며, 업무 목록에 대하여 과업을 촉진하는 방법으로 사용한다.

② **인식(P)** : 일을 하는데 융통성을 즐기고 마음이 내키지 않는 일을 마지막 순간까지 미루는 경향이 있다. 또한 일이나 상황 및 사람들에 대한 새로운 사실을 좋아하며, 호기심을 가지는 경향이 강하다. 그러나 다른 가능성을 탐색하느라 결정을 내리는 것을 미루는 경향이 있다. 한편, 이들은 변화하는 상황에 잘 적응하고 변화 없는 것을 제한하는 것으로 느끼며, 업무 목록은 언젠가 해야 될 일들을 상기시키는 데 사용한다.

4) 선호하는 업무 처리 스타일

(1) 주의 집중과 에너지의 방향성 : [외향(E) ← 에너지 방향 (주의 초점) → 내향(I)]

① **외향(E)** : 열정적이고 열성적으로 대화를 하며, 생각하는 데 휴식 없이 재빨리 반응을 한다. 또한 대화의 초점은 외부 세계의 사람과 일과 관련된 집단에서 대화할 기회를 찾는다. 한편, 서면에 의한 커뮤니케이션보다 직접 대면하는 것을 좋아하며, 회의시 결론에 도달하기 전에 큰 소리로 말하는 것을 좋아한다.

② **내향(I)** : 열정을 내면에 간직하고 있으며, 대응하기 전에 생각하기를 좋아한다. 대화의 초점은 내면적 아이디어와 생각에 있는 관계로 입을 열 필요가 요구된다. 한편, 이들은 1:1로 대화할 기회를 찾으면서 직접 대면하는 커뮤니케이션보다 서면을 통해 의사소통하는 것을 좋아하고, 회합시 결론을 내린 뒤에 말을 꺼낸다.

(2) 정보수집 기능 : [감각(S) ← 인식 기능(정보수집) → 직관(N)]

① **감각(S)** : 이들은 증거(사실, 세부내용, 사례)를 먼저 제시하는 것을 좋아

하며, 실제적이고 현실적인 적용을 보여주기를 원한다. 또한 이야깃거리를 제공하는 데 자신의 직접적인 경험에 의존을 하면서 표현을 할 때 정상적인 단계적 접근을 좋아한다. 한편, 이들은 직선적이고 실현성 있는 암시를 좋아하고 구체적인 예와 관련시키며, 회의에서 의제에 따르려 한다.

② **직관(N)** : 큰 문제에 관한 보편적인 체계를 먼저 제시하는 것을 좋아하며, 미래 도전의 모든 개연성에 대해 토의하기를 좋아한다. 또한 모의를 촉진하는데 상상력과 통찰에 의존을 하고, 표현할 때 우회적인 접근을 사용한다. 이들은 색다르고 비정상적인 암시를 좋아하며, 일반적인 개념에 관련을 시키고, 회의에서 의제를 뛰어넘으려 한다.

(3) 의사결정(판단) 기능 : [사고(T) ← 판단 기능(판단, 결정) → 감정(F)]

① **사고(T)** : 간단하고 요약된 것을 좋아하고 각 대안의 장단점이 열거되기를 원한다. 또한 지적이고 비판적이어서 객관적이 될 수 있으며, 냉정하고 비인격적인 추론에 의해 확신을 얻는다. 이들은 먼저 목적과 목표를 제시하고 논리와 객관성이 자료의 가치를 재는 것으로 여기면서 회합시 과업의 관련성을 찾는다.

② **감정(F)** : 사교적이고 친절한 것을 좋아하면서 각 대안이 왜 가치가 있으며, 그것이 사람들에게 어떻게 영향을 미치는지 알고자 한다. 또한 이들은 인간관계에서 일어나는 것을 인정할 수 있으며, 열성적으로 얻은 개인적인 정보에 의해 확신을 갖는다. 그리고 먼저 동의의 요점을 제시하면서 감정과 정서를 자료의 가치로 재는 것으로 여기고, 회합시 사람들과의 관련성을 찾는다.

(4) 행동(생활)양식(외부 세계로 지향) : [판단(J) ← 생활양식 → 인식(P)]

① **판단(J)** : 최종 기일이 엄격하게 정해진 일정표와 스케줄을 토론하기 원하며, 갑작스러운 일을 싫어하고 사전 통보를 원한다. 또한 타인이 따라

주기를 원하며, 기대를 한다. 한편, 이들은 자신의 위치와 의견을 분명하게 진술하고 결과와 성취를 전달한다. 그리고 목적과 방향에 관해 얘기를 하며, 회합시 수행해야 할 과업에 초점을 맞춘다.

② **감정(F)** : 스케줄에 대해서는 기꺼이 토론하지만 엄격한 최종 일정에 대해서는 마음이 편하지 않다. 갑작스러운 일을 즐기는 이들은 마지막 순간의 변화에 적응하기를 좋아하며 타인이 상황적 요구에 적응하기를 기대하고, 자신의 견해는 임시적이며 수정 가능한 것으로 제시한다. 한편, 이들은 여러 대안과 기회를 이야기하며, 자율성과 융통성에 관해 이야기하면서 회합시 인정되어야 할 과정에 초점을 둔다.

5) 선호 유형에 따른 성격 유형 검사

MBTI에서 제시되고 있는 선호 유형별 16가지 성향에 대한 설문의 내용은 4가지로 구분되어 제시되는데, 성격 유형 검사 1(**표 7-3**)은 주의집중과 에너지의 방향성인 외향(E)과 내향(I)으로 에너지의 방향은 어느 쪽인가이며, 성격 유형 검사 2(**표 7-4**)는 정보수집의 인식 기능인 감각(S)과 직관(N)으로 무엇을 인식하는가에 대한 내용이다. 이와 함께 성격 유형 검사 3(**표 7-5**)은 의사결정의 판단기능인 사고(T)와 감정(F)이 어떻게 결정할 것인가에 대한 내용이며, 성격 유형 검사 4(**표 7-6**)는 외부 세계로 지향하여 적용하는 생활양식이 무엇인가에 대한 판단(J)과 인식(P)에 대한 설문의 내용이다. 이로써 성격 유형 검사에 대한 항목의 값을 구분하여 16가지 성격 유형에 대한 현황을 인지할 수 있다.

성격 유형 검사의 실시에서 주의할 점으로는 첫째, 검사에 대해 맞고 틀림이 없다는 점을 다시 한번 더 강조하며 둘째, 검사자의 어느 특정사항에 대한 검사가 아니고 검사자의 일상생활에서 나타내는 점을 확인하여야 한다. 셋째, 이 검사에 대한 결과는 좋고 나쁨이 없으며, 단지 자신에게 도출된 성격 유형이 생활 중에 편안한 현상을 나타내는 것이다. 따라서 타인에 대한 객관적인 차이점에 대한 인식의 출발선으로 접근하여 활용하면 된다.

(1) 성격 유형 검사 1[주의집중과 에너지의 방향성인 외향(E :ⓐ)과 내향(I :ⓑ)]

표 7-3

구분	주요 설문 내용	확인(check)
1	ⓐ 나는 말하기를 좋아해 실수할 때가 종종 있다.	
	ⓑ 나는 말이 없어 주변 사람들이 답답해 할 때가 있다.	
2	ⓐ 나는 새로운 사람을 만나도 어색하지 않다.	
	ⓑ 나는 모르는 사람을 만나는 일이 피곤하다.	
3	ⓐ 나는 말하면서 생각하고 대화 중 결심할 때가 있다.	
	ⓑ 나는 의견을 말하기에 앞서 신중히 생각하는 편이다.	
4	ⓐ 나는 팀으로 일하는 것이 좋다.	
	ⓑ 나는 혼자 혹은 소수로 일하는 것이 편하다.	
5	ⓐ 나는 나의 견해를 사람들에게 표현하기를 좋아한다.	
	ⓑ 나는 대체로 나의 생각, 견해를 내 안에 간직하는 편이다.	
6	ⓐ 말을 할 때 제스처가 큰 편이다.	
	ⓑ 말을 할 때 제스처를 사용하면 어색한 편이다.	
7	ⓐ 오랜 시간 혼자 일하다 보면 외롭고 지루한 편이다.	
	ⓑ 혼자 오랜 시간 일을 잘하는 편이다.	
8	ⓐ 일할 때 적막한 것보다는 어느 정도의 소리가 도움이 된다.	
	ⓑ 나는 소음이 있는 곳에서 일을 할 때 일하기가 힘들다.	
9	ⓐ 말이 빠른 편이다.	
	ⓑ 목소리가 작고 조용하게 천천히 말하는 편이다.	
10	ⓐ 나는 활동적인 편이다.	
	ⓑ 나는 집에 있는 것이 편하다.	
검사 1 Total : ⓐ 개, ⓑ 개		

(2) 성격 유형 검사 2[정보수집의 인식 기능인 감각(S:ⓐ)과 직관(N:ⓑ)]

표 7-4

구분	주요 설문 내용	확인(check)
1	ⓐ 나는 현실적이다.	
	ⓑ 나는 미래 지향적이다.	
2	ⓐ 나는 경험으로 판단한다.	
	ⓑ 나는 떠오른 직관으로 판단한다.	
3	ⓐ 나는 사실적인 묘사를 잘한다.	
	ⓑ 나는 추상적 묘사를 잘한다.	
4	ⓐ 나는 구체적이다.	
	ⓑ 나는 은유적이다.	
5	ⓐ 나는 상식적이다.	
	ⓑ 나는 창의적이다.	
6	ⓐ 나는 갔던 길로 가는 것이 편하다.	
	ⓑ 나는 새로운 길이 재미있다.	
7	ⓐ 나는 했던 일이 편하다.	
	ⓑ 나는 새로운 일이 흥미있다.	
8	ⓐ 나는 약도를 구체적으로 그린다.	
	ⓑ 나는 약도를 구체적으로 그리기 어렵다.	
9	ⓐ 나는 구체적이다.	
	ⓑ 나는 비약한다.	
10	ⓐ 나는 실제 경험을 좋아한다.	
	ⓑ 나는 공상을 좋아한다.	
검사 2 Total : ⓐ 개, ⓑ 개		

(3) 성격 유형 검사 3 [의사결정의 판단 기능인 사고(T :ⓐ)와 감정(F :ⓑ)]

표 7-5

구분	주요 설문 내용	확인(check)
1	ⓐ 나는 분석적이다.	
	ⓑ 나는 감수성이 풍부하다.	
2	ⓐ 나는 객관적이다.	
	ⓑ 나는 공감적이다.	
3	ⓐ 나는 감정에 치우치지 않고 의사결정을 한다.	
	ⓑ 나는 상황을 생각하며 의사결정을 한다.	
4	ⓐ 나는 이성과 논리로 행동한다.	
	ⓑ 나는 가치관과 사람 중심으로 행동한다.	
5	ⓐ 나는 능력있다는 소리를 듣기 좋아한다.	
	ⓑ 나는 따뜻하다는 소리를 듣기 좋아한다.	
6	ⓐ 나는 경쟁한다.	
	ⓑ 나는 양보한다.	
7	ⓐ 나는 직선적인 말이 편하다.	
	ⓑ 나는 배려하는 말이 편하다.	
8	ⓐ 나는 사건의 원인과 결과를 쉽게 파악한다.	
	ⓑ 나는 사람의 기분을 쉽게 파악한다.	
9	ⓐ 사람들이 나를 차갑다고 하는 편이다.	
	ⓑ 사람들이 나를 따뜻하다고 하는 편이다.	
10	ⓐ 나는 할 말을 한다.	
	ⓑ 나는 좋게 생각하는 편이다.	
검사 3 Total : ⓐ 개, ⓑ 개		

(4) 성격 유형 검사 4[생활양식의 기능으로의 판단(J :ⓐ)과 인식(P :ⓑ)]

표 7-6

구분	주요 설문 내용	확인(check)
1	ⓐ 나는 결정에 대해서 잘 변경하지 않는 편이다.	
	ⓑ 나는 결정에 대해서 융통성이 있는 편이다.	
2	ⓐ 나는 계획에 의해서 일을 처리하는 편이다.	
	ⓑ 나는 마지막에 임박했을 때 일을 처리하는 편이다.	
3	ⓐ 나는 계획된 여행이 편하다.	
	ⓑ 나는 갑자기 떠나는 여행이 편하다.	
4	ⓐ 나는 정리정돈을 자주 하는 편이다.	
	ⓑ 나는 날 잡아서 정리하는 편이다.	
5	ⓐ 나는 조직적인 분위기에서 일이 잘 된다.	
	ⓑ 나는 즐거운 분위기에서 일이 잘 된다.	
6	ⓐ 나는 계획적이고 조직적이다.	
	ⓑ 나는 나의 순발력을 믿는다.	
7	ⓐ 나는 규범을 좋아한다.	
	ⓑ 나는 자유로운 것을 좋아한다.	
8	ⓐ 나는 일을 할 때 친해진다.	
	ⓑ 나는 놀 때 친해진다.	
9	ⓐ 내 책상은 정리가 잘 되어 있다.	
	ⓑ 내 책상은 편안하게 되어 있다.	
10	ⓐ 쇼핑을 갈 때 적어 가는 편이다.	
	ⓑ 쇼핑을 갈 때 적지 않고 그냥 가는 편이다.	
검사 4 Total : ⓐ 개, ⓑ 개		

(5) 성격 유형별 검사 합계표

성격 유형 검사(1 ~ 4)를 실시한 후 각 검사별 합계에 대한 내용을 다음의 표에 제 기술하여 자신의 성격 유형에 대하여 나타낼 수 있다. 이때 검사별 합에서 또는 높은 합의 수가 검사별 한쪽의 유형을 나타낸다. 만약 동일한 합계의 수(즉, 5:5)가 나타날 때에는 다시 한번 더 신중하게 실시해 보며 이때에도 동일한 값이 나타날 때에는 두 가지 유형에 대하여 성격 유형별 특성을 알아보면서 자신에게 보다 유사한 유형을 찾아내면 된다.

① 검사 합계 방법 사례

이름	홍길동		날짜	2007. 6. 27(수)	
연령	40		성별	남	

구분	검사 1		검사 2		검사 3		검사 4	
	ⓐ	ⓑ	ⓐ	ⓑ	ⓐ	ⓑ	ⓐ	ⓑ
	외향 : E	내향 : I	감각 : S	직관 : N	사고 : T	감정 : F	판단 : J	인식 : P
Total	4	6	7	3	4	6	8	2
선택유형	I		S		F		J	

앞의 사례 결과에 대한 값에서 나타난 성격 선호 유형은 ISFJ이므로 그에 대한 내용에 대하여 구체적으로 알아볼 수 있다.

3 선호경향에 따른 집단화

각 개별 유형은 각 선호 지표로부터 하나씩 조합한 것을 의미하는데, 4개의 양 선호 지표는 모든 가능한 방법으로 조합되어 16가지 유형 도표로 표현할 수 있다.

유형 도표(**표 7-7**)의 위 두 줄은 내향이며, 아래 두 줄은 외향이다. 왼쪽 두 칸은 감각이고, 직관은 오른쪽 두 칸이다. 바깥쪽 두 칸은 사고이고, 안쪽 두 칸은 감정이다.

바깥쪽 줄은 판단이고, 안쪽 줄은 인식이다. MBTI에 나타나는 유형 도표를 활용하는 사람들은 그룹 작업에 알맞게 대체로 기능별, 기질별, 태도(E/I)와 인식 기능(S/N)의 조합이라는 세 가지 방법으로 선호경향에 따른 집단화를 할 수 있다.

[표 7-7. 유형 도표]

	S	S	N	N	
I	ISTJ	ISFJ	INFJ	INTJ	J
I	ISTP	ISFP	INFP	INPT	P
E	ESTP	ESFP	ENFP	ENTP	P
E	ESTJ	ESFJ	ENFJ	ENTJ	J
	T	F	F	T	

1) 기능별 집단화

Isabel Briggs Myers는 선호경향을 집단화하는데 가장 중요한 요소인 **인식(S / N)**과 **판단(T / F)** 기능을 사용하였다. 이러한 기능의 조합은 문제해결

[표 7-8. 기능별 선호경향 조합]

구분	ST 감각과 사고	SF 감각과 감정	NF 직관과 감정	NT 직관과 사고
주의집중	사실	사실	가능성	가능성
적응할 수 있는 경향	사실과 경험을 적용하는 상황	날마다 사람들의 관심사를 접하는 상황	사람들의 열망을 이해하는 상황	이론적 개념을 발달시키는 상황
능력있는 영역 찾기	일상의 과업과 관련된 사실과 객관성을 가진 기술적 기술	사람들의 일상적인 관심사를 위해 봉사하며 실제적으로 도움	사람들과 의사소통하고 이해하기	모델을 가지고, 이론적이며 기술적인 발달
문제해결	원인과 결과에 대한 단계적이고 객관적인 분석	결과가 지닌 사실의 가치를 단계적이고 개인적으로 고려	결과가 지닌 가능성에 대해 통찰하는 개인적인 고려	원인과 결과가 지닌 가능성에 대해 통찰하는 객관적 분석

과 직업선택과 관련이 있다고 보았다. 그에 대한 세부 내용은 **표 7-8**과 같이 나타낼 수 있다.

2) 태도(E / I)와 인식 기능(S / N)에 따른 집단화

이는 유형 도표의 '4분할 모형'과 관련된 성격을 기술하는데, 태도의 선호경향(EI)과 인식기능(SN)으로써 IS, ES, IN, EN으로 그 결과가 나타난다. 이와 같은 4분할 모형은 종종 리더십, 학습, 업무 스타일을 묘사하는데 사용된다. 그에 대한 세부 내용은 다음의 **표 7-9**와 같이 나타낼 수 있다.

[표 7-9. 4분할 모형별 선호경향 조합]

IS	IN
-사려 깊은 현실주의자 -행동을 필요로 하는 것에 주의함으로써 리드한다. -개인적 초점 : 실질적인 심사숙고 -조직의 초점 : 연속성 　"유지하자."	-사려 깊은 창안자 -행동을 요하는 것에 아이디어로 리드한다. -개인적 초점 : 파악할 수 없는 사고와 아이디어 -조직의 초점 : 비전 　"생각하자."
ES	**EN**
-행동지향적 현실주의자 -행동, 활동을 통해 리드한다. -개인적 초점 : 실제적 행동 -조직의 초점 : 결과 　"행동하자."	-행동지향적 개혁가 -열정을 통해 리드한다. -개인적 초점 : 체계와 관계 -조직의 초점 : 변화 　"변화하자."

3) 기질별 집단화

기질에 의한 집단화는 SJ(Epimethean기질), SP(Dionysian기질), NF(Apollnian기질), NT(Promethean기질)로 구분이 되는데, 이는 우선적으로

관찰이 가능하고 외향적인 행동이나 덩어리의 기초 역할을 한다. 또한 그리스
와 다른 문화사에 의해 증명되고 인지된 사람들의 다양함을 기술한 것이며, 16
개가 아닌 4개의 변인이므로 주제들을 더 쉽게 파악할 수 있다. 이와 같은 내
용을 통하여 네 가지 기질의 기술에 대한 세부 내용을 다음 **표 7-10**과 같이 나
타낼 수 있다.

[**표 7-10. 네 가지 기질의 기술**]

구분	SJ (Epimethean기질)	SP (Dionysian기질)	NF (Apollonian기질)	NT (Promethean기질)
리더십 스타일	전통주의자, 안정자, 통합자	조정자, 중재자 소방수	촉매자, 대변인 열정가	체계의 비전가, 건축가, 설립자
업무 스타일	책임감, 충성, 근면하게 일을 함	영리함과 적시성 을 가지고 행동으 로 일함	가치와 소망에 관 해 사람들과 상호 작용하면서 일함	논리와 독창성을 가진 아이디어에 종사함
학습 스타일	현재와 미래의 유 용성을 준비하기 위해 단계적으로 배움	당면한 요구를 채 우기 위해 적극적 인 참여를 통해 배움	개인적이며 상상 적인 방법으로 자 기 인식을 배운다	개인적인 숙달을 위해 분석적이며 비개인적인 과정 으로 배움
인정된 기여도	시간에 맞춘 결과 제시	비범하고 기대치 않은 일에 대해 신 속한 대처	가능성에 대한 개 인적이거나 특별한 비전	전략과 분석

(1) SJ(Epimethean기질 : ISTJ, ISFJ, ESTJ, ESFJ) 특징

에피메테우스의 특징들에 대하여 알아보면 다음과 같이 제시할 수 있다.

① SJ기질의 유형은 '의무'를 몹시 필요로 한다는 점이 유사하다. 무엇보다
이들은 속해 있는 사회적 단위에 도움이 되기 위해서 존재한다.

② 에피메테우스는 판도라가 상자를 열어 모든 종류의 악이 세상에 퍼지게
한 후에도, 그녀를 포기하지 않고 오히려 훌륭한 분별력으로 자신의 운
명을 받아들여 재앙에 대항하는 방패로써 그를 안내해 줄 '해야 하는 것'
과 '하는 것이 당연한 것'을 추구하게 되었다.

③ SJ는 소속되어야 하며, 이러한 소속은 노력하여 얻어지는 것이어야 한다. 의존이란 그가 바라는 정당한 상황이 아니며, 의존하는 것은 의무나 책임을 소홀히 하는 것으로 받아들여 죄책감을 느낀다. SJ는 주는 사람, 돌보는 사람이 되어야 한다.

④ 학교는 SJ들을 위해 만들어진 것이다. 학교는 주로 SJ들에 의해 운영되며, 까불어대는 아이들이 '무엇을 하기로 되어 있는지' 알려고 하는 심각하고 의무 지향적인 '꼬마부모'로 바꾸어놓는다. SJ는 무언가 도움이 되지 못해서 조바심을 내고 있는 것처럼 보인다.

⑤ SJ와 상반되는 특성 SP는 자유롭고 독립적인 반면, SJ는 속박되고 의무를 짊어진다. 이것은 두 기질의 상반된 욕구를 대변한다. SP는 에피쿠로스 학파적인 윤리(놀이의 윤리), SJ는 스토아 학파적 윤리(일의 윤리)에 따라 산다. SP는 평등에 대한 신념과 욕구로써 우애적이고 자유론자적인 견해를 지지하는 반면, SJ는 위계질서에 대한 신념과 욕구로써 그의 어버이답고 책임을 지려는 목적을 지지한다. SJ에게 위계적인 사회구조는 사회의 보직에 해당하며 구성원간의 상호작용을 지배할 규칙이 있어야 한다. 사회적인 단위에서의 지위는 각자 노력하며 얻어지는 것이어야 하고 각자 자기의 본분을 다해야 한다. SP는 각자 속한 사회적 지위에 상관없이 평등해야 하고, 지위는 노력이 아닌 운에 달린 것이다. 그들에게 규칙은 우연히 차지하게 된 지위를 유지하기 위한 '가장된 수단'에 불과하다.

⑥ 쓸모있고자 하는 SJ의 욕구는 어느 곳에든 소속되고자 하는 갈망으로 나타난다. 사회적 단위에 속한다는 것은 그의 행동 유형의 중심을 이룬다(사회적 단위의 연속성을 만들고 육성). SP의 행동 그 자체가 목적이듯 SJ에게 있어서는 사회적 단위가 목적이다.

⑦ SJ는 남에게 제공하고, 봉사하고, 보살핌을 베푸는 입장이기 때문에 은혜를 모르고 감사하는 마음이 결여되었다는 것을 찾아내는 감각이 다른

기질의 사람보다 더 예민하다. 그러나 SP처럼 감사나 인정을 요구할 수 없다. 왜냐하면 제공, 봉사, 보살핌은 그의 의무이고 의무감과 책임감 부담은 그가 원하는 것이기 때문이다.

⑧ 파티에 참석한 SJ는 주인을 도와 파티 뒤처리를 하고 있는 경우가 많다. 파티를 개최하는 것은 SP인데 손님인 SJ가 자신의 소망대로 접대를 하고 있는 경우가 많다.

⑨ SJ의 직업선택 – 단체에 마음이 끌리고, 관련된 일을 하고, 설립, 육성하며, 단체의 계속성, 영속성을 유지하는 데 관심이 많다. 가르치고, 설교하고, 계산하고, 사무를 보고, 약을 짓고, 복구하고, 안전을 확보하는 분야의 직업을 선택한다.

⑩ SJ는 늘 보존하는 사람이다. SJ는 언젠가는 어떻게든 저축을 하며, SP는 반대로 소비한다. 그래서 SJ는 사회의 토대, 주춧돌, 원동력, 안전장치이다. 보존의 욕구는 SJ의 책임이 한계 이상으로 늘어나도 거절을 못하게 만든다. 그것은 천성적으로 빚과 의무감을 지고 있다고 느끼기 때문이다.

⑪ SJ도 변화는 불가피하고 필요하며, 바람직하다는 것을 알고 있지만 만일 그것이 믿을 수 있고 올바른 것, 수용되고 승인된 것을 희생하면서 얻어지는 것이라면 거부해야 한다고 생각한다.

⑫ SJ에게 법은 불편하더라도 지켜야 하는 것이다. 불법적인 소유는 SJ가 생각하는 최고의 악덕이라 생각하며 또한 원칙의 강력한 옹호자이다. 원칙에 대한 인식에는 차이가 있으나, 일단 원칙이라고 간주하고 나면 그것을 강력히 고수한다. 가난한 사람, 병든 사람을 수용하는 제도도 이들이 특별히 책임져야 하는 영역이다.

⑬ SJ는 사회적이고 경제적인 세계에서 안전장치 구실을 한다. 그는 하루치의 보수를 받기 위해 틀림없이 하루치의 일을 해내며, 그렇게 못하는 사람을 이해하지 못한다. 더불어 이들은 잘 발달된 전통에 대한 감각을 지니고 있고, 문화적으로 옳고 그른 것을 진지하게 취급한다. 이를 어기는

사람에게는 비판적이며, 가차없이 대한다. 적절한 일을 적절한 때에 하는 경향이 있으며, 자신의 소속감을 확인하고 그의 의무가 가져다주는 책임을 떠맡음으로써 그것을 증명하고자 한다.

⑭ 자기의 의무를 다하지 않는 것은 참을 수 없는 일이며, 이들의 대표적 특징으로는 확고부동함, 의지할 수 있음, 안정돼 있음, 신뢰할 수 있음, 세상의 소금, 사회의 중추, 의지할 수 있는 기둥 등으로, 사회의 문화를 주도해가는 사람이다.

⑮ SJ기질의 인구는 대략 50%, 특징을 요약하면 구체적이고, 사실적이고, 실질적이며 관료형이고, 조직의 목표가 우선이다. 현재에 관심이 있고, 일 중심적이다. 성실, 근면, 책임감으로 대표된다. 스트레스 상황에서는 날카롭게 비판, 비꼼, 단정적, 사무적 접근, 차가움, 기분이나 감정을 인정 못한다. 일 중심으로 움직이고 일에 있어서 생산성, 명확성을 추구하며, 명확한 지시(Step by Step)를 선호한다. 또한 위계적이며 체계적인 조직을 중시한다.

(2) SP(Dionysian 기질 : ISTP, ISFP, ESTP, ESFP) 특징

디오니시우스의 특징들에 대하여 알아보면 다음과 같이 제시할 수 있다.

① 디오니시우스적인 SP는 자유로워야 한다. 따라서 구속당하거나 속박당하거나, 제한되거나, 의무를 짐 지우지 않으려고 한다. 그가 원하는 것을 원하는 때에 하는 것이 SP들에게는 이상적인 것이다. 또한 오늘을 즐겨야 한다. 왜냐하면 내일은 결코 오지 않는 것이기 때문이다. 따라서 기다리고, 아끼고, 모아두고, 준비하고, 내일을 위해 사는 것은 그들에겐 말이 안 된다.

② SP에게 문제가 되는 것은 '행동'이며, 따라서 SP를 이해하기 위해서는 그가 강력하게 원하는 행동이 어떤 종류의 것인가를 이해해야 한다. SP들에게는 행동 그 자체가 목적으로, 행동은 목표달성을 위한 도구가 아

니며, 단지 하고 싶은 충동이나 생각이 있기 때문에 행동한다.

③ 본질적으로 SP들은 충동적이다. 충동이 명하는 것은 무엇이든 하며, 충동이 약해지면 마음이 내키지 않는다. 이들은 충동적이 되길 원하며, 그들에게 있어서 '충동적'이란 정말로 살아있음을 뜻하는 것이다. 충동을 폭발시키듯 발산하는 것을 좋아하며, 충동을 느끼지 못할 때는 죄책감까지 느낀다. 자유롭고자 하는 그들의 충동을 제한할 때 구속되고 속박되었다는 느낌을 갖는다. 또한 SP들에게 연습은 없다. 연습은 훗날을 위한 행동의 준비에 불과함으로 연습을 하지 않고 곧바로 행한다.

④ SP들은 속박이나 강제가 없는 활동, 규칙이나 연습이 필요 없는 탐험적 활동의 갈망에 지배된다. 이들은 결과를 알지 못하는 상황, 한계를 시험할 자유가 있는 상황에 강하다. 모든 유형 중에서 '위기'에 가장 잘 대처하며, 위기의 정도가 크면 클수록 극적으로 반응하는 데 있어 수완을 발휘한다. 거의 변화가 없거나, 반복적인 상황에서는 흥미를 상실한다.

⑤ 디오니시우스적인 사람은 신과 상징적인 것에는 흥미가 없고 '도구'를 주인으로 섬긴다. SP에게 도구는 사용하지 않을 수 없는 매혹이며(운전, 비행기 조종, 총 쏘고, 악기를 다루고, 수술용 메스를 사용하고, 붓이나 조각칼을 애용하는), 자아의 확장물이고, 행동의 영향을 증대, 증폭시키고 왕성하게 하는 것이다.

⑥ SP의 자유로운 자기 과시 : 이들은 타인이 자기를 자유로운 사람으로 보아주기를 원한다. SP는 자기의 자유를 자랑하기 좋아한다. SP는 지식을 축적하거나 힘을 쌓아두지 않으며, 가능한 자유롭게 인생을 소비한다. 또한 자원은 소비되어야 하고 기계는 조작되어야 하며, 사람들은 즐거워야 한다.

⑦ 문화적, 사회적인 성차별 : 남자 SP들에게는 여자 SP들에 비해 행동 지향적 선호 경향을 표현할 수 있는 기회가 더 많이 제공되며, 전형적인 SP직업들에 있어 여자 SP들은 배제되어 있다(정확성, 지구력, 힘, 대담

성이 요구되는 행동적 직업은 남자들의 영역).

⑧ SP(특히 외향적 SP)는 사람들에게 흥분을 더해준다. 이들은 현상유지를 위한 생활에 쉽게 싫증을 내며 화려한 삶을 살고자 한다. 사람들로부터 자극적, 낙관적, 쾌활하고, 천하태평이며, 장난기가 넘친다는 애기를 듣는다. 더불어 이들에게 좌절은 일시적인 것으로 다른 유형의 사람들이 영원히 헤어나오지 못한 실패도 극복해내는 능력을 소유하고 있다.

⑨ SP에게 있어서 삶은 충동을 느끼고, 그 충동에 따라 자발적으로 행동하는 것으로 기다림은 심리적 죽음이며, 연기한다는 것은 충동을 죽이는 것으로 생각한다. 또한 이들은 자신이 원하고 갈망하는 행동을 할 때는 대단한 '참을성'을 발휘한다. 이들은 일단 행동에 대한 갈망에 사로잡히면 몇 시간이고 계속해서 다른 유형의 사람들이 손을 들었을 행동을 꾸준히 해낼 수 있다. 따라서 의도하거나 연습하지 않았음에도 완벽함을 달성한다.

⑩ SP는 떠돌아다니는 것을 좋아하며 쉽게 사회적 인연을 단절할 수 있다. 이전의 생활양식을 집어치우고 뒤도 안 돌아보고 떠날 수 있으며, 자기가 만든 인연을 거추장스럽거나 부담스럽게 여길 수 있다. 중년기가 되면 자유롭고자 하는 욕구가 더 강해져서 안절부절하기도 한다. 그러나 역설적으로 가장 열렬하고 우애적이기도 하여 단체 행동에 열성적이며 충실하다. 사랑에 있어서도 호화로운 선물을 하는 데는 선수이나, 약속을 잊기도 하고 말로 사랑을 표현하는 데 소홀하기도 하다.

⑪ SP는 도움이 될 만한 자원은 무엇이든 이용하며, 그것을 기꺼이 다른 사람과 나누려 한다. 나눔에 있어서 평등주의자이며, 내 것은 네 것이고 네 것은 내 것이다.

⑫ SP에게 있어 본질적으로 일은 '놀이'이다. 과정 지향적으로 SP의 기쁨은 바위를 밀어 올리는 행동에 있으며, 노고를 기념할 대가가 없어도 개의치 않는다. 따라서 이들은 행동을 수반하는 직업에 끌린다(공연예술,

건설, 건축, 직업적 용병, 구급차 운전 등).

⑬ SP는 오랜 기간 규칙 아래 순종하며 지낼 수 있지만, 일단 위기상황에 부딪히거나 충동이 솟구쳐 오르면 이제까지와는 너무 다른 성격이 표면에 드러난다. 새로운 상황은 새로운 행동을 요구하며, 기왕의 약속은 백지화시킨다. 그리고 사람들은 SP의 생활방식에 마음이 끌리고 매혹 당하지만, SP가 그들이 예측했던대로 살지 않으면 실망한다.

⑭ SP들은 덤벙대는 경향이 많으므로 다른 기질의 사람들보다 사고를 당하기 쉽고, SP기질의 인구는 대략 15%이다. 이들의 특징을 요약하면 온정적이며, 가족적이고 화기애애한 분위기를 선호한다. 구체적인 인간에 대한 관심이 많다. 지나치게 사람에 의존적이며, 상처에 예민하게 반응한다. 인정에의 욕구가 강해서 칭찬 받기를 더 많이 원한다. 업무를 객관적으로 수행하나 분위기는 안정적인 것을 선호한다.

(3) NF(Apollnian 기질 : INFJ, INFP, ENFJ, ENFP) 특징

아폴로니 안의 특징들에 대하여 알아보면 다음과 같이 제시할 수 있다.

① 아폴로형 기질의 근원을 설명하려 할 때는 특별한 어려움에 접하게 된다. SP, SJ, NT유형들이 일상적인 목적을 추구하는 반면에 아폴로와 같은 기질을 가진 NF유형은 이상적인 것 이외에는 관심이 없다. 그들의 목적이 너무나 이상적인 것이 있기 때문에 그들 자신조차도 그 목적에 대해 간단하게 얘기하는 것이 불가능하다.

② NF유형이 추구하는 목적은 다른 유형들에게 이해되어지지 않고, 또한 NF유형 역시 그들에게 잘못된 것으로 보이는 다른 유형들의 목적을 전혀 이해하지 못한다. NF유형은 되어가는 존재로서의 미지의 목적, 자아를 반영하는 목적을 추구하기 때문이다. 다른 유형들이 목적을 이루는데 있어서 직접적이고 즉각적인데 비해, 자아를 추구하는 NF유형은 선회적이며 영속적이기까지 하다.

③ NF유형의 가장 진실된 자아는 자기 자신을 추구하고 있는 자아이다. 항상 되어감(becoming)의 도상에 있는 NF유형은 결코 진실되게 자신이 될 수 없다. 자아를 잡으려는 바로 그 행위가 자신을 자아로부터 멀어지게 하기 때문이다(햄릿).

④ '나는 어떻게 진정한 나 자신이 될 수 있을까?' 라고 NF는 되묻곤 한다. 자기 자신이 된다는 것은 독특한 그만의 주체성을 갖는 것을 의미한다. 그의 끝없는 추구는 종종 현재의 자신이 목적하는 자신보다 못하다는 믿음을 갖게 함으로써 죄의식을 유발시킨다. 완벽한 전체로 자아를 실현하기 위해서, 완벽하게 유일한 주체가 되기 위해서 때로는 정신적으로, 심리적으로, 육체적으로 방황한다. NF유형의 자아실현은 통합된 모습 즉, 통일성을 이루는 것을 의미한다. 겉꾸밈이나 가면, 거짓, 수치, 역할연기가 없어야 한다.

⑤ 남과는 다른 개성을 유지하기 위해서, NF유형이 일상의 역할 속에서 하는 기여들은 인정받아야 한다. 주목 받는 생을 살며 세상에서 특별한 존재가 된다는 것은 독특한 주체성을 갖고자 하는 NF유형의 열망을 만족시키는 일이다. 더불어 이들은 각각의 관계 속에서 깊이 있는 의미를 부여하고, 그러한 관계 속에서의 사건들을 드라마로 구성해낸다.

⑥ NF는 다른 유형들이 잘 알아채지 못하는 몸짓이나 미묘한 행동에 특별히 민감하다. 이들은 다른 이들이 이해하지 못하는 특별한 의미를 상호소통에 부여함으로써 대인관계에서 쉽게 상처를 받는다. NF는 관계를 형성하는데 바치는 노력과 시간을 아끼지 않는다. 이들은 쉽게 친분관계를 맺기도 하지만, 자아실현과 독특한 주체성을 표현하기 위한 방법을 찾기 위해서 쉽게 빠져 나오기도 한다.

⑦ NF는 소수이지만 대중들에게 미치는 그들의 영향력은 대단한 것이다. 영감을 주고 설득하며, 문학을 창조하고자 하는 작가들은 대부분 NF유형이다. 또한 NF는 정신의학, 임상, 상담심리학, 성직, 교사 같은 직업들

을 잘 수행해낸다. 그들은 또한 유창하게 읽고 쓸 수 있는 시적인 재능을 가지고 있다.

⑧ NF들은 주로 인문, 사회과학 분야를 선호하는데, 이들에게 가르친다는 것은 그 과정 속에서 자신을 발견해가는 작업을 뜻한다. NF는 사람들을 더욱 친절하고, 따뜻하고 사랑 가득한 존재로 만드는 산파역할에 매력을 느낀다. 어떤 NF유형은 자신들의 길을 탐구해 나가는 사람들을 돕기 위해 어떠한 희생이라도 기꺼이 감수한다.

⑨ NF유형은 상업적인 직업에는 관심이 거의 없다. 자연과학에는 거의 매력을 느끼지 못하며 언어에 관심이 많고 직간접적인 타인들과의 대화를 좋아한다. SP유형이 무대예술에 흥미를 느끼는 반면 NF유형은 묘사된 인물의 성격을 잘 표현하며, 뛰어난 감정이입 능력을 발휘한다.

⑩ NF는 일에 헌신함에 있어 시간과 힘의 양에 한계를 긋기가 어렵다. 충동적으로 일할 수 있는 SP와는 달리 NF는 완전을 추구하며 일한다. 이들은 일단 그들이 시도한 일에는 한계를 두려고 하지 않는다. 그럴 때 그들은 자신과 주변의 타인들에게 터무니없는 요구를 할 수 있다.

⑪ NF유형은 창조적 성과를 추구함에 있어서는 열성적이지만, 지식의 추구에 있어서는 NT유형에 비하면 단지 애호가 정도에 불과해 이 생각에서 저 생각으로 날아다니는 지적인 나비와도 같다.

⑫ NF는 자신과 타인의 경험, 삶을 낭만적인 시각으로 보고, 추상적인 개념보다는 인간들을 관찰하는 데 더 많은 관심을 기울인다. NT가 원리의 가능성에 대해 더 생각하는 반면, NF는 사람들 속에서의 가능성을 더 생각한다. 이들의 관심은 사물이 아닌 인간에게 집중되어 있다. 그들은 추상적인 관심에 만족하지 않고 관계들을 추구한다. 그들에게 필요한 것은 행동하기 위한 근거를 세우는 것이 아니라 상호작용을 유발하는 것 그 자체이다. NF는 정체성과 통일성 속에서 자아실현을 추구하고, 마침내 완성된 자아가 되고자 하는데, 이러한 이상은 전 생애를 요구하는 긴 과

정임을 스스로 인식하고 있다.

(4) NT(Promethean 기질 : INTJ, INTP, ENTJ, ENTP) 특징

프로메테우스의 특징들에 대하여 알아보면 다음과 같이 제시할 수 있다.

① 프로메테우스는 하늘로부터 불을 훔쳐 인간을 무지로부터 구하였고, 인간발전의 철칙을 선도하였으며, 인간을 위해 과학과 기술을 선사하였다. 자연을 이해하고 지배한다는 것은 곧 힘을 소유한다는 것이고, 이 힘에 대한 욕망은 프로메티안 기질의 유형을 다른 유형과 구별되게 하는 가장 중요한 척도가 된다.

② NT는 힘에 매료된다. 힘이란 인간을 지배하는 권력이 아니라 자연을 대상으로 발휘하는 힘을 말한다. 또한 현상을 이해하고 조정, 통제하고 예측하고 설명하는 능력을 말한다. 이는 과학이 지향하는 목적과 일맥상통한다. NT가 원하는 힘은 권력이 아니라 '능력과 자질, 재능과 재주, 기술' 을 뜻한다. 또한 이들은 지성을 사랑한다. 이는 다양한 환경에서 일처리를 잘함을 의미하며, 지식을 낚아채어 쌓으면서 획득하는 데 탐닉하는 듯이 보인다.

③ NT는 스스로 자신들의 책임과 권위, 자유에 대해 의심과 회의를 자주 품는다. 사기꾼이라는 식의 비평은 수긍할 수 있지만, 능력 없는 사람이라는 비평에는 수긍하지 않는다. 왜냐하면 자신의 능력에 대해서 판단하는 기준을 자신이 갖고 있다고 믿기 때문이다. 그들은 반드시 능력이 있어야만 하며, 능력에 대한 욕구로 인해 노예가 되어도 좋다는 강박관념마저 있다. 이런 능력에 대한 NT의 강박관념은 SP의 행동수행을 향한 충동과 같다. SP에게 능력은 그들이 행동하기 위한 수단인 반면, NT에게 있어 행동이란 그들이 자부하는 능력을 쌓게 해주는 수단일 뿐이다.

④ NT는 모든 유형 중에서 가장 자기비판적이다. 이들은 시시각각으로 자신의 능력과 내적 사고의 활동을 점검하고 확인한다. NT성향이 뚜렷할

수록 지식과 기술 획득에 대해 자신에게 가혹하고도 엄격한 요구를 한다. NT는 그들이 선택하는 어느 영역에서나 유능해야 한다고 생각하며, 자신들이 설정한 기준으로는 만족하지 못한다.

⑤ SJ는 '해야 한다' 라는 것이 당연하다는 내적 규율을 가진데 비해 NT는 의식 내부에 '알아야 한다', '할 수 있어야 한다' 는 조항을 지니고 있으므로 항상 지식을 축적한다. 그리고 이들이 업무에 있어 철저한 완벽주의인 것은 능력과 우수성을 앞세우기 때문이다. 업무 수행에 있어 그들이 설정한 높은 기준은 과중한 스트레스를 유발시키고, 행동이 긴장되고, 강박적으로 나오게 한다.

⑥ NT들은 권위자의 아이디어도 무조건 받아들이지 않는다. 자신에 대한 비평을 가늠하면서 비판자의 타당성을 재고한다. NT들은 아이디어 그 자체가 일관성, 실용성, 합리성이 증명되어 그 자체가 본질적으로 중요함이 밝혀져야 받아들인다. 따라서 타인들이 이들을 말하기를 '거만하며 대단히 독특한 개별주의자' 라고 한다.

⑦ NT에게 지속적인 자기점검과 의심은 NT들이 들고 가는 짐이다(자기 회의적 경향, 실패할 것 같은 위기감). 특히 NTP들은 소신을 행동으로 옮기는데 어려움을 겪을 수도 있다. 스스로 설정한 기준으로부터 잠시도 자신을 풀어놓지 않는다. 보다 나은 업무 수행을 향해 자신에게 급하지 않은 요구와 자기 통제를 하면서 자신의 노력이 가져오는 득과 실을 눈에 보이지 않는 잣대로 잰다.

⑧ NT들은 오락이 건강에 필요하다는 것을 논리적으로 인식하고 놀이 계획을 짜며, 노는 동안에도 오락기술을 진보시키기 위해 무거운 짐을 스스로에게 지운다. 오락은 건강에 유익하니 유익한 시간을 가져야 한다고 스스로에게 요구한다.

⑨ NT가 타인에게 보내는 메시지 : 타인들에게 거의 기대하는 것이 없다. 타인이 자신의 이야기를 완전히 이해하지 못한다고 생각한다. 그러면서

도 NT 자신들이 자신들을 위해 스스로 결정한 기준에 따라 주위 사람들
이 일 처리를 해줄 것을 기대한다. NT가 보내는 이런 상반된 메시지로
인해 NT 주위의 사람들은 지적으로 부당한 느낌을 받는다.

⑩ NT들은 다른 사람의 지적 세계와 교류하지 못하고 고립되기 쉽다. 아이
디어를 토론하는 데 있어 방어적이고 비개방적이다. NT 주위의 타인들
은 NT로부터 멍청하다는 비판을 받는 것이 두려워서 NT와의 지적 교
류를 꺼린다. 이로 인해 NT는 타인의 지식이 별것 아니라는 확신을 굳
히게 된다. 그리고 이들의 의사소통의 특징으로는 거의 말을 않거나 반
복 없이 분명하고 정확하고, 간결하고, 논리적으로 표현한다. 비언어적
인 메시지에는 관심이 없고 아시다시피 등의 반복되는 표현을 피하고
싫증낸다.

⑪ NT는 타인들의 눈에도 자신의 능력이 보여지길 원한다. 그리고 괄목할
만한 능력을 보인다. 행동, 의무, 자아실현에는 별 흥미를 보이지 않으나
기계의 작동원리 등에 대해서는 유아기부터 호기심을 가진다. NT들의
현상설명에 대한 갈구는 태어나자마자 시작된다. 어른의 불분명한 대답
에 만족하지 못하고 정확하게 통합된 모든 것이 분명하게 설명되는 답을
찾아낸다. 이들은 다른 사람을 귀찮게 하면서까지 끝까지 명확한 답을
요구한다. 배운다는 것은 24시간 이들의 일거리이며, 항상 자신들의 일
속에서 산다.

⑫ NT들에게 한가롭게 소일하라는 것은 무서운 벌과 같은 것이다. NT들은
온 우주를 대상으로 '왜 그것은 그렇게 되어지고 있는가' 하는 법칙에 대
한 질문이 끊임없다. NT의 직업선호는 대체로 모델을 개발하고, 아이디
어를 창출하고, 시스템을 구축하는 것을 즐긴다. 과학적 원칙을 개발하
고 응용하는 분야의 직종을 선호한다. 또한 이들의 가치는 자기 통제, 의
지력, 지적 발달이다.

⑬ 타인을 대하는 태도는 대체로 직선적으로 대하는 경향이 강하다. 타인

들에게 차가운 인상을 주며, 타인들은 이들에게 거리감을 느끼고 이해하기 힘든 사람이라는 말을 한다. 한편 이들은 현실적인 세상사로부터 유리되어진 자신들의 지적인 세계에 묻혀 쉽게 소외되는 경향을 보인다. 아인슈타인은 슬리퍼를 끌고 뉴욕거리를 다니면서 극소수의 사람들과만 교류를 하였는데, 자신은 이런 것에 대해 절대 후회하지 않았다고 한다.

⑭ NT들은 관심의 초점을 미래에 맞춘다. 과거는 단지 미래의 방향설정에 참고할 뿐이다. 가장 큰 관심거리는 '무슨 일이 어떻게 될 것이며, 다음에 무슨 일이 일어날 것인가?' 이다. NT는 결코 실수를 반복하기를 원치 않으며, 실수의 반복을 저주와 같이 여긴다. 자신의 실수를 남들이 본다는 것은 특히, 논리적 실수에 있어 그러하다는 것은 모욕적이라고 생각한다.

⑮ NT들은 다른 사람의 정서적 반응에 혼란스러워하며 복잡한 인간관계에 민감하지 못하다. 사람들은 NT와 같이 있으면 때로 자신의 존재가 무시 당하는 느낌을 받는다고 한다. 타인이 NT에게 공격을 하면 반격을 하기보다 심한 충격을 받기 일쑤지만, 만약 NT들이 맘만 먹으면 상대방에게 냉소에 찬 반격을 가할 수도 있다. 더불어 NT기질의 인구는 대략 10%이다. 이들의 특징을 요약하면 '논리적, 미래에 관심, 독창적 아이디어, 연구, 무엇인가를 하는 것 자체만으로 동기 부여, 원리원칙, 극단적으로 자기 것만을 고집, 똑똑한 상사나 부하를 원함, 소수정예, 이익우선, 전문가에 대한 욕구, 사람들의 공헌을 고맙게 생각하지 않고 당연하게 여김' 등이다.

4 16가지 성격 유형 특성

1) 16가지 성격 유형의 이해

MBTI의 95개 검사 문항에 응답한 개인은 모두 4가지 지표에 따른 개인의 선호를 선택하게 된다. 그리고 그 결과로 4글자의 영문조합으로 이루어진 개인의 성격 유형이 표현되게 된다. 예를 들면 ESTP와 같은 형태로서, 이는 외향성(E)의 성격으로 감각(S)기능에 의해 정보를 얻고, 의사결정할 때에는 사고기능(T)을 이용하며, 외부세계에 대한 태도는 주로 인식적(P)인 특징을 갖는 성격 유형을 의미한다. 이렇게 MBTI검사 결과로 제시되는 성격 유형은 16가지이며, 아래의 16가지 성격 유형 도표는 MBTI를 효과적으로 이해하고 응용하는 기초가 된다. MBTI를 만든 Myers와 Briggs가 고안한 이 도표에서 생각이 많은 내향성은 도표의 윗편에, 적극적이고 활동적인 외향성은 도표의 아래편에, 감각형은 도표의 왼편, 직관형은 오른편, 사람을 좋아하는 감정형은 도표의 가운데에 모아놓고, 논리적이고 분석적인 사고형은 도표의 왼편과 오른편에 각각 배치시켰다. 개방적이고 때로는 즉흥적인 인식형은 가운데로, 정리정돈을 잘하는 판단형을 아래위로 배치시켜 왼편과 같은 가지런한 유형 도표가 구성되도록 하였다. 이 유형 도표는 사람들간의 상호작용(Interaction)을 쉽게 이해할 수 있도록 해줌으로써 서로가 서로를 더 잘 알 수 있는 세상을 만드는 데 도움을 주고 있다. 유형 도표는 다음 **그림 7-1**에서와 같이 분류하여 제시할 수 있다.

ISTJ 세상의 소금형	ISFJ 임금 뒷편의 권력형	INFJ 예언자형	INTJ 과학자형
ISTP 백과사전형	ISFP 성인군자형	INFP 잔다르크형	INTP 아이디어 뱅크형
ESTP 수완 좋은 활동가형	ESFP 사교적인 유형	ENFP 스파크형	ENTP 발명가형
ESTJ 사업가형	ESFJ 친선도모형	ENFJ 언변능숙형	ENTP 발명가형

2) 단어로 표현되는 16가지 성격 유형 특성

16가지 성격 유형 특성에 대하여, 단어를 통해 각 유형별 특성에 적합한 내용의 제시에 대한 부분을 알아보면 다음의 **표 7-11**에서와 같이 유형별 특성을 쉽게 알아볼 수 있다.

[표 7-11. 단어로 표현한 16가지 성격 유형의 특성]

• ISTJ	• ISFJ	• INFJ	• INTJ
– 사실적인	– 상세한	– 헌신적인	– 독립적인
– 철저한	– 성실한	– 충실한	– 논리적인
– 체계적인	– 전통적인	– 자비로운	– 비판적인
– 신뢰할 수 있는	– 충실한	– 창의적인	– 독창적인
– 확고부동한	– 참을성 있는	– 열정적인	– 체계적인 마음
– 실제적인/현실적인	– 실제적인	– 깊이 있는	– 확고한
– 조직화된	– 조직화된	– 결심이 굳은	– 비전 있는
– 의무적인	– 봉사적인	– 개념적인	– 이론적인
– 분별 있는	– 헌신적인	– 민감한	– 기준이 높은
– 근면한	– 보호하는	– 전체적인	– 객관적인/전체적인
– 믿을만한	– 세부적인/책임감	– 이상적인/신비로운	– 비공개적인

• ISTP	• ISFP	• INFP	• INTP
– 편의적인	– 돌보는	– 자비로운	– 논리적인
– 실제적인	– 부드러운	– 부드러운	– 회의적인
– 현실적인	– 겸손한	– 덕스러운	– 인지적인
– 사실적인	– 융통성 있는	– 융통성 있는	– 초연한
– 응용적인	– 민감한	– 헌신적인	– 이론적인
– 독립적인	– 관찰력 있는	– 호기심 있는	– 정확한
– 모험적인	– 협동적인	– 창의적인	– 독립적인
– 자발적인	– 충성스러운	– 충성스러운	– 사색적인
– 융통성 있는	– 신뢰하는	– 헌신하는	– 독창적인
– 자기 결정에 의한	– 자발적인	– 깊이 있는	– 개체성이 강한
– 논리적인	– 이해하는	– 과묵한	– 자기 결정에 의한
– 분석적인	– 조화로운	– 공감하는	– 차분한

• ESTP	• ESFP	• ENFP	• ENTP
– 행동 지향적인	– 열성적인	– 창의적인	– 진취적인
– 융통성 있는	– 융통성 있는	– 호기심이 있는	– 독립적인
– 재미를 좋아하는	– 쾌활한	– 열성적인	– 솔직한
– 재주가 많은	– 우호적인	– 재주가 많은	– 전략적인
– 열정적인	– 명랑한	– 자발적인	– 창의적인
– 주의 깊은	– 사교적인	– 표현적인	– 융통성 있는
– 자발적인	– 표현적인	– 독립적인	– 도전적인
– 실용적인	– 협동적인	– 우호적인	– 분석적인
– 느긋한	– 느긋한	– 열정적인	– 영리한
– 설득적인	– 관용적인	– 상상적인	– 자원이 풍부한
– 개방적인	– 개방적인	– 안주하지 않는	– 질문이 많은
– 민첩한	– 낙천적인	– 간파하는	– 이론적인

• ESTJ	• ESFJ	• ENFJ	• ENTJ
– 논리적인	– 성실한	– 충성스러운	– 논리적인
– 결정적인	– 충성스러운	– 이상적인	– 결정적인
– 체계적인	– 사교적인	– 개인적인	– 계획이 많은
– 객관적인	– 개인적인	– 표현적인	– 강인한
– 능률적인	– 책임 있는	– 책임 있는	– 전략적인
– 실제적인	– 조화로운	– 언어구사력이 있는	– 비판적인
– 조직화된	– 협동적인	– 열성적인	– 조절된
– 비개인적인	– 재치있는	– 열정적인	– 도전적인
– 책임 있는	– 동정적인	– 외교적인	– 직선적인
– 구조화된	– 철저한	– 관심을 기울이는	– 객관적인
– 의식이 있는	– 전통적인	– 지지적인	– 공정한
	– 감동하기 쉬운	– 마음에 맞추려는	– 이론적인

3) 16가지 성격 유형 특성

MBTI에 의해 제시된 16가지 성격 유형 특성의 세부적인 내용을 구체적으로 알아보기 전에 주의해야 할 점은 MBTI가 능력이나 기술을 측정하는 것이 아니라 선호경향을 나타낸다는 것임을 다시 한번 더 주지해야 한다. 또한 한 유형이 어떠한 역할을 수행할지라도 특정 유형은 특정한 관리 스타일 쪽으로 끌려간다고 할 수 있다. 즉, 사람들은 그들 자신의 선호경향을 표현하도록 허락된 스타일을 채택할 수 있을 때 가장 잘 기능을 발휘할 수 있다. 만약 오랫동안 자신의 선호경향을 발휘하도록 허용되지 않거나 선호하지 않는 경향을 사용하도록 강요받을 수 있는데, 그 결과로 인해 비효율적이며 에너지가 소진하거나 탈진상태에 이를 수도 있다. 따라서 자신이 필요에 따라 다른 경향을 쓸 수 있어도, 무엇보다도 자신의 고유한 선호경향을 사용할 때 가장 효율적으로 조직에 기여할 수 있다. 다시 말해 자신의 선호경향을 존중하는 것이 가장 중요한 요인인 것이다.

16가지 성격 유형 특성에 대한 구체적인 내용 전개를 통하여 자신에게 가장 적합한 선호경향에 대하여 알아보면 다음과 같이 설명할 수 있다.

(1) ISTJ(사고를 부기능으로 한 내향적 감각형 : 세상의 소금형)

이들 유형은 기본적으로 철저하고 근면하고 체계적이며, 노력하고 세부사항에 주의를 한다. 또한 신중하고 조용하며, 집중력이 강하고 매사에 철저하여 사리 분별력이 뛰어나다. 실제 사실에 대하여 정확하고 체계적으로 기억하며 일 처리에 있어서도 신중하고 책임감이 강하다. 집중력이 강한 이들은 현실감각을 지녔으며, 조직적이고 침착하다.

게다가 보수적인 경향이 있는 이들 유형은 문제를 해결하는 데 과거의 경험을 잘 적용하며, 반복되는 일상적인 일에 대한 인내력이 강하다. 또한 자신과 타인의 감정과 기분을 배려하며, 전체적이고 타협적인 방안을 고려하는 노력이 때로 필요하다. 이와 함께 정확성과 조직력을 발휘하는 분야의 일을 선호한다. 즉, 회계, 법률, 생산, 건축, 의료, 사무직, 관리직 등에서 능력을 발휘하며, 위기상황에서도 안정되어 있다.

이들의 보다 구체적인 내용은 다음과 같은 항목별 특성으로 나타낼 수 있다.

① 조직에 대한 공헌부분에서 이들은 꾸준히 일정에 따라 일을 완수하며, 특히 세부적인 사항에 강한 만큼 세부관리에 주력한다. 또한 적재적소에 일과 사물을 배치하며, 약속과 실천을 신뢰할 수 있다. 한편, 이들은 조직체계 내에서 일을 잘 한다.

② 리더십 스타일 부분에서 이들은 결정하기 위해 사실과 관련된 경험과 지식을 사용하며, 책임완수를 위해 안정되고 일관성 있게 성과를 수립한다. 또한 전통적, 체계적, 접근 방법을 존중하면서 업무 수행 중 원칙을 준수한 자에게 포상을 한다. 특히, 이들은 조직체계 내에서 일을 잘한다.

③ 선호하는 작업환경에서 이들은 사실과 결과에 집중하여 열심히 일하는 부하를 거느리는 것을 선호하며, 업무상 안정성 제공과 꾸준히 일하는 것에 대한 포상 및 체계화된 것을 선호한다. 또한 이들은 업무 지향적이며, 질서가 있으며, 간섭 받지 않고 일하기 위한 프라이버시를 허용하는 직무환경을 선호한다.

④ 잠재적 결함부분으로는 일상적인 업무를 중시하기 때문에 장기적 의미를 간과하기 쉽다. 한편, 대인관계의 섬세함을 무시하기 쉽고, 자신의 방법과 생각을 불변의 것으로 고집하면서, 타인도 표준직무 절차에 순응하리라 기대하여 혁신을 장려하지 않는다.

⑤ 개발할 점에 대한 부분에서 이들 유형에서는 현재의 실체 이외의 여러 갈래의 문제들에 대해 주의를 기울일 필요가 있으며, 인간적 요소를 배려하고 상응한 평가를 베풀 필요가 있다. 또한 새로운 기술을 시도하느라고 표준작업 절차를 무시한 사람들에 대해 인내심을 함양할 필요가 있으며, 일단 어떤 것을 배우고 연습하면 타인의 추종을 불허할 만큼 잘한

다. 더불어 '사실은 사실이다' 라는 그들의 신념은 계약이나 서약에 있어 세세한 부분까지 이들을 신뢰할 수 있다는 뜻이고, 끈기나 계획, 약속, 목표달성을 매우 존중한다.

⑥ 지도를 위한 제언부분에서 이들에게는 그 사실들이 무엇을 뜻하는지 그리고 세부사항이 무엇을 의미하며, 그러한 자료로부터 어떤 결론을 내릴 수 있는지를 스스로에게 질문해 봐야 한다. 또한 다른 제삼자의 관점은 어떠한가, 다른 사람들은 같은 정보를 어떻게 해석하고 있는가를 스스로에게 질문을 해봐야 하며, 새로운 업무가 타당한 것인지를 질문해 보는 연습을 해야 한다. 다른 누군가가 그것을 아주 쉽게 해낼 수도 있고, '어쩌면 그것을 하므로써 이익을 얻을 수 있지 않을까?' 라는 질문과 더불어 예외적인 상황도 있음을 인식하면서 예외에 반대하기 이전에 그 예외가 정말 해로운 것인지 다시 한번 더 생각을 해봐야 한다. 또한 자신이 신뢰하는 사람들에게 자신이 그들의 공로를 얼마나 감사하며, 높이 평가하고 있는지를 말하도록 시도해봐야 한다. 그 외에 타인에게 개방적이 되어야 하는데, 그것은 당신 내면을 신랄하게 비꼬는 유머감각과 당신의 기쁨을 함께 나누도록 지속적으로 노력을 해야 한다.

⑦ 일반적인 특성으로 오래된 조직을 좋아한다. 부하직원을 부모와 자녀 관계 같이 돌보려고 한다. 선입견이 강하다. 친숙하지 않은 장소에 나서기를 주저한다. 지나고 난 다음에 따지는 편이다. 주어진 업무나 책임을 끝까지 완수한다. 우리나라에서는 '장남 같다, 장녀 같다' 라는 소리를 잘 듣는다. 변화에 적응이 더디다. 원리 원칙적이다. 교통체증을 미리 계산해서 약속시간을 지킨다. 이유 없이 돌아다니지 않는다. 대인관계 폭이 자꾸 좁아지고 대신 할 일이 늘어난다. 실수한 것을 참지 못하고 즉각 수정하기를 원한다. 남들이 '속을 모른다' 라고 말하며, 틀에 박힌 규칙적인 일을 좋아하고, 휴일에도 집에서 주로 지내며, 평소에 많이 참다가 폭발하면 상당히 무섭다. 논리적, 합리적이지 않으면 인정하지 않고 웃음

이 적다. 반대성향을 지닌 사람과 처음에는 원만히 지내나 결국 멀어지며, 잘못했다는 건 인정하면서도 미안하다, 잘못했다는 말을 잘 못한다. 또한 정리정돈을 해놓는 것이 우선이며, 직설적인 표현을 많이 하는 편이다.

(2) ISTP(감각을 부기능으로 한 내향적 사고형 : 백과사전형)

이들 유형은 기본적으로 관리상황을 숙지하고, 사실을 파악하면서 임기응변적이고, 현실적이며, 이성에 의하지 않고는 어떤 것도 신뢰하지 않는 경향이 있다. 또한 이들은 조용하고, 과묵하며 절제된 호기심으로 인생을 관찰, 상황을 파악하는 민감성과 도구를 다루는 뛰어난 능력이 있다. 말이 없으며, 객관적으로 인생을 관찰하는 형이다. 이들은 필요 이상으로 자신을 발휘하지 않으며, 일과 관계되지 않는 이상 어떤 상황이나 인간관계에 직접 뛰어들지 않는다. 가능한 한 에너지 소비를 하지 않으려 하며, 사람에 따라 사실적 자료를 정리, 조직하길 좋아한다. 기계를 만지거나, 인과관계나 객관적 원리에 관심이 많은 이들은 연장, 도구, 기계를 다루는데 뛰어나며 사실들을 조직화하는 재능이 많으므로 법률, 경제, 마케팅, 판매, 통계분야에서 능력을 발휘한다.

민첩하게 상황을 파악하는 능력이 있으나 한편으로 이들은 느낌이나 감정, 타인에 대한 마음을 표현하길 어려워한다. 이들의 성향에 대한 구체적인 내용은 다음과 같은 항목으로 특성을 나타낼 수 있다.

① 조직에 대한 공헌부분에서 이들 유형 선호자들은 위급시의 요구 또는 중대사의 문제 등에 대응해서 분쟁 조정자의 역할을 하며, 정보통의 기능을 담당한다. 또한 이들은 규칙에는 아랑곳하지 않고, 규칙을 이유 삼지 않고 일을 완수한다. 한편, 위기에 태연하며 그래서 남에게 안정을 되찾는 효과를 도출하면서 기술분야에 어울리는 경향이 있다.

② 리더십 스타일 부문에서 이들 유형들은 솔선수범으로 리드하며, 모든 사람을 동일하게 다루는 협동적인 팀 접근을 선호한다. 한편, 계층구조 및

권위주의적 평등주의자이며, 주위의 분쟁에 신속히 대응을 한다. 그런 반면 이들은 부하를 느슨하게 관리하며, 최소한의 감독을 선호하면서 모든 행동을 규제하는 대원칙에 입각하여 행동을 한다.

③ 선호하는 작업(업무)환경 부분에서 이들 유형들은 즉각적 상황에 집중력을 발휘하는 행동 지향적 부하를 거느리는 것과 프로젝트 지향적인 업무 환경을 선호한다. 또한 규칙에 의해 제한받지 않는 환경과 해결한 새로운 즉각적인 문제가 많은 환경, 현장경험이 허용되는 환경, 행동 지향적이며 독립성의 중시를 인정해주는 작업(업무)환경을 선호한다.

④ 잠재적 결함과 개발할 점 부분에서 이들의 잠재적 결함으로는 중대사를 혼자 간직하기 쉽고, 전에 했던 일이 결실을 맺기도 전에 다음 행동으로 옮기기가 쉬우며, 지나치게 편의적, 노력 절약적이며, 지름길을 택한다. 또한 이들은 우유부단하고 확고한 방향이 없는 것처럼 보인다. 한편, 이들 유형들이 개발할 점으로는 개방하여 걱정거리와 정보를 남과 나눌 필요가 있으며, 인내심을 함양할 필요가 있다. 또한 계획을 세우고 바라던 결과 성취에 필요한 노력을 경주할 필요가 있으며, 동시에 목표 수립의 습관을 정할 필요가 있다.

⑤ 일반적인 강점 부분에서 이들 유형들은 즉시 상기할 수 있는 사실들이나 특성들의 저장소와 같으며, 불가능한 임무에 대해 관료주의 형식을 벗어나서 불가능한 것을 가능하게 이루어 낸다. 한편, 참작해야 할 상황에 현실적으로 순응을 한다.

⑥ 지도를 위한 제안 부분으로는 이들 유형들에게는 다른 사람이 자신의 세계로 들어오는 것을 허락해야 한다. 즉, 당신의 희망과 꿈을 믿을 수 있는 사람과 나누면서 당신의 상관, 다른 사람들 혹은 가족들에게 시간을 할애하고 그들의 욕구를 존중해주어야 한다. 또한 당신의 느긋한 태도가 배려하지 않거나 분명하게 언질을 주지 않는 것으로 오해 받을 수도 있다는 점을 깨달아야 한다. 인생에서 많은 일들이 논리적인 규칙을 따르

지 않는다는 점을 기억하면서 논리를 감안한 후에 자신의 규칙들이 자기, 다른 사람, 조직에 미치는 영향을 고려해야 한다. '나는 가장 긴급한 것 또는 중요한 것에 부응하고 있는가?' 혹은 '만일 내가 그것을 급히 한다면 나는 무엇을 간과하는 것인가?'라고 스스로에게 질문해보면서 과제의 계획과정을 가지도록 해야 한다. 한편, 미완성으로 남겨 놓은 일들을 분석을 해봐야 한다. 즉, 얼마나 남아 있으며, 왜 남아있는지, 그 결과는 무엇인지, 지금 그 일을 끝마치기 위해서 무엇이 중요한지 분석해 보아야 한다. 아울러 당신의 논리를 사용해야 한다. 왜 그 관계가 조정되어야 하는지 구체적인 이유를 들어보고 그런 다음 만일 그 관계가 회복시킬 가치가 있는 것으로 보인다면, 그것을 위해 힘을 써야 한다.

⑦ 이들 유형의 일반적인 특성은 소비성 경향이 많다. 마음에 없는 애기를 상대방의 기분 때문에 하지 않는다. 일반적으로 조용한 편이나 필요에 따라 사교적이다. 손재주가 뛰어나다. 개인주의적 성향이 강하다. 충동에 따라 행동하기 때문에 언제라도 일자리를 박차고 떠날 수 있다. 틀에 박힌 생활을 싫어한다. 고집이 있고 주장이 강하다. 말이 없고 내색을 않는다. 객관적 원리에 관심이 많다. 도구를 다루는데 관심이 있다. 느낌과 감정, 타인에 대한 마음을 표현하기 어려워한다. 정의감이 있으나 직설적인 말로 타인의 감정을 상하게 할 수 있다. 충동에 따라 행동하기 때문에 언제라도 일자리를 박차고 떠날 수 있다. 정밀을 요하는 일을 잘 해낸다. 타인의 일에 무관심한 편이다. 모험과 스릴을 즐긴다. 관심분야가 아니면 쳐다보지도 않는다. 생각은 적극적인데 반해 행동은 소극적이며, 노력을 절약하면서(게으르다는 소리를 들음) 일의 능률을 높인다.

(3) ESTP(사고를 부기능으로 한 외향적 감각형 : 수완 좋은 활동가형)

이들 유형은 기본적으로 가장 효과적인 경로를 택하길 선호하는 행동 지향적, 실용적, 임기응변적 그리고 현실적이다. 또한 이들 유형들은 현실적인 문제해결에 능하며, 적응력이 강하고 관용적이다. 게다가 사실적이고 관대하며, 개방적인 이들은 사람이나 일에 대한 선입관이 별로 없으며, 강한 현실감각으로 타협책을 모색하고 문제를 해결하는 능력이 뛰어나다.

적응을 잘하고 친구를 좋아하며 긴 설명을 싫어하고, 운동, 음식, 다양한 활동 등 주로 오감으로 보고, 듣고, 만질 수 있는 생활의 모든 것을 즐기는 형이다. 순발력이 뛰어나며 많은 사실들을 쉽게 기억하고, 예술적인 멋과 판단력을 지니고 있으며, 연장이나 재료들을 다루는데 능숙하다. 논리 분석적으로 일을 처리하고, 추상적인 아이디어나 개념에 대해 별로 흥미가 없다.

한편, 이들의 성향에 대한 구체적인 내용은 다음과 같은 항목으로 특성을 나타낼 수 있다.

① 조직에 대한 공헌 부분에서 이들 유형들은 일이 진전되도록 하기 위해 협상하고 타협점을 찾는다. 또한 우선 일을 만들고 활기를 불어 넣으면서 현실적인 접근을 취한다. 이들은 위기상황을 기꺼이 받아들이면서 사실에 관한 정보에 주의하고 기억을 한다.

② 리더십 스타일 부분에서 이들 유형들은 위기시 기꺼이 책임을 지며, 자신의 견해에 부하들을 따르게 한다. 솔직하고 독단적인 스타일을 가지고 있으면서 가장 편한 경로에 따라 움직인다. 그리고 이들은 행동과 즉각적인 결과를 추구한다.

③ 선호하는 작업(업무)환경 부분에서 이들 유형들은 직접 체험에 가치를 두는 활기차고 결과 지향적인 부하를 선호하며 비관료적이다. 한편, 이들은 업무 수행에 융통성을 부여하면서 여흥시간을 허용한다. 아울러 기술 지향적인 것을 선호하기도 하며, 외형적으로 매력적인 것을 선호한다. 또한 이들은 순간적인 필요성에 민감한 환경을 선호한다.

④ 잠재적 결함과 개발할 점에 대한 부분에서 이들의 잠재적 결함으로는 신속하게 행동하고 있을 때 타인에 대해 둔감하고 무감각하게 보일 수 있으며, 즉흥적인 행동에 지나치게 의존하며, 자신의 행동이 미치는 광범

위한 영향을 간과하기 쉽다. 또한 바로 다음 문제에 덤벼들어 끝마무리를 희생하기 쉬우며, 물질주의에 집착할 수 있다. 그리고 이들 유형이 개발할 점으로는 자신의 독단성과 타인의 감정 흐름에 민감해질 필요가 있으며, 신속한 대응과 그 이면의 일을 살피고 사전에 계획하고 보다 광범위한 결과를 살필 필요가 있다. 또한 끈기와 인내 그리고 악착스러움을 더 육성할 필요가 있으며, 물질적 즐거움의 이면을 볼 필요가 있다.

⑤ 일반적인 강점으로 이들 유형은 솔직하고 직접적이며, 논리적으로 문제를 해결한다. 자원이 풍부하고 융통성이 있으며, 시간을 벌기 위해 빨리 행동을 하면서 타인에게 순간의 즐거움을 상기시켜주는 본보기가 된다.

⑥ 지도를 위한 제안으로 이들 유형들에게는 만일 당신이 그것을 말하거나 행한다면 다른 사람에게 미치는 영향은 무엇이며, 당신에게 발생할 결과는 무엇일지 생각을 해봐야 하고, 일시적일지라도 삶의 비물질적인 기쁨과 그것의 미묘한 차이를 찬찬히 살펴보아야 한다. 또한 일을 시작하기 전에 일단 멈추어서 목표를 설정하고, 미리 생각해봄으로써 그 결과를 더욱더 향상시킬 수 있는지 살펴보아야 한다. 당신의 여가가 일을 생산적으로 만든다는 점을 다른 사람과 대화할 때 상기시켜주어야 하며, 다른 사람들은 일을 빨리 하는데 있어서 당신과 같은 능력, 기술 혹은 재능을 가지고 있지 않을 수도 있다는 점을 상기하면서 다른 사람에 대한 주의를 그들에 대한 배려로 간주해야 한다. 한편, 당신이 비난을 공유하고 그것을 깨끗이 인정하고 있는지에 대해 생각해보고, 그 다음에 그 문제를 해결할 수 있는 방법을 제안해야 한다.

⑦ 이들 유형의 일반적인 특성으로는 정보통이다. 내기를 좋아하며, 삶을 즐기며 산다. 사람이나 사건에 대해 선입감이 없고 개방적이다. 스릴을 좋아한다. 책을 통해서 보다는 직접 경험을 선호한다. 즉흥적인 행동에 의존하고 일을 마지막에 폭발적으로 한다. 흥미 위주(경쟁, 게임)의 욕구가 많다. 묶여 있지 않은 자유로운 상태일 때 일의 능률이 오른다. 일반

보병보다 특공대 체질이며, 현실적인 계산이 눈에 보인다. 제멋대로 자유분방하여 오늘날 우리나라의 학교 분위기에 적응하기에 어려움을 느낀다. 자신감이 항상 철철 넘친다. 공부보다는 스포츠와 같은 활동적인 것에 집중력이 있다. 주위의 사람이나 일어나는 일에 관심이 많다. 조금 깊게 생각하는 것을 싫어하는 경향이 있다. 자극적인 것을 좋아한다. 오늘 할 일을 내일로 미룬다. 성취욕이 강하다. 새로운 것에 대한 도전 욕구가 강하며, 타인에게 선입견이 별로 없고 개방적이다. 일을 한꺼번에 처리한다. 감정을 있는 그대로 표현하여 상대방이 상처를 받을 수 있다. 따지고, 분석하고, 이해가 되어야 수긍한다.

(4) ESTJ(감각을 부기능으로 한 외향적 사고형 : 사업가형)

이들 유형은 기본적으로 논리적, 분석적, 결정적이며 의지가 강하고 미리 사실과 업무를 조직화할 수 있다. 또한 이들 유형들은 구체적이고, 현실적이고, 사실적이며 활동을 조직화하고 주도해 나가는 지도력이 있다. 실질적이고 현실감각이 뛰어나며, 일을 조직하고 계획하여 추진시키는 능력이 있다. 기계 분야나 행정 분야에 재능을 지녔으며, 체계적으로 사업체나 조직체를 이끌어 나간다. 타고난 지도자로서 일의 목표를 설정하고, 지시하고, 결정하고, 이행하는 능력이 있다. 결과를 눈으로 볼 수 있는 일 즉, 사업가, 행정관리, 생산건축 등의 분야에서 능력을 발휘할 수 있다. 속단 속결하는 경향과 지나치게 업무 위주로 사람을 대하는 경향이 있으므로 인간 중심의 가치와 타인의 감정을 충분히 고려해야 한다. 또 미래의 가능성보다 현재의 사실을 추구하기 때문에 현실적, 실용적인 면이 강하다.

한편, 이들의 성향에 대한 구체적인 내용은 다음과 같은 항목의 특성으로 나타낼 수 있다.

① 조직에 대한 공헌 부분에서 이들 유형들은 사전에 결함을 찾으며, 프로그램을 논리적 방법으로 비평을 한다. 또한 일의 과정, 사건, 인간을 조

직화하면서 단계적이고 체계적으로 일을 추진한다.

② 리더십스타일 부분에서 이들 유형들은 지시적인 리더십을 추구하며, 신속하게 착하면서, 문제해결에 과거의 경험을 적용, 응용을 한다. 한편, 이들은 상황의 핵심에 접근함에 있어서 확고하게 지시를 신속하게 결심을 한다. 또한 계층구조를 존중하는 전통적인 지도자처럼 행동을 한다.

③ 선호하는 작업(업무)환경 부분에서 이들 유형들은 과업 완수에 집중된, 열심히 일하는 부하를 선호하며, 언제나 과업 지향적이고, 조직화된 환경이나 체계화된 환경을 선호한다. 또한 이들 유형들은 효율성을 추구하면서 안정성과 예측성이 확보된 환경을 선호하고 목표에 상응한 보상을 제공하는 업무환경을 선호한다.

④ 잠재적 결합과 개발할 점에 대한 부분에서 이들 유형들의 잠재적 결합으로는 너무 성급하게 결심을 하며, 변화의 필요성을 발견치 못한다. 이들은 과업 완수를 위해서 정확함을 간과할 수 있으며, 너무 장기간 감정과 가치관이 무시되었을 때는 감정 폭발을 나타낼 수 있다. 한편, 이들 유형들이 개발할 점으로는 인간적 요소에 대한 요인분석을 포함하여 결단하기 전에 모든 측면을 배려할 필요가 있으며, 변혁과 변화의 이점을 주목하도록 자신을 자극할 필요가 있다. 그리고 남에 대한 인정을 나타내기 위한 특별한 노력이 요구되며, 자신의 감정과 가치를 숙고하고 확인할 시간적 여유를 가질 필요가 있다.

⑤ 일반적인 강점으로 이들 유형들은 일을 가속화시키고 그것을 실행하기 위해 사람, 사물, 조직을 동원할 수 있다. 그리고 결과를 추구하면서 구조, 방향 등 분명한 요지를 제공한다.

⑥ 이들 유형들에 대한 지도를 위한 제안으로는 주고받는 것을 조금씩 자신에게 허용하는 연습을 통하여 작은 부분에서 친절해지고 개방하는 범위를 확대시켜 나가야 한다.

그리고 다른 사람의 공로를 인정하고 보상을 하며, 만일 자신의 계획이 일하는 사람들의 욕구와 소망을 고려한다면 그들은 훨씬 더 열심히 일을 할 것임을 명심해야 한다. 자신이 배울 수 있는 것을 알기 위해서는 다른 사람의 관점에 귀 기울여야 하며, 만일 자기 자신이나 타인에게 덜 강요했더라면 훨씬 더 성공할 수 있지 않는가에 대해 스스로 규명해 보거나 믿을 만한 다른 사람에게 질문해 보아야 한다. 만약 자신의 일의 영역이 아닌 다른 영역에서도 역시 성공할 수 있는지 알기 위해서는 생활의 다른 영역에 대해서도 점검을 해 보아야 한다. 그리고 행동으로 돌진하기 전에 문제를 정의하고, 브레인스토밍하고, 아이디어를 수집하는 기술을 학습하고, 이를 활용하여야 한다.

⑦ 이들 유형의 일반적인 특성으로는 감정이 잘 드러나 직설적인 언어로 표현한다. 솔직하고 화끈하다. 나서기를 잘한다. 휴일에 약속이 없으면 불안하다. 주장이 강하고 나서길 좋아한다. 논리적, 분석적, 객관적이며, 분명한 규칙을 중요시하고, 그에 따라 행동하고, 일을 추진하고, 완성한다. 고집이 있지만, 논리적으로 긍정하게 되면 더 이상 고집을 피우지 않는다. 혼자서 일하기 싫어한다. 일을 잘해 놓고도 존경받는 일이 드물 수 있다. 집단에서 분위기보다는 목적의식을 중요시한다. 경영자적인 재질을 지녔다. 한번 시작한 일을 철저하게 뿌리뽑는다. 전철을 탈 때도 어느 칸에 타야 갈아타기 편한지 계산하고 탄다. 예약과 계획을 생활화하는 반면 독창력과 창의력이 부족하다. 말이 빠르고, 걸음이 빠르고, 화끈하며, 뒤끝이 없다. 지배하려는 성격이 있어도 양보는 잘하지 않는다. 감동시키기보다는 이해시키길 원한다. 외출시 꼭 메모를 한다. 가만히 있으면 피곤하다.

(5) ISFJ(감각을 부기능으로 한 내향적 감각형 : 임금 뒤편의 권력형)

이들 유형은 기본적으로 동정적이며, 충실하고 이해심이 있고, 친절하며, 지원을 요청하는 사람을 위해 어떤 어려움도 무릅쓰고 도우려 한다. 또한 이들 유형들은 조용하고 차분하며, 친근하고 책임감이 있으며, 헌신적이다. 책임감이 강하고 온정적이며, 헌신적이고 침착하며, 인내력이 강하다. 다른 사람의 사정을 고려하며, 자신과 타인의 감정에 민감하며, 일 처리에 있어서 현실감각을 갖고, 실제적이고 조직적으로 처리한다. 경험을 통해서 자신이 틀렸다고 인정할 때까지 어떠한 난관이 있어도 꾸준히 밀고 나가는 형이다. 때로 의존적이고 독창성이 요구되며, 타인에게 자신을 충분히 그리고 명확하게 표현하는 것이 필요할 때가 있다. 타인의 관심과 관찰력이 필요한 분야 즉, 의료, 간호, 교직, 사무직, 사회사업에 적합하다. 이들이 일을 하고, 세상일에 대처할 때 그들의 행동은 분별력이 있다.

한편, 이들의 성향에 대한 구체적인 내용은 다음과 같은 항목을 특성으로 나타낼 수 있다.

① 조직에 대한 공헌 부분에서 이들 유형들은 부하의 실제적 욕구에 대응하면서, 조직 목표의 완수에 강력한 추진력을 사용한다. 세부사항 및 일상 업무에 성실하고 책임감이 강하며, 남에게 봉사하는데 기꺼이 노력을 경주한다. 그리고 적재적소에 일과 사물을 배치한다.

② 리더십 스타일 부분에서 이들 유형들은 처음엔 리더십의 수락에 선뜻 나서지 않으나 부탁을 받으면 받아들이고, 전통적 절차와 규칙을 성실하게 따르고, 실질적인 결과에 도달하기 위해 세부사항에 다양한 아이디어를 사용한다. 또한 자신과 타인이 조직의 필요, 체계, 계층구조에 순응하기를 바라며, 막후에 개인적 영향력을 행사한다.

③ 선호하는 작업(업무)환경 부분에서 이들 유형들은 체계화된 과업과 성실한 부하, 업무의 안정성과 확립된 환경, 명확하게 체계화된 환경, 효율적인 환경, 사생활이 허용되는 환경 등을 선호하며, 서비스 지향적이다.

④ 잠재적 결합과 개발할 점에 대한 부분에서 이들 유형들의 잠재적 결합으로는 미래에 관해 지나치게 비판적으로 되기 쉬우며, 자신의 견해를 남에게 발표할 때 충분히 확신하지 못한 것처럼 보인다. 또한 조용하고 표

면에 나서지 않는 스타일 때문에 과소평가되기 쉽고 상황이나 남의 요망
에 대해 그다지 유연하지 못하다. 한편, 이들 유형들이 개발할 점으로는
미래를 긍정적으로, 보편적 시각에서 보면서 일할 필요가 있으며, 좀 더
독단성을 개발하고 보다 지시하는 사람이 될 필요가 있다. 그리고 자신
의 성과를 홍보하고 눈에 띄게 하는 방법을 배울 필요가 있다. 아울러 다
른 업무 수행 방법에 마음의 일부를 열고 임할 필요가 있다.

⑤ 일반적인 강점으로 이들 유형들은 신뢰할 수 있어 다른 사람들이 믿을
수 있고, 조직에서 근면하고 철저하며, 욕구 충족을 위해 타인을 적극적
으로 도우며, 관리상의 면에서 특히 '숨은 실세' 이다.

⑥ 이들 유형들에 대한 지도를 위한 제안으로는 자신이 그것을 했다고 말하
고 자기 자랑을 하면서 자신이 받을 만한 관심을 받는 연습을 해야 한다.
그리고 자신의 공로를 보여 주어야 한다. 즉, 제삼자에게 자신이 해낸 일
들을 드러내고 누구나 가질 수 있는 것에서 자신의 몫을 찾아야 하는 것
이다. 또한 먼저 해야 하는 가장 중요한 것이 무엇인지 질문을 하고, 그
다음 자신과 타인에게 중요한 일에 우선권을 두도록 해야 한다. 자신이
지도력을 발휘 하는데 있어서 어떤 프로젝트가 적절한지 생각을 해보고,
처음에는 작은 지도자 역할을 맡다가 나중에 보다 큰 역할로 옮겨보아야
한다. 또 다른 사람이 싫어하는 일을 대신 하지 말며, 그 과제를 완수하
는 것은 그들의 일이라고 분명히 말해야 한다.

⑦ 이들 유형의 일반적인 특성을 종합하면 자기 의견을 끝까지 주장하지 못
하고 다수 의견에 따르게 된다. 여러 사람 앞에서 말하기를 힘들어 한다.
끈기 있고 성실하며, 안정감이 있다. 치밀성과 반복을 요하는 일을 끝까
지 해나가는 인내력이 있다. 보수적이며, 새로운 변화를 좋아하지 않는
다. 조직에 안정감을 준다. 자기주장이 강한데 비하여 표현이 적어 속병
(위장병, 심장병 등)이 많다. 많은 것을 가슴에 묻어둔다. 남들은 좋으나,
본인이 힘들다. 남에게 의존하는 것을 좋아한다. 현모양처감이다. 나와

타인의 감정에 민감하다. 책을 목차서부터 읽기 시작하여 끝까지 읽는다. 집에 있는 것이 편하다. 무슨 일을 할 때 먼저 주변 정리부터 한다. 여럿이 모여 떠드는 것 보다는 1:1 대화가 좋다. 모험을 하지 않고 아는 길로만 간다. 남에게 상처 줄까봐 말조심한다. 남에게 싫은 소리 잘 못하고 싫은 소리를 들으면 상처를 많이 받는다. 여럿의 대화시 침묵을 지킨다. 여행시 짐이 많다. 어른들이 좋아하나, 본인은 힘들다. 맏며느리감이다. 가정적인 아빠다.

(6) ISFP(감각을 부기능으로 한 내향적 감각형 : 성인군자형)

이들 유형은 기본적으로 점잖고 이해심이 있고, 불행한 사람에게 동정적이며, 공개적인 유연한 접근 방법을 가지고 있다. 또한 이들 유형들은 말없이 다정하고 온화하며, 친절하고 연기력이 뛰어나며, 겸손하다. 말없이 다정하고, 양털 안감을 놓은 오버코트처럼 속마음이 따뜻하고 친절하다. 그러나 상대방을 잘 알게 될 때까지 이 따뜻함을 잘 드러내지 않는다. 동정적이며, 모든 성격 유형 중에서 자기 능력에 대해서 가장 겸손하고 적응력과 관용성이 많다. 자신의 의견이나 가치를 타인에게 강요하지 않으며, 반대 의견이나 충돌을 피하고, 인화를 중시한다. 인간과 관계되는 일을 할 때 자신과 타인의 감정에 지나치게 민감하고, 결정력과 추진력이 필요할 때가 많다. 일상 활동에 있어서 관용적, 개방적, 융통성, 적응력이 있다.

한편, 이들의 성향에 대한 구체적인 내용은 다음과 같은 항목을 특성으로 나타낼 수 있다.

① 조직에 대한 공헌 부분에서 이들 유형들은 조직 내 사람들의 욕구가 무엇인지에 유의하며, 다른 사람의 복리를 확보하려고 행동한다. 또한 자신의 업무에 조용한 즐거움을 불어넣으면서, 조직의 인간적 측면에 주의를 기울이고, 자신의 협동적인 본성 때문에 사람들과의 과제를 결합시킨다.

② 리더십 스타일 부분에서 이들 유형들은 평등주의와 협조적인 팀 접근을

선호한다. 또한 동기부여의 수단으로써 개인적인 충성심을 활용한다. 비판하기보다는 칭찬하는 편이며, 가끔 분개하기도 하고 필요에 따라 적응하며, 위기에 대처한다. 다른 사람의 선의에 호소함으로써 조용히 설득해 나간다.

③ 선호하는 작업(업무)환경 부분에서 이들 유형들은 조용히 자신들의 업무에 정진하고, 협조적인 부하와 업무의 안정성이 확립된 작업(업무)환경과 뜻있는 사람들이 있는 환경, 융통성 등을 선호한다. 또한 이들은 미적 매력과 예의 바른 동료를 선호하며, 인간 지향적이다.

④ 이들 유형들은 지나치게 신뢰하여 잘 속는다. 또한 필요한 경우에도 남을 비판하지 못하는 반면에, 지나치게 자기 비판적이면서 현실의 실체를 넘어 내다보지 못하고, 사물의 전 맥락에서 이해하지 못한다. 또한 너무 쉽게 마음이 상해서 물러나 버린다. 한편, 이들 유형들이 개발할 점으로는 더 의심해 보는 습관을 기르고, 정보를 그대로 받아들이기보다 분석하는 방법을 개발할 필요가 있으며, 자신의 능력을 남에게 알리고 남에게 부정적 피드백을 돌려주는 방법들을 배울 필요가 있다. 그 외에 보다 미래 지향적인 전망을 개발해야 하며, 남보다 보다 독단적이고, 지시하는 태도를 개발할 필요가 있다.

⑤ 이들 유형의 일반적인 강점으로는 타인이 하고자 하는 말이나 행동을 정확히 알고 있으며, 그것을 적절한 순간에 말하고자 행동을 한다는 것이다. 모든 생명체의 소중함을 잘 알고 있기에 자신보다 불행한 타인에게 친절과 관대함을 베푼다. 또한 다른 사람에게 봉사하는 데 있어서 색깔과 형태, 감촉, 음악과 같은 감각적인 즐거움을 활용한다.

⑥ 이들 유형들에 대한 지도를 위해서는 자신의 욕구를 정당하게 표현하는 법을 배우는 주장 훈련을 받아 보는 것이 좋다. 또한 자기 자신의 중요성과 가치를 발견하기 위해 믿을 만한 사람에게 조언을 구해보는 노력이 필요하며, 갈등을 자기 자신과 타인의 욕구와 소망을 명백하게 하는 한

방법으로 보기 시작해야 한다. 또한 자신의 성취에 대하여 적절히 말하는 법을 잘 알고 있는 사람과 연습을 해보면서, 사람들과의 경계를 설정하도록 해야 한다. 이 유형들은 다른 사람들에게도 스스로를 돌볼 충분한 시간과 기회를 주고, 더불어 자신이 편안함을 느낄 수 있도록 해 주는, 지지적인 사람을 찾아 봐야 한다.

⑦ 이들 유형의 일반적인 특성을 종합하면 다음과 같다. 우선 삶의 현재를 즐기는 사람들이며, 다른 사람의 부탁을 거절하기 어려워한다. 자신을 내세우지 않고 자기 자랑이 없다. 마음이 순하고 따뜻하며, 정이 많다. 남을 잘 믿고 의심하지 않는다. 사기당할 확률이 높다. 누구하고나, 어떤 사회에서나 맞추어 가며 살 수 있는 사람들이고, 규칙의 틀에 묶이는 것을 싫어한다. 추진력, 결정력이 부족하다. 조용히 있다가 무대에서 끼를 발휘한다. 결단력이 부족하고 끊고 맺는 맛이 없다. 자연적인 것, 목가적인 것, 전원적인 것을 갈구하며, 생각은 많고 행동은 부족하다. 지나치게 타인을 배려한다. 대중 앞에 선뜻 나서지 못한다. 싸울 때 감정이 앞서 논리적이지 못하다. 계획성이 없다. 남에게 싫은 소리를 못하고 속으로 삭인다. 타인을 무조건 이해해주고 자기 의견과는 상관없이 따라가 준다. 즐기는 것에 대한 호기심이 많다. 예술적인 기질(연극배우, 가수, 피아니스트 등)이 있다. 포용력과 이해력이 많다. 경쟁하는 분위기보다는 편안한 분위기에서 능력을 발휘한다. 조직에서 시간이 오래 지나야 인정을 받는다. 딱딱하고 사무적인 사람을 싫어한다.

(7) ESFP(감각을 부기능으로 한 외향적 감각형 : 사교적인 유형)

이들 유형은 기본적으로 친근하고 사교성이 풍부하며, 즐거움을 추구하고 호인이며, 천성적으로 인간 지향적인 사람들이다. 또한 이들 유형들은 사교적이고 활동적이며, 수용적이고 친절하며, 낙천적이다. 현실적이고 실제적이며, 친절하다. 어떤 상황이든 잘 적응하며, 포용력이 강하고 사교적이다. 주위의 사람이나 일어나는 일에 대하여 관심이 많으며, 사람이나 사물을 다루는 사실적인 상식이 풍부하다. 물질적 소유나 운용 등의 실생활을 즐기며, 상식과 실제적 능력을 필요로 하는 분야의 일 즉, 의료, 판매, 교통, 유흥업, 간호직, 비서직, 사무직, 감독직, 기계를 다루는 분야를 선호한다. 때로는 조금 수다스럽고, 깊이가 결여되거나 마무리를 등한시하는 경향이 있으나, 어떤 조직체나 공동체에서 밝고 재미있는 분위기 조성 역할을 잘한다.

① 조직에 대한 공헌 부분에서 이들 유형들은 열정과 협력을 끌어들이고, 남에게 조직의 긍정적 이미지를 심는다. 행동과 자극을 제공한다. 사람과 자원을 연결시킨다. 꾸밈없이 사람을 받아들이고 대우한다.

② 리더십 스타일 부분에서 이들 유형들은 호의와 팀워크의 증진을 통해 지도한다. 위기관리에 능통하고 갈등요인을 공동으로 해결함으로써 긴장상황을 완화시킨다. 또한 당면 문제에 초점을 맞춤으로써 긴장상황을 완화시키면서, 일이 되게 된다. 또한 사원들간의 효과적인 상호작용을 유발한다.

③ 선호하는 작업(업무)환경 부분에서 이들 유형들은 현재의 실체에 초점을 두고 있으며, 열성적으로 일을 쉽게 처리하는 부하와 활기찬 환경을 선호하며, 행동 지향적이다. 또한 이들은 적응력이 있는 사람들이 포함된 환경과 화목한 환경을 선호한다. 더불어 이들은 인간 중심적이고 매력적이다.

④ 잠재적 결합과 개발할 점에 대한 부분에서 이들 유형들의 잠재적 결합으로는 주관적 정보를 지나치게 강조하며, 뛰어들기 전에 생각을 하지 않는다. 한편, 이들은 사교하는 데 너무 많은 시간을 낭비하고 과업을 망각하면서, 시작한 일을 끝내지 않기가 쉽다. 또한 이들 유형들이 개발할 점으로는 의사결정에 논리적 의미와 프로젝트를 관리할 때 사전에 계획수립과 시간관리, 과업노력과 사교를 조화시킬 필요가 있다.

⑤ 이들 유형의 일반적인 강점으로는 타인에게 관대하고, 자신이 속한 어떤

작업(업무)환경도 향상시키며, 억압 속에서 친절을 베풀고 재미를 추구한다. 또한 이들은 열광, 용기, 원기를 더해준다.

⑥ 이들 유형들에 대한 지도를 위한 제안으로는 자신이 직장에서 맡고 있는 역할 중에서 다른 사람이 자신의 진지한 면을 알 수 있도록 해주는 것은 어떤 것이 있는지 스스로 질문을 해보아야 한다. 상호작용하기 전에 어떤 인상을 남기고 싶은지 생각해보고, 그런 다음 자신이 어떻게 했는지 믿을 만한 사람에게 물어보아야 한다. 모든 욕구가 지금 당장 해결되어야 하는 것은 아니며, 반드시 자신에 의해 이루어져야 하는 것도 아니다. 그러므로 다른 사람과 자신의 일, 그리고 자기 자신을 위해서 중요한 것이 무엇인지를 결정 내리기 위해 자신의 사람 중심적인 가치를 활용해야 한다. 자신의 모든 감각적인 인상은 결국 무엇을 뜻하며, 어떤 해석을 내릴 수 있고, 질서는 어디에 존재하는지에 대해 하던 일을 멈추고 질문해봐야 한다. 자신이 무엇을 평가하고 있는지 주시하여 많은 사람들에게 있어서 외양은 믿을 것이 못 된다는 점을 깨달으면서 자기 자신을 위해서 필요한 것을 더 찾아보고, 자신의 입장을 분명히 하기 위해서 자신의 가치를 이용하고 그것을 고수하여야 한다.

⑦ 유형의 일반적인 특성을 종합하면 타인을 기쁘게 해줄 깜짝 쇼를 준비하면서 즐거워한다. 내 자신의 이야기에 대해 상대방을 가리지 않고 아무에게나 잘 털어 놓는다. 자신에게 너그럽고 다른 대외적인 책임감이 따르는 일은 열성을 가지고 일한다. 무계획적이고 충동적인 여행을 즐긴다. 발등에 불이 떨어져야 행동에 옮긴다. 직설적으로 말하고 흥분을 잘하며, 목소리가 크다. 집에 있으면 무기력한 느낌이 들고 쉬는 날은 거의 외출하며, 청소나 빨래를 제시간에 하지 않고 몰아서 꼭 해야 할 때 한다. '내일은 내일의 태양이 뜬다.' 싫고 좋은 사람이 분명하며, 그것이 표정에 나타난다. 정이 많고 건망증이 심하다. 거절을 잘 못한다. 잘 먹고, 잘 자고, 생각이 단순하다. 고민하다가 그냥 잠든다. 혼자 있는 것을

힘들어 한다. 조직생활보다는 자유로울 때 능력을 발휘한다. 정작 하고 싶은 말은 못한다. 기분파, 돈 있으면 일단 쓰고 본다. 이야기할 때 요점과 더불어 부연 설명을 많이 덧붙인다. 귀가 얇다(상황에 따라, 주위 사람들의 반응에 따라 잘 변한다). 틀에 박힌 것을 싫어하고, 계획에 따라 하는 것을 힘들어 한다.

(8) ESFJ(감각을 부기능으로 한 외향적 감정형 : 친선 도모형)

이들 유형은 기본적으로 도움을 주고자 하고, 기지가 있고, 동정적이다. 이들은 질서정연하고, 인간 상호작용의 조화에 높은 가치를 두는 경향이 있다. 또한 이들 유형들은 마음이 따뜻하고, 이야기하기 좋아하고, 양심이 바르고, 인화를 잘 이룬다. 동정심이 많은 이들은 다른 사람에게 관심을 쏟고 인화를 중시한다. 타고난 협력자로 동료애가 많고 친절하며, 능동적인 구성원이다. 이야기하기를 즐기며, 정리정돈을 잘하고 참을성이 많으며, 다른 사람을 잘 도와준다. 사람을 다루고 행동을 요구하는 분야의 예를 들면 교직, 성직, 판매 등이나 특히 동정심을 필요로 하는 간호나 의료 분야에 적합하다. 일이나 사람들에 대한 문제에 대하여 냉철한 입장을 취하는 것을 어려워한다. 반대 의견에 부딪혔을 때나 자신의 요구가 거절당했을 때 마음의 상처를 받는다.

① 조직에 대한 공헌 부분에서 이들 유형들은 남과 어울려 일을 잘하며, 특히 팀을 이루어 잘한다. 또한 이들은 사람들의 요구와 욕구에 대해 깊은 주의를 기울인다. 적시에 정확한 방법으로 과업을 완수하면서 규칙과 권위를 존중하고, 일상적인 업무를 효과적으로 다룬다.

② 리더십 스타일 부분에서 이들 유형들은 남에 대한 개인적인 관심을 통해 지도를 하며, 좋은 대인관계를 통해 선의를 얻는다. 부하들에게 정보전달을 잘하며, 힘든 일이나 끝마무리에 솔선수범하면서 조직의 전통을 지지한다.

③ 선호하는 작업(업무)환경 부분에서 이들 유형들은 남을 도우려는 성실하

고 협조적인 인간 지향적 부하와 목표 지향적 부하와 시스템을 선호한다. 또한 조직화된 환경과 우호적인 환경 및 식견이 있는 사람을 포함하여 감성적 사람과 더불어 사실에 입각한 업무를 선호한다.

④ 잠재적 결합과 개발할 점에 대한 부분에서 이들 유형들의 잠재적 결합으로는 갈등을 회피하고 문제를 덮어두며, 남을 즐겁게 하려는 욕망 때문에 자신의 업무에 충분한 가치를 두지 않는다. 남과 조직을 위해 최선이 무엇인지를 안다고 자부하는 이들은 언제나 한 걸음 물러나서 더 큰 의미를 보지 못한다. 한편, 이들 유형들이 개발할 점으로는 가치를 판단하고 갈등을 관리하는 방법을 배워야 하며, 자신의 개인적 욕구를 요인분석할 필요가 있다. 또한 남이 진짜로 필요로 하고 원하는 것이 무엇인가를 진지하게 경청을 하면서 자신이 내린 결정의 논리적, 전체적 의미를 음미할 필요가 있다.

⑤ 이들 유형의 일반적인 강점으로는 일관성있고 온정적이며, 개개인의 욕구나 소망에 주의 깊은 반응과 함께 사람과 조직에 헌신하고 충성을 다하는 협력자이다. 그리고 이들은 자기 자신과 타인을 위해 온정과 실질적인 인정과 조화로운 방식을 제공한다.

⑥ 이들 유형들에 대한 지도를 위한 제안으로는 자신의 개입에 대한 상대의 인식을 검토해 보면서 자신이 도울 수 있는 방법을 물어 보거나 돕는 방식에 대한 선택권을 주어야 한다. 또한 "이 정보가 자신에게 유용합니까?", "무슨 생각을 하고 있으며, 해야 할 일은 무엇입니까?" 와 같은 질문을 함으로써 자주 자기 자신을 점검해 봐야 한다. 한편, 자기 자신과 다른 사람을 위해서 뒤로 물러나거나, 경계를 설정할 시간을 갖거나, 역할을 명료화하는 등의 조치를 취해보면서, 자기 자신의 가치가 일을 방해하지는 않는지 살펴보아야 한다. 만일 가치의 문제가 아니라면 그 상황을 변화시킬 방법을 찾아보거나 그 상황을 떠나도록 하고, 때때로 자신이 찾을 수 있는 가장 간결한 대답을 할 것을 생각해보면서 자신이 아

는 모든 것을 다 말할 필요는 없다는 사실을 스스로에게 상기시켜야 한다. 또한 때때로 자기 자신을 최우선에 두면서, 최소 일주일에 한번씩은 시도하여야 한다.

⑦ 이들 유형의 일반적인 특성을 종합하면 신나고 재미있는 사람이다. 스트레스를 받으면 누구를 만나야 한다. 강의 때 고개를 제일 많이 끄덕여 강사를 즐겁게 한다. 준비성이 철저하며, 참을성이 많고 타인을 잘 돕는다. 남에게 동조하는 경향이 뛰어나며 사람들과의 상호활동에서 기력이 생긴다. 타인의 인정을 받는 것에 아주 민감하다. 보수적이며, 좋은 음식을 좋아하고, 봉사를 좋아하며, 재물을 모으는 것을 즐기면서, 자신이 존경하는 사람이나 물건을 이상화하는 경향이 있다. 제품을 보고 사는 것이 아니라 ESFJ의 인간적인 면에 반해서 산다. 생각은 창의적인데 실천이 부족하다. 타인을 돕고 싶은 욕구 때문에 자신의 업무를 소홀히 할 수 있다. 잔걱정이 많다. 가족들에게 잔소리가 심하다. 집단의 일이나 목적을 개인의 것보다 앞세운다. 조화와 균형을 중요시한다. 싫은 소리하기 싫어한다. 사람들 사이에서 중재자 역할을 잘한다. 자녀와 정서적인 독립이 안되어 걱정이 끊이지 않는다. 별명은 수도꼭지가 많다. - 눈물이 많다. 친절하고 재치 있다.

(9) INFJ(감정을 부기능으로 한 내향적 직관형 : 예언자형)

이들 유형은 기본적으로 자신의 비전을 신뢰하고 조용히 영향력을 행사하며, 깊은 동정심을 간직하며, 통찰력을 가지고 화합을 추구한다. 또한 이들 유형들은 창의력과 통찰력이 뛰어나며, 강한 직관력으로 말없이 타인에게 영향력을 끼친다. 독창성과 내적 독립심이 강하며, 확고한 신념과 열정으로 자신의 영감을 구현시켜 나가는 정신적 지도자들이 많다. 직관력과 사람 중심의 가치를 중시하는 분야 즉, 성직, 심리학, 심리치료와 상담, 예술과 문학 분야 등이다. 테크니컬 한 분야로는 순수과학, 연구개발 분야로써 새로운 시도에 대한 열성이 대단하다. 한 곳에 몰두하는 경향으로 목적 달성에 필요한 주변적인 조건들을 경시하기 쉽고, 자기 안의 갈등이 많고 복잡하다. 이들은 풍부한 내적인 생활을 소유하고 있으며, 내면의 반응을 좀처럼 남과 공유하기 어려워한다.

① 조직에 대한 공헌 부분에서 이들 유형들은 인간욕구에 어떻게 부응할 것인가에 대해 미래지향적 통찰을 제공하며, 위임사항에 대하여 마무리를 함과 더불어 성실성과 지속성을 가지고 업무를 수행한다. 또한 이들의 유형들은 혼자서 집중력을 요하는 작업을 선호하며, 사람과 과업간의 복잡한 상호작용을 조직화할 수 있다.

② 리더십 스타일 부분에서 이들 유형들은 남과 조직을 위해 무엇이 최선인지에 대한 자신의 견해를 통해 지도할 수 있으며, 요구보다는 협조를 획득한다. 또한 이들 유형은 조용하지만 확고한 행동방향을 활용하며, 자신의 영감을 실현하려고 노력과 자신의 이상으로 남을 고취시킨다.

③ 선호하는 작업(업무)환경 부분에서 이들 유형들은 인간의 복리를 증진시키는 이상에 강하게 집중하는 부하와 창조성 기회를 제공하는 환경, 화목하고 조용한 환경, 개인적 느낌을 가질 수 있는 환경, 반성할 시간과 장소가 허용되는 환경, 조직화된 환경을 선호한다.

④ 잠재적 결합과 개발할 점에 대한 부분에서 이들 유형들의 잠재적 결합으로는 자신의 아이디어가 간과되고 과소평가되기 쉬우면서 비판에 정면대결하지 못한다. 또한 남에게 강요하지 못하고 너무 지나치게 의존적이며, 한 가지에만 집중하여 작업하여 완수해야 할 다른 과업을 망각하기 쉽다. 한편, 이들 유형들이 개발할 점으로는 조직 내의 정치성과 자신의 아이디어를 옹호할 단정적 기법을 육성할 필요가 있다. 그리고 타인에게 건설적으로 피드백을 주는 방법을 배울 필요가 있다. 자신의 비전과 타인의 비전을 검토하면서 현재 상황에 무엇을 완수할 수 있는가에 대해 여유 있고 보다 개방적이 될 필요가 있다.

⑤ 이들 유형의 일반적인 강점으로는 통찰과 상상이 때때로 비상한 경지에

이르며, 특히 사람과 관련된 것에 관해서 그러하다. 개인과 체제가 어떻게 상호관련되어 있는지를 이해하면서, 함께 살고 일하는 사람들의 정신을 고양시키는 데 있어서 매우 성실하다.

⑥ 이들 유형들에 대한 지도를 위한 제안으로는, 자신의 생각에 대한 지지를 얻고자 할 때에는 자신의 풍부한 통찰/사고 과정을 함께 나누어야 하며, 타인에게 귀를 기울이고, 만일 그들이 옳다면 그것은 무엇을 의미하는 것인지 질문을 해봐야 한다. 아이디어를 내는 단계에서 다른 사람의 도움을 일찍 받아들이게 되면 자신이 창조적인 아이디어에 몰두할 수 있는 시간이 훨씬 더 많아진다는 점을 스스로 상기해야한다. 그러면서 믿을 만한 사람 중에서 자연스럽게 현재에 사는 사람을 찾아서 그와 함께 쉬는 시간을 함께 공유하고, 자신의 능력이 어디에서 영향을 줄 수 있는지를 질문해 본 다음, 일에 착수해야 한다. 또한 다른 사람의 아이디어가 원래는 자신의 것이었음을 남이 알 수 있도록 하는 것에 적극적이어야 한다.

⑦ 이들 유형의 일반적인 특성을 종합하면 영감이 뛰어나고 깊이 있는 통찰력이 있다. 현실의 유행에 대단히 둔감하고 현실과 거리가 멀며, 보이지 않는 정신세계를 추구한다. 의미부여를 잘한다. '왜 사나?' 등에 관심이 많고 초·중·고생들이면 방황을 하기도 한다. 생각이 많아 현실적응이 어려울 수 있다. 같은 나이에 비해서 조숙해 보인다. 문제의 본질을 생각한다. 비유와 은유를 잘한다. 종교적인 신념이 강하다. 남의 시선을 너무 의식해서 불안하다. 사람과의 교제 시작이 어렵다. 잡념 때문에 수면 지장을 가져온다. 본인이 하는 말을 남들이 잘 알아듣지 못하는 경우가 있다. 현실과 타협이 힘들다. 싫은 내색을 못하며, 마음의 상처도 잘 받는다. 나서기보다는 협조자로 적극적으로 돕는다. 자아와의 갈등이 많다. 사람에 대한 통찰력을 지녔다. 옳다고 확신이 생긴 신념은 끝까지 밀고 나간다. 의미 없다고 느끼는 일에 '물음표(?)'가 따른다. 현실에서도 이

상을 꿈꾼다. 기도나 기 수련에 관심이 많다. 조용히 책 보는 것을 좋아한다. 늘 존재에 대해 생각해 보고 생과 사 같은 영적인 문제에 관심이 많다. 언행이 고상한 것을 좋아한다.

(10) INFP(직관을 부기능으로 한 내향적 감정형 : 잔다르크형)

이들 유형은 기본적으로 자신의 업무가 문제해결에 공헌되기를 원하는 이상주의적이고, 개방적이고, 통찰력이 있고, 융통성이 있다. 또한 이들 유형들은 정열적이고 충실하며, 목가적이고 낭만적이며, 내적 신념이 깊다. 마음이 따뜻하고 조용하며, 자신이 관계하는 일이나 사람에 대하여 책임감이 강하고 성실하다. 이해심이 많고 관대하며, 자신이 지향하는 이상에 대하여 정열적인 신념을 가졌다. 그리고 남을 지배하거나 좋은 인상을 주고자 하는 경향이 거의 없다. 완벽주의적 경향이 있으며, 노동의 대가를 넘어서 자신이 하는 일에 흥미를 찾고자 하는 경향이 있다. 인간 이해와 인간 복지에 기여할 수 있는 일을 하기를 원한다. 언어, 문학, 상담, 심리학, 과학, 예술분야에서 능력을 발휘한다. 자신의 이상과 현실이 안고 있는 실제 상황을 고려하는 능력이 필요하다.

① 조직에 대한 공헌 부분에서 이들 유형들은 조직 내 각 개인에게 적소를 찾으려고 노력을 하면서 자신의 이상에 대해 설득적이다. 또한 이들은 공동목적에 사람들을 끌어들이면서 조직을 위해 새로운 아이디어와 가능성을 추구하고, 조직적 가치를 조용히 추구한다.

② 리더십 스타일 부분에서 이들 유형들은 용이한 접근을 택하고, 보통과 다른 독특한 리더십 역할을 선호한다. 한편, 이들은 자신의 비전을 향해 독자적으로 노력을 하고, 남을 비판하기보다 칭찬하는 편이어서 자신의 이상에 따라 남이 행동하도록 격려한다.

③ 선호하는 작업(업무)환경 부분에서 이들 유형들은 남에게 중요한 가치를 둔 명랑하고 헌신적인 부하를 선호하며, 협조적인 분위기와 사생활을 허용하는 분위기를 선호한다. 또한 이들은 융통성 있는 환경, 비관료적인

분위기, 평온하고 조용한 분위기, 반성의 기회와 장소가 허용되는 분위기 등을 선호한다.

④ 잠재적 결합과 개발할 점에 대한 부분에서 이들 유형들의 잠재적 결합으로는 완벽주의 때문에 과업의 완성이 지연되기 쉬우며, 동시에 너무 많은 사람들을 만족시키려 한다. 자신의 비전을 사실과 상황논리에 조절하지 못하고, 행동보다는 반성에 더 많은 시간을 소모한다. 한편, 이들 유형들이 개발할 점으로는 완벽한 대응을 추구하기 보다는 실질적으로 일하는 방법을 배울 필요가 있으며, 확고한 주변과 'NO' 라고 언제나 말할 수 있는 기질이 필요하다. 더불어 이들 유형들에게는 행동계획을 수립하여 실천할 필요성과 시간관리에 노력할 필요가 절대적으로 요구된다.

⑤ 이들 유형의 일반적인 강점으로는 타인과 조직을 활기차게 만들면서, 강한 반대에 부딪쳐도 자신의 가치를 강하게 고수한다. 또한 인간에 대한 열망과 목표에 대하여 창조적인 방식으로 타인을 일깨운다.

⑥ 이들 유형들에 대한 지도를 위한 제안으로는 자신의 가치가 자신에게 적절한 것처럼 다른 사람의 가치도 그들 자신이나 그들의 상황에 적절한 것임을 스스로에게 질문을 해봐야 한다. 특히 자신이 전할 필요가 있거나 다른 사람이 들을 필요가 있는 불쾌한 메시지를 전달하는 것에 관한 주장훈련을 해야 한다. 또한 일을 시작하기 전에 그 일이 정말로 잘할 가치가 있는가를 결정하고 다른 사람으로 하여금 그 일의 일부를 하게 해야 한다. 한편, 어떤 사람이 마음에 들지 않더라도 그들에게 다시 자신의 호감을 얻을 기회가 있음을 말해주면서, 적절한 지점에서 자신의 이상주의를 미약한 현실성으로 조절해야 한다. 현실성과 이상성은 둘 다 존재하며, 각각은 서로 다른 하나로부터 도움을 받을 수 있다는 점을 스스로에게 상기시키고 자신이 하는 일에 대한 적당한 보수는 자신이 훨씬 많은 일을 할 수 있는 계기가 될 수 있음을 스스로에게 말해야 한다.

⑦ 이들 유형의 일반적인 특성을 종합하면 가계부를 소설로 쓰는 것처럼 현

실감각이 둔하다. 몽상가적 기질이 많다. 인간과 종교(정신세계)에 관심이 많다. 분위기를 잘 탄다(분위기가 좋으면 끝까지 남는다). 아름다움과 추함, 선과 악, 도덕과 비도덕에 민감하게 반응한다. 신념이 뚜렷하여 겉으로는 주장을 안 해도 속으로는 열정이 있다. 가치 있는 일에는 생명도 바친다. 내면의 세계를 추구하여 늘 무엇을 갈구하고 추구해 나간다. 규칙을 몸서리치듯 싫어하며 반복되는 일상적인 생활을 싫어한다. 맡겨진 일에 대해서는 지나치게 완벽주의적으로 나가는 경향이 있다. 즉흥적이며 변화가 비슷하다. 내면의 갈등이 심하여 감정의 기복이 심하다. 일을 잘 벌이나 마무리가 서툴다. 여행을 좋아하고, 영화, 음악, 책을 좋아한다. 계절의 변화에 민감하다. 상대방의 말에 민감하다. 어느 부분에 대해서는 융통성이 아주 없는 편이다. 상대방을 배려해서 빙빙 돌려서 은유적으로 의사 표현을 한다. 맘에 맞는 사람을 만나면 밤을 새워가며 이야기한다. 논리적이지 못하고 감정적이다. 감정 조절이 미성숙하다. 아이디어가 많으나, 실행에 잘 옮기지 못한다.

(11) ENFP(감정을 부기능으로 한 외향적 직관형 : 스파크형)

이들 유형은 기본적으로 의욕적이면서 통찰력이 있고 다재다능하며, 새로운 가능성 추구에 지칠 줄 모르는 경향이 있다. 또한 이들 유형들은 따뜻하고 정열적이고 활기에 넘치며, 재능이 많고 상상력이 풍부하다. 온정적이고 창의적이며, 항상 새로운 가능성을 찾고 시도하는 형이다. 문제해결에 재빠르고, 관심이 있는 일은 무엇이든지 수행해내는 능력과 열성이 있다. 다른 사람들에게 관심을 쏟으며, 사람들을 잘 다루고 뛰어난 통찰력으로 도움을 준다. 상담, 교육, 과학, 저널리스트, 광고, 판매, 성직, 작가 등의 분야에서 뛰어난 재능을 보인다. 반복되는 일상적인 일은 참지 못하고 열성이 나지 않는다. 또한 한가지 일을 끝내기도 전에 몇 가지 다른 일을 또 벌리는 경향을 가지고 있다. 통찰력과 창의력이 요구되지 않는 일에는 흥미를 느끼지 못하고 열성을 불러일으키지 못한다.

① 조직에 대한 공헌 부분에서 이들 유형들은 변화에 앞장을 서면서 가능성 특히, 사람에 대한 가능성에 집중을 하면서 자신의 넘치는 열의로 타인들을 고취한다. 또한 이들은 프로젝트와 행동을 시작할 때 남을 의식한다.

② 리더십 스타일 부분에서 이들 유형들은 정열과 열의로 지도하고 착수단계의 책임지기를 선호한다. 또한 사람에 관련된 가치문제에 대해 관심이 많아 때로는 대변인이 되기도 하면서, 남을 포섭하고 지원하려고 노력을 한다. 그리고 다른 사람의 동기가 무엇인지에 주의를 기울인다.

③ 선호하는 작업(업무)환경 부분에서 이들의 유형들은 인간의 가능성에 관심을 갖는 풍부한 부하와 다양한 분위기 및 참여하는 분위기를 선호한다. 또한 이들은 다양성과 도전을 제공하는 분위기와 아이디어 지향적인 분위기, 비강제적인 분위기를 선호한다.

④ 잠재적 결합과 개발할 점에 대한 부분에서 이들 유형들의 잠재적 결합으로는 기존 업무를 완수하지 않고 새로운 아이디어 또는 프로젝트에 달려가면서 관련 세부사항을 간과한다. 또한 이들은 지나치게 확장하고 너무 많은 일을 하려하고, 꾸물거린다. 한편, 이들 유형들이 개발할 점으로는 끝까지 마무리하는 습관을 개발할 필요가 있으며, 중요한 세부사항에 관심을 기울이면서, 매력을 느끼는 모든 것을 시도하기보다는 프로젝트를 선별하는 방법과 시간 관리법을 배우고 적용할 필요가 있다.

⑤ 이들 유형의 일반적인 강점으로는 인간의 성장과 잠재력에 관한 모든 종류의 아이디어의 창시자이며, 촉진자들이고 새로운 아이디어를 추구하는 데 지칠 줄 모른다. 또한 뜻밖의 해결책을 찾아내어서 거의 불가능한 일도 달성을 한다.

⑥ 이들 유형들에 대한 지도를 위한 제안으로는 도드라진 눈썹과 같은 자신이 진지하게 다루지 않는 다른 언어적, 비언어적 단서를 관찰하며, 그것

을 좀 더 세부적으로 보려고 해야 한다. 또한 '새로운 공약'을 정말 잘 해 낼 수 있는지 평판하기 위해서 자신의 가치를 활용하고, 자신이 새로운 지도자를 선택할 때에는 신중해야 한다. 그러나 이와 반대로 자신의 카리스마적 기질로 다른 사람에게 무엇인가를 하도록 용기를 북돋울 때에도 조심해야 한다. 그와 더불어 다른 사람과 마찬가지로 신체적, 시간적 한계를 지닌 인간이라는 점을 스스로에게 상기시키면서, 스트레스와 시간을 잘 관리하는 방법을 습득하여야 한다. 한편, 이들 유형들에게는 현실을 고려하고 때때로 필요하다면 적당히 현실을 받아들여야 한다. 의사결정에 재능이 있는 믿을 만한 사람을 찾아보거나 스스로 그 기술을 배우도록 하고, 그런 다음 반드시 그것을 적용해 보아야 한다. 또한 어떤 상황에서 이미 주어졌거나 바꿀 수 없는 것들을 찾아보고, 그 실제가 안고 있는 사실을 간과하지 말아야 한다.

⑦ 이들 유형의 일반적인 특성을 종합하면 감정이 얼굴에 잘 드러난다. 새로운 시도를 좋아한다. 계획하기보다는 그때그때 일을 처리하는 편이다. 새로운 사람 만나기를 좋아한다. 감동을 잘하고 눈물도 잘 흘린다. 돈의 개념이 희박하다. 돈을 모으기 힘들 수 있다. 감정의 기복이 심하다. 경쟁의식이 없다. 상대방의 말에 민감하나, 기분이 나쁘지 않은 척한다. 내면에 열정을 지녔다. 위기대처능력이 뛰어나다. 사람을 기쁘게 해주는 타고난 능력이 있다. 행사나 일을 잘 주선한다. 놀다가도 몰입이 안되고 '지금 무엇하고 있는 건가?'라는 생각이 들 때가 있다. 멋 내는 것을 좋아한다. 양보를 잘하고, 싸움을 하려면 심장부터 띈다. 단순 암기에 약하다. 인생을 즐겁게 살려고 한다. 선생님이 마음에 들면 하기 싫은 과목도 잘한다. 하기 싫은 것에 대한 인내력이 부족하다. 좋아하는 사람과 싫어하는 사람의 구별이 심하다. 반복적인 일상을 힘들어 한다. 분위기를 잘 띄운 후에 자기는 빠진다.

(12) ENFJ(직관을 부기능으로 한 외향적 감정형 : 언변능숙형)

이들 유형은 기본적으로 인간 상호관계에 능숙하고 이해심이 있으며, 관대하고 남을 인식한 커뮤니케이션을 촉진시키는 경향이 있다. 또한 이들 유형들은 따뜻하고, 적극적이며, 책임감이 강하고, 사교성이 풍부하고, 동정심이 많다. 민첩하고, 동정심이 많고, 사교적이며, 인화를 중요시하고, 참을성이 많다. 다른 사람들의 생각이나 의견에 진지한 관심을 가지고 공동선을 위하여 다른 사람의 의견에 대체로 동의한다. 현재보다는 미래의 가능성을 추구하며, 편안하고 능란하게 계획을 제시하고, 집단을 이끌어가는 능력이 있다. 사람을 다루는 교직, 성직, 심리 상담치료, 예술, 문학, 외교, 판매에 적합하다. 때로는 다른 사람들의 좋은 점을 지나치게 이상화하고 맹목적 충성을 보이는 경향이 있으며, 다른 사람들에 대해서도 자기와 같을 것이라고 생각하는 경향이 있다.

① 조직에 대한 공헌 부분에서 이들 유형들은 조직이 사람을 어떻게 다루어야 하는지에 대한 강력한 이상을 주장하고 팀을 지도하며, 고무하는 것을 선호한다. 협력을 고취하고 조직 가치를 전파하며, 문제를 결실 있는 결론으로 끌어가는 것을 선호한다.

② 리더십 스타일 부분에서 이들 유형들은 개인적인 열의를 통해 지도하며, 사람과 프로젝트를 관리함에 있어 참여하는 자세를 취하고 부하의 욕구에 민감하다. 또한 행동을 가치와 일치시키기 위해 조직에 도전하고 변화를 고취시킨다.

③ 선호하는 작업(업무)환경 부분에서 이들 유형들은 남의 편익을 위해 일의 변화에 관심을 둔 구성원들과 인간 지향적으로 도움을 주고, 사교적인 분위기와 화합정신을 갖는 분위기를 선호한다. 또한 이들은 자기 자신의 표현을 격려하면서, 안정되고 질서 있는 분위기를 선호한다.

④ 잠재적 결합과 개발할 점에 대한 부분에서 이들 유형들의 잠재적 결합으로는 남을 이상화해서 그 맹목적 충성심 때문에 고통을 당하면서 갈등에 휘말렸을 때 문제를 덮어둔다. 또한 인간관계 때문에 끌려 과업을 망각

하는 경우가 있으며, 비판을 개인적인 것으로 받아들이기도 한다. 한편, 이들 유형들이 개발할 점으로는 인간의 제약성을 인정하고, 충성심과 맹신에 대해 배울 필요가 있으며, 갈등을 생산적으로 관리할 방법을 배워야 한다. 또한 이들은 사람에 대한 관심만큼 과업의 세부사항에 대하여도 주의를 기울이고 자기비판을 그만두고 피드백에 내포되어 있는 객관적인 정보에 귀를 기울일 필요가 있다.

⑤ 이들 유형의 일반적인 강점으로는 보살피고, 협력하고, 조직 내에서 사람들의 성장을 촉진시키며, 사람들이 듣기를 원하거나 들을 필요가 있는 말을 조리있게 표현한다. 또한 사람과 조직에 그들의 사명과 중요한 가치를 상기시켜준다.

⑥ 이들 유형들에 대한 지도를 위한 제안으로는 적절하지 않는 논리성으로 알아듣지 못할 말들을 사용하지 않고 의사결정하는 것에 대해 다시 생각을 해보아야 한다. 또한 자신을 위한 '타이머'를 만들어서 가까운 장래에 일의 핵심에 얼마나 빨리 그리고 얼마나 효과적으로 도달하는지에 대한 피드백을 부탁하고, 점검해 보아야 한다. 정보에 대해서 자신이 얼마나 분별있고 객관적인지 질문해 보고 그런 다음 자신의 정체성으로부터 업무 수행을 분리시키는 노력을 해야 한다. 한편, 누군가의 변칙으로 인해 손해를 입었던 과거의 경험에 주목하면서 다른 사람이 공동의 규칙을 따르고 있는지 확인하기 위한 체크리스트를 스스로 개발해야 한다. 또한 이들의 설득력은 극단으로 치닫게 될 수 있으므로 타인의 반응을 살피고, 그러한 입장이 자신에게 어떤 대가를 치르게 할 것인지 스스로 질문해 보는 시간을 가지면서, 자신의 원기를 회복시켜 어떤 다른 기분전환을 가져야 한다.

⑦ 이들 유형의 일반적인 특성을 종합하면 마음이 약하고 남의 의견에 동화를 잘하는 편이다. 말로 표현을 잘하고 생각이나 마음을 잘 연다. 적극적이고 추진력이 강한 편이다. 좀 어렵게 생각되는 일도 되는 쪽으로 몰고

간다. 일의 결과보다는 사람과의 인화를 더 중요시하는 편이다. 사전 계획을 세우고 그에 따라 행하고자 한다. 화가 나면 겉으로 표현하지 않고 묵묵히 참아낸다. 타인에게 무척 사교적이지만, 집에 있는 아이들에게는 안 그럴 수 있다. 상처를 받으면 오랜 시간 가슴 아파한다. 현실보다는 더 나은 삶, 이상을 추구한다. 맺고 끊는 것이 분명하지 못하며 정, 눈물, 동정심이 많다. 상대방의 말에 민감하다. 사람을 섬기기 위해서 세상에 나왔으며, 사람을 좋아하고 비판적인 시각보다는 긍정적으로 보려는 시각이 강하다. 사람에 대해 맹목적 이상화 경향이 있다. 타인에게 인정과 칭찬을 받는 일에만 열중할 수 있다. 사람을 위해 봉사하는 분야에 능력이 있다. 사람과 사람을 잘 엮는다. 감정의 기복이 심하다.

(13) INTJ(사고를 부기능으로 한 내향적 직관형 : 과학자형)

이들 유형은 기본적으로 독립적, 개인주의적이며, 순수하고 결심이 굳은 사람으로 사회에 팽배한 회의주의와는 무관하게 자신의 가능성에 대한 비전을 확신한다. 또한 이들 유형들은 사고가 독창적이며, 창의력과 비판 분석력이 뛰어나며, 내적 신념이 강하다. 행동과 사고에 있어 독창적이며, 강한 직관력을 지녔다. 자신이 가진 영감과 목적을 실현시키려는 의지와 결단력과 인내심을 가지고 있다. 자신과 타인의 능력을 중요시하며, 목적 달성을 위하여 온 시간과 노력을 바쳐 일한다. 직관력과 통찰력이 활용되는 분야 즉, 과학, 엔지니어링, 발명, 정치, 철학 분야 등에서 능력을 발휘한다. 냉철한 분석력 때문에 일과 사람을 있는 그대로의 사실적인 면을 보고자 하는 노력이 필요하며, 타인의 감정을 고려하고 타인의 관점에 진지하게 귀 기울이는 것이 바람직하다.

① 조직에 대한 공헌 부분에서 이들 유형들은 강력한 개념을 구축하고 기획할 능력이 있으며, 아이디어를 행동 계획으로 조직화한다. 한편, 이들은 목표 달성을 위해 모든 장애를 제거하는 노력을 하면서, 시스템의 각

부분간의 복잡한 상호작용을 포함하여 그 전체성을 이해하도록 조직을 밀고 나간다. 또한 조직이 어떻게 될 것인가에 대한 강력한 비전을 가지고 있다.

② 리더십 스타일 부분에서 이들 유형들은 조직목표를 달성하기 위해 자신과 남을 이끌어가고, 아이디어 영역에서는 강력하고 강압적으로 행동을 한다. 또한 이들은 남에 대해 엄격해질 수 있으며, 개념화와 디자인, 신모델을 구축하고 필요한 경우 냉정하게 전 시스템을 재편성할 수도 있다.

③ 선호하는 작업(업무)환경 부분에서 이들 유형들은 장기비전의 실천에 관심이 있는 지적이고 확고하며, 도전적인 구성원들을 선호한다. 또한 반성에 필요한 사생활을 허용하는 분위기, 효율성이 있는 분위기, 효율적이고 생산적 인물이 포함된 분위기, 자율성을 고취하고 지원하는 분위기, 창조성에 대한 기회를 제공하는 분위기, 과업 중심적인 분위기 등을 선호한다.

④ 잠재적 결합과 개발할 점에 대한 부분에서 이들 유형들의 잠재적 결합으로는 조금도 양보가 없어 남들이 이들에게 접근하거나 도전하기를 두려워하며, 자신의 이상을 추구함에 있어서 남을 비판한다. 또한 비현실적인 아이디어를 너그러이 봐주는데 어려움이 있고, 자신의 아이디어나 스타일이 다른 사람에게 미치는 영향을 무시한다. 한편, 이들 유형들이 개발할 점으로는 피드백과 제안을 수용하며, 남을 인정하는 법을 배울 필요가 있다. 더불어 이들은 비현실적인 아이디어를 포기하는 것을 배우고 자신의 아이디어가 남에게 미치는 영향에 대해 좀더 주의를 기울일 필요가 요구된다.

⑤ 이들 유형의 일반적인 강점으로는 장래의 일을 너무나도 명백히 마음속에 그리므로 그것을 지각할 수 있으며, 패러다임을 바꾸는 사람 즉, 개념의 틀을 바꾸려는 사람들이며, 전체적인 관점에서 각 부분들의 관계를 볼 수 있다.

⑥ 이들 유형들에 대한 지도를 위한 제안으로는 인내심을 가지고 다른 사람이 이해할 때까지 자신이 통찰한 바를 계속 되풀이 하는 연습을 하면서, 무엇이 그들의 마음을 붙들고 있는지 생각을 해야 한다. 그러한 다음 자신의 아이디어를 전체적으로 조망해 보는 방식을 통해 이러한 정보를 전체적으로 활용해야 한다. 또한 다른 사람들의 도움을 받으려면 자신이 일을 다 마치기 전에 자신의 과정 속으로 그들의 관점을 받아들이면서, 다른 사람의 아이디어를 적어본다. 그리고 그것들은 내팽개치기 전에 그것들의 장점을 곰곰이 생각해 봐야 한다. 더불어 가능한 빨리 자신의 비전 혹은 업무의 일부를 다른 사람에게 위임하고, 믿을 만한 사람에게 자신이 다른 사람에게 미치는 영향에 대한 피드백을 들려줄 것을 부탁 하면서, 이들의 말문을 막지 않도록 해야 한다.

⑦ 이들 유형의 일반적인 특성을 종합하면 아주 이론적이다. 어려운 난관은 자극제가 되며, 창의성을 많이 요하는 도전에 응하는 것을 즐긴다. 비효율적으로 시간을 끄는 것을 싫어한다. 놀기 위해서 노는 기술을 배운다. 겉은 강하나, 속은 아주 여리다. 주부인 경우 살림하기 힘들어한다. 인간관계에서 인간적 측면 부족으로 자기의 능력을 인정받지 못하는 경우가 있으며, 통찰력과 분석력으로 고집이 대단하다. 재능은 많으나, 쉽게 적응하기 어려워할 수 있다. 학구열이 강하다(공부하기 좋아한다-순수학문). 대인관계에서 차갑다는 느낌을 줄 수 있다. 하고자 하는 의지가 강하다. 잡담을 시간적 낭비로 본다. 일하는 환경에서 사람을 쉽게 사귄다. 노는 자리를 어색해 한다. 주어진 일에 성실하며, 노력하는 편이다. 의미가 있는 일은 열성으로 한다. 회식을 별로 좋아하지 않는다. 앞에 나서는 것을 대단히 싫어한다. 혼자서 공상하는 것을 즐긴다. 사적인 얘기는 거의 하지 않는다. 영화를 볼 때도 무언가 잘못된 장면이 없나 찾으면서 볼 때가 있다. 학생일 경우 옳다는 일에서 교수와 싸울 때가 있다.

(14) INTP(직관을 부기능으로 한 내향적 사고형 : 아이디어뱅크형)

이들 유형은 기본적으로 이성적이고, 호기심 많고, 이론적이고, 추상적이다. 또한 상황이나 인간보다도 아이디어를 조직화하는 것을 선호한다. 또한 이들 유형들은 조용하고 과묵하며, 논리와 분석으로 문제를 해결하길 좋아한다. 과묵하나 관심이 있는 분야에 대해서는 말을 잘하며, 이해가 빠르고 높은 직관력으로 통찰하는 재능과 지적 호기심이 많다. 개인적인 인간관계나 친목회 혹은 잡담 등에 별로 관심이 없으며, 매우 분석적이고 논리적이며, 객관적인 비평을 잘한다. 지적 호기심을 발휘할 수 있는 분야 즉, 순수과학, 연구, 수학, 엔지니어링 분야나 추상적 개념을 다루는 경제, 철학, 심리학 분야의 학문을 좋아한다. 지나치게 추상적이고 비현실적이며, 사교성이 결여되기 쉬운 경향이 있다. 때로는 자신의 지적 능력을 은근히 과시하는 수가 있기 때문에 거만하게 보일 수도 있다.

① 조직에 대한 공헌 부분에서 이들 유형들은 논리적이고 복잡한 시스템을 설계하며, 복잡한 문제에 대처하는 데 능력을 발휘한다. 또한 이들은 장단기적인 지적 통찰력을 가지고 있으며, 문제의 핵심을 찌르고 문제에 대해 논리적, 분석적, 비판적 사고를 적용한다.

② 리더십 스타일 부분에서 이들 유형들은 문제와 목표를 개념적으로 분석함으로써 지도하며, 논리, 시스템적인 사고를 적용한다. 자신들이 자율적으로 일을 찾는 반면 다른 독립적인 유형을 지도하기를 선호하며, 직위보다는 능력에 입각한 대인관계를 맺는다. 또한 이들은 감정 차원보다는 지적 수준에서의 상호작용을 추구한다.

③ 선호하는 작업(업무)환경 부분에서 이들 유형들은 문제와 목표 해결에 관심있는 독립적 사고와 사생활이 허용되는 분위기 및 독립성을 소중히 여기는 분위기를 선호한다. 더불어 이들이 선호하는 환경으로는 융통성 있는 환경, 조용한 분위기, 비구조적인 환경, 자기 결정을 보상하는 분위기 등을 선호한다.

④ 잠재적 결합과 개발할 점에 대한 부분에서 이들 유형들의 잠재적 결합으로는 지나치게 추상적이므로 필요한 추진과정에 대해서는 비현실적이며, 지나치게 지적이어서 설명이 너무 이론적이고 팀워크와 조화를 희생하면서 사소한 불일치에 집착을 한다. 또한 이들은 자신의 비판적, 분석적 사고를 사람에게 지향하고 인간미 없이 행동을 한다. 한편, 이들 유형들이 개발할 점으로는 구체적인 세부사항에 착안하여 꾸준하게 일을 추진할 필요가 있으며, 사물을 보다 간단하게 표현할 필요가 있다. 또한 이들은 남의 노력을 인정하는 태도가 필요하고 남의 개인적, 전문적 측면을 보다 더 잘 알도록 지속적인 노력이 요구된다.

⑤ 이들 유형의 일반적인 강점으로는 복잡한 것에 정통한 전략가, 모델과 이론의 개발전문가인 이들이 새로운 생각과 체제 그리고 비판해서는 안 될 사람에 대해서도 남의 영향을 받지 않고 비판하는 논리적인 분석가라는 점이다.

⑥ 이들 유형들의 지도를 위한 제안으로는 다른 형태의 지식 특히, 대인간, 개인 내, 감정에 관한 지식을 공부해야 하며, 생각을 줄이고 이해하기 쉬운 요점만 말하는 연습이 필요하다. 그러면서 삶에서 대부분의 일들이 다른 사람과 관계되어 있음을 명심해야 한다. 만일 자신이 진정으로 자신의 일을 도울 사람이나 그들로부터 인정받기를 원한다면 마음을 가볍게 해야 하며, 말하기 전에 10까지 헤아리면서 사람들에게 휴식을 취할 수 있도록 한다. 자신의 전형적인 머리 쓰는 일에서 벗어나기 위해서는 의도적으로 위원회나 스포츠 팀에 들도록 하여 몸을 적극적으로 움직여야 한다. 한편, 자신의 감정을 아는 것부터 시작해서 감정의 가치와 힘을 인식하도록 하고 자기 자각의 시간이나 개인의 성장 가능성을 추구하여야 한다.

⑦ 이들 유형의 일반적인 특성을 종합하면 행동하기보다 책(책 중독)을 통해서 배운다. 높은 직관력으로 통찰하는 재능과 지적 관심이 많다. 조용

하고 말이 없으나, 자기의 관심 분야에서는 말을 많이 한다. 정서 표현이 별로 없어 친해지기 전에는 이해하기 어렵다. 기분이나 감정도 생각을 통해서 한다. 지나치게 지적이고 추상적이며, 설명이 너무 이론적이다. 황당무계한 공상을 잘한다. 비현실적이며 비약이 심하다. 타인에게 별로 관심이 없다. 생각은 창의적인데 실천이 부족하다. 조직이나 단계, 계통 등에 약하다. 충동적이다. 매뉴얼 보기를 싫어한다. 정장을 싫어한다. 패션 감각이 둔하다. 드라마, 한국영화를 잘 안 본다. 뻔한 이야기나 서론이 긴 것을 참기 어렵다. 주관이 뚜렷하고 자신은 합리적이라 생각한다. 꼭 필요한 것이 아니면 잊어버린다(건망증). 머릿속에 있다가 막판에 후다닥 일 처리를 한다. 한 끼 때우면 된다. 남들이 좋아하는 연예인이나 액세서리 등에 관심 없다. 추리소설을 좋아한다. 잡담 모임 후에는 허무감을 느낀다. 친한 친구라도 일 없으면 연락 안 한다. 공상과 상상 속에 있을 때가 많다.

(15) ENTP(사고를 부기능으로 한 외향적 직관형 : 발명가형)

이들 유형은 기본적으로 혁신적이고, 개인주의적이고, 다재다능하고, 분석적이며, 기업가적 아이디어에 매력을 느낀다. 또한 이들 유형들은 민첩하고 독창적이며, 안목이 넓고 다방면에 관심과 재능이 많다. 창의력이 풍부하다. 풍부한 상상력과 새로운 일을 시도하는 솔선적인 모습이 강하며, 논리적이다. 새로운 문제나 복잡한 문제의 해결 능력이 뛰어나며, 사람들의 동향에 대해 기민하고 박식하다. 그러나 일상적이고 세부적인 일을 경시하고 태만하기 쉽다. 즉, 새로운 도전이 없는 일에는 흥미가 없으나, 관심을 갖고 있는 일에는 대단한 수행능력을 가지고 있다. 발명가, 과학자, 문제해결사, 저널리스트, 마케팅, 컴퓨터 분석 등에 탁월한 능력이 있다. 때로 경쟁적이며, 현실보다는 이론에 더 밝은 편이다.

① 조직에 대한 공헌 부분에서 이들 유형들은 한계를 극복해야 할 도전으

로 간주하고 새로운 수행 방법을 마련하며, 문제에 대해 개념적 준거를 제공한다. 또한 이들은 주도권을 쥐고 남을 몰아치면서 복잡한 도전을 즐긴다.

② 리더십 스타일 부분에서 이들 유형들은 조직의 요구를 제기할 이론적 시스템을 계획하고 다른 사람의 독립성을 고취한다. 또한 논리, 시스템적인 사고를 적용하여, 자기가 하려는 바를 위해 확고한 명분을 활용하면서 사람과 시스템간의 촉매제 역할을 수행한다.

③ 선호하는 작업(업무)환경 부분에서 이들 유형들은 복잡한 문제를 해결하는 모델 개발에 전력하고, 독립적 부하와 융통성과 도전성이 있는 환경을 선호한다. 또한 이들은 변화 지향적 분위기와 유능한 사람들이 있는 조직, 자율을 고취하는 분위기, 비관료적인 분위기와 더불어 리스크테이킹(risk taking)을 보상받는 분위기를 선호한다.

④ 잠재적 결합과 개발할 점에 대한 이들 유형들의 잠재적 결합으로는 모델에 몰입하여 현재의 실체를 망각하고 다른 사람의 노력에 대해 경쟁적이되어 인정하지 않으며, 자신을 과도하게 확장하고 표준 절차에 잘 적응하지 못한다. 한편, 이들 유형들이 개발할 점으로는 지금 여기에 주의를 기울일 필요가 있으며 다른 사람의 노력을 인식하고 인정하면서 현실적 우선순위와 일정계획을 세울 필요가 있다. 또한 자신의 프로젝트를 위해 시스템 내에서 어떻게 일해야 하는지를 배워야 한다.

⑤ 이들 유형의 일반적인 강점으로는 새로운 프로젝트, 생산품, 판로, 업무 등에서 에너지와 추진력을 제공하고, 열성적으로 일을 시작한다. 또한 문제에 영향을 미치거나 문제를 해결하기 위한 하나의 전략으로써 조직을 활용하며, 재난을 당했을 때조차도 이들은 가능성을 본다.

⑥ 이들 유형들에 대한 지도를 위한 제안으로는 일에 대한 다른 사람의 수고를 평가해 보고 칭찬할 부분에 대해서는 칭찬을 하면서 자신의 방식에 대한 피드백을 타인에게 부탁을 한다. 그러면서다른 사람이 어떻게 느낄

지 혹은 어떻게 반응할지를 스스로 상기해 봐야 한다. 또한 다른 누가 인정받을 만한지 스스로에게 질문해 보면서 보상할 때에는 약간의 '발언석'을 주도록 해야 한다. 다른 사람과 함께 주목받는 것은 자신의 '인적자원'을 증대시키는 것임을 명심하면서 모든 측면에서 모델이 필요한 것은 아니며, 많은 사람들이 모델 때문에 어찌할 바를 모르게 되고 오히려 간단한 대답을 선호한다는 점을 스스로에게 상기시키도록 한다. 사실 그러한 행동을 함으로써 더 많은 곤경에 처하게 되어 그러한 행동이 가치가 있다기보다는 고통이지 않았는지, 스스로에게 질문을 해봐야 한다. 그러한 '행동을 했을 때'와 '하지 않았을 때'의 실제적인 대가의 목록을 만들어 보며 또한 반성하고 재창조하여 원기를 회복할 시간을 갖도록 하여야 한다. 그리고 그 새로운 기회를 잡기 위해서는 포기해야 할 필요가 있는 것은 무엇인지 질문을 해봐야 한다.

⑦ 이들 유형의 일반적인 특성을 종합하면 한 번 들은 애기를 또 듣는 건 싫어한다. 여자인 경우 치마를 두른 남자 같다. 복잡한 문제일수록 쉽게 해결한다. 마음만 먹으면 못하는 것이 없다. 전공이 여러 가지이다. 굉장히 다재다능하고 능력이 있다. 단어 하나로 2시간도 이야기한다. 초·중·고등학교의 규칙생활이 힘들 수 있다. 일상적인 일에 쉽게 싫증을 느낀다. 007 제임스 본드형이다. 인간관계가 자유롭다. 똑같은 강의를 반복 못한다. 관심분야는 대단히 박식하지만, 관심 없는 분야는 대단히 무식하고 경쟁심이 많다. 일상적이고 반복되는 일은 지루하고 힘들어한다. 항상 새로운 것을 추구한다. 빠뜨리거나 빼먹는 일이 많다. 다른 누구의 권유나 참견은 질색이다. 자기의 판단에 따라 행동한다. 끈기 있게 한 가지 일에 몰두하지 못한다. 말이 나오는 대로 막 말할 수 있다. 처음 보는 사람과도 금방 친해진다. 팔방미인, 눈썰미가 좋다. 길게 설명하는 것을 싫어한다.

(16) ENTJ(직관을 부기능으로 한 외향적 사고형 : 지도자형)

이들 유형은 기본적으로 논리적, 조직적, 체계적, 객관적이며, 자신이 개념상 타당하다고 보는 견해에 대해 확고한 경향이 있다. 또한 이들 유형들은 열성이 많고 솔직하고, 단호하고, 지도력과 통솔력이 있다. 장기적 계획과 거시적 안목을 선호하며, 지식에 대한 욕구와 관심이 많다. 특히, 지적인 자극을 주는 새로운 아이디어에 높은 관심을 가졌다. 일 처리에 있어 사전준비를 철저히 하며, 논리 분석적으로 계획하고 조직하여 체계적으로 추진해 나가는 형이다. 다른 사람의 의견에 귀를 기울일 필요가 있으며, 자신과 타인의 감정에 충실할 필요가 있다. 자신의 느낌이나 감정을 인정하고 표현함이 중요하며, 성급한 판단이나 결론을 피해야 한다. 그렇지 않으면 누적된 감정이 크게 폭발할 가능성도 있다.

① 조직에 대한 공헌 부분에서 이들 유형들은 주도면밀한 계획을 개발하고, 조직에 대해 체계를 확립한다. 또한 큰 목표에 맞는 전략을 구상하면서 신속하게 착수하고 혼란과 비효율성으로 빚어진 문제에 직접 대응을 한다.

② 리더십 스타일 부분에서 이들의 유형들은 행동 지향적, 열성적 접근 방법을 취하면서 조직의 장기비전을 마련한다. 또한 이들은 필요한 경우 직접 관리하고 확고부동하며, 복잡한 문제를 선호하고 가능한 조직을 운용하려 한다.

③ 선호하는 작업(업무)환경 부분에서 이들 유형들은 복잡한 문제의 해결에 관심있는 결과 지향적이거나 독립성이 강한 구성원과 목표 지향적인 분위기, 도전적인 분위기를 선호한다. 또한 이들은 결단성에 대한 보상을 받는 분위기와 의지가 강한 사람들이 있는 분위기, 체계적인 환경 등을 선호한다.

④ 잠재적 결합과 개발할 점에 대한 부분에서 이들 유형들의 잠재적 결합으로는 과업에 대한 자신의 관심 때문에 사람들의 욕구를 간과하며, 실질

적인 고려사항과 제한사항의 간과해 버린다. 더불어 너무 급하게 결정해 버리고, 참을성이 없고, 강압적으로 보이면서 자기 자신의 감정을 무시하고, 억압한다. 한편, 이들 유형들이 개발할 점으로는 인간적 요소에 대한 요인 분석과 다른 사람의 공헌을 인정할 필요가 있으며, 앞으로 달려나가기 전에 실질적, 개인적, 상황적 가용자원을 검토해야 한다. 그리고 무엇을 결정하기 전에 모든 측면을 숙지하고 고려할 시간적인 여유와 함께 감정을 확인하고, 그 가치를 이해하는 방법을 배울 필요가 있다.

⑤ 이들 유형의 일반적인 강점으로는 다른 누구보다도 자신이 잘할 수 있다고 믿는데, 이는 미래 목표달성을 위해 총력을 다한다는 의미이다. 또한 이들은 어떤 상황이나 문제에 관계하는 모든 요소들을 다 동원하여 체제라는 관점에서 생각을 하며, 결함을 찾아내어서 만일 그 결점을 제거한다면 무엇이 달성될 수 있는지에 초점을 둔다.

⑥ 이들 유형들에 대한 지도를 위한 제안으로는 반드시 전문가라고 생각되지 않더라도 다른 사람의 개입을 이용하면서, 가장 자신을 거부할 것 같은 사람을 찾아서 그들에게 자신의 이전 아이디어를 전해보아야 한다. 또한 다른 사람과 자원에 대한 현실적인 기대를 설정하여 많은 문제를 해결하는 데에는 시간과 자원이 그 만큼 더 필요하다는 실질적인 장애를 극복하지 않으면 안되며, 다른 사람이 지니고 있는 잠재된 지도력을 개발하고 지도해야 한다. 더불어 자신이 통제하고자 하는 욕구를 관찰해보면서 모든 사람 혹은 모든 사건이 목표와 목적을 필요로 하는 것은 아니므로, 현재를 사는 연습을 강화하면서 자신의 사고 과정에 약간의 한계를 설정해 두어야 한다. 이는 때때로 단순한 것이 더 좋다는 점을 스스로에게 상기시키도록 하는 것이다.

⑦ 이들 유형의 일반적인 특성을 종합하면 타고난 지도자형이며, 조직적, 체계적, 계획적이다. 일은 일대로 하고 욕은 욕대로 먹을 수 있다. 너무 완벽을 추구하기 때문에 남이 비집고 들어갈 틈이 없다. 상상을 많이 한

다. 혼자 있는 것을 싫어한다. 동물을 별로 좋아하지 않는다. 고집이 세고, 호기심이 많다. 지적 욕구가 강하다. 감정 표현이 솔직해서 타인이 상처를 받을 수 있다. 사람보다 일을 중시한다. 항상 계획을 하고 실행한다. 일상적으로 반복되는 일을 싫어한다. 가끔 엉뚱할 때가 있다. 변화가 있는 생활을 즐긴다. 어려운 일을 만나도 자극이 되어 쉽게 처리한다. 지적 능력 향상에 노력하고자 한다. 권위적이지 않다. 미래에 대한 꿈이 크다. 솔직하고 결단력, 통솔력이 있으며, 거시적인 안목으로 일을 추진해 나간다.

Ⅷ. 에니어그램

9가지 성격 유형

참고 자료

- 윤태익 의식발전소 자료(www.taxiyoon.com)
- 에니어그램 코리아 자료(www.eko9.com)
- 한국 에니어마인드연구소(www.enneamind.com)
- 에니어그램 이야기(www.enneagram21.com)
- 에니어그램심리연구소(www.enneagram.co.kr)
- 한국 에니어그램교육연구소(www.kenneagram.com)
- 심리검사도구의 이해와 활용(OPE교육지기 : www.ope.co.kr)
- 타고난 성격으로 승부하라(더난, 2003)
- 에니어그램의 지혜(한문화, 2000)
- 에니어그램으로 보는 우리 아이 속마음(연경, 2001)
- 성격을 알면 성공이 보인다(중앙 M&B, 2003)
- 내 안에 접혀진 날개(열린, 1999)
- 자아발견 위한 여행(성바오로, 2000)
- 9가지 성격(대청, 1998)
- 에니어그램(성서와 함께, 1995)
- 에니어그램 동반여행(2002)
- 에니어그램 이야기(중앙적성, 2004)
- 나는 내 성격이 좋다(윤태익)
- 윤태익 의식 혁신 세미나 자료
- 〈문화일보〉 기사(2005. 11. 14)
- 뇌답 교육 과정
- 유답 교육 과정
- 에니어그램 정복(학지사, 2002)

1 에니어그램(Enneagram)의 이해

1) 에니어그램의 의미

에니어그램은 에네아(Ennea : 아홉) + 그라마(Gramma : 그림, 점)의 합성어이다. 에네아와 그라마는 희랍어로 에네아는 아홉을 의미하고, 그라마는 영어에서 점(point), 그림(draw) 또는 기록(something recorded)를 의미한다. 인간에게는 아홉 가지 내면 집착이 있다. 이는 기질같이 타고난 에너지를 일컫는데, 개인이 처한 환경에 영향을 받아 현실의 성격으로 나타난다. 그런데 이 내면 집착이란 사실은 인간이 가지는 신성한 본질에 근원을 둔다. 인간은 영적인 존재이며, 그것은 자신 안에 우주와 합치할 수 있는 본질을 가진다는 의미이다. 그런데 그러한 본질을 가지고 있음에도 그 사실은 이미 망각되었다. 본질이 집착으로 왜곡된 것이다. 본질적인 가치는 다음과 같은 평화, 완전함, 사랑, 진실, 창조력, 지혜, 신뢰와 믿음, 기쁨과 충만함, 순수함 등의 단어로 표현될 수 있다.

우리는 삶을 통해 끊임없이 이러한 가치들을 추구한다. 그러나 이러한 본질적인 가치를 자기의 좁은 틀, 시간과 공간이라는 제한된 틀 속에서 자기식대로 해석함으로 인해 즉, 절대적인 가치에 집착함으로 인해 그 본질적인 기운을 잃게 된 것이다. 중세 이슬람교의 수피파 사이에서는 에니어그램이라는 아홉 개의 점, 원을 '신의 얼굴' 이라고 불렀다. 아홉 가지의 성향은 각각이 신성(神性)의 일면인데, 문제는 신성을 내재하고 있으면서도 인간은 그것을 스스로 자신의 성격(에고) 안에 가둬놓음으로써 신성으로부터 멀어졌고, 아이러니하게도 신성을 되찾기 위해 더욱 더 자신의 성격에 매달리게 된다는 것이다. 에니어그램은 자신이 어떤 집착 때문에 균형이 깨졌는지 알도록 도와주어 궁극적으로는 신성을 가진 우리의 본질을 재인식하도록 안내하는 내면의 성찰도구이다.

2) 에니어그램의 기원

에니어그램은 기원전 약 4000년 이상으로 거슬러 올라간다. 어떤 사람들은 피타고라스로부터 그 기원을 찾기도 한다. 그러나 대략 A.D. 10세기를 전후해서 이슬람교 신비주의 수도승인 수피파에 의해서 구전으로 전해져 오면서 비장(秘藏)되어 일반인에게는 알려지지 않았다고 한다. 서구 세계에 알려지게 된 것은 소련 모스크바 서클(Moskva circle)의 정신적 지도자 구르지예프(1872~1949)에 의해서였다. 그것이 미국과 유럽 쪽으로 전파되었고, 구르지예프의 제자인 오르펜스키를 통해 에니어그램을 접한 미국의 오스카 이차조에 의해 현대의 '에니어그램' 이 드러나게 되었다. 미국에 소개된 에니어그램은 인간 이해를 통한 상담과 피정에서의 영성지도, 세미나를 통해 많이 보급, 활용되고 있다. 많은 사람들이 '에니어그램' 을 통해 숨겨진 자신의 내면을 이해하고 이를 통해 상대방을 이해하며, 더 나아가 개개인의 내면적 소질 및 기질에 따른 직업선택, 업무 배치 등 다방면에서 이용되고 있다. 우리나라에 소개된 것은 약 15년 정도 되었는데, 주로 성직자, 수도자들의 내면 성찰도구로 사

용되다가 최근 4~5년 사이에 급속도로 번지면서 인간 이해를 위한 심리프로
그램의 하나로 확고하게 자리잡아가는 추세이다.

3) 에니어그램의 상징

에니어그램의 상징에 대한 이해는 다음 **그림 8-1**에 나타낸 모습을 통하여 그
에 대한 세부 영역은 크게 세 가지 관점으로 이해될 수 있다.

[그림 8-1. 에니어그램의 상징]

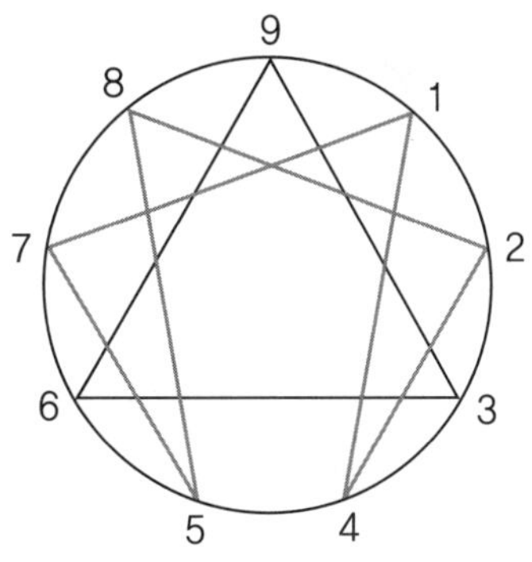

(1) 원(circle)

원은 우주의 만다라, 해탈을 상징한다. 모든 인간은 본질적으로 존재의 근
원인 우주와의 합일을 지향해 나간다. 인간을 소우주로 이야기하는 동양철학
의 관점은 기독교, 불교와도 합치한다. 인간을 하느님의 모상으로 간주한 기독
교 사상, 모든 중생을 부처로 여긴 불교 사상에서 그 단서를 본다. 우리의 본질
적인 내면은 곧 우주의 운행 질서에 합치되며, 우리는 끊임없이 그 상태를 회
복하기 위해 생을 거듭한다. 원은 시·공간이라는 한계 속에서도 시공간을 초
월하여 영원한 우주 존재로서의 인간 본질에 대한 깨달음을 찾아가는 구도, 해

탈을 상징한다. 영원과의 합일이라는 궁극적인 바람을 지향하면서 본질과 현상에 대한 통합의 길을 안내하고 있다.

(2) 삼각형(triangle)

동양철학에서는 천지인의 합일, 기독교에서는 성부, 성자, 성령의 삼위일체와 불, 법, 승이 결국은 하나라는 불교의 삼신일체론 등의 현상의 균형을 통해 본질과의 일치를 지향하는 인간의 바람을 삼각형이 상징한다. 인간에게서는 이성, 감성, 의지의 통일을 통해 인격적인 균형을 이루고 궁극적으로 자아 완성으로 나아간다. 그러나 이성, 감성, 의지 중 하나에 집착함으로 인해 균형을 잃게 된다. 주어진 상황에서 기꺼이 세 가지 에너지가 스스로 풀려나올 수 있도록 '나'를 버리는 작업을 통해 인격의 균형을 이루는 것이 우리 삶의 숙제라는 사실을 깨달아야 한다.

(3) 헥사드(hexad)

원래 희랍어 헥사(hexa, 헥사드는 영어식 표기)는 숫자 6, 여섯을 뜻한다. 트라이앵글(삼각형)과 헥사드가 합해져 에니아(ennea, 9)가 되는 것이다. 존재하는 모든 것들은 언제나 주어진 환경, 시공간의 변화에 따라 끊임없이 스스로를 적응해감에 따라 변화를 일으킨다. 모든 존재자는 변한다는 것을 헥사드가 상징한다. 그러나 변화는 제멋대로 일어나지 않는다. 반드시 일정한 규칙을 가지고 발전과 퇴행의 에너지로 나타난다.

1 - 4 - 2 - 8 - 5 - 7 - 1 로 순환된다. 헥사드를 7의 법칙이라고 이야기하는데, '에니어그램 이야기'에서 7의 법칙과 상관없는 5각형이라고 이야기한 것은 현대의 에니어그램이 사람의 성격 유형에 국한되어 이야기되고 있는 까닭에 사람의 내면에서 변화의 계기로써 다섯 가지의 현 실태를 이야기하기 위해 도입된 임의적인 개념임을 밝힌다. 인간은 주어진 환경에 적응하기 위해 끊임없이 자신을 변화된 상황에 맞춘다. 자신이 지지받지 못하는 상황에서는 퇴

행하고, 지지받는 긍정적인 상황에서는 발전한다. 헥사드는 인간이 변화해서 현실화할 수 있는 에너지의 역동적인 관계를 구체적으로 보여주고 있다.

4) 힘의 중심

사람에게는 세 가지 힘의 중심(장(의지), 가슴(감성), 머리(이성))이 있어 그 중 한 가지에 가장 많이 집착함에 따라 일상적인 행위와 사고 반경에 영향을 미친다고 보고 있다.

(1) 장 중심(8, 9, 1번 유형)

이들은 청각과 후각이 발달한 사람들이며, 감(感 : 저 놈은 힘이 세다, 또는 약하다)이 발달되어 있다. 이들은 냉혹한 현실을 조정하고 질서 회복을 위하여 본능적으로 대응한다. 본능 중심, 원동력 중심, 생명력 중심, 즉각적이고 감각적인 경향이 있다.

담력이 있고 용감하며, 객관적이고 원칙적이다. 무의식적으로 힘과 정의에 관심을 가지며(지배욕), 단도직입적이고 공격적이다. 자기 영토(영역)를 주장한다(경계가 확실하다). 무언가를 결정을 내릴 때 인간존중이나 공적인 인상, 혹은 그들의 개인적인 감정을 거의 고려하지 않는다. 이들은 겉으로는 자기 확신을 갖고 있는 강한 사람으로 보이나, 속으로는 도덕적인 자기 의심으로 괴로워한다. 장형들에게 가장 다루기 어려운 감정은 분노이다. 참선수행, 완전 몰입된 명상 등의 방법을 통해 분노의 감정을 다스릴 수 있다.

(2) 가슴 중심(2, 3, 4번 유형)

이들의 관심은 주로 다른 사람과의 관계에 집중되어 있으며, 타인을 향해 에너지가 움직인다. 다른 사람들의 주의를 끌려고 하며, 외부의 인정을 받으려는 욕구가 강하고 상처를 많이 받는 경향이 있다(의리, 정, 애정에 매달린다).

특정한 상황에 끼어들면서(저 사람이 나에게 우호적인가, 아니면 적대적인가?) 본능적으로 관심이 간다.

이들은 이미지에 관심이 많고 자신의 이미지로 진정한 자신을 대체한다. 겉으로는 자기 확신이 강하고 쾌활하며 조화롭게 보이나, 속으로는 공허감, 무력감, 슬픔, 수치심을 느낀다. 무엇을 결정할 때 그들은 관여된 사람이나 그 결정으로 영향을 받게 될 사람들을 고려한다. 이들은 수치심의 감정에 자주 직면한다. '명상기도'를 통해 수치심, 불안감을 다스릴 수 있다.

(3) 머리 중심(5, 6, 7번 유형)

이들은 관찰, 분석, 비교, 대조의 사고과정을 통하여 상황을 파악한다. 생각한 후에 행동으로 옮기며 방법론을 통해 일에 임한다. 주로 사고를 많이 하고 행동은 약하다(마무리에 약하다). 참된 고독을 위한 공간을 갖고 싶어 하고 성찰을 위해 한 걸음 물러나는 자세를 취하거나(관찰하는 자세) 공동체 또는 그룹 안에서 피난처를 찾는다. 다른 사람들의 의견수렴 없이 전반적인 사태 파악을 위해 자신의 사고와 숙고에만 매달린다. 감성보다는 이성이나, 행동에 집중해 있으므로 차갑고 냉정해 보일 수 있다. 어떤 일을 결정할 때 이들은 그것이 논리적이고 이성적이며, 타당성이 있는지 그리고 그것이 권위자와 자기가 속한 단체에서 받아들여질 수 있는지에 마음을 쓰며, 권위자의 의견에 많은 신경을 쓴다. 이들이 가장 직면하기 어려워하는 감정은 두려움, 공포이다. '염불기도, 구성기도'를 통해 두려움, 공포의 감정을 다스릴 수 있다.

5) 내면 성찰시 주의점

자신의 내면 집착(유형)을 찾을 때는 자기 성격의 부정적인 면(좋지 않은 면)에 주목해야 한다. 스트레스를 받거나 화가 났을 때 우리는 숨길 수 없는 자신의 성향을 만난다. 습관적으로 행해왔기 때문에 문제가 된다고 여기지 않았던 일상적인 자신의 행동들을 의식하고 느껴본다. 부정적인 자기 모습을 통해 내면을 알아가는 에니어그램의 독특한 방법 때문에 우리는 드러내놓고 인정하기 싫은 자신의 모습, 사람에 따라서는 평상시 자신의 문제라고 여겨왔지만 내놓고 직면하기 두려웠던 자기 성격을 거울을 쳐다보듯이 봐야 할 것을 요구 받는다. 그렇게 하기 힘들 때 즉, 그럴 이유를 스스로 찾기 힘들다고 여긴다면 에니어그램은 그에게 더 이상 의미가 없으며, 단지 지적 유희로, 그 자신의 고정틀을 하나 더 배가하는 결과가 될 것이다. 진정으로 자기를 찾고 싶다면 보기 싫고 직면하기 어려운 자신의 문제를 자기 것으로 인정할 수 있는 용기와 정직성이 반드시 필요하다. 정직성의 토대 하에 부정적인 자기 모습을 인정하는 용기는 진실을 찾는데 최고의 지름길이다. 무엇보다 행동의 동기에 주목해야 한다. 배고프면 밥 먹고 '나'를 무시하면 분노가 일어나는 인간 존재의 행동과 감정 표출은 대동소이하다. 그러므로 외견상 똑같은 행동을 할 때 예를 들어, 4번과 7번이 똑같이 기성복을 거부한다면 거부하는 이유가 무엇인지를 보아야 한다는 것이다.

4번은 자신의 개성이 드러나지 않는 까닭에, 7번은 정형화된 것은 지루하고 틀에 박혀 재미가 없기 때문에 싫어하는 것이다. 똑같은 행동이라도 그 행동의 동기가 무엇이냐를 분별해야 성격 유형에 올바로 접근할 수 있다. 집착은 동기에서 구별된다. 어떤 번호도 다른 번호보다 더 우월하거나 열등하지 않다. 에니어그램의 모든 유형을 '신의 얼굴'이라고 본 수피들의 관점을 기억할 필요가 있다. 우주 본질에 대한 체험을 자신의 소명 속에서 어떻게 받아들이느냐가 다를 뿐이다. 우열을 가린다면 그것은 그 사람만의 기준, 자기 집착에 따른 판단일 뿐이다. 또는 특정한 문화 속에서 형성된 상대적인 가치관에 기인하는 것이다. 각 번호는 틀린 것이 아니고 다만 서로 다른 것을 추구할 뿐이다. 서로 다름 속에서 조화와 균형을 찾으려는 것이 에니어그램의 진정한 의미이다.

2 에니어그램(Enneagram)의 유형 진단

에니어그램은 나와 남을 알고, 이해하고, 받아들임을 실천하는 성찰적 인간학이라 할 수 있다. 이와 같은 의미에서 에니어그램 유형 진단의 전반적인 타당성을 분명히 하기 위해서는 정직하고 사려 깊으며, 각 항목에서 평상시 자신의 태도나 감정이 반영된 문장을 신중하게 선택하는 것이 필수적이다. 즉, 각 문항에 대한 옳고 그름이 없으면 단지 진단자의 성향에 대한 명확한 이해의 장이라고 할 수 있다. 에니어그램의 주된 목적은 자신의 성격 유형을 발견해 내는 것에 있다. 즉, 본래 태어날 때 형성된 진정한 나의 참모습을 발견하게 하고, 깊은 자신의 내면 성찰을 통하여 왜곡되고 굴절된 자신의 모습을 있는 그대로 받아들일 수 있도록 하며, 가족구성원과 나, 사회공동체와 나와의 관계를 바람직하게 개선시키고 성숙을 돕는 데 진단의 목적이 있다고 할 수 있다. 에니어그램 유형 진단에 관한 내용은 일반적인 유형 진단과 짧은 진단의 제시를 통하여 보다 객관적인 자신의 유형 진단에 활용하기를 기대해 본다.

1) RETI(Riso Enneagram Type Indicator)유형 진단하기

RETI의 유형 진단서는 쌍으로 이루어진 144개의 문항으로 구성되었다. 그에 대한 실시 방법과 주안점 및 채점 방법에 대해 다음과 같이 알아보기로 하자.

① 실시 방법 및 주안점

이 검사 방법은 두 개씩 짝지어진 문항 중 자신에게 가장 적절한 것을 택하여 응답하는 양자택일 형식의 검사이다. 특히 짝지어진 문항이 비록 자신에게 적합하지 않더라도 반드시 자신에게 더 가깝게 기술된 문항 하나는 선택하여야 한다. 이 검사의 문항들은 성격 유형들간의 미세한 차이를 구별하기 위하여 만들어진 것이므로 어떤 것이 자신에게 더 적합한지를 신중히 선택하여야 한다. 또한 모든 문항에 대하여 '옳고, 틀림'이 없으며, 각 문항들은 자신의 평상시 태도나 감정이 반영된 것에 선택을 하여야 하며, 응답이 어렵다고 문항을 빠뜨린다면 잘못된 결과를 낳을 수 있으므로 반드시 주어진 문항에 확인을 해야 한다. 한편, 이 검사에 대하여 특별히 시간제한은 없으며, 편안한 분위기에서 진정한 자신의 성격 유형을 찾아볼 수 있기를 기대해 본다.

②RETI 검사

NO	주요 내용	A	B	C	D	E	F	G	H	I
예	나는 오랜지를 좋아한다			√						
	나는 사과를 좋아한다						√			
1	나의 가장 큰 자산 중의 하나는 감정이 풍부한 것이다		√							
	나의 가장 큰 자신 중의 하나는 생각이 예리한 것이다			√						
2	쉴 줄도 알지만, 나는 기본적으로 열심히 일한다								√	
	야심만만하기도 하지만, 기본적으로 태평한 편이다					√				
3	사람들이 나에게 의지할 때 기분이 좋다									√
	사람들이 나에게 의지할 때 마음이 편치 않다		√							
4	사람들은 내가 침착하고 자제력이 있다고 한다								√	
	사람들은 내가 명랑하고 거침이 없다고 한다						√			
5	나는 때때로 나의 문제에 대해 지나치게 초조해 한다	√								
	나는 때때로 나의 문제에 대해 지나치리만큼 생각을 안 하려고 한다					√				
6	나는 동정심이 있고 사람들이 나에게 말하는 것을 잘 수용하는 편이다									√
	나는 회의적이며, 내가 듣는 모든 이야기를 믿지 않는 편이다						√			
7	삶에는 좋은 일이 그토록 많은데 무엇 때문에 부정적으로 생각하는가?				√					
	비판적이고 싶지는 않지만, 일이 잘못될 때 지적하지 않을 수 없다			√						
8	나는 실제적 결과보다 내 영감을 더 중요하게 생각한다			√						
	나는 현실주의자이며, 나의 일이 구체적인 결과를 가져오길 원한다								√	
소계		A	B	C	D	E	F	G	H	I

NO	주요 내용	A	B	C	D	E	F	G	H	I
9	• 인정하기는 싫지만, 나는 불필요하리만치 다른 사람의 일에 끼어든다									
	• 인정하기는 싫지만, 나는 별것 아닌 문제들을 커다란 문제가 될 때까지 방치한다									
10	• 괴로움에 처할 때, 나는 감정적이지 않고 이성을 찾으려 한다									
	• 괴로움에 처할 때, 나는 걱정하며 동동거리는 편이다									
11	• 나는 적응력이 강하고 대부분의 상황에 적절히 대응할 수 있다									
	• 나는 새로운 상황을 두려워 하며, 상황에 적응하기 위해서는 어느 정도의 시간이 필요하다									
12	• 나는 친한 사람과 애정을 보여줄 사람을 필요로 한다									
	• 나는 사람들과 일정한 거리를 유지하길 원한다									
13	• 나에게는 이야기꾼이나 연예인 같은 기질이 있다									
	• 나에게는 교사나 개혁가 같은 기질이 있다									
14	• 나는 때때로 강요하는 것을 불평하기는 해도 내가 발전하기 위해서 강요는 필요하다									
	• 나는 강요를 견디기 어려우며, 내 스스로 할 때 가장 효과적이다									
15	• 나의 성공의 대부분은 내가 남에게 호감을 주는 재능이 있음으로 해서 이루어진다									
	• 나의 성공의 대부분은 인간관계에는 별로 재능이 없음에도 이루어졌다									
16	• 나는 자신감과 강렬한 성격으로 사람들을 설득시킨다									
	• 나는 정직함과 합리적인 논쟁으로 사람들을 설득시킨다									
17	• 나는 능력과 분수에 맞게 살지 못할까 염려한다									
	• 나는 살아가면서 좋은 것들을 놓치게 될까 염려한다									
18	• 나는 사람들을 믿을 만하다고 확신이 설 때까지 지켜본다									
	• 나는 사람들에게 매우 개방적이며, 만일 그들이 내가 생각한 것과 다를 때 놀란다									
19	• 사람들은 나를 수완이 좋고 매력적이며, 야망이 있는 것 같다고 말한다									
	• 사람들은 나를 직선적이고 교과서적이며, 이상주의 같다고 말한다									
20	• 나는 문제가 있으면 풀릴 때까지 그것만 골똘히 생각함									
	• 나는 문제를 해결할 방법을 찾을 때까지 다른 것으로 자신을 달래곤 한다									
21	• 나는 필요할 때 지도력을 발휘하긴 하지만, 의사결정력이 뛰어나진 않다									
	• 나는 쉽게 지도력을 발휘하며, 의사결정력에도 문제가 거의 없다									
소계		A	B	C	D	E	F	G	H	I

NO	주요 내용	A	B	C	D	E	F	G	H	I
22	•나는 낭만적이며, 여러 가지 감정에 자신을 내맡긴다		X							
	•나는 논리적이며, 지나치게 감정에 치우치는 것을 좋아하지 않는다				X					
23	•나는 '폭풍' 같은 사람이고 감정폭발을 잘한다						X			
	•나는 항상 깊게 흐르는 물과 같은 '원만한' 사람이다					X				
24	•나는 사람들과 교류하거나 정서적인 것으로 시간을 보낸다			X						
	•나는 관념적이고 지적인 것으로 시간을 보낸다									X
25	•사람들은 내가 자주 긴장하는 것 같다고 말한다	X								
	•사람들은 내가 자주 풀려있는 것 같다고 말한다						X			
26	•대체로 나는 추상적인 관념보다 실제적인 결과에 중시한다								X	
	•대체로 실현 가능한 실제적 결과보다는 이상을 중시한다					X				
27	•어떻게 해야 할지 모를 때, 나는 다른 사람에게 기꺼이 조언을 구한다	X								
	•의사결정을 할 필요가 있을 때, 무엇이 최선인지 알아내기 위해 나는 여러 방면으로 노력한다						X			
28	•나는 내가 때때로 더 격정적이고 감상적이 될 수 있다고 생각한다				X					
	•나는 내가 때때로 더 냉담하고 이성적일 수 있다고 생각한다								X	
29	•나는 시간을 염두에 두지 않고, 가능한 한 구조화되지 않을 때 일을 잘한다				X					
	•나는 시간을 매우 의식하고, 일을 하기 위해서는 구조화해야 한다				X					
30	•나는 나의 약함이 다른 사람에게 알려지는 것에 신경쓰지 않으며, 종종 알려지기도 한다				X					
	•나는 나의 약함이 다른 사람에게 알려지는 것을 원하지 않으며, 알려지는 경우는 드물다								X	
31	•나의 가장 심오한 욕구 중 하나는 나를 둘러싼 세계를 이해하는 것이다				X					
	•나의 가장 심오한 욕구 중 하나는 다른 사람들과 가까워지는 것이다						X			
32	•불행하게도 나의 건강상의 문제는 지나친 염려 때문이다									X
	•불행하게도 나의 건강상의 문제는 나의 나쁜 습관 때문이다				X					
33	•만일 내가 출세와 친구들 중 하나를 선택해야 한다면 나는 출세를 택하겠다	X								
	•만일 내가 출세와 친구 중 하나를 선택 한다면 나는 친구를 택하겠다	X								
34	•나는 모든 일을 깊이 생각한 후에야 행동한다				X					
	•나는 잘할 수 있다는 자신감을 가지고 재빨리 행동한다								X	
소계		A	B	C	D	E	F	G	H	I

NO	주요 내용	A	B	C	D	E	F	G	H	I
35	• 나는 곤란에 빠졌을 때 내 전술을 바꾼다							■		
	• 나는 곤란에 빠졌을 때 더 열심히 노력한다				■					
36	• 대체로 나는 과거 지향적이다		■							
	• 대체로 나는 미래 지향적이다						■			
37	• 나는 사람들이 고통받는 것을 보고싶지 않으므로 대부분의 경우 뛰어들어 도와준다									■
	• 나는 사람들이 나빠지는 것을 원치 않으나, 그들이 스스로 노력한다면 방법을 가르쳐주겠다								■	
38	• 나는 어떤 분야의 전문가가 되기 위해 많은 부분을 희생할 수 있다			■						
	• 나는 나 자신과 사랑하는 사람들의 안정된 생활을 위해 많은 부분을 희생할 수 있다	■								
39	• 나는 자신을 방치해서 갈 때까지 가게 하는 것이 좋다							■		
	• 나는 나 자신에 대한 통제력을 잃고 싶지 않다					■				
40	• 나는 사람들이 나를 좋아하게 하기 위해 애를 쓴다							■		
	• 사람들은 그냥 나를 좋아하는 것 같다						■			
41	• 나는 날씨와 같이 끊임없이 변화한다						■			
	• 나는 바위와 같이 견고하고 한결같다				■					
42	• 나는 권위를 믿지 않고 가능한 한 규칙을 무시한다			■						
	• 다른 사람이 규칙을 위반하고 지키지 않을 때 화가 난다	■								
43	• 나는 보통 다른 사람들의 생각을 공감하는 편이다						■			
	• 공감은 좋으나 그 사람들은 자신에 대한 책임을 져야만 한다									■
44	• 나는 비록 고독감을 느끼고 감정적으로 상처받기 쉽지만 시적 감수성을 가지고 있다		■							
	• 나는 완전하지는 않지만 실제적이고 새로운 생각들을 많이 가지고 있다				■					
45	• 나는 친구들과 함께 친밀감을 공유하고 모험에 뛰어드는 것을 좋아한다									■
	• 나는 친구들과 함께 긴장을 풀고 마음을 편안하게 하는 것을 좋아한다					■				
46	• 사회적 의무를 다하는 것은 나에게 그다지 중요하지 않다		■							
	• 나는 나의 사회적 의무를 매우 중요하게 여긴다	■								
47	• 나는 다른 사람들을 칭찬해주는 것을 더 좋아한다	■								
	• 나는 다른 사람들을 비평하는 것을 더 좋아한다				■					
48	• 나는 정신이 자유로우며, 물질적인 것들에 집착하지 않는다									■
	• 나는 세속적이고 물질적인 것을 즐긴다								■	
소계										
		A	B	C	D	E	F	G	H	I

NO	주요 내용	A	B	C	D	E	F	G	H	I
49	• 나는 다른 친구들보다 좀더 근면하며, 책임감이 강하다	●								
	• 나는 다른 친구들보다 좀더 긍정적이며, 열성적이다						●			
50	• 나의 주된 자산 중 하나는 내적 상태를 설명할 수 있는 능력이다		●							
	• 나의 주된 자산 중 하나는 상황을 감당할 수 있는 능력이다								●	
51	• 사람들이 나를 따르는 것은 내가 그들이 필요로 하는 지식을 갖고 있기 때문이다			●						
	• 사람들이 나를 따르는 것은 내가 그들을 편안하게 하고 인정해주기 때문이다					●				
52	• 다른 사람들이 나를 좋게 생각하지 않을 때 나는 정말 괴롭다							●		
	• 다른 사람들이 나를 존중하는 한 나를 좋아하는지, 그렇지 않은지는 신경 쓰지 않는다								●	
53	• 나는 적극적으로 창조적 편안을 추구한다			●						
	• 내가 일하는 동안 편안한 것이 중요하다							●		
54	• 만일 내가 어떤 방식으로든 특별하지 않으면 사람들이 나를 대단찮게 생각할 것이라고 느낀다					●				
	• 내가 진보하지 않으면 나는 뒤처지고 있다고 느낀다				●					
55	• 나는 충분한 시간, 휴식과 반성은 필요하다고 믿는다									●
	• 나는 아무것도 하지 않고 시간을 소비하는 것을 싫어한다						●			
56	• 나는 늑장을 부리는 경향이 있고 내가 먼저 나서는 것을 좋아하지 않는다	●								
	• 나는 내가 먼저 나서며, 원하는 것을 얻기 위해 밀고 나가는 것을 주저하지 않는다								●	
57	• 간접적으로라도 내가 느끼는 바를 다른 사람들에게 알리는 것은 중요한 일이다		●							
	• 내가 어떻게 느끼는지 다른 사람들에게 말하는 것은 그다지 중요한 것이 아니다						●			
58	• 나는 외향적이고 사교적인 사람이다							●		
	• 나는 정직하고 자제력이 있는 사람이다						●			
59	• 나는 때때로 사랑하는 것들을 소유하고 싶어한다. 그러나 그렇게 하는데 나는 어려움이 있다								●	
	• 나는 때때로 사랑하는 것들에 대해 양면성을 갖는다. 즉, 나는 그들과 가까이 하기를 원할 때도 멀리 한다		●							
60	• 나는 정면 대응하는 편이다								●	
	• 나는 표면에 나서지 않는 편이다						●			
61	• 심리적으로 만족할 수 있는 환경을 갖는 것은 나에게 중요한 일이다	●								
	• 심리적으로 만족할 수 있는 환경을 갖는 것이 나에게 최우선일 수는 없다			●						
소계		A	B	C	D	E	F	G	H	I

NO	주요 내용	A	B	C	D	E	F	G	H	I
62	• 나의 우선적인 목표는 성공하고 존경받는 사람이 되는 것이다									
	• 나의 우선적인 목표는 더욱 힘있고 영향력있는 사람이 되는 것이다									
63	• 내가 그들을 위해 해준 일을 당연하게 받아들이는 사람들에게 나는 화가 난다									
	• 나는 다른 사람들이 내 말대로 따르지 않을 때 화가 난다									
64	• 나는 내 방식대로 하려고 하며, 다른 사람들과 협동심이 부족하다									
	• 나는 남들이 나에게 기대하는 것을 알려고 하며, 내 방식대로 추진하는 능력이 부족하다									
65	• 나는 사람들을 명랑하고 편하게 대한다									
	• 나는 사람들을 성숙하고 위엄 있게 대한다									
66	• 나는 별로 보람없는 일들을 하고 있다 – 다른 사람들이 나를 다르게 생각해주길 바란다									
	• 나는 때때로 지나치게 소심하며, 필요한 일을 못하고 있다									
67	• 나는 다른 사람들과 매우 친하며, 영원한 믿음과 우정을 형성한다									
	• 나는 다른 사람들을 감싸주고 그들 스스로 무언가를 이루게 하기 위해 나의 모든 것을 동원한다									
68	• 나는 자극과 흥분을 갈구한다									
	• 나는 만족과 마음의 평화를 갈구한다									
69	• 누군가에게 무엇을 부탁하기란 쉽지 않다									
	• 나는 대체로 쉽게 나의 요구를 드러낸다									
70	• 역경에 처했을 때 환상세계로 도피하려는 경향이 있다									
	• 역경에 처했을 때 최후까지 악착같이 극복하려는 경향이 있다									
71	• 인간관계에 있어서, 나 자신보다 남들에게 더 관심을 갖는다									
	• 인간관계에 있어서, 다른 사람이 나를 도와주기를 바란다									
72	• 나는 다른 사람들과의 조화를 즐기며 따뜻하고 명랑하다									
	• 나는 논쟁거리를 즐겨 토론하는 신중하고 과묵한 사람이다									
73	• 나는 나의 재능과 능력을 개발하는데 많은 시간을 투자한다									
	• 나는 자기 탐구에 많은 시간을 투자한다									
74	• 좋든 싫든 우선 제일인자가 되는 길을 모색해야 한다									
	• 자신이 제일인자가 되는 것만 생각하는 사람들은 결국 고독하고 불행하다									
소계		A	B	C	D	E	F	G	H	I

NO	주요 내용	A	B	C	D	E	F	G	H	I
75	• 나는 평범한 사람이고 많은 부분에서 전통주의자인 편이다	□								
	• 나는 많은 부분에서 인습에 사로잡히지 않고 개성을 추구한다			□						
76	• 나는 목표 중심적이기보다는 오히려 인간 중심적인 사람이라고 생각한다									□
	• 나는 인간 중심적이기보다는 오히려 목표 중심적인 사람이라고 생각한다							□		
77	• 비록 그들이 잘못했다 할지라도 나는 친구들 편에 선다	□								
	• 나는 우정 때문에 자신과 타협하지 않을 것이다				□					
78	• 일이 생겼을 때, 나는 법석을 떨어 자신에게 보상하려 한다						□			
	• 나에게 일이 생겼을 때, 나는 그것을 무시해버릴 수 있다					□				
79	• 인생은 모호하기는 하나, 자신의 통찰력으로 이해할 수 있다			□						
	• 인생은 투쟁이기는 하나, 자신의 용기로 위대한 일을 이룰 수 있다								□	
80	• 나는 때때로 적대적이고 오만하다	□								
	• 나는 때때로 완고하고 방어적이다							□		
81	• 나는 다른 사람들이 실수를 하고 스스로 방법을 찾도록 내버려 둔다		□							
	• 나는 다른 사람들이 자신의 실수를 알도록 도와주는 것이 더 낫다고 생각한다				□					
82	• 나는 기본적으로 돈을 나의 위치를 유지하고 발전시키기 위해 사용한다								□	
	• 나는 기본적으로 돈을 흥미롭고 즐거운 경험을 얻기 위해 사용한다						□			
83	• 나는 사람들을 어떻게 만나야 할지 당혹스럽다					□				
	• 나는 사람들과 함께 있을 때 별로 당혹스럽지 않다							□		
84	• 나는 참을성이 있다 – 나는 뒤켠에서 사물을 관찰한다				□					
	• 나는 참을성이 없다 – 나는 문제에 뛰어들고 공격한다					□				
85	• 나는 종종 사람들을 상담하고 인간적인 충고를 한다		□							
	• 나는 다른 사람들의 삶에 너무 사적으로 개입되는 것을 원치 않는다						□			
86	• 나는 보통 사람들 가운데에서 이방인처럼 느낀다		□							
	• 나는 보통 사람들 가운데에서 안정감을 느낀다			□						
87	• 다른 사람들이 자신의 책임을 다하지 않으면서 나에게 더 많은 짐을 지울 때 불평하지 않기란 쉬운 일이 아니다						□			
	• 나를 따라올 수 없는 사람을 탓하지 않기란 쉬운 일이 아니다	□								
	소계	A	B	C	D	E	F	G	H	I

NO	주요 내용	A	B	C	D	E	F	G	H	I
88	• 솔직히 나는 다른 사람들보다 더 낫다고 생각한다							□		
	• 솔직히 나는 다른 사람들보다 결점이 더 많다고 생각한다		□							
89	• 나는 종종 사람들에게 지나치게 대하거나 감정적이 된다									□
	• 나는 주위 사람, 사랑하는 사람들에게조차 실망시키기가 어렵다					□				
90	• 사람들은 내가 너무 논쟁적이라 생각한다 – 즉, 나는 내가 유익한 논쟁을 즐긴다고 생각한다			□						
	• 사람들은 내가 너무 타협적이라고 한다 – 즉, 나는 논쟁을 좋아하지 않는다				□					
91	• 나는 다른 사람들에게 제멋대로이고 감상적인 사람으로 보일 것이다					□				
	• 나는 다른 사람들에게 비인간적이고 자기 통제력이 있는 사람으로 보일 것이다						□			
92	• 나는 잘 훈련되어있다 – 잘 조직할 줄 알고 세세하게 따른다	□								
	• 나는 덜 훈련되었다 – 즉흥적이며 자발적이다									□
93	• 나는 때때로 지나치게 자기 만족적이고 몽상가라고 생각한다			□						
	• 나는 때때로 성급하고 너무 쉽게 판단한다					□				
94	• 인정하고 싶지는 않지만, 나는 종종 다른 사람들과 나를 비교한다							□		
	• 인정하고 싶지 않지만, 나는 나 자신에게 만족하지 않는 편이다					□				
95	• 나는 자신의 운을 비관하는 사람에게 관대하다							□		
	• 곤란한 사람이 도움을 요청할 때 적절한 방법이 있다					□				
96	• 나는 대체로 화가 났을 때, 침착해지고 냉담해진다							□		
	• 나는 대체로 화가 났을 때, 고함을 지르고 사람들을 비난한다								□	
97	• 나는 대체로 내성적이고 자신을 잘 표현하지 못한다고 느낀다			□						
	• 나는 외향적으로 다른 사람이 말하기 어려워하는 것을 말한다						□			
98	• 나는 다른 사람들과 갈등이 두렵지 않다		□							
	• 나는 다른 사람들과의 갈등이 두렵다				□					
99	• 나는 분위기에 약하고 자기 생각에 골몰하는 편이다		□							
	• 나는 감정에 초연하고 몰두하는 편이다			□						
소계		A	B	C	D	E	F	G	H	I

NO	주요 내용	A	B	C	D	E	F	G	H	I
100	• 나는 필요한 사람이 될 필요가 있는 것 같다. 그러나 모든 사람들에게 그렇지는 않다									○
	• 나는 자기 중심적이며, 나를 지나치게 필요로 하는 사람을 좋아하지 않는 것 같다						○			
101	• 대체로 나는 비관적인 편이다		○							
	• 대체로 나는 낙관적인 편이다					○				
102	• 나는 나 자신에 대해 이야기하는 것을 좋아하고 또 내가 다른 사람들의 관심의 대상이 되는 것을 좋아한다							○		
	• 나는 나 자신에 대해 이야기하는 것을 좋아하지 않고, 다른 사람들의 관심의 대상이 되는 것도 좋아하지 않는다			○						
103	• 나는 때때로 사람들을 지나치게 완력으로 강요한다								○	
	• 나는 때때로 사람들을 너무 비인간적으로 강요한다				○					
104	• 나는 대부분의 육체적 활동을 좋아하지 않는 편이다					○				
	• 나는 대부분의 육체적 활동을 좋아하는 편이다							○		
105	• 나는 혼자서 일하는 것을 좋아한다									○
	• 나는 다른 사람들과 협력하여 일하는 것을 좋아한다	○								
106	• 나를 존경하는 사람이 있다는 것은 내게 중요하다								○	
	• 다른 사람들의 삶에 영향을 주는 것은 내게 중요하다						○			
107	• 도덕성이란 상대적인 것이므로, 어떻게 해야 할지를 아는 것은 어려운 일이다				○					
	• 도덕적 진실은 객관적인 것이므로, 어떻게 해야 할지를 아는 것은 쉬운 일이다			○						
108	• 나는 친구들에게 의지하며, 친구들도 내게 의지한다	○								
	• 나는 사람들에게 의지하지 않는다. 스스로 일을 하길 원한다							○		
109	• 나는 지성적이기보다는 직관적이다		○							
	• 나는 직관적이기보다는 지성적이다				○					
110	• 나는 안전의 필요성을 심각하게 느낀다	○								
	• 나는 내가 옳다고 느낄 필요성을 심각하게 느낀다				○					
111	• 욕구를 줄일수록 인생은 더욱 단순해진다는 것을 발견했다			○						
	• 가진 것이 많아질수록 인생은 더욱 단순해진다는 것을 발견했다								○	
112	• 나는 완벽주의자이며, 비록 사람들이 불편해 해도 일을 잘 하려고 한다				○					
	• 나는 완벽을 덜 추구한다 – 사람들과 함께 하는 것이 내게는 더욱 중요하다						○			
113	• 나는 다른 사람들과 갈등을 겪으면 후퇴하는 편이다		○							
	• 나는 다른 사람과 갈등을 겪을 때 좀처럼 물러서지 않는다								○	
소계		A	B	C	D	E	F	G	H	I

NO	주요 내용	A	B	C	D	E	F	G	H	I
114	• 나는 친구를 쉽게 그리고 많이 사귄다									■
	• 나는 친구를 쉽게 사귀지 못한다			■						
115	• 나는 사적인 생활을 감추려 한다							■		
	• 나는 나의 사적인 생활을 쉽게 털어놓는다						■			
116	• 사람들은 나에게 너무 이것저것 생각하고 일을 분명하게 하려고 고심하지 말라고 말한다			■						
	• 사람들은 나에게 느슨해질 필요가 있고 인생을 변화시켜 즐기라고 말한다					■				
117	• 나는 아주 비현실적이고 몽상가적이다	■								
	• 나는 실제적이며 현실적이다		■							
118	• 나는 사람들에게 관심과 보살핌을 베푼다								■	
	• 나는 사람들에게 지시하고 동기를 부여한다							■		
119	• 나는 규칙적이며 조심스럽다	■								
	• 나는 모험적이며 위험을 감수한다								■	
120	• 나는 야망이 있으며, 꿈을 실현시키기 위해 자신을 닥달한다							■		
	• 나는 그다지 야망은 없지만, 내가 사랑하는 사람들을 위해서 열심히 일한다						■			
121	• 나는 집중하며, 열정적인 경향이 있다					■				
	• 나는 자발적이며, 재미있는 일을 즐긴다				■					
122	• 일반적으로 나의 행동은 상황의 필요에 기초를 둔다							■		
	• 일반적으로 나의 행동은 원칙에 기초를 둔다				■					
123	• 다른 사람들에게 그들이 나에게 얼마나 특별한가를 말하기 어렵다		■							
	• 다른 사람들에게 그들이 나에게 얼마나 특별한가를 말하기 쉽다									■
124	• 나는 다른 사람들에게 긍정적인 피드백을 받는 것을 중요하게 생각한다							■		
	• 나 스스로 어떤 일을 잘했다고 생각한다면 다른 사람의 반응은 그다지 필요하지 않다			■						
125	• 나는 돈으로부터 매우 자유로우며, 분에 넘치게 낭비한다					■				
	• 나는 돈을 벌기 위해 열심히 일하고, 돈을 잘 간수한다								■	
126	• 나는 올바르게 사는 방법을 알고 있다				■					
	• 나는 자신의 것으로 만드는 방법을 알고 있다							■		
127	• 나는 다른 사람들에게 신임을 얻을 수 있다									■
	• 사람들이 하는 일은 각자의 일이며, 나와는 상관 없다					■				
소계		A	B	C	D	E	F	G	H	I

NO	주요 내용	A	B	C	D	E	F	G	H	I
128	• 나는 본능과 느낌이 원하는 것이 무엇인지를 알려고 노력한다									
	• 자기성찰은 시간 낭비이다 – 일을 끝내는 것만이 중요하다									
129	• 나는 집단생활을 잘한다									
	• 나는 집단생활에 잘 적응하지 못한다									
130	• 나는 사람들이 불행한 현실에 부닥쳤을 때 이를 직면하지 않고 피하려 하면 화가 난다									
	• 나는 사람들이 내가 아무것도 할 수 없는 일로 나를 당황하게 할 때 화가 난다									
131	• 나는 대개 나의 감정과 충동을 따른다									
	• 나는 대개 나의 양심과 이성을 따른다									
132	• 나는 사람들과 친해지려고 많이 노력한다고 느낀다									
	• 나는 다른 사람들과의 경쟁심이 많다고 느낀다									
133	• 사교적인 자리에서 나는 한두 사람들과만 친밀하게 대화하거나 혼자 있는 편이다									
	• 사교적인 자리에서 나는 많은 사람들과 함께 어울리고 농담을 즐기는 편이다									
134	• 나는 많은 사람들과 사귀는 것을 좋아한다									
	• 나는 그다지 많은 사람들이 필요하지 않다									
135	• 나는 감정적으로 표현한다									
	• 나는 그다지 감정적으로 표현하지 않는다									
136	• 나는 어떤 사람들에게 화가 났을 때, 그들과 정면으로 마주치지 못하는 편이다									
	• 나는 어떤 사람들에게 화가 났을 때, 그들에게 내 마음 상태가 어떤지 알려준다									
137	• 나를 알기는 쉽지 않다 – 나는 사람들이 추측하게 내버려 두는 것을 좋아한다									
	• 나는 펼쳐진 책과 같다 – 보이는 그대로가 나다									
138	• 어려움에 처했을 때, 나는 다른 사람들의 지지를 필요로 한다									
	• 어려움에 처했을 때, 나는 대개는 나 자신에 대한 확신을 가지고 있다									
139	• 나는 사람들과 접촉하려 한다									
	• 나는 좀처럼 사람들과 접촉하려 하지 않는다									
140	• 나는 사회적으로 인정받기를 원한다									
	• 나는 사회적으로 인정받는 것에 대하여 신경을 쓰지 않는다									
소계		A	B	C	D	E	F	G	H	I

NO	주요 내용	A	B	C	D	E	F	G	H	I
141	• 나는 여러 가지 일들을 즐기며, 새로운 경험을 갈망한다									
	• 내가 좋아하는 것이 무엇인지를 알고 있는데, 무엇 때문에 좋아하지도 않을 일들에 시간을 낭비하겠는가?									
142	• 나는 이용당하는 것이 때로 두렵다									
	• 나는 다른 사람들이 의지하는 것이 때로 두렵다									
143	• 나는 종종 내 행동의 동기와 감정에 대해 회의하곤 한다									
	• 나는 동기와 감정에 대해 거의 회의하지 않는다									
144	• 나는 이 성격 질문지가 인간의 무한한 능력을 다 포함할 수 없기 때문에 타당성이 있다고 믿지 않는다									
	• 나는 인간의 행동은 한계가 있고 예측할 수 있기 때문에 성격 질문지가 타당성이 있다고 믿는다									
소계		A	B	C	D	E	F	G	H	I

③ 채점 방법

이 설문에서 문항별로 체크한 항목에 대한(A ~ I)소계의 합을 취합표(**표 8-1**)에 나타내고, 성격 유형과 대응하여 자신의 유형에 적합한 내용을 알아보기로 한다. 이때 자신의 성격 유형은 소계의 합에서 가장 큰 합을 나타낸 항목을 참조하면 된다. 여기에서 소계의 합은 144가 되어야 한다.

[표 8-1. 취합표]

구분	A	B	C	D	E	F	G	H	I
소계									
성격유형	6번	4번	5번	1번	9번	7번	3번	8번	2번

3 유형별 특성 이해

1) 힘의 중심(세 가지 분류)

힘의 중심이란 맞닥친 상황에서 무의식적으로 취하는 에너지의 근원을 일컫는 것으로 사람들은 똑같은 상황에서 각각의 반응을 보이는데, 이는 에너지를 쓰는 종류와 방식에 따라 크게 3가지 타입으로 나눌 수 있다. 아랫배 부근의 힘 에너지를 주로 쓰는 사람을 '장(의지)형(Body Centered Type)' 이라 하며, 가슴의 감정 에너지를 쓰는 사람을 '가슴(감성)형(Heart Centered Type)' 이라 한다. 한편, 머리의 사고 에너지를 주로 쓰는 사람을 '머리(이성)형(Brain Centered Type)' 이라 한다. 사람들은 이 중 한군데에서 나오는 에너지를 주로 사용한다. 이처럼 자신도 모르게 줄곧 한 가지 에너지만을 사용하고 나머지 두 에너지를 위축시킴으로써 부적절한 행동을 보이게 된다. 위축된 에너지를 회복시켜 균형과 조화를 찾게 함으로 지(智), 덕(德), 체(體)가 갖춰진 전인적 인간으로 돕는다.

① 장(의지)형(Body Centered Type : 8, 9, 1번 유형)힘의 리더

행동(본능) 중심, 자신이 갖고 있는 힘과 존재의 무게감, 영역을 중요시한다. 다른 사람을 통제, 지배하려는 욕구가 강하여 자신의 힘과 영역을 확장하는 데 관심이 있다. 이러한 행동의 기저에는 약해져서 공격받거나 힘에 억압당하는 것에 대한 두려움과 분노가 깔려 있다. 이들은 감각적, 단도직입적, 공격적인 성향을 보이면서, 장과 소화기관(식도-위)

에서 힘의 중심을 취하며, 강하고 질기며, 바위와 같은 무게감과 위엄이 느껴진다.

또한 사회적 상황에 끼어들면서 '내가 여기 있으니 한 번 다루어보라'는 태도를 취한다. 그리고 이들은 분노의 정서에 묶여 있으며, 남을 지배하려는 욕구가 강하고 본능적, 현실적이며, 청각과 후각이 발달되었다.

② 가슴(감성)형(Heart Centered Type : 2, 3, 4번 유형) 관계의 리더

감성(느낌) 중심, 다른 사람들과의 인간관계를 중요시한다. 남들에게 인정받으려는 욕구가 많아서 겉으로 보여지는 이미지에 관심을 가진다. 이러한 행동의 기저에는 가치를 인정받지 못해서 소외당하거나 경쟁에서 낙오되는 것에 대한 두려움과 수치심이 깔려 있다. 이들은 감성적, 은유적, 비교적인 성향을 보이면서, 심장과 순환기계통에서 힘의 중심을 취하고 동글동글하고 매력적이며, 불과 같은 강렬함과 따뜻함이 느껴진다. 또한 이들은 사회적 상황에 끼어들면서 '저 사람은 내게 우호적인가, 적대적인가?'에 관심이 있으며, 불안, 초조의 정서에 잡혀있고 애정 욕구가 강하다.

③ 머리(이성)형(Brain Centered Type : 5, 6, 7번 유형) : 비전의 리더

이성(사고) 중심. 전반적인 상황과 정보를 중요시한다. 안전을 지키고 대비하려는 욕구가 많아서 안정된 일이나 새로운 정보를 쌓는 데 관심을 가진다. 이러한 행동의 기저에는 무지해서 위험에 처하거나 보금자리를 침해당하는 것에 대한 공포와 불안감이 깔려 있다. 이들은 이성적, 논리적, 객관적인 성향을 보이면서, 뇌와 신경계에서 힘의 중심을 취한다. 그리고 이들은 목과 팔다리가 가늘고 길며, 이지적이고 공기와 같은 자유로움이 느껴진다. 또한 떨어져서 전반적 상황파악을 하려하고 '전체와 부분이 어떻게 서로 맞물려 있는지?'가 궁금하며, 미래에 대해 공포나 두려움을 느끼며, 명예욕이 강하면서 사고와 심사숙고의 수준에서 기능하며, 시각이 발달되었다.

이와 같은 힘의 중심에 따른 세 가지 분류를 다음의 표(**표 8-2**)와 같이 제시

할 수 있다.

[표 8-2. 힘의 중심에 따른 분류]

구분	장형	가슴형	머리형
상징 이미지			
주요 관심사	자신의 힘과 존재	타인과의 관계	전반적인 상황
관심 시제	현재	과거	미래
말투	단도 직입적, 명령적	주변상황 설명이 길다	논리적, 간단 명료
내면의 욕구	통제, 지배하려는 욕구	인정받으려는 욕구	안정에 대한 욕구
방어기제	분노	수치심	불안
스트레스 해소법	먹거나 움직이면서 표출한다	타인에게 자신의 감정을 말한다	혼자서 정리할 시간을 갖는다
의사결정 스타일	원칙과 주관, 당연과 의무에 따른 결정	관계된 사람, 영향받는 사람이 누구냐에 따라 결정	논리와 이성, 타당성 유무에 따라 결정

2) 9가지 유형 특성

에니어그램은 힘의 중심에 따른 분류인 장형, 가슴형, 머리형은 다시 각각 3가지 성격 유형으로 나누어 9가지 성격 유형으로 나타낸다. 9가지 성격 유형별로 다른 관점과 삶의 방식을 갖는다. 그러므로 9가지 성격 유형의 이해를 통해 인간 내면의 행동동기와 패턴을 이해할 수 있다. 9가지 성격 유형에 대한 세부 내용을 다음과 같다.

① 1번 유형 : 개혁전문가(완벽을 추구하는 사람들)
이들은 원칙적이고, 윤리적이고, 양심적인 사람이다. 옳고 그름을 따지기를

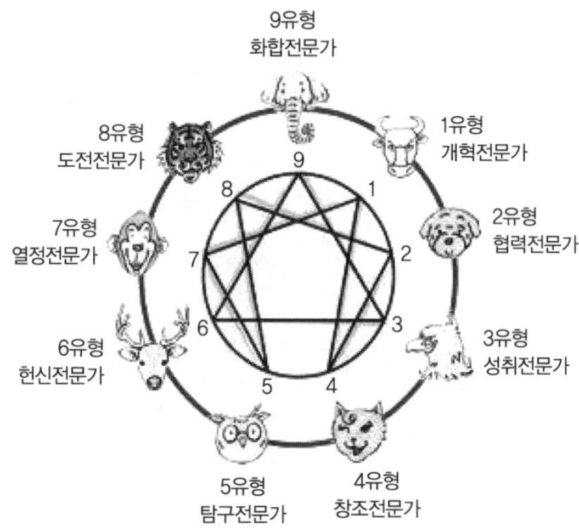

좋아하고 상황을 개선시키기 위해 노력하며, 실수를 두려워하는 교사로 개혁주의자이다. 잘 조직되고 정돈되어 있으며, 성격이 까다롭다. 이들은 높은 수준의 윤리나 도덕규범을 유지하려고 노력하기 때문에 쉽게 비판적이 되고 독선에 빠지게 된다. 이들의 전형적인 문제는 분노를 억제하는 것이다.

[표 8-3. 1번 유형의 특징]

구분	주요 내용	
생활신조	• 신속정확	• 완전무결
나는 이런 내가 좋다	• 올바르기 때문에	• 공정하기 때문에
특징	• 매사에 완벽함을 추구한다. • 스스로의 이상을 건설적인 자세로 추구하며, 이를 위해 최대한 노력한다. • 타고난 보수주의자로 제도와 법, 규칙과 규율의 보존자이며, 항상 공정함과 정의를 염두에 두고 일한다. • 늘 '당연'과 '의무'를 강조하며, '해야 한다'라는 말을 자주 쓴다.	
건강할 때	• 조직화, 분권화하면서 근면하고 협동심이 강하다 • 현명하고 분별이 있으며, 현실적이고 공정하며, 도덕적이다	

구분	주요 내용
건강하지 않을 때	• 자기 원칙에 맞춰 사람을 조정하려 하며, 완고하고 독선적인 태도로 주위를 공격한다(심하게 잘못을 지적, 평가, 교정한다). • 비판적이고 트집 잡기를 좋아하며, 남을 통제하려 들며 융통성이 없다
두려움	• 결함이 있을까봐 두렵다.
집착	• 완벽해야만 해!
남이 보는 나	• 너는 너무 까다롭고 독선적인 것 같아.

② 2번 유형 : 협력전문가(남을 돕고자 하는 사람들)

이들은 사람들을 잘 보살피고 대인관계를 잘 보살피며, 다른 사람과 감정적 교류를 잘하고 진지하며, 마음이 따뜻한 사람들이다. 상냥하고 너그러우며, 자기를 희생할 줄 안다. 그러나 감상적이 되기 쉽고 아첨을 잘하며, 사람들의 기분을 맞추려고 노력한다. 다른 사람이 필요로 하는 사람이 되기 위해서 남들을 위해 뭔가를 한다. 이들의 전형적인 문제는 자신의 필요를 잘 인식하지 못하고 자신을 돌볼 줄을 모른다는 점이다.

[표 8-4. 2번 유형의 특징]

구분	주요 내용
생활신조	• 다정다감 • 상부상조
나는 이런 내가 좋다	• 베풀어 줄 수 있기 때문에 • 도울 수 있기 때문에
특징	• 타인에게 도움을 주려고 하며, 직관력과 적응력이 뛰어나다. • 정이 많고 다른 사람의 필요에 민감하게 반응한다. • 심성이 매우 따뜻하고 배려심이 깊으며 타인을 잘 보살펴주나, 마치 자신은 도움이 필요 없는 사람처럼 행동한다.
건강할 때	• 무조건적인 사랑을 베풀고 충성스럽고 사랑스럽다. • 이타적이고 사랑스러우며, 표현을 잘하고 열정적이다
건강하지 않을 때	• 자신이 베푼 만큼 사랑이 돌아오지 않으면 집요함을 나타낸다 • 간섭, 과보호로 타인을 소유하려 하고, 감정 표현이 과장되고, 신경질적이다.

구분	주요 내용
두려움	• 결함이 있을까봐 두렵다.　　• 사랑받지 못할까봐 두렵다.
집착	• 도움이 되어야만 해!
남이 보는 나	• 너는 너무 친절해서 도움 받기가 부담스러워. • 너는 남을 위해 희생만 하고 있는 것 같아.

③ 3번 유형 : 성취전문가(성공을 추구하는 사람들)

이들은 상황에 잘 적응하고, 자신감이 있고, 매력적이다. 야망이 있고 유능하며 에너지가 넘친다. 사회적 지위와 개인의 성취 또한 다른 사람이 자신을 어떻게 생각하는지를 중시한다. 이들의 전형적인 문제는 일중독에 빠져드는 것과 지나친 경쟁의식이다.

[표 8-5. 3번 유형의 특징]

구분	주요 내용
생활신조	• 금의환향　　• 일취월장
나는 이런 내가 좋다	• 성공적이기 때문에　• 유능하기 때문에
특징	• 성공을 추구하며, 팀으로 일하기를 즐기고 조직적이다. • 부하직원에게 동기유발을 잘한다. • 항상 효율을 중시하고, 목표지향적이고, 열정적이고, 자신감에 넘치며, 긍정적이다. • 인생의 가치를 '실패냐 성공이냐' 라는 척도로 보기 때문에 자신의 실수로 실패했거나 잘못된 일은 거의 기억하지 않는 선택적 기억력을 가지고 있다.
건강할 때	• 독수리처럼 날쌔고 힘이 있으며, 늘 자신감에 차 있다. • 유능하고 긍정적이며, 자신감이 있고 타인을 고무시키는 역할모델이 된다.
건강하지 않을 때	• 주위 상황에 능숙하게 부응하고, 주변 사람의 반응을 계산하여 자신을 내보이는 행동을 한다. • 자기 중심적이고, 허영심이 많고, 사기성이 있고, 기회주의적이다.
두려움	• 실패할까봐 두렵다.
집착	• 성공해야만 해!
남이 보는 나	• 일은 잘 하는데, 진실성이 없어 보인다.

④ 4번 유형 : 창조전문가(특별함을 추구하는 사람들)

낭만적이고 내향적인 이들은 자신에 대한 생각이 많고 민감하며, 신중하고 조용하다. 자신을 드러내는 데 있어서 감정적으로 정직하며, 개인적이다. 이들은 우울하고 자의식이 강해 상처받기 쉬운 민감한 감정의 소유자이다. 거만하고 평범한 삶의 방식을 거부하는 이들은 쉽게 방종과 자기 연민에 빠지게 된다.

[표 8-6. 4번 유형의 특징]

구분	주요 내용
생활신조	•군계일학　　　　•유아독존
나는 이런 내가 좋다	•특별하기 때문에　　•독자적이기 때문에　　•세련되었기 때문에
특징	•특별한 존재를 지향한다. 직관적이고 창조적이며, 무엇보다도 감동을 중시하고 평범한 것을 싫어한다. •감수성이 풍부하여 다른 사람보다 슬픔이나 고독 등의 감정을 진하게 느낀다. •연민이 많아 사람들을 받쳐주고 격려하는 것을 좋아한다.
건강할 때	•귀족적이고 우아하며, 상실의 체험과 부정성을 아름답고 보편타당한 것으로 승화시키는 힘이 있다. •영감이 뛰어나고 창조적이며, 세련된 감각을 지녔고 섬세하며, 부드럽다
건강하지 않을 때	•슬픈 표정을 짓고 감정을 구걸하는 듯한 모습을 보인다. •변덕과 질투가 심하며, 까다롭고 자신만의 세계에 빠져 외부와 단절한다.
두려움	•평범하게 보일까봐 두렵다.
집착	•독특해야만 해!
남이 보는 나	•너는 너무 변덕이 심하고 질투가 많은 것 같아.

⑤ 5번 유형 : 탐구전문가(지식을 얻고 관찰하는 사람들)

강렬하고 지적인 이들은 기민하고 통찰력이 있으며, 호기심이 많다. 독창적이고 독립적이어서 복잡한 아이디어와 기술을 개발하는 데 집중하는 능력이 있다. 다른 사람과 떨어져 있으려 하고, 긴장이 많고 강렬하다. 이들의 전형적 문제는 고립, 괴팍함, 허무주의이다.

[표 8-7. 5번 유형의 특징]

구분	주요 내용
생활신조	• 논리정연　　　　　• 촌철살인
나는 이런 내가 좋다	• 현명하기 때문에　　• 지각이 예민하기 때문에
특징	• 지각력이 있고 창의적이며, 혼자 떨어져 있기를 좋아하고 자신의 마음을 잘 드러내지 않는다. • 분석력과 통찰력이 뛰어나며, 신중하고 자제력이 강하다. • 새로운 지식창조와 정보분석의 대가이다.
건강할 때	• 소리 없이 섭리에 따라 일하며, 조용히 있는 모습 자체가 사람들 눈에 띈다. • 집중력과 편견이 없고 객관적이며, 시대를 앞서는 선구자적 시야를 갖고 있다.
건강하지 않을 때	• 탐욕스러워지고 완고해지며, 타인으로부터 고립되어 있다. • 오만하고 배타적이며 자기 중심적 논쟁을 좋아하고 사람들을 멀리한다.
두려움	• 무능해질까봐 두렵다.
집착	• 원리를 알아야만 해!
남이 보는 나	• 너는 너무 인색하고, 너만 잘난 것처럼 굴어.

⑥ 6번 유형 : 헌신전문가(안전을 추구하고 신중한 사람들)

이들은 충실한 사람으로 신뢰할 수 있고 근면하며, 책임감이 강하다. 그러나 자신을 방어하려는 것 때문에 종잡을 수 없으며, 불안이 많다. 조심성이 많고 남들의 의견을 무시하기 어려우므로 결정을 내리기가 어렵다. 반면에 당돌하고 반항적이며, 공격성을 드러내기도 한다. 이들의 주된 문제는 의심이다.

[표 8-8. 6번 유형의 특징]

구분	주요 내용
생활신조	• 유비무환　　　　　• 안전제일
나는 이런 내가 좋다	• 헌신적이기 때문에　• 충성스럽기 때문에
특징	• 안전을 추구하는 충실한 사람이다. 친구나 자기가 믿는 신념에 충실하고, 자기가 속한 단체나 공동체에 강한 충성심을 가지며, 대단히 헌신적이다.

구분	주요 내용
특징	• 언제나 최악의 경우를 미리 대비하므로 위기가 발생해도 침착하며, 대처 능력이 뛰어나다. • 상대에게 호감을 주는 유형으로 '성실하다, 책임감 있다, 충성스럽고 믿을만하다' 는 말에 제일 기뻐한다.
건강할 때	• 위험에 대비한 경계태세를 취하고 집단으로부터 활력을 이끌어내며, 고난 가운데서도 살아남을 수 있는 능력을 갖춘다. • 내면이 안정되어 있고 신용과 책임감이 있으며, 힘없는 사람들을 잘 도와준다.
건강하지 않을 때	• 두려움과 의심이 많아 놀라고 잘 달아난다(공포 순응형). • 궁지에 몰렸을 때 오히려 공격적으로 행동한다(공포 대항형). • 걱정이 많고 냉소적이며, 완고하고 지나치게 조심스럽다.
두려움	• 안전하지 않을까봐 두렵다.
집착	• 확인해야만 해!
남이 보는 나	• 너는 일을 할 때 너무 안절부절하고 소심해 보여.

⑦ 7번 유형 : 열정전문가(즐거움을 추구하고 계획하는 사람들)

늘 바쁘고 생산적인 이들은 변덕스럽고 긍정적이며, 즉흥적이다. 놀기를 좋아하고 유쾌하며, 부산스럽고 산만하여 절도가 없다. 끊임없이 새롭고 흥미로운 경험을 추구하기에 머릿속과 몸이 쉴 새 없이 움직인다. 호기심이 많고 틀이 없는 이들은 아이디어 뱅크이다. 전형적인 문제는 피상적이며, 충동적이다.

[표 8-9. 7번 유형의 특징]

구분	주요 내용	
생활신조	• 다재다능	• 재기발랄
나는 이런 내가 좋다	• 잘 놀기 때문에	• 일 처리가 빠르기 때문에
특징	• 즐거움을 추구하고 계획한다. 모험심이 강하고 모든 일을 낙관적으로 보려고 하며, 밝고 명랑하다. • 아이디어가 넘치고 활기차며, 자기 주변에서 즐거움을 찾아내는 능력이 뛰어나다. • '너무나 유쾌하다', '앞으로의 계획이 무궁무진하다' 라는 것에 기쁨을 느낀다.	

구분	주요 내용
건강할 때	• 고통을 겪어내고 자유로움과 행복감을 추구한다. • 명랑하고 창조적이며, 가치 있는 목표에 노력을 집중시키고 성취동기가 높다.
건강하지 않을 때	• 모험과 쾌락을 즐기면서 어릿광대처럼 산만하고, 즐거움만 추구한다. • 들떠있고 침착하지 못하며, 참을성이 부족하고 자기 파괴적이다.
두려움	• 고통스러울까봐 두렵다.
집착	• 즐거워야만 해!
남이 보는 나	• 너는 쾌락주의자야, 인생에서 어려운 일은 다 피하잖아.

⑧ 8번 유형 : 도전 전문가(강함을 추구하고 도전하는 사람들)

이들은 성격이 강하고 사람들을 지배하고 싶어하며 자신감이 있고 자기 주장을 잘한다. 자신을 보호할 줄 알고 임기응변에 능하고 결단력이 있으며, 사람들 앞에도 잘 나선다. 환경을 통제해야 한다고 느끼기 때문에 도전적이고 위협적이다. 전형적인 문제는 자신을 남들과 가깝도록 허용하지 않는다는 점이다.

[표 8-10. 8번 유형의 특징]

구분	주요 내용
생활신조	• 속전속결　　　• 솔직과감
나는 이런 내가 좋다	• 강하기 때문에　　　• 추진력이 있기 때문에
특징	• 강함을 추구하며, 자기 주장이 강하다. 단순하고 직선적이며, 자신이 옳다고 생각하는 것에 대해서는 전력을 다해 싸우려 한다. • 강해 보이는 이면에 어린 아이와 같이 순진하고 여린 면이 있어, 약자를 옹호하고 보호하고자 한다. • 현실파악 능력이 뛰어나며, 자신의 실제적 경험과 반성에 따라 행동한다(인습이나 정통이론에 얽매이지 않는다).
건강할 때	• 넘치는 힘과 생명력으로 함께하는 사람들을 포용한다. • 약자를 보호하고 영웅적이며, 도량이 넓어 역사적으로 위업을 남기기도 한다.

구분	주요 내용
건강하지 않을 때	• 무례를 범하고도 개의치 않으며, 일단 화가 나면 다짜고짜 공격한다. • 남을 배려하지 못하고 거만하며, 지나치게 공격적이고 잘못을 잘 들춘다.
두려움	• 약하게 보일까봐 두렵다.
집착	• 강해야만 해!
남이 보는 나	• 너는 너무 지나치리만큼 야단스럽고 독불장군 같아.

⑨ 9번 유형 : 화합전문가(조화와 평화를 바라는 사람들)

이들은 평화주의자로 느긋하고 잘 나서지 않으며, 남들을 잘 수용하고 신뢰를 주는 안정적인 사람이다. 성격이 원만하고 친절하며, 느긋해서 잘 돕고 다른 사람과 잘 지낸다. 갈등을 일으키기를 바라지 않기 때문에 잘 순응하며, 문제가 있으면 축소시키려 한다. 전형적인 문제는 수동적이고 고집스럽다는 것이다.

[표 8-11. 9번 유형의 특징]

구분	주요 내용	
생활신조	• 외유내강	• 대기만성
나는 이런 내가 좋다	• 안정되었기 때문에	• 흔들리지 않기 때문에
특징	• 조화와 평화를 추구한다. 느긋하고 온순하며, 수용적이다. • 다른 사람들에게 쉽게 동화되기 때문에 주위 사람의 영향을 잘 받는다. • 치우침 없이 타인의 고민을 끝까지 잘 들어주는 강한 인내심이 있다.	
건강할 때	• 삶을 즐길 줄 알며, 조화로움 속에 모두와 하나됨을 느낀다. • 참을성이 있어 어려움에 쉽게 굴복하지 않고 포용력으로 갈등을 조정한다.	
건강하지 않을 때	• 소극적이고 수동적인 행동으로 변화에 저항적이다. • 비생산적인 일에 집착하고 고집을 부려 일을 망쳐버린다. • 게으르고 현실감각이 없으며, 잘 잊어버리고 수동적으로 공격한다.	
두려움	• 고립될까봐 두렵다.	
집착	• 통해야만 해!	
남이 보는 나	• 너는 게을러 보여. 게으름과 평화도 구분 못하나?	

3) 9가지 유형의 이미지

에니어그램에서 제시되고 있는 9가지 성격 유형에 대한 유형별 이미지를 통하여 각 유형에 대한 보다 구체적인 내용의 이해와 활용이 가능할 수 있다.

1유형 _ 완벽을 추구하는 사람들

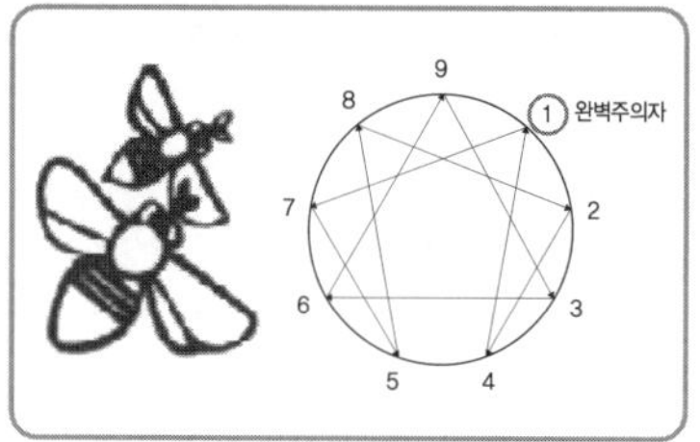

동 물	긍정적 ▶ 개미 / 벌 부정적 ▶ 테리어종의 개
색 깔	은색
국 가	러시아
대표 인물	박정희, 이병철, 김용옥, 차인표 간디, 히틀러, 대처 수상, 캐더린햅번

2유형 _ 남을 돕고자 하는 사람들

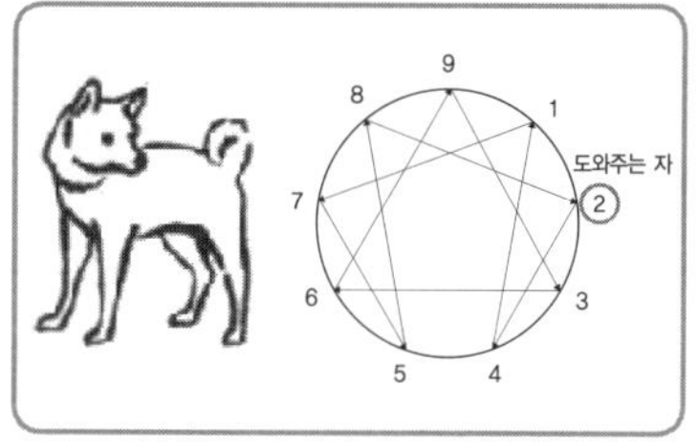

동 물	긍정적 ▶ 새터강아지 부정적 ▶ 고양이
색 깔	빨강
국 가	이태리
대표 인물	마더테레사, 슈바이처, 나이팅게일, 김지미, 이금희, 최수종, 장나라, 지승룡

3유형 _ 성공을 추구하는 사람들

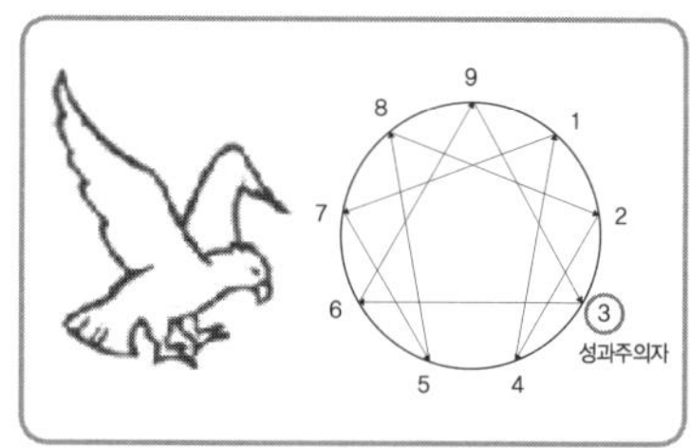

동 물	긍정적 ▶ 독수리 부정적 ▶ 카멜레온 / 공작새
색 깔	노랑
국 가	미국
대표 인물	김영삼, 김우중, 이명박, 조수미, 최민수 클린턴, 엘비스프레슬리, 탐크루즈

4 유형 _ 특별함을 추구하는 사람들

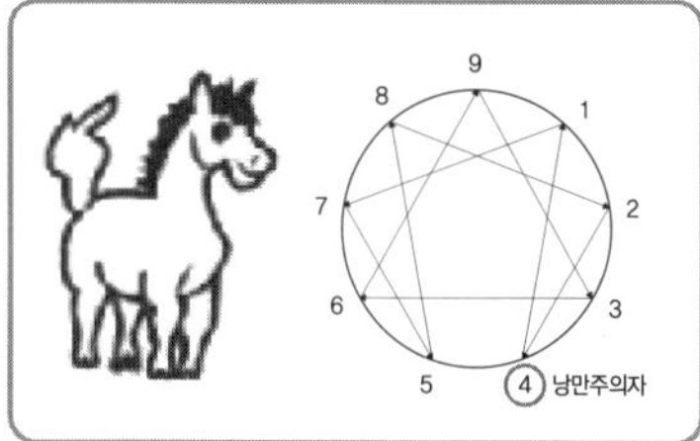

동 물	긍정적 ▶ 흑색마 / 진주조개 부정적 ▶ 야생비둘기
색 깔	보라
국 가	프랑스
대표 인물	노태우, 앙드레김, 전인권, 김혜자 김자옥, 제임스딘, 제레미아이언스

5 유형 _ 지식을 얻고 관찰하는 사람들

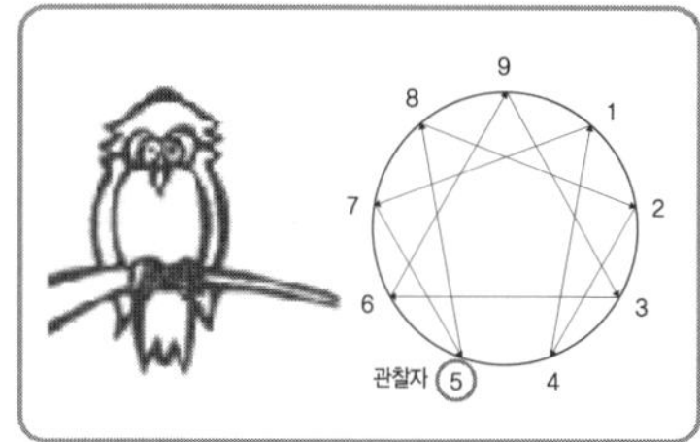

동 물	긍정적 ▶ 올빼미 부정적 ▶ 여우
색 깔	파랑
국 가	영국
대표 인물	김대중, 신채호, 이건희, 강준만, 이주향 전유성, 에디슨, 빌게이츠, 조앤롤링

6 유형 _ 안전을 추구하고 신중한 사람들

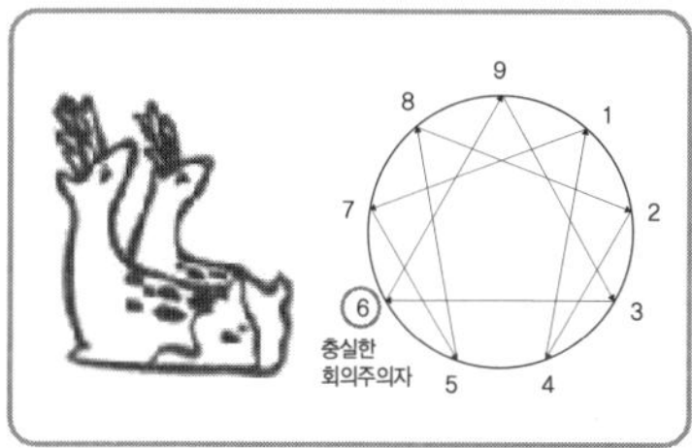

동 물	긍정적 ▶ 사슴 부정적 ▶ 산토끼 / 늑대
색 깔	갈색
국 가	독일 / 일본
대표 인물	육영수, 이회창, 고건, 김민석, 김희애 안철수, 부시, 다이애나비, 멜깁슨

7 유형 _ 즐거움을 추구하고 계획하는 사람들

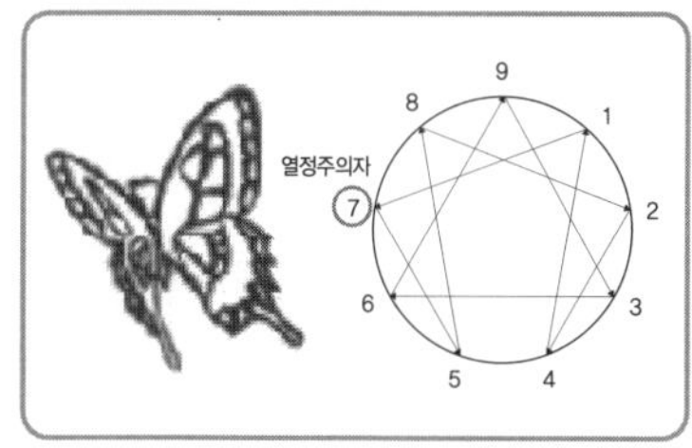

동 물	긍정적 ▶ 나비 부정적 ▶ 원숭이
색 깔	녹색
국 가	아일랜드
대표 인물	케네디, 스필버그, 김장훈, 정문술 로빈윌리암스, 천상병, 조영남

8 유형 _ 강함을 추구하고 도전하는 사람들

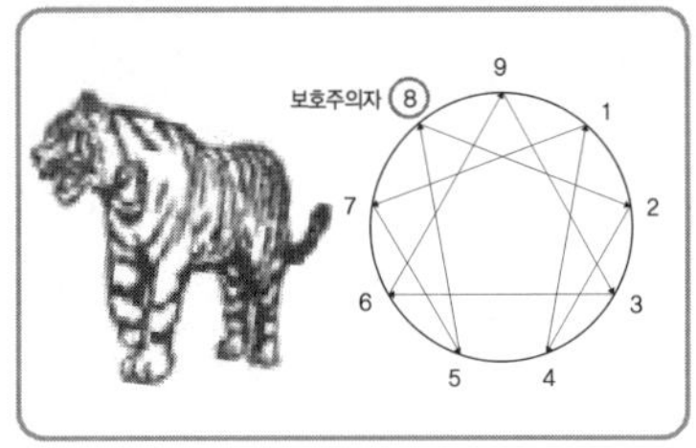

동 물	긍정적 ▶ 호랑이 부정적 ▶ 코뿔소
색 깔	흑색
국 가	스페인
대표 인물	전두환, 김구, 정주영, 문선명, 엄앵란 처칠, 루터킹, 히딩크, 로버트드니로

9 유형 _ 조화와 평화를 바라는 사람들

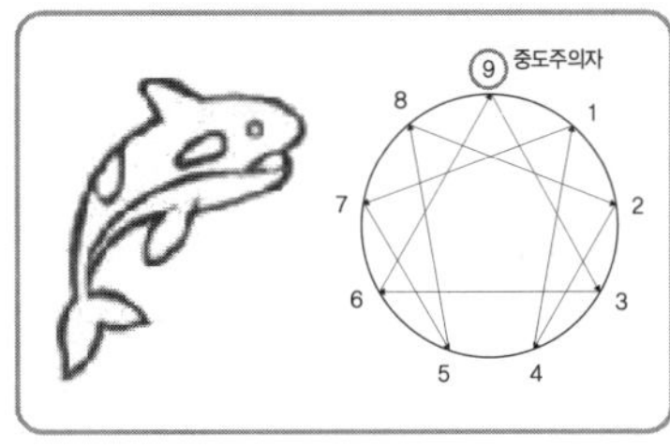

동 물	긍정적 ▶ 고래 부정적 ▶ 코끼리
색 깔	황금색
국 가	멕시코
대표 인물	노무현, 최규하, 엄상궁, 김창완, 송창식 최종현, 구자경, 링컨, 우피골드버그

4) 유형별 일반 특성 비교

유형별 특성에 대한 일반적인 내용을 근간으로 어떤 특정한 상황에 따라 각기 다르게 제시되는 유형별 특성을 이해 하고자 한다.

① 성격 유형별 정서적 성숙도(아이 중심)[표]

② 성격 유형별 예의범절(아이 중심)[표]

③ 성격 유형별 학습 태도(아이 중심)[표]

④ 성격 유형별 세일즈 대응 방법[표]

⑤ 성격 유형별 음료[표]

① 성격 유형별 정서적 성숙도(아이 중심)

유형	주요 내용
1번	• 항상 철저히 자신을 분석하는 경향이 있다. 그래서 자연스러운 감정이나 창의력을 키운다. • 실수해도 괜찮고, 오히려 실수가 필요하다고 말해 주자. 그리고 부모가 1번 유형이면 이 제안을 실행하기가 쉽지 않을 것이다. • 결단력 있고 정의감과 윤리관이 잘 발달되어 있어 남에게 쉽게 끌려 다니지 않는다.
2번	• 이들은 사람의 호감을 사는 것을 매우 중요하게 생각한다. 만약 어른이 자기 감정을 받아주지 않으면 사랑받지 못한다고 느낄 것이므로 그들의 상한 감정과 기분에 충분한 주의를 기울여 주어야 한다. • 이들은 자신이 진정으로 원하는 것이 무엇인지 잘 모른다. 대신 다른 사람들이 좋아할 거라고 생각되는 행동을 하려고 한다.
3번	• 대중과 주변 환경에 쉽게 동화되어 다른 사람의 영향을 지나치게 받을 수 있다. • 탁월한 말솜씨로 자신을 광고하고 선전할 수 있다. 그러나 사람들이 자기 말을 듣지 않는 것 같으면 그들은 눈길을 끌 때까지 목소리를 높일 것이다.
4번	• 이 아이들은 내면이 복잡하므로 그들에게 건전한 자부심을 심어주기 위해서 그들만의 특징을 존중해 주어야 한다. 늘 차분히 지켜보고 잘 들어주고 적당한 때를 살펴 이야기한다. • 대부분 자기 주장이 뚜렷하고, 자신이 좋아하는 것과 싫어하는 것을 분명히 알고 있다.
5번	• 두려움이나 분노와 같은 부정적인 감정을 자기 속으로 밀어 넣는다. • 그들을 인정해주고 의견을 반영해 줌으로써 자기 고립에서 벗어나게 된다. • 호기심이 강하고 배우려는 욕구가 많다. 이들은 자기가 이룬 업적을 떠벌리지 않는다.
6번	• 최악의 상황을 예상하고 불안해하며, 주저하기 때문에 정서적 성숙이 다소 느릴 수 있다. • 아이에게 충분한 자유를 주어 자립심을 키워주는 것도 중요하지만, 어떤 아이는 주어진 자유로 인해 불만과 애정결핍을 느낄 수 있다.
7번	• 겉으로 자신감이 넘쳐 보이지만, 내면에는 항상 고통과 걱정이 잠재해있다. • 낙천주의의 부정적인 면은 고통을 극복하는 기술을 발전시키지 않는다는 데 있다.
8번	• 이 아이들은 화를 쉽게 참아내지 못한다. • 우연히 지나가다 누군가와 부딪치거나 일이 잘 돌아가지 않으면 화가 치밀어 오른다. • 이들에게는 화가 났을 때 마음을 다스리는 법을 가르쳐 줄 단호하면서 이성적이고 인내심이 많은 어른이 필요하다. • 거침없이 솔직하며, 비겁하지 않다. 그래서 마음만 먹으면 지켜보는 사람이 없어도 규칙을 잘 따른다. • 싸워야겠다고 생각되면 상황을 정확히 판단해서 싸우고 또 타협하거나 대화로 해결할 수 있다는 사실도 가르쳐준다.
9번	• 이들은 다정하고 같이 지내기 편한 상대이다. 그들은 평온한 얼굴 뒤에 어떤 갈등이 숨겨져 있나 살펴봐야 한다. • 자신이 이루어낸 일로 칭찬받는 것을 좋아한다. 쑥스러워하더라도 계속 칭찬하자.

② 성격 유형별 예의범절(아이 중심)

유형	주요 내용
1번	• 지나치게 예의를 차리려는 나머지 긴장을 한다. • 항상 예의 바른 사람이 되려고 하며, 무례한 사람을 보면 그냥 지나치지 못한다. • 감정을 표현할 수 있는 기회를 자주 만들어주고, 행복하려면 자기 표현을 잘해야 한다는 것을 가르쳐준다. • 이 어린이는 착하고, 말 잘 듣고, 집안일에 협조적이다. • 이들은 스스로 비난하기 쉽기 때문에 부모가 아이들의 자부심을 높여줄 수 있는 긍정적인 태도로 대해줘야 한다.
2번	• 겉으로 대부분 공손하고 예의가 바르다. • 적대감이 생겨도 그것을 부인하거나 숨긴다. • 분노란 누구나 느낄 수 있는 감정이란 것을 알려주고, 때로는 화를 내는 것도 괜찮다고 말해준다.
3번	• 남에게 강렬한 인상을 남기고 싶어하기 때문에 대개 매너있는 행동을 한다.
4번	• 성격이 온순한 편이며, 남의 비위를 거스르지 않는 편이다. 그러나 자기를 받아주지 않는다고 느끼면 공격적으로 변하고 신랄하게 비판한다. • 그들이 소중히 여기는 원칙을 다른 사람이 고의로 무시할 경우, 기분 나쁜 감정을 숨길 줄 모른다. • 이런 점을 장점으로 여겨주되 자신의 감정을 적절하게 표현할 수 있는 방법을 찾도록 도와주어야 한다.
5번	• 말썽을 피워서 주목받는 일이 없다. • 관습을 맹목적으로 따르기보다 관습을 따르는 이유를 알고 싶어한다. • 때때로 친척들이 다 모여있어도 혼자 시간을 보낼 수도 있다.
6번	• 이들은 공포에 순응하는 모습과 공포에 대항하는 모습의 두 가지 양상으로 나타난다. • 대개 순종적이고 예의가 바른 편이다. 그러나 가끔 사람의 마음을 떠보거나 깜짝 놀라게 할 수 있다. • 사람들에게 다정하게 대하고 신뢰를 얻기 위해서 호감을 사기도 하지만, 때로는 상대방에게 빈정대고 으스대며, 고집스러운 모습을 보이기도 한다.
7번	• 인생을 최대한 재미있게 살려고 한다. 그래서 주변 사람들을 장난삼아 놀리기도 하고 친구를 스타로 만들어주기도 한다. • 부모는 이 아이들에게 적절한 예의범절과 솔직하고 공정한 태도를 보여주어야 한다. • 눈길을 끄는 물건이 많은 복잡한 장소에서 조용히 있으라고 요구하는 것은 부모에게나 아이에게나 몹시 괴로운 일이다.
8번	• 강하게 행동을 함으로써 사람들에게 충격을 주고 잘못을 응징하는 수단으로 사용한다.
9번	• 대부분 사람들과 사이좋게 지내기 위해 상대방에게 적절히 예의를 갖춘다. • 그러나 만약 자신이 원하는 바를 표현하지 못했거나 또는 자신이 원하는 것이 무엇인지 모를 때는 고집이 나오고 심지어 공격적으로 행동을 한다.

③ 성격 유형별 학습태도(아이 중심)

유형	주요 내용
1번	• 항상 모든 것을 똑바로 정리정돈한다 • 너무 완벽하게 공부하려고 하기 때문에 어려움(스트레스)을 겪는다. • 이들은 열심히 하는 것에도 조절과 절제가 필요하다는 것을 배워야 한다.
2번	• 친구와 어울려 놀기를 무엇보다 좋아하기 때문에 집에 돌아오면 바로 숙제부터 하게 하는 것이 좋다. • 너무 심하다 느끼면 친구와 함께 숙제 하거나, 숙제할 시간을 따로 정해주는 것이 좋다. • 부모를 즐겁게 하는 것을 좋아하고 마음이.여린 편이다. • 일관성을 갖고 체계적으로 양육하되 너무 엄하게 다루지 않도록 한다.
3번	• 성취욕이 강해 누구보다 월등하게 나은 사람이 되길 원한다. 그러나 너무 빨리 지름길을 택하고 자기가 해낼 수 있는 것보다 더 많은 일을 벌인다. • 우수한 학생이지만, 때때로 교만하고 독단적인 행동으로 어려움을 겪기도 한다.
4번	• 가정이나 학교에서 어떤 어려움을 겪고 있는지 살펴보며, 충분한 대화로 자기 감정을 표현할 시간을 준다. • 이 아이들은 여러 가지 방법으로 감정을 표현한다. 그러므로 부모가 이들의 감정 읽는 법을 배우는 것이 매우 중요하다.
5번	• 십대가 되면 경쟁이 싫고, 수업이 재미없고, 쓸데없이 아이들과 어울리기 싫어서 등교를 거부할 수도 있다. • 양심적이며, 자기가 정한 규칙에 따라 일하기 좋아하고 다른 사람의 보살핌과 관심을 부담스럽게 생각한다. • 부모가 어떤 유형이든지간에 5번 아이에게 말할 때는 간단하고 객관적으로 말하는 것이 좋다.
6번	• 공부와 학교생활에 충실하며, 자신을 보호해주는 선생님을 기쁘게 하려고 애쓴다. • 아이가 학교에 돌아오자마자 숙제를 하도록 도와주어 공부에 대한 긴장과 불안을 덜어주도록 하자.
7번	• 이 아이가 학교에 지각한다면 이들은 온갖 방법을 다 써서라도 지각자 명단에서 빠져나오려고 할 것이다. • 이 아이들은 교사가 재미있는 방법으로 가르치고 교실을 돌아다니며, 개개인에게 관심을 쏟아주는 것이 매우 중요하다. 이들은 선택할 것이 많은 다양하고 풍부한 환경에 있을 때 최선을 다해 공부한다. • 혼자보다는 친구와 함께 공부하는 것이 더 효과적이다. • 그들은 즉흥적으로 문제를 해결하는 능력을 타고 났으며, 이런 점이 공부하는 데서 돋보이기를 바라고 있다.
8번	• 아이가 큰 소리로 반항한다 해도 맡겨진 숙제는 끝까지 하는 습관을 갖게 한다. • 숙제하기에 가장 좋은 시간은 집에 돌아온 직후이다.
9번	• 어떤 아이들은 공부에 바로 몰두하고 또 열심히 공부한다. • 이들은 무엇이든지 습관이 되면 더 잘할 수 있다. • 그러므로 매일 같은 시간에 같은 장소에서 규칙적으로 공부하도록 도와주면 좋다.

④ 성격 유형별 세일즈 대응 방법

구분		세일즈 방식 및 대응 방법
1번	본인	• 뭐든지 완벽하게 하려는 경향이 있다. 매사를 명확히 하고 정확한 정보 전달을 요구한다.
	고객	• 완벽한 자료를 보여줘야 수긍을 한다.
2번	본인	• 인간적인 면에 더 호소를 한다. 좋은 인간관계에 중점을 둔다.
	고객	• 먼저 인간적인 접근 후에 판매를 시도하는 것이 좋다.
3번	본인	• 능력 중심, 부하의 존경을 얻기 위해 애쓰는 사람이다.
	고객	• 어떤 점으로든 성공적인 결과가 가시화되었을 때 판매가 가능하다.
4번	본인	• 자신만의 독특한 스타일을 주장하는 편이다.
	고객	• 낭만적인 기질이 있어 상품의 독특함과 특별함을 갖고 시도한다.
5번	본인	• 표정이 풍부하지 않아 다른 사람들이 오해할 수 있다.
	고객	• 논리적인 접근으로 설득해야 가능하다.
6번	본인	• 성실한 자세와 공정한 태도를 중요시한다.
	고객	• 신뢰가 쌓여지면 많은 것을 도와줄 수 있다.
7번	본인	• 낙천적인 성격을 갖고 있다.
	고객	• 재미있는 놀이라던가, 즐거운 일들을 중요하게 생각한다. 행복할 때 비로소 구매가 가능하다.
8번	본인	• 정의감이 높고 지침을 내리거나 다른 사람이 순종하는 것을 좋아한다.
	고객	• 자존심을 세워줄 수 있는 상품력의 효과를 얘기한다.
9번	본인	• 문제가 있어도 직접 충고하지 않고 편안하게 하려하는 경향이 있다.
	고객	• 선택하게 하기보다는 그 상품이 주는 효과가 안정적일 때 구매한다.

⑤ 성격 유형별 음료

구분	주요 내용
1번	• 엽차와 같은 박미의 사람. 건강 지향적이며, 시원스럽고 뒷맛이 남지 않는다. • 보수적이어서 단단한 열매같은 성격과 성향을 가졌다.
2번	• 밀크와 같이 농후함. 에너지와 영양 풍부한 음료. 밝고 적극적이며, 존재감이 있어 남의 일을 잘 돌봐주는 성격과 성향을 가졌다.
3번	• 커피를 뽐내면서 마시는 것과 같이 모두에게 사랑 받고 싶어한다. 이미지와 멋을 신조로 하는 성격과 성향을 가졌다.
4번	• 와인과 같이 깊은 정취와 분위기와 느낌을 갖고 싶어한다. 하지만 그 맛은 깊고 차분하다. 보라색의 심볼 칼라를 가지는 성격과 성향을 가졌다.

구분	주요 내용
5번	• 브랜디와 같이 강렬하나, 차분하고 시간을 들여 숙성된다는 의미로 일부의 애호가에게만 선호된다. 쿨한 성격과 성향을 가졌다.
6번	• 맥주와 같은 모두에게 사랑받고 모두와 함께 서로 이야기를 주고받는 것을 너무 좋아하고, 힘있는 사람에게 상냥한 성격과 성향을 가졌다.
7번	• 과일 쥬스처럼 신선함을 생명력으로 매일 매일 소생하는 타입의 성격과 성향을 가졌다.
8번	• 소주와 같이 강렬하고 강력한 펀치력이 있는 성격과 성향을 가졌다.
9번	• 물과 같이 없으면 안 되는 모든 음료의 근원이며, 냄새도 버릇도 향기도 없고 상대하기 나름으로, 누구에게도 동조할 수 있는 성격과 성향을 가졌다.

⑥ 성격 유형별 강 건너기

1번 유형은 강을 건너기 가장 완벽한 한 장소로부터 강에 접근한다. 2번 유형은 강을 건너기 시작하다 몇 번을 다른 사람이 건너는 것을 돕기 위해 되돌아온다. 그들이 이것을 계속해서 함에 따라 결코 그들 자신은 강을 건너지 못한다. 3번 유형은 그들의 최고의 수영복을 입고 그들이 타인의 관심의 가운데에 올 때까지 가장자리에서 기다린다. 그리고 나서 그들은 매력적이며, 시선을 끄는 수영 동작으로 강을 건넌다. 4번 유형은 환상적인 다양한 방법을 사용하고 심지어는 수중발레까지도 한다. 5번 유형은 강에 결코 들어가지 않는다. 그들은 나무의 뒤에 숨어서 다른 이들이 어떻게 하는지를 기록한다. 6번 유형은 강의 물살을 의심스럽게 바라본다. 그들은 배로 강을 건너줄 다른 이의 안전보장을 기다린다. 7번 유형은 첨벙거리며, 다이빙도 하며, 일반적으로 파티를 가진다. 그리고 그들이 강을 건널지 말지는 중요하지 않다. 8번 유형은 물속으로 행진해 들어가 강물의 흐름을 거슬러 상류로 수영하며 올라간다. 9번 유형은 느린 걸음으로 물 속에 들어가 물살의 흐름을 따라 아래로 흘러간다.

⑦ 성격 유형별 집착, 열정, 불균형의 근원

집착, 열정은 우리 내면의 균형을 무너뜨리면서 강하게 작용이 일어나는 방식을 말한다. 집착은 놓으려고 노력해야 하는 것이 아니라, 바라보고 수용하면서 집착의 원인인 반대편의 생존을 위협했던 경험을 치유하면서 스스로 놓을 수 있게 된다. 집착을 바라보면서 그 집착을 갖게 된 원인을 성찰해보도록 한다. 그것이 우리 영혼의 치유방식이다.

첫째, 1번 유형(분노) : 분개(resenment)라는 표현이 더 정확할 것이다. 분노 그 자체는 문제가 안 된다. 그러나 1번 유형의 사람들은 그것을 억압함으로써 좌절감을 겪고 자신과 세계에 대한 불만을 갖는다.

둘째, 2번 유형(자만심) : 자만심은 자신의 고통을 인식하지 못하거나 인식하지 않으려는 것을 말한다. 2번 유형의 사람들은 다른 사람들을 도우려고 노력하면서 자신의 필요를 거부한다. 이 열정은 허영심 즉, 자신의 좋은 성품에 대한 자만심으로 설명될 수도 있다.

셋째, 3번 유형(속임수) : 속임수는 우리가 단지 에고(EGO)에 지나지 않는다고 스스로를 믿도록 속이는 것을 의미한다. 우리가 이것을 믿을 때 우리의 진정한 자아 대신에 에고(EGO)를 개발시키려고 노력한다.

넷째, 4번 유형(시기심) : 시기심은 근본적인 것이 빠져 있다는 느낌에 근거한다. 4번 유형의 사람들은 시기심 때문에 다른 사람들이 자신에게 없는 자질을 갖고 있다고 느끼게 된다. 4번 유형의 사람들은 자신에게 없는 것을 갈구하고 자신의 삶에 주어진 축복들을 알아차리지 못할 때가 많다.

다섯째, 5번 유형(탐욕) : 5번 유형의 사람들은 자신의 내면 자원이 모자라기 때문에 다른 사람과의 지나친 교류는 그 자원을 엄청나게 고갈시킨다고 느낀다. 이 열정 때문에 5번 유형의 사람들은 세상과 접촉하려고 하지 않는다. 그래서 이들은 자신의 자원을 붙들고 있고, 자신의 필요를 최소화한다.

여섯째, 6번 유형(두려움) : 이 열정은 불안이라는 표현이 더 정확할 것이다. 불안은 우리를 지금 일어나지 않는 일을 두려워하는 상태로 이끌기 때문이다. 6번 유형의 사람들은 불안한 상태에 지속적으로 머물러 있고, 미래에 다가올 나쁜 일을 걱정한다.

일곱째, 7번 유형(폭음, 폭식) : 폭음, 폭식은 경험을 통해 '자신을 채우려는' 만족할 줄 모르는 욕망을 나타낸다. 7번 유형의 사람들은 긍정적인 다양한 아이디어와 경험을 추구함으로써 내면의 공허감을 극복하려고 노력한다. 그러나 이들은 결코 자신이 충분히 새로운 것을 경험했다고 느끼지 않는다.

여덟째, 8번 유형(욕망) : 이것은 성적인 욕망만을 이야기하는 것이 아니다. 8번 유형의 사람들은 강렬함, 통제, 자기 확장에 대한 필요에 의해 동기를 부여 받는다는 면에서 '욕망이 강하다'고 할 수 있다. 8번 유형의 사람들은 욕망 때문에 자신의 삶 모든 것에 강요를 하고 의도적으로 자기 주장을 하려고 노력한다.

아홉째, 9번 유형(나태) : 나태는 단순한 게으름이 아니다. 9번 유형의 사람들도 아주 적극적이고 성취적일 수 있기 때문이다. 이 말의 의미는 삶에 의해 영향받지 않으려는 욕구이다. 다시 말해서 삶에 완전히 뛰어들어 활기 있게 살고 싶어 하지 않는 마음이다.

⑧ 성격 유형별 팀장에게 인정받는 방법

유형	주요 내용
1번	• 시간 약속과 예절을 잘 지켜라. 남보다 조금 일찍 출근하고 늦게 퇴근하라. 회의시간에는 5분 전에 착석하고 인사는 깍듯이! 약속을 못 지킬 경우에는 반드시 사전에 양해를 구하라. • 즉각 시행하라. 하겠다고 말한 것은 최대한 빨리, 반드시 시행하라! 일단 '마이너스 장부'에 올라가면 아무리 바른 의견을 내도 "너나 잘해! 그리고 나서 말해!"라며 받아들이지 않을 것이다. • 책임감과 공적인 모습을 부각시키라. 그들도 알고 보면 기분파다. 일단 '공적인 사람'이라고 믿으면 대부분이 관대하게 통과될 수 있다. • 행동으로 말하라! 잘못은 정중히 시인하고, 고치려고, 최대한 노력하는 모습을 보여주라. 말로 대충 넘어가려는 태도는 최악임을 기억하라(특히 4, 7번 유형들은 유념하라). • 'a의 충고'에 맞장구 쳐주라. 쏟아지는 지적과 개선안을 흔쾌히 받아들이고 당신의 의견을 덧붙여 제안해보라. 매우 열성적이며, 노력하는 '괜찮은 부하직원'으로 인정할 것이다. • 건강이나 자기 계발에 대한 새로운 정보를 주고 받아라. 바쁜 시간을 쪼개어 건강에 투자를 하고, 그것을 함께 하는 것을 매우 좋아한다. 관심을 가지면 쉽게 가까워질 수 있을 것이다.

유형	주요 내용
2번	• 타인에 대한 따뜻한 배려를 보여주라. 능력보다 사람 됨됨이를 먼저 보기 때문에 이기적인 사람으로 낙인찍히지 않도록 하라. 전체 분위기를 밝고 정겹게 만들려고, 노력하고 있음을 보여주라. • 인간적으로 다가가라. 그 일에 관련된 사람들(특히 2번 유형 상사의 인간관계와 이미지)을 염두에 두고 배려하고 있음을 부각시키라. 논리적이고 딱딱한 화법은 금물이다. • 친절과 호의에 충분히 반응하라. "어떻게 그렇게 제 마음을 잘 아세요?"라며 작은 일에도 감사의 표시를 확실하게 하라. 도움을 간섭으로 여긴다고 느끼면 가슴 깊이 서운해 할 것이다(혼자 빨리 처리하기를 즐기는 3, 5, 7, 8번 유형들은 명심하라). • 약자의 입장에서 고충을 호소하라(불쌍하게 보여라). 타인을 비난하는 어투는 삼가고 자신의 부족함을 어필하라. 함께 고민하고 해결해주려고 최대한 노력할 것이다. • 사적인 이벤트에 초대하라. 생일파티, 회식, 가족모임 등에 초대하여 "나는 당신의 사람입니다"라는 메시지를 보내라. 자신이 모르는 이벤트가 진행된 것을 알면 배신감을 느낄지도 모른다.
3번	• 약속한 목표는 반드시 달성하라. 목표 달성률로 능력을 평가하기 때문에 한 번 세운 목표와 스케줄은 목숨을 걸고 지켜야 한다(무계획적인 사람은 '일할 줄 모르는 멍청이'로 취급될 것이다). • 핵심만 간결하게! 숫자를 최대한 활용하라. 장황하고 긴 설명은 배척당하는 지름길이다. 업무에 관련된 숫자는 최대한 암기하고 회의나 브리핑시 통계치, 실적 등 명확한 숫자를 활용하라. • 그의 스케줄을 방해하지 말라. 미팅이나 방문시에는 반드시 미리 약속 시간을 정하라. 최대한 효율적으로 스케줄을 짜서 움직이기 때문에 불시 방문은 매우 불쾌한 일이다. • 고충이나 불만은 사적인 자리에서 표현하라. 업무시에는 냉정하게 보이는 이들도 사적인 자리에서는 전형적인 가슴형이 된다. • 당신의 아이디어로 그가 성공하도록 도우라. 스스로 창조하기보다는 기존의 아이디어를 조합해 새롭게 포장하는 능력이 뛰어나기 때문에 소스가 되는 아이디어나 정보를 준다면 당신을 보배로 여기며, 어느새 의존하게 될 것이다(단, 생색내지 않는 것이 좋다). • 예의를 깍듯이 지키라. 직책과 경력 앞에서 매우 권위적인 면이 있으므로 평소 최대한 정중하게 대하고 호칭은 정확히 지켜야 한다.
4번	• 차별성과 창의력으로 어필하라. 창조적이고 독특하며, 혁신적인 아이디어를 갈구하는 그에게 인정 받으려면 구태의연한 아이디어와 답습에서 벗어난 과감한 실험 정신이 필요하다. • 능력을 발휘하되 겸손하라. 절대로 그보다 더 잘한다, 잘났다고 생색내지 말라. 처음엔 칭찬하겠지만, 곧 어떤 방법으로든 당신을 괴롭힐 것이다(대부분의 4번 유형은 질투심이 많음을 명심하라). • 그의 아이디어에 아낌없는 찬사를 보내라. "팀장님 같은 분은 전에 본 적이 없어요. 정말 독특한 아이디어 입니다! 아주 탁월한 감각이에요!"라고 칭찬하라. 상대방이 진심으로 인정하고 특별하게 생각하는지 알고 싶어하며, 칭찬의 강도에 따라 당신에 대한 배려가 달라질 것이다. • 기분을 파악하라. 기분이 나쁠 때는 아무리 합리적이고 중요한 안건이라 해도 거들떠보지 않겠지만, 좋을 때는 누구보다도 폭 넓은 포용력을 발휘할 것이다. 결재를 받아야 할 때나 불만을 토로할 때는 기분을 잘 살펴서 하라.

유형	주요 내용
4번	• 개인적인 친밀감을 유지하라. 평소 다정하다가도 가끔 사소한 일로 과잉 반응이나 냉소적인 행동을 보일 때는 자기 비하에 빠지거나 자신감을 잃어 누군가에게 위로 받고 싶어 할 때이므로, 개인적인 친밀감을 보이며 따뜻하게 다가가면 점수를 딸 것이다. • 그의 작품이 되어 주라. 마치 자신의 작품이라도 되는 양 부하직원들을 손수 성장시키려는 그의 애정과 기대에 부응하려고 노력하는 모습을 보이고, 항상 감사하는 마음을 표하라.
5번	• 전문성과 논리를 개발하라. 팀워크나 연공서열보다는 업무 지식과 능력을 중요하게 여기므로 풍부한 데이터와 지식, 객관적 논리로 그와의 지적 토론에 대응할 수 있도록 준비하라. • 의견은 논리적이고 직선적이며, 간단명료하게 제시하라. 장황하고 두서 없는 이야기나 감정적인 이야기에는 1분도 안 되어 "도대체 핵심이 뭐야?"라며 눈살을 찌푸릴 것이다(이런 사람은 감정적이고 무능해서 같이 일하기 힘들다고 여기며, 업무를 주지 않을 것이다). • 보고서는 반드시 숫자와 정확한 데이터를 활용하라. 속으로 "도대체 무슨 근거로 하는 얘기야?"라고 묻고 있는 이들에게 숫자를 적절히 활용한다면 당신에 대한 신뢰가 높아질 것이다. • 불만이나 건의는 이메일을 활용하라. 논리적인 이들도 혼자만의 시간에는 감성이 되살아나곤 한다. 느긋하게 홀로 앉아 당신의 편지를 본다면 깊이 생각하며, 지혜로운 조언을 해줄 것이다. • 실무 처리나 보고는 알아서 하라. "이건 어떻게 하죠?"보다 "이건 이렇게 하는 것이 맞나요?"가 좋다. 묻지 않는다고 느슨해도 괜찮다고 생각하면 큰 오산. 때가 되면 알아서 보고하라. 모든 상황을 지켜보다 마감일이 되면 스케줄 표를 내밀며 결과를 추궁할 것이다. • 그의 프라이버시(개인적인 시간과 공간)를 지켜주라. 호들갑스런 칭찬, 속마음 터 놓기, 스킨십 등을 요구하지 말라. 따뜻한 눈빛과 미소로 서서히 신뢰를 쌓아갈 적당한 거리를 유지하라.
8번	• 열정과 성의를 보여라. 움직여라. 그들 앞에서는 멍청히 앉아있거나 굼뜨게 보이지 말고 열심히 행동으로 말할 때 인정받는다. • 결론부터 말하라. 꾸미거나 돌리지 말고 직설적으로 말하라. 겸손히 예의를 갖추되 자신의 의견을 당당하고 분명하게 소신껏 밝혀라(남들이 그러는데…식의 대화법은 최악이다). • 즉각 반응하라. 5초 내에 Yes인지 No인지 대답이 없으면 자신의 의견에 반대하는 것으로 간주할 것이다(특히 1, 5, 6번은 명심하라). • 솔직하게 털어놓아라. 실수나 잘못은 즉각 사실대로 보고하고 도움을 요청하라. 변명하지 말고 실수를 인정하라. 문제해결을 위해 최대한 도움을 베풀고 보호해줄 것이다. • 존경의 표시를 보내라. 그의 편을 들고 맞장구를 쳐주라. 충직한 부하직원인 당신의 말에 귀를 기울일 것이다. 적의 편을 들면 자존심이 상한 그는 당신 역시 적으로 간주 해버릴 수도 있다. • 외모를 가꾸라. 계속적으로 능력을 키우라. 인재 욕심이 많은 그는 무슨 수를 써서라도 자기 수하에 두고 최대한 키워줄 것이다. 무능한 사람은 쉽게 무시당할 수 있음을 기억하라.

유형	주요 내용
9번	• 겸손함과 포용력을 보여라. 자기 생각만 밀어붙이거나, 큰 소리로 남을 비난하거나, 잘난 체하는 사람은 그들의 교화대상 1호다. 조화롭게 행동할 때 진심으로 인정받을 수 있다(급하고 자기 주장이 강한 1, 3, 4, 7, 8번 유형들은 명심하라). • 기다려라. 급하게 결재나 지침을 요구하지 말라. 다양한 상황들을 고려할 충분한 여유를 주어라. 급하게 다그칠수록 결정을 미루고 오히려 당신의 의견을 반박하려 할 것이다. • 전체적인 상황을 다 고려한 결론임을 부각시켜라. 혼자만의 독단적인 생각이 아니라 여러 사람의 중지를 모은 의견임을 피력하라. 예상되는 갈등과 해결책까지 제시한다면 OK. • 일에 대한 의견을 자주 물어보라. 속마음을 정확히 표현하지는 않지만 의외로 꼼꼼하기 때문에, 혼자서 알아서 일하다가는 이미 해놓은 일을 완전히 다시 해야 할지도 모른다. • 변명하지 말고 도움을 청하라. 기꺼이 포용하고 조언을 해줄 것이다. 처음에는 모른척 넘어가더라도 쌓이면 일순간에 욱! 하고 폭발해버릴 수도 있다. • 궂은일도 기꺼이 하라. 말은 안 해도 팀 내의 모든 일을 상세히 알고 있음을 명심하라. 자발적으로 힘든 일을 맡아 한다면 '기본이 된 사람'으로 인정하고 먼저 다가와서 도와줄 것이다.

⑨ 성격 유형별 타고난 직업 적성

유형	주요 내용
1번	• 공정하고 객관적인 원칙이나 기준에 따라 심사, 평가하고 평가받을 수 있는 일 • 목표가 분명하고 명확한 가이드라인이 서 있는 일, 보고 체계가 확실한 일 • 꼼꼼하고 치밀한 마인드가 필요한 일, 숙달된 기술을 사용할 수 있는 일(반복적인 일에도 잘 맞는다) • 환경이나 시스템을 더 발전적으로 개선, 보완하는 일 • 비즈니스 분야 : 세무사, 회계사, 감사, 공인회계사, 공급관리자, 품질관리사 • 정치, 법조계 : 판사, 법률가, 교도관, 보호감찰관, 정치인, 사회운동가, 환경운동가
2번	• 도움의 손길이 필요한 사람들에게 행동으로 도움을 줄 수 있는 일 • 고객 서비스 창구나 판매부서처럼 사람을 직접 상대하는 곳에서 하는 일 • 비서직, VIP 관리 등 다른 힘있는 사람들과 자주 접촉할 수 있는 일 • 많은 다양한 사람들과 만나 지속적으로 상호 작용할 수 있는 일 • 호텔, 음식점 등 친절과 서비스가 필요한 일 • 비즈니스 분야 : 비서, 보좌관, 마케팅 조사원, 판매 및 고객 응대, 세일즈맨, 음식점 및 숙박업체 경영 • 연예, 이벤트 분야 : 연회 진행자, 미용사, 메이크업 전문가, 도우미, 이벤트 인력 • 사회봉사, 자선분야 : 자선사업가, 종교 및 사회복지 기관 종사자
3번	• 목표를 세우고 단계에 맞게 일을 진행시키면서, 사람들이 큰 목표에 집중할 수 있도록 조직적으로 능력을 발휘하는 일 • 목표 달성을 위해 현재 시스템을 효율적으로 개선, 발전시키는 일

유형	주요 내용
3번	• 회전 속도가 빠르고 경쟁적이며, 결과를 양으로 측정하는 일 • 사람들의 시선이 쏠려있어 성취한 것에 대한 인정과 보상받을 수 있는 일 • 영향력 있고 유능한 사람들을 만날 수 있는 일 • 비즈니스 분야 : 마케팅 담당자, 세일즈 매니저, 경영 컨설턴트, 전문경영인, 투자상담가, 주식 중개인, 증권 인수업자, 국제 금융인, 기업 재정 변호사 • 정치 분야 : 정치인, 대변인, 보좌관 • 방송, 연예 분야 : 아나운서, 앵커, 리포터, 영화배우
4번	• 창조적이며, 자신을 표현할 수 있는 일 • 새로운 아이디어나 접근 방식을 찾아내서 사람들의 성장을 도울 수 있는 일 • 스스로 자부심을 가질 수 있는 상품이나 서비스를 창출해낼 수 있는 일 • 저작권과 소유권이 인정되고 독자적으로 기여한 것을 인정받을 수 있는 일 • 업무 과정과 방법, 그 결과에 대해 자율적인 권한을 행사할 수 있는 일 • 비즈니스 분야 : 홍보 담당자, 상품 기획자, 디자이너, 동시통역사, 변호사 • 예술, 체육 분야 : 음악가, 화가, 시인, 가수, 무용가, 배우, 연예인, 영화 제작자, 프로 운동선수, 코치, 경호원 • 상담 및 교육 분야 : 강사, 컨설턴트, 임상 심리학자, 언어 치료사, 정신건강 상담원
5번	• 전문적인 지식이 필요한 일 • 창의적이고 집중력을 요하는 일 • 아이디어를 다듬고 준비할 수 있는 시간이 충분한 일 • 개인 작업 공간이 있고, 사생활이 보장되는 환경에서 하는 일 • 많은 사람들 앞에서 일에 대해 자주 설명할 필요가 없고, 마감 시간이 분명한 일 • 비즈니스 분야 : 전략 기획실, 직무경제 분석가, 연구원, 논설위원, 평론가, 건축 설계사 • 학술, 기술 분야 : 교수, 학자, 엔지니어, 컴퓨터시스템 분석가, 컴퓨터 프로그래머, 소프트웨어 및 시스템 연구와 개발자, 그래픽 디자이너 • 전문 분야 : 영화감독, 바둑기사
6번	• 시스템이 안정된 환경에서 하는 일 • 명확한 규칙이 있고 책임 소재가 분명한 일 • 치밀하고 꼼꼼한 준비성을 요하는 일 • 위험에 대비해 안전을 책임져야 하는 일 • 다른 사람들을 감독하고 관리하는 일 • 금융 분야 : 신용 조사원, 재정 상담가, 은행원, 은행감독관, 대출 담당자 • 보안, 관공서 분야 : 보험업체 종사자, 공무원, 군 장교, 경찰 • 전문 분야 : 감사, 약사, 회계 감사원, 기술고문, 도서관 사서, 지질학자, 항공기 정비사, 데이터베이스 관리자
7번	• 새로운 아이디어, 상품, 서비스, 문제 해결책을 만드는 일 • 새로운 프로젝트의 기획 단계에서 창조성을 불어넣는 일 • 비공식적이고 독립적인 역할, 새로운 사람들을 만나고 새로운 기술을 배울 수 있는 일 • 최소한의 규율과 최대한의 자유가 있고, 일의 속도와 일정을 스스로 조절할 수 있는 일 • 뒷정리, 반복적인 업무, 조직관리와 관련된 일이 적은 일 • 비즈니스 분야 : 컨설턴트, 세일즈맨, 상품 기획자, 기업교육 전문가, 비행기 승무원, 파일럿

유형	주요 내용
7번	• 마케팅 및 기획 분야 : 홍보전문가, 마케팅 컨설턴트, 광고 기획자, 카피라이터, 전략 기획자 • 크리에이티브 분야 : 언론인, 기자, 칼럼니스트, 리포터, 편집자, 연출가, 개그맨, 사회자, 만화가
8번	• 과감한 결단과 추진력이 필요한 일(단기간에 에너지를 폭발적으로 쓰는 일) • 새 사업 초기에 불을 붙이는 일, 조직의 외형을 크게 확장시키는 일 • 타인을 지도하고 통솔하는 일 • 팀과 업무 영역에 대한 책임과 권한이 확실한 일, 결정권이 있는 일 • 대의명분이 분명하고 사회적으로 존경받을 수 있는 일 • 비즈니스 분야 : 신규사업 개척자, 벤처 사업가, 프랜차이즈 경영자, 기업경영자, 국제 세일즈 및 마케팅 담당자, 영업 및 판매 책임자, 투자가 • 교육, 종교 분야 : 사회교육 강사, 기업교육 강사, 부흥 목사, 종교지도자, 혁명 지도자 • 스포츠, 예술 분야 : 프로 운동선수, 코치, 트레이너, 감독, 가수, 연기자
9번	• 포용력과 이해심이 필요한 일 • 조화로운 팀워크로 협의하는 일, 전체가 관련된 일 • 책임소재가 분명하고 변화가 크지 않은 일, 예측 가능한 일 • 사람들과 직접 접촉해서 갈등을 중재하고 성장을 돕는 일, 서로 지지하는 일 • 모든 관점의 의견과 느낌을 자유롭게 나눌 수 있는 관대함과 협동심이 필요한 일 • 비즈니스 분야 : 인사담당, 인력개발 전문가, 직업 소개자, 기업의 임원 및 중간 관리자 • 상담, 교육, 휴먼서비스 분야 : 약물중독 상담원, 고용인지원 상담원, 사내 상담역, 복지 전문가, 서점 운영자, 체신 관련 업무 • 보건 의료 분야 : 식이요법사, 영양사, 언어치료사, 대체의학 의사

⑩ 성격 유형들이 잘 하는 말

유형	주요 내용
1번	• "모든 사람들이 너무 게으르고 무책임해." • "모든 일을 해결하는 데는 합당한 방법이 있어." • "옳은 것은 옳은 것이고, 틀린 것은 틀린 것이다. 여기에 예외란 없어." • "나는 내 자신을 통제 해야만 해." • "모든 것이 왜 제자리에 있지 않은 거지?" • "정리해! 정리해! 이것을 정리하고, 저것도 정리해!"
2번	• "나는 거절당하지 않을 거야." • "와서 나의 보살핌을 받아라." • "내가 당신을 위해 이것을 할 수 있도록 해달라." • "내가 없다면 당신이 무엇을 할 수 있겠어요?"

유형	주요 내용
3번	• "나는 이 모든 것을 해내야 한다." • "나는 내가 원하는 것은 무엇이든 할 수 있다." • "내가 당신에게 잘 보이기 위해 무엇을 해야 할까요." • "나는 내 자신인 것이 좋다."
4번	• "사람들은 나에게 너무 불친절하고, 생각 없이 대한다." • "나를 무시한다." • "나는 아무것도 가진 재능이 없다−시기, 질투." • "나는 아무도 모르는 비밀스러운 자아를 가지고 있다." • "모든 사람은 나를 실망시킨다."
5번	• "나가도 안전할까?" • "나는 많은 것이 필요치 않아. 그러나 나는 내 공간이 필요해." • "사람들은 정말 믿을 수 없을 정도로 바보 같다."
6번	• "사람들은 나를 너무 괴롭혀. 난 이제 더 이상 참고 있지 않을 거야." • "왜, 모든 사람들은 나의 삶을 엉망으로 만들까?" • "…면 어떻게 될까." • "나는 불안해 진다. 그리고 나서 내가 왜 불안한지 그 이유를 찾는다."
7번	• "이것은 내 문제가 아니야." • "나는 그것을 원해. 당장 그것을 달란 말이야." • "무엇을 하던지 끝까지 해라." • "세상은 내 손 안에 있다."
8번	• "나에게 덤벼봐. 그냥, 화악 가만 놔두지 않을 거야!" • "나의 사고방식이 최고다!" • "너는 도대체 어떻게 되먹은 인간이냐?"
9번	• "나는 조금 후에 이 문제를 다룰 거야." • "당신이 그 문제를 지적하면 지적할수록, 나는 그것을 하기 싫어져." • "오늘은 정말 손 하나 까딱하기 싫어."

⑪ 성격 유형들의 기본적인 두려움

유형	주요 내용
1번	사악하고 부도덕하고 결함이 있는 것에 대한 두려움
2번	사랑받을 가치가 없는 것에 대한 두려움
3번	가치 없는 것, 혹은 타고난 재능이 없는 것에 대한 두려움
4번	정체성이 없는 것, 혹은 자신이 중요한 존재가 아닌 것에 대한 두려움

유형	주요 내용
5번	쓸모없고 무능하게 되는 것에 대한 두려움
6번	도움이나 안내를 받지 못하는 것에 대한 두려움
7번	자신이 가진 것을 박탈당하거나 고통에 빠지는 것에 대한 두려움
8번	다른 사람에게 해를 당하거나 통제당하는 것에 대한 두려움
9번	연결을 잃는 것, 자기 혼자 떨어져 나가는 것에 대한 두려움

⑫ 성격 유형들의 위험신호

각각의 유형은 건강하지 않은 범위로 옮겨가기 전에 '위험신호'와 만나게 된다. '일깨우는 신호'가 평균범위에서 가장 낮은 곳으로 들어가기 전에 일깨워주는 것이라면 위험신호는 임박한 위기를 알리는 훨씬 더 심각한 경고신호이다. 위험신호는 두려움이다. 이것은 그 사람의 수준을 아래로 끌어내릴 수 있는 파괴적인 힘에 대항하고자 할 때 유용하게 쓰일 수 있는 도구이다. 자신의 위험신호를 알아차린다면 그러한 위험한 상황으로 이끄는 행동과 태도를 그만 둘 수 있다. 그렇지 않다면 스스로를 패배시키는 태도와 행동을 계속하려 할 것이며, 급기야는 아주 파괴적인 상태로 떨어질 것이다.

첫째, 1번 유형 : 자신의 이상이 잘못된 것이거나 생산적이 아니라는 두려움.

둘째, 2번 유형 : 자신이 친구나 사랑하는 사람을 쫓아버릴 것이라는 두려움.

셋째, 3번 유형 : 자신의 주장이 공허하고 설득력이 없고 실패할 것이라는 두려움.

넷째, 4번 유형 : 자기 스스로의 삶을 망치고 기회를 낭비할 것이라는 두려움.

다섯째, 5번 유형 : 세상에서 자신의 자리를 찾을 수 없을 것이라는 두려움.

여섯째, 6번 유형 : 자신의 행동이 스스로의 안전을 위협할 것이라는 두려움.

일곱째, 7번 유형 : 자신의 행동이 스스로에게 고통과 불행을 가져올 것이라는 두려움.

여덟째, 8번 유형 : 다른 사람들이 자신을 외면하고 보복할 것이라는 두려움.

아홉째, 9번 유형 : 현실이 자신에게 자신의 문제를 해결하라고 강요할 것
이라는 두려움.

⑬ 성격 유형들이 다른 조직원을 조직하는 방법

구분	주요 내용
1번	• 다른 사람들을 고쳐줌으로써 • 다른 사람들에게 자신의 기준을 고집함으로써
2번	• 다른 사람들의 필요와 욕구를 찾음으로써 • 결국 다른 사람에게 의존한다.
3번	• 다른 사람에게 매력적인 사람이 됨으로써 • 무엇이든 '효과가 있는' 이미지를 채택함으로써
4번	• 까다롭게 구는 것으로써 • 다른 사람들을 '살얼음 위를 걷게' 만든다.
5번	• 자신의 내면에 몰두함으로써 • 감정적으로 다른 사람들로부터 떨어져 있음으로써
6번	• 불평함으로써 • 다른 사람이 자신에게 얼마나 충실한가를 시험함으로써
7번	• 다른 사람들을 혼란스럽게 함으로써 • 다른 사람들이 자신의 요구를 충족시켜 주어야 한다고 주장함으로써
8번	• 다른 사람들을 지배함으로써 • 다른 사람들이 자기 말대로 행동하게 함으로써
9번	• '물러남' 으로써 • 수동적인 공격으로 다른 사람에게 저항함으로써

⑭ 각 성격 유형의 성장을 도울 수 있는 방법

첫째, 1번 유형

- 가장 중요한 것은 당신의 슈퍼에고(SUPER EGO) 즉, 내면의 심판관과
  친숙해지는 것이다.

- 자신의 인내가 지닌 한계 너머를 스스로에게 강요하고 있다는 것을 인식
  해라.
- 당신은 모든 일이 자신의 어깨 위에 달려있다고 믿는 경향이 있다.
- 다른 사람들의 노력에 대한 감사를 표현하기를 주저하지 말라.
- 뭔가를 필요로 할 때 당신은 그것을 알아차리는 데 시간이 걸릴 수 있다.
- 좋아하지 않는 자신의 부분을 스스로 제거할 수 없다는 것을 깨달아라.
- 당신의 분노를 인식하고 그것을 처리하는 방법을 배워라.

둘째, 2번 유형

- 다른 사람이 당신에 대해 어떻게 생각하는가에 마음을 쓰지 말라.
- 다른 사람이 당신에게 익숙한 방식으로 감정을 표현하지 않을 때에도 그
  사람의 애정과 좋은 의도를 인식하는 방법을 배워라.
- 적절한 영역을 설정하는 것은 아주 중요하다.
- 당신이 다른 사람에게 아첨하거나 환심을 사려고 할 때 그것을 알아차릴
  수 있다면 큰 도움이 될 것이다(2번 유형이 이런 전략을 쓸 때는 목소리의
  톤이 달라지곤 한다. 이런 일이 일어날 때 그것을 알아차리고 그 톤을 가
  라앉히면 아주 도움이 된다).
- 당신의 자만심은 뭔가 다른 것 즉, 자신이 가치 없는 사람이며, 아무도 자
  신을 원하지 않는다는 내면의 깊은 두려움에 대한 보상이다.
- 2번 유형은 너무 많이 주고 나서 후회하는 경향이 있다.

셋째, 3번 유형

- 가장 중요한 점은 당신이 진실하게 말하고 행동하지 않거나 자신의 이미
  지를 내세우려고 할 때 그것을 알아차리는 법을 배우는 것이다.
- 8번 유형이나 1번 유형처럼 당신은 자신에게 휴식을 주고 긴장을 푸는 것
  으로 많은 도움을 받을 수 있다.

- 당신이 자신의 불안감에 대해 이야기할 수 있는, 믿을 수 있는 사람을 찾아라.
- 3번 유형은 창조적인 활동을 통해서 많은 것을 얻을 수 있다.
- 당신은 가장 명상을 할 것 같지 않은 유형이기는 하지만, 명상을 한다면 그것을 통해 특별한 것들을 얻을 수 있는 유형이기도 하다.
- 당신이 팀의 일원으로서 일할 수 있는 영역을 찾아보라.

넷째, 4번 유형

- '감정은 사실이 아니다' 라는 것을 기억하라.
- 감정 폭발이나 우울증은 진정한 민감함과는 다르다.
- 당신의 현실과 부합하지 않는 환상적인 자아의 면들을 인식하라.
- 당신을 정직하고 정확하게 도로 비춰줄 진정한 친구를 찾아라.
- 당신은 무의식적으로 감정의 혼란을 처리해 줄 누군가를 기다리고 있다는 것을 인식하라.
- 긍정적이고 건설적인 일과표를 짜라.

다섯째, 5번 유형

- 당신의 마음이 고요할 때 가장 명확하고 가장 강력해진다는 것을 기억하라.
- 당신의 몸을 사용하라!
- 다른 사람과 관계를 맺기 위해 노력하라!
- 당신이 가장 자신 없어하는 면이 어떤 것인지 깊이 생각해 봐라.
- 슬픔을 느끼는 것을 두려워하지 말라.
- 당신의 몸이 더 균형 잡혀있고 안정되어 가면 주변 사람과 세상에 대해 당신이 갖고 있는 인상이 달라질 것이다.

여섯째, 6번 유형

- 미래에 닥칠지도 모르는 문제를 해결하기 위해 당신이 얼마나 많은 시간을 소비하는지 생각해 보라.
- 당신은 자신의 목표를 성취했을 때 그 순간을 즐기지 못하고 다른 걱정에 빠져든다.
- 자신이 무엇을 신뢰하는지, 어떻게 결정을 내리는지 살펴보는 연습을 하라.
- 당신은 사람들이 원하는 일을 해주면서도 자신을 개발하는 데 대해서는 소홀하다.
- 다양성을 추구하라.
- 당신 자신을 위해 고요한 시간을 마련하라.

일곱째, 7번 유형

- 당신의 마음에 지나치게 많은 활동이 일어날 때 시간을 갖고 숨을 깊이 들이쉬어라.
- 당신의 참을성 없음의 뿌리를 살펴보는 것을 배워라. 시간을 갖고 끈기 있게 당신의 능력이 결실을 맺도록 하라.
- 평범한 것에서 즐거움을 찾아라.
- 명상은 6번 유형에게도 좋지만, 7번 유형에게 아주 유익하다. 명상은 당신의 마음을 차분하게 가라앉혀줄 것이다.
- 당신은 대부분의 사람들보다 더 행복하고 쾌활한 것 같다.

여덟째, 8번 유형

- 자신의 감정과 접하라는 말은 심리학에서는 판에 박힌 말이지만, 8번 유형에게는 특히 도움이 될 것이다.
- 8번 유형은 대개 동료애를 가지고 있고 다른 사람들과 함께 하는 시간을

즐긴다.
- 당신의 영혼을 회복하는 고요한 시간을 마련하라.
- 일은 중요하다.
- 거부에 대한 당신의 예상을 살펴보라.

아홉 째, 9번 유형
- 진정한 겸손은 좋은 자질이지만, 우리가 그것을 위해 뭔가 노력을 해야
  할 것은 아니다.
- 'NO' 라는 말의 가치를 배워라.
- 어떤 상황에서든 당신이 원하는 게 무엇인지 인식하는 법을 배워라.
- 건강한 3번 유형들로부터 조언을 얻어라.
- 당신이 어떤 사람과 실제로 관계를 맺고 있는 것이 아니라 관계를 맺는
  것을 상상하고 있다면 그것을 알아차려라.
- 당신의 분노를 인식하고 처리하는 법을 배워라.
⑮ 각 성격 유형별 대표 속담(명언)

첫째, 1번 유형
- 천리 길도 한 걸음부터
- 밥 한술에 배부르랴
- 찬물도 위아래가 있다
- 스스로 돌아봐서 잘못이 없다면 천만인이 가로막아도 나는 가리라
- 일하지 않으면 먹지를 마라
- 일하지 않는 자는 부자나 가난한 자나 모두 쓸모 없는 사람이다(톨스토이)
- 사돈집 잔치에 감 놓아라 배 놓아라 한다
- 가르치는 것은 두 번 배우는 것이다
- 바쁜 꿀벌은 슬퍼할 겨를이 없다

- 세 사람이 걸어가면 반드시 나의 스승이 있다(공자 '논어')

둘째, 2번 유형

- 백지장도 맞들면 낫다

- 과부가 홀아비 설거지 해주러 갔다가 애까지 낳는다

- 제 귀여움 제가 받는다

- 약방에 감초

- 척하면 삼천리(눈치가 매우 빠름)

- 웃는 얼굴에 침 못 뱉는다

- 호떡집(혹은 중국집)에 불난 것 같다

- 기쁨은 나누면 배가 되고 슬픔은 나누면 반이 된다

- 바늘(4번) 가는데 실(2번) 간다

- 사랑은 아낌없이 주는 것이다

- 벗이 애꾸눈이라면 나는 벗을 옆 얼굴로 바라본다(슈베르트)

- 자기를 모두 버리고 남을 위해 힘쓴다(페스탈로치)

- 사람은 자기 일보다 남의 일을 더 잘 알고 더 잘 판단한다

- 사람의 가치는 타인과의 관계로서만 측정될 수 있다

- 사랑은 그 왕국을 무기 없이 지배한다

- 어려운 것은 사랑하는 기술이 아니라 사랑을 받는 기술이다

- 친구들에게서 기대하는 것을 친구들에게 베풀어야 한다

- 친구를 얻는 유일한 방법은 스스로 완전한 친구가 되는 것이

셋째, 3번 유형

- 말 한마디로 천 냥 빚을 갚는다

- 소 새끼는 시골로 보내고, 사람의 새끼는 서울로 보내라(3번의 1등 주의)

- 강한 자가 이기는 것이 아니라 이긴 자가 강한 것이다(3번이 8번에게 하

고 싶은 말)
- 일석이조(一石二鳥) (3번 유형의 효율성을 나타냄)
- 올림픽은 참가하는데 의의가 있다!(3번이 제일 싫어하는 표어)
- 시간은 금이다
- 재주는 곰(3번 부하)이 넘고 돈은 왕 서방(3번)이 받는다
- 일생에 있어서 기회가 적은 것은 아니다. 그것을 볼 줄 아는 눈과 붙잡을
  수 있는 의지를 가진 사람이 나타나기까지 기회는 잠자고 있는 것이다
- 지나치게 숙고하는 인간은 큰일을 성취시키지 못한다
- 큰일에 착수할 경우에는 기회를 만들어내는 것보다도 눈앞의 기회를 이
  용하려고 힘써야 한다
- 시간을 이용할 줄 아는 사람은 하루를 사흘로 통용한다

넷째, 4번 유형
- 같은 값이면 다홍치마
- 동상이몽(同床異夢)
- 모난 돌이 정 맞는다
- 남의 떡이 더 커 보인다
- 선녀(4번)와 나무꾼(1번)
- 평양 감사도 저 싫으면 그만이다
- 자유가 아니면 죽음을 달라
- 예술은 길고 인생은 짧다
- 인생은 연극과 같다
- 사막이 아름다운 것은 어딘가에 샘을 숨기고 있기 때문이다
- 지나가 버린 아름다운 나날은 또다시 내 앞으로 되돌아오지 않는다
- 인간은 반항하는 존재다(까뮈(4번))

다섯째, 5번 유형

- 아는 게 힘이다
- 구슬(정보)이 서 말이라도 꿰어야 보석이다
- 척 보면 안다
- 소 닭 보듯 한다(5번이 다른 사람들을 볼 때)
- 가는 사람 잡지 않고, 오는 이 막지 않는다(5번의 연애관)
- 침묵은 금!
- 함박 시키면 바가지 시키고, 바가지 시키면 쪽박 시킨다(어떤 일을 윗사람이 아랫사람에게 시키면 그는 또 제 아랫사람에게 다시 시킨다는 말)
- 나는 생각한다. 고로 나는 존재한다
- 인간은 생각하는 갈대이다
- 인간이란 생각하는 것이 적으면 적을수록 많이 지껄여댄다
- 지식에 투자하는 것이 가장 이윤이 높다
- 인간은 아직까지도 모든 컴퓨터 중에 가장 훌륭한 컴퓨터이다
- 조용한 물이 깊이 흐른다
- 남산골 샌님

여섯째, 6번 유형

- 꺼진 불도 다시 보자
- 돌다리도 두드려 보고 건너라
- 얕은 내도 깊게 건너라(모든 일을 항시 조심해서 하라는 뜻)
- 아는 길도 물어서 가라
- 아는 게 병이다
- 낮말은 새가 듣고 밤 말은 쥐가 듣는다
- 작은 구멍이 배를 침몰 시킨다
- 햇빛이 비치는 동안에 건초를 만들자

– 확실한 벗은 불확실한 처지에 있을 때 알려진다

– 윗물이 맑아야 아랫물이 맑다(6번이 윗사람에게 하고 싶은 말)

– 인생은 불확실한 항해이다

– 사람이 먼 염려가 없으면 반드시 가까운 근심이 있다(논어)

일곱째, 7번 유형

– 노세~ 노세 젊어서 놀아!

– 염불보다 잿밥에 관심 있다

– 수박 겉핥기

– 언 발에 오줌 누기(임시변통하는 7번)

– 갓 사러 갔다가 망건 산다(쉽게 다른 일에 정신 팔리는 7번)

– 서당개 3년이면 풍월을 읊는다(7번의 빠른 눈치)

– 마파람에 게 눈 감추듯 한다 = 번개 불에 콩 볶아 먹는다(7번이 일하는 모
    습, 혹은 일 끝내고 휑~하니 사라지는 모습)

– 도랑 치고 가재 잡는다 = 임도 보고 뽕도 딴다

– 참새(7번)가 방앗간(즐거운 시간, 모험)을 그냥 지나랴

– 허파에 바람 들었다

– 하늘이 무너져도 솟아날 구멍이 있다

– 한 번 실수는 병가지상사

– 근심하지 말라, 근심은 인생을 그늘지게 한다

– 행복을 즐겨야 할 시간은 지금이다. 행복을 즐겨야 할 장소는 여기다(로
    버트 인젠솔)

– 약속을 잘하는 사람은 잊어비리기도 잘한다(T. 플러 '잠언집')

여덟째, 8번 유형

– 눈에는 눈, 이에는 이!

- 쇠뿔은 단김에 빼랬다

- 우물에 가서 숭늉 찾는다

- 똥인지 된장인지 찍어봐야 아냐?(딱 보면 알지!)

- 소 잃고 외양간 고친다

- 한 귀로 듣고 한 귀로 흘린다

- 빈대 잡으려다 초가삼간 태운다 = 모기 보고 칼 빼 든다

- 싼 게 비지떡(크고 화려한 것을 좋아하는 8번의 속성)

- 고대광실(高臺廣室)

- 내 사전엔 불가능이란 없다(나폴레옹)

- 약속을 지키는 최선의 방법은 약속을 하지 않는 것이다(나폴레옹)

- 궁즉통(窮卽通)

- 스파르타 식 교육(=사자가 새끼를 절벽에서 밀어 떨어뜨려 살아남은 새
  끼만 키우는 방식)

- 잔잔한 바다에서는 좋은 뱃사공이 만들어지지 않는다

아홉째, 9번 유형

- 왼쪽 뺨을 맞으면 오른쪽 뺨을 내밀어라

- 급할수록 돌아가라

- 태산이 높다 하되 하늘아래 뫼이로다

- 물에 물탄 듯 술에 술탄 듯

- 부처님 가운데 토막 같다

- 꿀 먹은 벙어리

- 쇠귀에 경 읽기

- 최대 다수의 최대 행복

- 간다, 간다 하면서 아이 셋 낳고 간다

- 열 번 찍어 넘어가지 않는 나무가 없다

- 고래 싸움에 새우 등 터진다
- 새우(다른 번호들)싸움에 고래(9번) 등 터진다
- 참는 것이 이기는 것이다 = 참을 인자 셋이면 살인도 면한다
- 내일 지구가 멸망할지라도 나는 오늘 한 그루의 사과나무를 심겠다(스피
  노자)
- 못할 것 같은 일도 시작해 놓으면 이루어진다
- 한 때의 분한 감정일랑 참으라. 그러면 백일의 근심을 모면할 것이다
- 산이 높을수록 풀은 낮다 = 벼는 익을수록 고개를 숙인다
- 여자(9번)의 '예스'(YES)와 '노우(NO)'는 같은 것이다. 거기에 선을 긋
  는다는 것은 무모한 짓이다.
- 인생의 어려움은 선택에 있다